Türkisch

ohne Mühe

Die Methode für jeden Tag

Türkisch
ohne Mühe

von

Dominique HALBOUT

&

Gönen GÜZEY

Deutsche Übersetzung und Bearbeitung von

Gérard GROC

Überarbeitete Fassung von

Susanne GAGNEUR

Zeichnungen von J.L. Goussé

Körnerstrasse 12
50823 Köln
Deutschland

ISBN 978-3-89625-021-6

Der Assimil-Verlag bietet folgende Sprachkurse an:

Grundkurse Niveau A1–B2 / Reihe "ohne Mühe"

Amerikanisch • Arabisch • Brasilianisch
Bulgarisch • Chinesisch • Chinesische Schrift
Dänisch • Deutsch (als Fremdsprache) • Englisch
Finnisch • Französisch • Griechisch • Hindi
Indonesisch • Italienisch • Japanisch • Kanji-Schrift
Koreanisch • Kroatisch • Latein • Luxemburgisch
Niederländisch • Norwegisch • Persisch • Polnisch
Portugiesisch • Rumänisch • Russisch • Schwedisch
Spanisch • Suaheli • Thai • Tschechisch
Türkisch • Ungarisch • Vietnamesisch

Vertiefungskurse Niveau B2–C1 / Reihe "in der Praxis"

Englisch • Französisch • Italienisch • Russisch • Spanisch

Weitere Sprachkurse in Vorbereitung

... Aktuelles und weitere Infos unter **www.AssimilWelt.com**

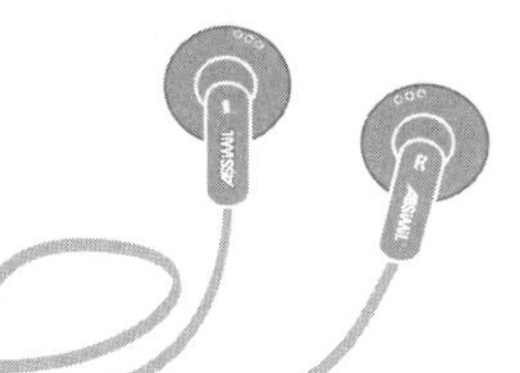

Die Tonaufnahmen

mit den fremdsprachigen Texten aller Lektionen und Verständnisübungen aus diesem Kurs – insgesamt 225 Min. Spieldauer – können Sie im Internet oder bei Ihrem Buchhändler bestellen: **Kolay Türkçe**

4 Audio-CDs ISBN 978-3-89625-171-8
1 MP3-CD ISBN 978-3-89625-621-8

VORWORT

Eine praktische und zugleich umfassende Einführung in die türkische Sprache zu geben, ist kein leichtes Unterfangen. Es verlangt nicht nur eine genaue Kenntnis dieser Sprache, die sich so stark vom Deutschen unterscheidet, sondern auch das Bewusstsein für die Probleme, die sich aus dieser Verschiedenheit ergeben. Diese Aufgabe hat Dominique Halbout, die über beide Voraussetzungen verfügt, in diesem Buch brillant gelöst.

Den Autoren ist es gelungen, das Interesse des Lesers auf doppelte Weise zu fesseln. Die Texte, die in einer klaren und lebendigen Sprache erarbeitet wurden, enthalten nicht nur praktische und wertvolle Informationen über das tägliche Leben in der Türkei, sondern das kulturelle Niveau des Kurses wird darüber hinaus durch zahlreiche gut ausgewählte Anmerkungen über die Geschichte, Tradition und Denkweise der Türken gesteigert, die sich aus einer langen und glanzvollen Zivilisation herleiten, auf die die Türken mit Recht stolz sind.

Dieses Lehrwerk ist nicht ernst und nüchtern, sondern es illustriert anhand vieler zeitgenössischer, an die linguistische Pädagogik angepasster Anekdoten und Texte sowie mithilfe der humorigen Geschichten des Volkshelden Nasreddin Hodscha die typisch türkische Mentalität.

Was den besonderen Wert dieses originellen und erfolgversprechenden Sprachkurses angeht, an dessen Ausarbeitung auch Gönen Güzey maßgeblich beteiligt war, ist die Erkenntnis, dass eine Sprache nur dann sinnvoll und effektiv erlernt werden kann, wenn der Lernende sich in gleichem Maße mit der Kultur des jeweiligen Landes befasst.

Louis Bazin
Honorarprofessor für Türkisch am
Institut National des Langues et
Civilisations Orientales

INHALT

Verzeichnis der Lektionen **Seite**

EINFÜHRUNG

Das heute in der Türkei gesprochene Türkisch gehört zu der großen Familie der Turksprachen, die in vielen Gebieten vom Balkan bis China (mit Schwerpunkt Zentralasien, aus dem die Turkvölker stammen) gesprochen wird. Die türkische Sprache gehört zu den altaischen Sprachen. Abgesehen von den 86 Millionen Türken in der Türkei gibt es noch zahlreiche Völker, die eine mit dem Türkischen mehr oder weniger verwandte Sprache sprechen. Manche davon sind nur weitläufige Verwandte wie das Kasachische, andere hingegen, z. B. das Usbekische oder das Aserbaidschanische, sind eng mit dem Türkischen verwandt.

Als die Türken von Zentralasien her in den Iran eindrangen, übernahmen sie nicht nur die islamische Religion, sondern auch die arabische Schrift und zahlreiche arabische und persische Wörter. Ein Teil dieser türkischen Bevölkerung, die Rumseldschuken, ließ sich später in Anatolien nieder. Im Laufe der sechs Jahrhunderte, über die sich das Osmanische Reich erstreckte (1300–1923), ist das Türkische durch viele Fremdwörter und insbesondere persische Ausdrücke bereichert worden. Es wurde dadurch für den nur wenig Gebildeten zu einer komplizierten und schwer zugänglichen Sprache.

Eine der wichtigsten Reformen, die nach der Gründung der Republik 1923 durchgeführt wurden, war die Umstellung von der arabischen Schrift auf das lateinische Alphabet. Auf diese Reform folgte bald der Versuch, die türkische Sprache von allen Lehnwörtern zu bereinigen, um eine rein türkische Sprache, **öz Türkçe**, zu schaffen. Ein fast utopischer Versuch, wenn man bedenkt, dass ein normaler türkischer Satz fast zur Hälfte aus Wörtern fremden Ursprungs besteht, die seit Jahrhunderten assimiliert wurden. Hier nur einige Beispiele: **hediye** „Geschenk“ (arabisch), **pazar** „Markt“ (persisch), **liman** „Hafen“ (griechisch).

Die Arbeit der „Gesellschaft für Türkische Sprache“ (**Türk Dil Kurumu – TDK**), die in der Vergangenheit mehrere Offensiven für eine gründliche Türkisierung der Sprache unternommen hat, wird heute durch die Massenmedien erheblich erschwert, die ununterbrochen eine große Zahl von Neologismen hervorbringen, deren Strukturen den Regeln der türkischen Wortbildung nicht immer folgen.

So erscheinen jeden Tag im Fernsehen oder in der Zeitung neue Wörter; nicht selten findet man in Texten Begriffe, die noch nicht im

Wörterbuch stehen, oder man stößt in einem kurzen Artikel über Literatur auf ein Dutzend unbekannter Wörter, deren Bedeutung noch keiner genau bestimmen kann ...

Dennoch liegt darin und in der Koexistenz eines arabisch-persischen und eines rein türkischen Wortschatzes eine der Besonderheiten der türkischen Sprache.

Die Bemerkungen über die Entwicklung des Wortschatzes – Zeichen einer unzweifelhaften Dynamik – dürfen kein negatives Bild des Türkischen vermitteln. Im Gegenteil: Es ist eine Sprache, die viele positive und ermutigende Aspekte aufweist! Die türkische Sprache, die ständig eine lexikalische Entwicklung durchmacht, besitzt hinsichtlich der Schreibweise ihrer Wörter keine festen Regeln; zusammengesetzte Begriffe können in einem oder in zwei Wörtern geschrieben werden; Akzente, die früher lange Vokale in einem Fremdwort kennzeichneten, verschwinden nach und nach. Zwar werden vom TDK in den Grammatikbüchern Normen festgelegt, jedoch unterliegen diese intellektuellen Strömungen und entwickeln sich nach gewisser Zeit anders als beabsichtigt. Im vorliegenden Buch wurde versucht, die in der Presse am häufigsten verwendeten Schreibweisen und Lesarten zu verwenden und dabei einen Mittelweg zwischen den archaischen und den avantgardistischen Formen zu suchen.

Das Türkische besitzt eine einfache und sehr logische Grammatik. Es beruht auf einem System von Suffixen, die Substantiven, Pronomen, Adjektiven, Adverbien und Verben und mitunter auch Infixen hinzugefügt werden („agglutinierende Sprache"). Sie verändern die Struktur des Wortes und ermöglichen es, einen komplexen Sachverhalt mit wenigen Wörtern oder sogar nur mit einem Wort auszudrücken: **karşıdakiler** „diejenigen, die gegenüberstehen" oder **yaptırmayacağız** „wir werden nicht tun lassen".

Im Türkischen gibt es kein grammatisches Geschlecht und keinen Artikel außer **bir** „ein, eine", außerdem nur wenige Ausnahmen. Das erleichtert das Lernen erheblich und ermöglicht, schon nach kurzer Lernzeit aussagekräftige Sätze zu bilden. Das Einzige, mit dem sich der Lernende zuerst einmal vertraut machen muss, ist die „Vokalharmonie", die jedoch so einleuchtend und logisch ist, dass sie schon nach kurzer Zeit „in Fleisch und Blut" übergeht.

TÜRKISCH OHNE MÜHE MIT ASSIMIL

Dieser Kurs richtet sich sowohl an Personen, für die das Türkische noch eine völlig unbekannte Sprache ist, als auch an Personen, die bereits über Türkischkenntnisse verfügen und diese gerne etwas auffrischen möchten. Es vermittelt in 71 Lektionen modernes und lebensnahes Türkisch. Insgesamt umfasst der Wortschatz, den Sie in diesem Kurs erlernen, etwas mehr als 2.000 Vokabeln.

Schon in den ersten Lektionen dieses Kurses werden Ihnen die Grundstrukturen der Sprache und ein moderner Grundwortschatz in idiomatischen, d. h. in der Umgangssprache gebräuchlichen Sätzen, dargelegt. Die Progression, d. h. die langsame Steigerung von Tempo, Umfang und Schwierigkeit des Stoffs, wird reibungslos und auf natürliche Weise vor sich gehen – vorausgesetzt, Sie arbeiten getreu der Assimil-Methode. Was das bedeutet, wird weiter unten noch ausführlich beschrieben.

Türkisch ohne Mühe präsentiert Ihnen die Sprache so, wie man ihr im täglichen Leben begegnet. Durch den lebendigen Kontext werden Sie sich sehr schnell wohl fühlen. Die Assimil-Methode bietet eine natürliche Progression: Lassen Sie sich leiten, und Sie werden sehr bequem Ihr Ziel erreichen.

Das Geheimnis der natürlichen **Assimilierung** bei Assimil ist die **Regelmäßigkeit des Lernens**: 15–20 Minuten täglich in Gesellschaft Ihres Kurses, und Sie werden schnell Fortschritte machen. Haben Sie einmal wenig Zeit, so vermindern Sie die Lerndosis lieber, als dass Sie sie ganz streichen. Sie müssen nicht pro Tag eine Lektion durcharbeiten, sondern können eine Lektion auf zwei oder drei Tage verteilen. Lernen Sie nicht „zwischen Tür und Angel“ oder wenn Sie unter Stress stehen oder zu müde sind. Wählen Sie zum Lernen einen Ort und eine Tageszeit, der bzw. die auf Ihre Lerngewohnheiten abgestimmt ist.

Lernen Sie nicht auswendig. Die bessere Art, sich eine Fremdsprache anzueignen (zu assimilieren), ist wiederholtes Lesen und vor allem Anhören der Dialoge und Übungstexte.

Lesen Sie auf jeden Fall die vorliegende Einführung und die **Erläuterungen zur Aussprache**. Beides ist eine wichtige Ergänzung zu den Tonaufnahmen; außerdem wird hier beschrieben, wie Sie die vereinfachte Lautschrift lesen.

Vor allem in den ersten Tagen Ihres Studiums sollten Sie sich die **Lautbeschreibungen** regelmäßig ansehen und sich mit den Lauten des Türkischen vertraut machen. Sie können die Lautbeschreibungen in der vorliegenden Einführung außerdem jederzeit zum Nachschlagen benutzen.

Am Ende des Kurses finden Sie einen umfangreichen **grammatikalischen Anhang**, in dem Sie ausführliche Informationen zu allen in diesem Kurs behandelten Grammatikthemen finden, sowie ein türkisch-deutsches Wörterverzeichnis mit allen im Kurs vorkommenden Wörtern und der Angabe der Lektion(en), in der bzw. denen das Wort vorkommt.

Begleitend zum Buch können Sie auf vier Audio-CDs oder einer MP3-CD die fremdsprachigen Tonaufnahmen aller Lektions- und Verständnisübungstexte erwerben. Für alle, die gerne am Computer arbeiten, bieten wir diesen Sprachkurs auch als Sprachlernsoftware an.

PASSIVE UND AKTIVE PHASE

Wie alle Assimil-Kurse gliedert sich auch dieser Kurs in eine passive und eine aktive Phase (auch „Zweite Welle“ genannt). Bis Lektion 35 lernen Sie zunächst passiv, d. h. Sie sollen nur verstehen, was Sie lesen und was Sie hören. Sie sollten möglichst oft die Aufnahmen anhören, die Sätze nachsprechen, die Anmerkungen lesen und die Übungen absolvieren. In dieser Phase bilden Sie noch keine eigenen Sätze, sondern sammeln lediglich passiv Wortschatz an.

Mit Lektion 36 beginnt die aktive Phase oder „Zweite Welle“. Sie finden nun am Ende jeder Lektion den Hinweis „Zweite Welle:“, gefolgt von einer Lektionsnummer. Nachdem Sie eine Lektion wie gewohnt studiert haben, gehen Sie zurück zu der angegebenen Lektion und arbeiten diese aktiv durch, d. h. Sie sollen den deutschen Dialog auf der rechten Buchseite auf Türkisch formulieren, wobei Sie die linke Buchseite zudecken. Dies üben und wiederholen Sie so lange, bis Sie den Text korrekt in die Fremdsprache übersetzen können.

Sie werden erstaunt sein, wie viele Kenntnisse Sie bis dahin, fast ohne Mühe und intuitiv, erworben haben.

AUFBAU DER LEKTIONEN

A. Lektionstext und Übersetzung

Auf jeder linken Buchseite finden Sie den fremdsprachigen Lektionstext, auf der gegenüberliegenden Buchseite die deutsche Übersetzung, die eine sinngemäße Übersetzung ist. Um Ihnen vor allem am Anfang das Verständnis zu erleichtern und weil sich der türkische Satzbau stark vom deutschen unterscheidet, haben wir bis Lektion 20 unter jedem türkischen Satz eine wörtliche Übersetzung angegeben. Diese Übersetzung mag zugegebenermaßen etwas „unelegant" sein, aber sie ermöglicht Ihnen zu erkennen, welches türkische Wort welchem deutschen Wort entspricht und sich so langsam mit dem türkischen Satzbau vertraut zu machen.

Jedes Suffix und jede Partikel in der wörtlichen Übersetzung wird durch einen Strich vom Wort abgetrennt, damit Wortstamm und Bedeutung der einzelnen Bestandteile klar erkennbar sind. Beispiel: **ev-ler-de** „Häuser-die-in". In seltenen Fällen ist ein Suffix in der Übersetzung nur mit einem Stern wiedergegeben, d. h. dass es hierfür keine sinnvolle Entsprechung im Deutschen gibt. Da Pronomen im Türkischen in den Personalendungen enthalten sind, erscheinen sie in der deutschen Übersetzung in eckigen Klammern: „müde-bin [ich]; arbeiten[wir]".

Ab Lektion 22 finden Sie keine wörtliche Übersetzung mehr unter dem türkischen Text. Dafür haben wir an den Stellen, an denen es nötig ist, die wörtliche Übersetzung in die sinngemäße Übersetzung integriert. Jedes Wort oder jede Wortgruppe in Klammern entspricht dann einer wörtlichen Übersetzung des Türkischen, wenn das Deutsche die Idee anders ausdrückt.

Satzteile oder Ausdrücke im Deutschen, die im türkischen Text nicht vorhanden sind, jedoch für das Verständnis oder für die syntaktische Korrektheit des Deutschen wichtig sind, sind mit eckigen Klammern versehen [...].

Im türkischen Lektionstext sind die betonten Silben durch Fettdruck gekennzeichnet. Die Betonungsregeln werden ausführlich in Lektion 28 erläutert.

Eingekreiste Zahlen am Satzende im türkischen Dialog verweisen auf die Anmerkungen (siehe Punkt C.).

B. Vereinfachte Lautschrift / Aussprache

Unter dem Lektionstext finden Sie einen mit **OKUNUŞ** („Aussprache“) überschriebenen Absatz, der den Lektionstext in vereinfachter Lautschrift wiedergibt. Hierbei handelt es sich *nicht* um die internationale Lautschrift, sondern eine speziell von ASSIMIL entwickelte Phonetik, die Ihnen die Aussprache des Türkischen erleichtern soll. Bis Lektion 13 wird jeweils der gesamte Dialog in vereinfachter Lautschrift wiedergegeben, ab Lektion 15 nur noch die Ausdrücke und Wörter, deren Aussprache schwierig oder ungewöhnlich ist. Im gesamten Buch ist die Lautschrift in Kursivschrift gedruckt und in eckige Klammern ([*phonetisches Zeichen*]) eingeschlossen.

Wie Sie die Phonetik lesen, wird in der vorliegenden Einführung erläutert. Wichtig ist, dass Sie diese Laute (auch wenn es am Anfang vielleicht ein bisschen verwirrend ist) so lesen, wie sie dort stehen, und zwar einzeln und nacheinander (z. B. ei wie e-i, und nicht wie ei). Ansonsten haben wir in der vereinfachten Lautschrift sämtliche unverständlichen und wissenschaftlichen Zeichen vermieden.

C. Anmerkungen

Eingekreiste Zahlen im türkischen Lektionstext verweisen auf die Anmerkungen, die grundsätzlich auf der gleichen Buchdoppelseite zu finden sind; das erspart Ihnen umständliches Hin- und Herblättern. Die Anmerkungen enthalten in Kürze wichtige Informationen zum Verständnis des jeweiligen Satzes, eines Satzteils oder eines Wortes bzw. deren Grammatik, ergänzenden Wortschatz, Synonyme und Antonyme zu bestimmten Wörtern und gelegentlich landeskundliche Details.

D. Verständnisübung mit Lösung

Die 1. Übung jeder Lektion ist eine aus wenigen türkischen Sätzen bestehende Verständnisübung, in der das Vokabular der aktuellen Lektion und auch der letzten Lektionen wieder aufgegriffen und in einen anderen Kontext eingebettet wird. Anhand dieser Übung können Sie feststellen, ob Sie den bisher gelernten Wortschatz verstanden und assimiliert haben. Die Lösung dieser Übung finden Sie in Form der deutschen Übersetzung der Übungssätze auf der gegenüberliegenden rechten Buchseite. Beachten Sie noch, dass die Übungssätze keine wörtliche, sondern eine sinngemäße Übersetzung darstellen.

E. Lückentextübung mit Lösung

Die 2. Übung jeder Lektion ist eine Lückentextübung, die ebenfalls auf dem bislang erlernten Vokabular basiert. Hier sollen Sie auf der Grundlage der angegebenen deutschen Sätze in die darunter stehenden türkischen Sätze fehlende Wörter einsetzen. Die „Lücken" werden durch Punkte dargestellt, wobei jeder Punkt für einen Buchstaben steht. Endet ein Satz mit einer „Lücke", so ist der Schlusspunkt des Satzes fett gedruckt. Die Lösung zu dieser Übung, d. h. die fehlenden Wörter, die Sie einsetzen müssen, finden Sie auf der gegenüberliegenden rechten Buchseite.

F. Motivationshinweise

Gelegentlich finden Sie in den Anmerkungen kleine Lernhinweise, die dazu dienen sollen, Sie zu ermuntern und zu motivieren, Sie also sozusagen „bei Laune zu halten". Sie enthalten auch wichtige Tipps für das effektive Lernen und für Situationen, in denen Sie auf Schwierigkeiten stoßen oder in denen Sie sich demotiviert fühlen.

G. Wiederholungslektionen

Jede 7. Lektion ist eine Wiederholungslektion. Hier wird in systematischer Form die Grammatik der vergangenen sechs Lektionen wiederholt, vertieft und anhand von Beispielen erläutert. In diesen Lektionen finden Sie u. a. auch Konjugations-, Deklinations- und Wortschatzlisten, die Sie vielleicht in den Lektionen vermisst haben. Zur Auflockerung enthalten einige dieser Lektionen auch landeskundliche Informationen. Zu den Wiederholungslektionen gibt es keine Tonaufnahmen.

H. Illustrationen

Schenken Sie schließlich auch unseren mit viel Liebe gemachten Illustrationen ein bisschen Aufmerksamkeit. Jede Karikatur dreht sich um einen Satz aus der jeweiligen Lektion. Vielleicht helfen Ihnen die Illustrationen, sich bestimmte Wendungen oder Ausdrücke besser zu merken, weil Sie sie mit einem Bild bzw. einer Situation verbinden können.

I. Tonaufnahmen

Sie können zwar auch mit dem Buch alleine lernen, wir empfehlen Ihnen dennoch dringend, die Tonaufnahmen (vier Audio-CDs oder eine MP3-CD) zu erwerben. Sie enthalten sämtliche türkischen Lektionstexte sowie die türkischen Texte der Verständnisübung. Professionelle Sprecherinnen und Sprecher gewährleisten eine hohe Authentizität in Aussprache, Betonung und Satzmelodie. Zu Beginn werden die Lektionstexte relativ langsam gesprochen, im Laufe der Lektionen steigert sich das Sprechtempo zu dem typischen, recht schnellen Türkisch, wie Sie es unter Türkischsprechern hören. Die Wiederholungslektionen sind nicht auf den Aufnahmen enthalten.

Der Akzent, den Sie auf den Aufnahmen hören, ist der des in Istanbul gesprochenen Türkisch. Selbstverständlich gibt es in der Türkei darüber hinaus zahlreiche weitere Dialekte.

ARBEITSWEISE

1. Lesen Sie zunächst die vorliegende Einführung, vor allem die Lautbeschreibungen, aufmerksam durch.

2. Hören Sie sich zunächst Ihre Lektion mehrmals hintereinander auf den Tonaufnahmen an, und vergleichen Sie die Aussprache mit der vereinfachten Lautschrift unter dem Lektionstext.

3. Hören Sie sich dann die Aufnahmen erneut an, und lesen Sie den türkischen Text Satz für Satz laut mit, wobei Sie versuchen können, der Aussprache des Sprechers möglichst nahe zu kommen. Lesen Sie auch die Übersetzung auf der rechten Seite.

4. Lesen Sie die Anmerkung zu jedem Satz, zu dem eine Anmerkung vorliegt.

5. Hören Sie sich am Ende die Lektion noch einmal komplett auf den Tonaufnahmen an.

6. Lesen Sie jeden Satz so oft laut, bis Sie ihn wiederholen können, ohne ins Buch zu sehen.

7. Hören Sie sich die Lektion noch einmal komplett an.

8. Wenn Sie den gesamten Lektionstext verstanden, sich die Aussprache angesehen und die Anmerkungen gelesen haben, absolvieren Sie die Verständnisübung, am besten schriftlich.

9. Arbeiten Sie anschließend, am besten schriftlich, die Lückentextübung durch, natürlich ohne zwischendurch auf die Lösung zu sehen!

10. Gehen Sie erst dann zur nächsten Lektion über, wenn Ihnen die aktuelle Lektion keinerlei Schwierigkeiten mehr bereitet und Sie den gesamten Text gut verstehen!

DIE AUSSPRACHE DES TÜRKISCHEN

Die türkischen Laute stellen für einen Deutschen keine größere Schwierigkeit dar; sie werden mit wenigen Ausnahmen so gesprochen wie sie geschrieben werden.

Das türkische Alphabet besteht aus 29 Buchstaben:
a, **b**, **c**, **ç**, **d**, **e**, **f**, **g**, **ğ**, **h**, **ı**, **i**, **j**, **k**, **l**, **m**, **n**, **o**, **ö**, **p**, **r**, **s**, **ş**, **t**, **u**, **ü**, **v**, **y**, **z**.

Die Buchstaben **q**, **w**, **x** und **ß** fehlen. Dafür gibt es Zeichen mit einem „Cedille" wie z. B. **ç** und **ş**.

Wir wollen hier nur auf die Laute eingehen, die sich von der deutschen Aussprache unterscheiden; die restlichen Laute werden hier nicht behandelt.

A. Vokale

Hier ist als einziger dem Deutschen unbekannter Vokal der Buchstabe **I** bzw. **ı** (ein i ohne Punkt) zu nennen, ein Laut, der sehr nahe an ein kurzes und unbetont gesprochenes deutsches [*ö*] herankommt, wie wir es z. B. in Wörtern wie „Liebe", „Hafen" usw. hören. Er wird in der Assimil-Phonetik mit [*ë*] transkribiert.

B. Konsonanten

Das Türkische verfügt über einige Konsonanten, die für einen deutschen Lerner erklärungsbedürftig sind:

Buchstabe	Phonetisches Zeichen und Aussprachebeschreibung
C, c	[*dsch*]; wie im Anlaut von „Dschungel" oder im Wort „Jeans"
Ç, ç	[*tsch*]; wie in „Hatschi"
ğ	[*h*]; ein stummer Laut, der einen Vokal verlängert (existiert nicht als Anlaut)
H, h	[*ch*]; (etwa wie in „Kachel")
L, l	[*l*]; dieser Laut ist im Türkischen ein „Resonanz-l", bei dem die Zungenspitze nach oben an den Gaumen gerollt wird
R, r	[*r*]; leicht gerolltes r
S, s	[*ß*]; stimmloses s wie in „fast"
Ş, ş	[*sch*]; wie in „Schule"
Y, y	[*j*]; wie in „Yacht"
Z, z	[*s*]; stimmhaftes s wie in „Hase".

Besonderheiten:
In Wörtern arabischen Ursprungs findet man gelegentlich den Buchstaben **â**; **g** und **k** vor diesem Buchstaben werden [*gj*] und [*kj*] gesprochen. So spricht man z. B. **rüzgâr** [*rüsgjar*] und **hikâye** [*hikjaje*] aus. Die oben gezeigte Tabelle finden Sie noch einmal zum schnellen Nachschlagen auf der vorletzten Buchseite.

Vergessen Sie nicht, diese Erklärungen zur Aussprache besonders in der ersten Zeit Ihres Türkisch-Studiums regelmäßig durchzulesen und vor allem bei Zweifeln und Schwierigkeiten immer heranzuziehen, um keine „Lücken" und Unklarheiten entstehen zu lassen. Und jetzt bleibt uns nur noch, Ihnen viel Erfolg mit „Türkisch ohne Mühe" zu wünschen, und zwar gleich auf Türkisch:

Kolay gelsin! „Viel Glück!"

VIEL SPASS MIT DIESEM BUCH!

▶ BİRİNCİ (1.) DERS

İKİ GENÇ ①②
(Zwei jugendlich)

1 Meh**met** i**yi** bir genç. **O** öğren**ci**. ③④⑤
(Mehmet nett[er] ein Jugendlich[er]. Er Student.)

2 Ay**şe** gü**zel** bir kız. **O** da öğren**ci**. ③④⑤
(Ayşe schön[es] ein Mädchen. Sie auch Student[in].)

3 On**lar** öğren**ci**. ⑥⑦
(Sie Student[en].)

AUSSPRACHE

[*birindschi derß iki gentsch* **1** *mechmet iji bir gentsch o öhrendschi* **2** *aische güsel bir kës o da öhrendschi* **3** *onlar öhrendschi*]

Im Moment sollen Sie den türkischen Text lediglich verstehen. Zur Erleichterung finden Sie unter den türkischen Lektionssätzen eine wörtliche Übersetzung. Die Satzteile in eckigen Klammern sind Satzteile, die im Türkischen nicht vorhanden sind, im Deutschen jedoch aus Gründen des Verständnisses oder des Satzbaus erforderlich sind. Informationen zu Kursaufbau und Lernweise finden Sie in der Einleitung.

ERSTE LEKTION

ZWEI JUGENDLICHE

1 Mehmet ist ein netter Jugendlicher. Er ist Student.
2 Ayşe ist ein schönes Mädchen. Sie ist auch Studentin.
3 Sie sind Studenten.

ANMERKUNGEN

① **genç** ist das Eigenschaftswort „jung" oder das Hauptwort „Jugendliche/-r". Es kann auch „junger Mann" oder „junge Frau/Dame" heißen.

② **İki genç** „zwei Jugendliche": Das Hauptwort **genç** ist hier ein Plural (Mehrzahl), ohne dass eine Pluralendung vorhanden ist, denn hinter einer Zahl steht das Substantiv immer im Singular (Einzahl).

③ **bir** „ein, eine" ist Zahlwort und unbestimmter Artikel. Achtung: Wenn ein Adjektiv das Substantiv begleitet, steht **bir** zwischen diesen beiden: **iyi bir genç** „ein netter Jugendlicher"; **güzel bir kız** „ein schönes Mädchen".

④ **O** ist Personalpronomen („er, sie, es"). Es dient auch zur Betonung: **O öğrenci** „Er [ist] Student" oder „Dieser da [ist] Student". **O Mehmet** „Das da [ist] Mehmet".

⑤ **öğrenci** „Schüler", „Student". So wie **genç** „junger Mann" oder auch „junge Dame" heißt, heißt **öğrenci** „Student" oder „Studentin". Adjektive (Eigenschaftswörter) und Substantive (Hauptwörter) haben kein grammatisches Geschlecht.

⑥ **Onlar öğrenci** „Sie (diese da) [sind] Studenten". **öğrenci** ist unbestimmt und bezeichnet hier eine Kategorie von Personen. Daher bleibt das Wort im Singular.

⑦ In diesen drei Sätzen haben Sie bemerkt, dass das Verb „sein" im türkischen Satz nicht enthalten war. In der Gegenwart, vor allem in der gesprochenen Sprache, wird es in der 3. Person (Singular und Plural) kaum benutzt.

Lerntipp: *Sie haben wahrscheinlich sofort bemerkt, dass sich der türkische Satzbau erheblich vom deutschen unterscheidet. Ein Grund mehr, sich keine einzelnen Vokabeln, sondern Sätze und Wendungen immer als Ganzes einzuprägen!*

4 **Bu** öğrenci**ler** ze**ki** ve çalış**kan**. ⑧⑨
(Dies[e] Studenten-die klug und fleißig.)

5 Bu i**ki** genç i**çin** ders**ler çok** öneml**i**. ②⑧⑨⑩
(Dies[e] zwei Jugendlich[en] für Lektionen-die sehr wichtig.)

6 Bu genç**ler** i**çin** ha**yat** da **çok** gü**zel**!
(Dies[e] Jugendlich[en]-die für Leben auch sehr schön!)

AUSSPRACHE

[*__4__ bu öhrendschiler seki we tschaleschkan __5__ bu iki gentsch itschin derßler tschok önemli __6__ bu gentschler itschin hajat da tschok güsel*]

In der Verständnisübung können Sie kontrollieren, ob Sie die kennengelernten Wörter in einem veränderten Kontext beim Anhören und Lesen verstehen können. ▼

1. ÜBUNG: VERSTEHEN SIE DIESE SÄTZE?

❶ İyi bir ders. ❷ İki güzel kız. ❸ Mehmet çok zeki. ❹ Bu gençler çalışkan. ❺ Ayşe için bu ders çok önemli. ❻ Öğrenciler için hayat güzel.

Jeder Punkt entspricht einem Buchstaben. ▼

2. ÜBUNG: SETZEN SIE DIE FEHLENDEN WÖRTER EIN!

❶ Ein schönes Mädchen.
. . . . . bir kız.

❷ Zwei Studenten.
İki . . . .

❸ Die Lektionen sind sehr wichtig.
. . . . önemli.

❹ Mehmet ist ein netter Junge.
Mehmet . . . . . . genç.

4 Diese Studenten sind klug und fleißig.
5 Für diese zwei Jugendlichen sind die Lektionen sehr wichtig.
6 Für diese Jugendlichen ist auch das Leben sehr schön!

ANMERKUNGEN

⑧ **Bu** heißt „dieser, -e, -es". Es kann also für alle drei Geschlechter (Genus) ebenso wie für Singular und Plural (Numerus) angewandt werden: **Bu öğrenciler** kann „diese Studenten" und „diese Studentinnen" heißen. **öğrenciler** ist die Pluralform von **öğrenci**.

⑨ **öğrenci-ler** „die Studenten"; **ders-ler** „die Lektionen". **-ler** ist eine Pluralendung. Sie wird an Substantive angehängt. Wir geben dies in unserer wörtlichen Übersetzung mit einem angehängten „die" wieder, auch wenn dies keine exakte Entsprechung ist.

⑩ **ders** kann „Lektion", aber auch „Unterricht" heißen.

Der erste Kontakt mit Türkisch hat zwei erfreuliche Überraschungen gebracht: Erstens: Substantive, Adjektive, Artikel, Pronomen und Demonstrativpronomen kennen kein Maskulinum, Femininum bzw. Neutrum. Wir werden diese Formen in der wörtlichen Übersetzung je nach Kontext wiedergeben, um Ihnen die Lektüre zu erleichtern. Zweitens: Das Verb „sein" in der 3. Person entfällt; ein Satz ist schon komplett, wenn er z. B. nur aus Subjekt und Adjektiv besteht. Und: Das Türkische ist eine Sprache mit zahlreichen Suffixen (Nachsilben). Dem ersten, nämlich dem Pluralsuffix, sind Sie eben begegnet. Sie sehen: Bis hierher ist es gar nicht so schwer!

LÖSUNG DER 1. ÜBUNG: HABEN SIE VERSTANDEN?

❶ Eine gute Lektion. ❷ Zwei schöne Mädchen. ❸ Mehmet ist sehr klug. ❹ Diese Jugendlichen [sind] fleißig. ❺ Für Ayşe ist diese Lektion/dieser Unterricht sehr wichtig. ❻ Für die Studenten [ist] das Leben schön.

LÖSUNG DER 2. ÜBUNG: DIE FEHLENDEN WÖRTER.

❶ Güzel ❷ öğrenci ❸ Dersler çok ❹ iyi bir.

▶ İKİNCİ (2.) DERS

DENİZE GİDELİM ①

(Meer-zu gehen[wir])

1 – **Mer**haba Meh**met**. **Na**sılsın? ②③
(Hallo Mehmet. Wie-bist[du]?)

2 – **Çok** iy**i**yim. Teşek**kür** ede**rim**. **Sen na**sılsın? ④⑤⑥
(Sehr gut-bin[ich]. Danke mache[ich]. Du wie-bist[du]?)

3 – **Ben** de **iyi**yim. Ne **var** ne **yok**? ⑦
(Ich auch gut-bin[ich]. Was gibt [es], was gibt [es] nicht?)

4 – **Bu**gün ha**va çok** gü**zel**, de**ğil** mi? ⑧⑨
(Dieser Tag Luft sehr schön, [ist-es] nicht-?)

5 – **E**vet, **çok** gü**zel**.
(Ja, sehr schön.)

OKUNUŞ

[*o-ku-nusch*]

[*ikindschi derß denise gidelim* **1** *merchaba mechmet naßëlßën* **2** *tschok ijijim teschekkür ederim ßen naßëlßën* **3** *ben de ijijim ne war ne jok* **4** *bugün chawa tschok güsel dehil mi* **5** *ewet tschok güsel*]

> ***Lerntipp:*** *Vergessen Sie nicht, sich die Kurseinleitung durchzulesen. Sie beinhaltet viele Informationen über die Arbeitsweise in diesem Kurs.*

ANMERKUNGEN

① **Deniz-e gidelim** „gehen wir ans/zum Meer“: Das **-e** weist auf eine Bewegung in eine bestimmte Richtung hin. Es wird an das Wort **deniz** angehängt. Ohne Suffix steht **deniz** im Nominativ. Merken Sie sich im Moment einfach **Gidelim!** „Gehen wir!“. **gidelim** kommt vom Verb **gitmek** „gehen“.

ZWEITE LEKTION

GEHEN WIR ANS MEER

1 – Hallo, Mehmet. Wie geht es dir?
2 – Sehr gut. Danke. Und dir?
3 – Mir geht es auch gut. Was gibt es Neues?
4 – Heute ist das Wetter schön, nicht wahr?
5 – Ja, sehr schön.

② **Merhaba** „Hallo", „Guten Tag" ist eine familiäre und sehr gebräuchliche Grußformel, die auch unter Fremden benutzt werden kann.

③ **Nasılsın** (wörtlich „Wie bist du?") bedeutet „Wie geht es dir?". **-sın** heißt „du bist". Das Personalpronomen „dir" ist schon im Verb enthalten.

④ **Çok iyi-y-im** (wörtlich „Ich bin sehr gut"): „Es geht mir gut". **iyi** bedeutet „gut", **-im** ist die Endung für die 1. Person Singular („ich"). Das dazwischenliegende **-y-** erscheint, wenn, wie im Falle von **iyi** und **im**, zwei Vokale aufeinandertreffen. Anders ist es z. B., wenn das Adjektiv mit einem Konsonanten endet: **Güzel-im** „Ich bin schön".

⑤ **Teşekkür ederim** (wörtlich „Ich mache Dank") heißt „Ich danke Ihnen" oder „Ich danke dir" oder schlicht und einfach „Danke".

⑥ **Sen nasıl-sın?** „Wie geht es dir?". Das Pronomen (in diesem Beispiel **sen**) dient dazu, noch einmal die Person zu betonen. Wie in Satz 1 ist die Person schon im Verb enthalten. Für die 3. Person, in der es normalerweise keine Verbendung gibt, verwendet man die Pronomen **o** (Singular) bzw. **onlar** (Plural): **o öğrenci** „er [ist] Student"; **onlar öğrenci** „sie [sind] Studenten".

⑦ Die Partikel **de** bzw. **da** bedeutet „auch". Sie kennen sie bereits: **o da öğrenci** „sie ist auch Studentin".

⑧ **hava** heißt eigentlich „Luft", hier ist jedoch „Wetter" gemeint. Dieser Satz enthält im Türkischen kein Verb.

⑨ **değil mi?** „nicht wahr?". **değil** ist eine Verneinung („nicht/kein, -e"). Die Partikel **mi** ist eine Fragepartikel.

6 – Deni**ze git**mek isti**yo**rum. **Hay**di bera**ber** gide**lim**. ⑩
(Meer-zu gehen will[ich]. Los zusammen gehen[wir]!)

7 – **Ha**yır. Müm**kün** de**ğil**. Ben **ders** çalış**mak** isti**yo**rum. ⑪
(Nein. Möglich nicht[ist-es]. Ich Lektion arbeiten will[ich].)

8 – **Pe**ki, **iyi** gün**ler**. ⑫
(Also gut, gut Tage.)

9 – **Gü**le gü**le**. ⑬
(Lächelnd lächelnd [geh]!)

OKUNUŞ

[***6*** *denise gitmek ißtijorum haidi beraber gidelim* ***7*** *hajër mümkün dehil ben derß tschalëschmak ißtijorum* ***8*** *peki iji günler* ***9*** *güle güle*]

1. BU CÜMLELERİ ANLIYOR MUSUNUZ?

[*bu dschümleleri anlëjor mußunus*]

❶ Nasılsın? Ne var ne yok? ❷ Teşekkür ederim. ❸ Hava güzel değil. ❹ Beraber denize gidelim. ❺ Derse gitmek istiyorum. ❻ Bugün ders çalışmak mümkün değil.

2. BOŞLUKLARI DOLDURUNUZ.

[*boschluklarë doldurunus*]

❶ Wie geht es dir?

. . . . ?

❷ Gehen wir ans Meer!

. . . . . . gidelim!

❸ Es geht mir sehr gut.

Çok . . . .

6 – Ich will ans Meer gehen. Los! Gehen wir zusammen!
7 – Nein. Es ist nicht möglich. Ich will meine Lektionen lernen.
8 – Also gut, auf Wiedersehen!
9 – Auf Wiedersehen!

ANMERKUNGEN

⑩ **istiyorum** „ich will, ich möchte“. Hier wird die Person nur durch die Endung ausgedrückt. Sie könnten auch **ben istiyorum** sagen; „ich“ würde dann betont.

⑪ **ders çalışmak** (wörtlich „Lektion arbeiten“) bedeutet „die Lektion lernen“ oder einfach „lernen“.

⑫ **Peki** heißt „gut“, „einverstanden“, „also dann ...“.

⑬ **Güle güle** (wörtlich „lächelnd lächelnd“). Im Deutschen gibt es keine entsprechende Abschiedsformel. Wir haben es daher mit „Auf Wiedersehen“ wiedergegeben.

1. ŞİMDİ ANLADINIZ MI?

[*schimdi anladënës më*]

❶ Wie geht es dir? Was gibt es Neues? ❷ Danke schön. ❸ Das Wetter [ist] nicht schön. ❹ Gehen wir zusammen ans Meer. ❺ Ich will zum Unterricht gehen. ❻ Heute ist es nicht möglich, seine Lektionen zu lernen.

④ Danke schön.

. . . . ederim.

⑤ Was (gibt es) Neues?

Ne . . . . ?

⑥ Es ist nicht möglich.

Mümkün . . . . . .

⑦ Auf Wiedersehen (gut Tage). Auf Wiedersehen (Lächelnd lächelnd).

İyi . . . . Güle . . . . .

ÜÇÜNCÜ (3.) DERS

İS**TAN**BUL'DA ①
(İstanbul'in)

1 – Affe**der**siniz, beye**fen**di. **Bu**ralarda i**yi** bir o**tel var** mı? ②③④
(Verzeihen[Sie], Herr. Hier-die-in gut ein Hotel gibt [es]-?)

2 – **Ha**yır, **hiç** yok.
(Nein, gar-keins gibt-nicht.)

3 – **Ne**rede **var**? ④
(Wo-in gibt [es]?)

OKUNUŞ

[*ütschündschü derß ißtanbulda* **1** *affederßinis bejefendi buralarda iji bir otel warmë* **2** *hajër hitsch jok* **3** *nerede war*]

ANMERKUNGEN

① **İstanbul'da** „in Istanbul". **da** kennzeichnet den Lokativ, d. h. den Ortsfall, und bedeutet „in, auf, an". Steht **da** hinter einem Ortsnamen, so wird es durch ein Hochkomma von diesem abgetrennt.

2. BOŞLUKLARA GELEN SÖZCÜKLER.

[*boschluklara gelen ßös-dschükler*]
❶ Nasılsın ❷ Denize ❸ iyiyim ❹ Teşekkür ❺ var ne yok ❻ değil
❼ günler - güle.

Lerntipp: *In den ersten Lektionen liegt der Schwerpunkt auf dem Hören und Verstehen des Türkischen. Sehen Sie sich möglichst oft die Liste der Laute in der Einleitung an. Sprechen Sie die Wörter langsam, laut und deutlich und zögern Sie nicht, Wörter oder Sätze, bei denen Sie „steckenbleiben", mehrmals zu üben. Klappt es mit dem Nachsprechen noch nicht so ganz, werden Sie nicht ungeduldig. Mit der Zeit wird es besser werden.*

DRITTE LEKTION

IN ISTANBUL

1 – Entschuldigung, mein Herr. Gibt es in der Umgebung ein gutes Hotel?
2 – Nein, es gibt gar keins.
3 – Wo gibt es eins?

② **Affedersiniz** „Entschuldigen Sie" oder „Verzeihen Sie". Die Endung **-siniz** steht für die 2. Person Plural („ihr, Sie") und kennzeichnet die Höflichkeitsform.

③ **beyefendi** ist eine höfliche Anrede für einen Herrn.

④ **Bura-lar-da** bedeutet „in der Nähe", „in der Umgebung". **-lar** ist ebenso Pluralendung wie **-ler** (**ders-ler**, **öğrenci-ler**). Ob ein Suffix auf **-e** oder **-a** endet oder ob die Pluralendung **-ler** oder **-lar** lautet, richtet sich nach der sogenannten „Vokalharmonie": Enthält die letzte Silbe eines Wortes die Vokale **e**, **i**, **ö** oder **ü**, wird das Suffix mit **e** gebildet (beim Lokativ z. B. **-de**); nach Silben mit den Vokalen **a**, **ı**, **o**, **u** wird das Suffix mit **a** gebildet. Beispiele: **otel** – **otel-ler**; **taksi** – **taksi-ler**; **kız** – **kız-lar**; **nere-de**; **Taksim-de**.

4 – **Tak**sim'de. ④⑤
(Taksim'in.)

5 – **Tak**sim **uzak** mı? ⑥
(Taksim weit-?)

6 – Çok u**zak de**ğil. **A**ma oto**büs**le **git**mek **la**zım. ⑦
(Sehr weit nicht. Aber Bus-mit fahren notwendig.)

7 – **Ben tak**siyle **git**mek isti**yo**rum. **Çok yor**gunum. ⑧⑨
(Ich Taxi-mit gehen will[ich]. Sehr müde-[bin ich].)

8 – Fa**kat**, **şu an**da **tak**si **yok**. **Şim**di oto**büs** geli**yor**. ⑩⑪
(Aber, dieser Moment-in Taxi gibt nicht. Jetzt Autobus kommt.)

OKUNUŞ

[***4*** *takßim de* ***5*** *takßim usak më* ***6*** *tschok usak dehil ama otobüßle gitmek lasëm* ***7*** *ben takßiile gitmek ißtijorum tschok jorgunum* ***8*** *fakat schu anda takßi jok schimdi otobüß gelijor*]

Lerntipp: *Konzentrieren Sie sich gegenwärtig ganz auf das Verstehen des Textes. Lernen Sie möglichst täglich – mehr als 15-20 Minuten müssen es nicht sein. Machen Sie sich keine Gedanken über Dinge, die vielleicht bis jetzt noch nicht erklärt wurden; die Erklärung wird zu gegebener Zeit kommen. Betrachten Sie die Anmerkungen als einen guten Freund, der Sie auf Ihrem Weg begleitet und Ihnen das, was Sie im Moment verstehen müssen, geduldig auseinandersetzt. Hören Sie sich, wenn Sie eine neue Lektion beginnen, diese zunächst immer ein paar Mal im Ganzen an, bevor Sie beginnen, sich mit den einzelnen Sätzen zu befassen. Und wenn Sie an einem Tag einmal wenig Zeit zum Lernen haben, so reicht es schon aus, wenn Sie sich die Tonaufnahmen Ihrer aktuellen Lektion mehrmals anhören. Wichtig ist, dass Sie die Sprache täglich im Ohr haben!*

4 – In Taksim.
5 – Ist Taksim weit?
6 – Nicht sehr weit. Aber Sie müssen mit dem Bus fahren.
7 – Ich will mit dem Taxi hinfahren. Ich bin sehr müde.
8 – Es gibt im Moment aber kein Taxi. Gerade kommt der Bus.

ANMERKUNGEN

⑤ **Taksim** ist das zentrale Viertel Istanbuls nördlich vom Goldenen Horn. Hier findet man viele Geschäfte, Hotels, Flug- und Busgesellschaften sowie Konsulate (unter anderem auch das deutsche).

⑥ **mı** ist eine Fragepartikel. Sie steht hinter Substantiven, Adjektiven, Verben usw. und folgt ebenfalls den Regeln der Vokalharmonie. Das bedeutet z. B.: Nach **değil** lautet die Partikel **mi**, nach **uzak** oder **var** lautet sie **mı**. Wir machen diese Partikel, deren Endvokal je nach vorangegangenem Vokal variieren kann, in der wörtlichen Übersetzung durch „-?" kenntlich.

⑦ Die Endung -**le** kommt von **ile** „mit". Endet ein Wort mit einem Vokal, so wird zwischen dem Wort und der Endung -**le** noch ein **y** eingeschoben: -**y-le**. Beispiel: **taksi-y-le** „mit dem Taxi". Die Variationen dieses Suffixes nach den Regeln der Vokalharmonie werden später noch besprochen.

⑧ Neben Bus und Taxi gibt es in der Türkei noch den **Dolmuş** ([*dolmusch*] wörtlich „gefüllt"), ein Sammeltaxi, in dem 6 bis 8 Personen Platz haben und das erst losfährt, wenn es voll ist. Für den **Dolmuş** gibt es zwar feste Routen, jedoch keine bestimmten Haltestellen. Man kann an jeder beliebigen Stelle ein- und aussteigen.

⑨ Hier lautet die Endung -**um** („ich bin"), weil die vorherige Silbe ein **u** enthält. Nach **iyi** würde sie -**im** heißen (Vokalharmonie!).

⑩ **şu** „dieser, -e, -es" ist wie **bu** ein Demonstrativpronomen. Während **bu** auf eine Person oder einen Gegenstand in der unmittelbaren Nähe weist, weist **şu** auf etwas Entferntes.

⑪ **geliyor** „er kommt" steht in der 3. Person Singular und stammt vom Verb **gelmek** „kommen"; **gidi-yor** „er, sie, es geht/fährt" kommt von **gitmek** „gehen, fahren".

9 Bu oto**büs Tak**sim'e ka**dar** gidi**yor**. ⑪⑫
(Dieser Bus Taksim'zu bis fährt.)

10 – **Çok** na**zik**siniz. Teşek**kür** ede**rim**. **İyi** gün**ler**. ⑬
(Sehr freundlich-sind[Sie]. Danke mache[ich]. Gut Tage-die.)

OKUNUŞ

[*__9__ bu otobüß takßime kadar gidijor __10__ tschok nasikßinis teschekkür ederim iji günler*]

1. BU CÜMLELERİ ANLIYOR MUSUNUZ?

❶ Bu otobüs Taksim'e gidiyor. ❷ Taksim çok uzak. ❸ Bu otel iyi değil. ❹ Otele gitmek lazım. ❺ Otobüs var mı? - Şu anda yok. ❻ Mehmet taksiyle derse gidiyor. ❼ Ben Taksim'e kadar gitmek istiyorum.

2. BOŞLUKLARI DOLDURUNUZ.

❶ Entschuldigen Sie, mein Herr.

. . . . , beyefendi.

❷ Wo gibt es Hotels?

Otel . . . . ?

❸ Ist Taksim weit?

Taksim . . . . ?

❹ Sie müssen (es ist notwendig) mit dem Bus fahren.

Otobüs. . gitmek . . . .

❺ Im Moment gibt es kein Taxi.

Şu . . . . taksi . . . . .

❻ Sie sind sehr nett.

Çok . . . .

9 Dieser Bus fährt bis Taksim.
10 – Sie sind sehr nett. Ich danke Ihnen. Auf Wiedersehen.

ANMERKUNGEN

⑫ **kadar** „bis (nach)" steht immer hinter der Ortsangabe. **kadar** und **için** „für" sind bei uns Präpositionen, im Türkischen Postpositionen, d. h. sie werden dem Nomen nachgestellt: **deniz-e kadar** „bis ans Meer"; **Mehmet için** „für Mehmet".

⑬ **-siniz** ist die Endung für die 2. Person Plural „ihr, Sie". Da sie einer Silbe mit **i** folgt, lautet die Endung **-siniz**.

1. ŞİMDİ ANLADINIZ MI?

❶ Dieser Bus fährt bis Taksim. ❷ Taksim liegt sehr weit weg. ❸ Dieses Hotel ist nicht gut. ❹ Es ist notwendig, zum Hotel zu gehen/zu fahren. ❺ Gibt es Autobusse? - Im Moment gibt es keine. ❻ Mehmet fährt mit dem Taxi zum Unterricht. ❼ Ich, ich will bis Taksim gehen/fahren.

2. BOŞLUKLARA GELEN SÖZCÜKLER.

❶ Affedersiniz ❷ nerede var ❸ uzak mı ❹ le - lazım ❺ anda - yok ❻ naziksiniz.

In dieser Lektion haben Sie einiges über die Suffixe im Türkischen und über die im Türkischen so wichtige Vokalharmonie erfahren. Diese mag auf den ersten Blick fremd und kompliziert erscheinen. Sie werden jedoch bald merken, dass dieses System wirklich etwas mit „Harmonie" zu tun hat.

▶ DÖRDÜNCÜ (4.) DERS

TREN**DE** MERAK**LI** BİR YOL**CU**
(Zug-in neugierig ein Reisender)

1 – Affe**der**siniz. **Ne**relisiniz? ①
(Verzeihen[Sie]. Woher-sind[Sie]?)

2 – Ben, Türk **de**ğilim. **Fran**sızım. ②③
(Ich, Türke nicht-bin[ich]. Franzose-bin[ich].)

3 – **Ne**reden geli**yor**sunuz?
(Woher kommen[Sie]?)

4 – **İz**mir'den. İs**tan**bul'a gidi**yo**rum. ④⑤
(Izmir'von. Istanbul'nach fahre[ich].)

5 – İs**tan**bul'da **kaç** gün **kal**mak isti**yor**-sunuz? ⑥⑦
(Istanbul'in wie-viele Tage bleiben wollen[Sie]?)

OKUNUŞ

[*dördündschü derß trende meraklë bir joldschu* **1** *affederßinis nerelißinis* **2** *ben türk dehilim franßësëm* **3** *nereden gelijorßunus* **4** *ismirden ißtanbula gidijorum* **5** *ißtanbulda katsch gün kalmak ißtijorßunus*]

VIERTE LEKTION

EIN NEUGIERIGER REISENDER IM ZUG

1 – Entschuldigung. Woher stammen Sie?
2 – Ich bin kein Türke. Ich bin Franzose.
3 – Woher kommen Sie?
4 – Von Izmir. Ich fahre nach Istanbul.
5 – Wie viele Tage wollen Sie in Istanbul bleiben?

ANMERKUNGEN

① **Nere-li** „woher", „aus welchem Ort". Das Suffix **-li** weist auf den Geburtsort bzw. den Herkunftsort einer Person hin: **İzmir-li** „aus İzmir"; **Berlin-li** „aus Berlin", „Berliner". **Nere-li-siniz** setzt sich aus „woher" und der Endung für die 2. Person Plural zusammen.

② **değil-im** „ich bin nicht". Hinter die Verneinung **değil** tritt die Endung **-im** „ich bin". **değil-sin** „du bist nicht"; **değil-siniz** „ihr seid nicht/Sie sind nicht". Vergleichen Sie auch **nazik-siniz** „Sie sind nett".

③ **Fransız-ım** „ich bin Franzose". Nach der Vokalharmonie muss hier die Personalendung **-ım** lauten, weil die letzte Silbe den Vokal **ı** enthält.

④ **-den** bezeichnet den Ausgangspunkt einer Bewegung: **İzmir'den** „von/aus İzmir"; **Ankara'dan** „von/aus Ankara"; **nereden** „woher".

⑤ **İstanbul'a** „nach Istanbul". **Erzurum'a** „nach Erzurum". Bei **Ankara'ya** muss ein **y** eingefügt werden, weil dort zwei Vokale aufeinandertreffen. Sie kennen bereits **Taksim'e** „nach Taksim" und **denize** „ans Meer".

⑥ **ist-iyor-sunuz** „Sie wollen"; der Infinitiv (die Grundform) dieses Verbs lautet **istmek** „wollen, möchten". Die Endung **-sunuz** bezeichnet die 2. Person Plural. Vgl. **ist-iyor-um** (Satz 6) „ich will".

⑦ **kaç gün** „wie lange", „wie viele Tage". Nach **kaç** und nach Zahlen bleibt das Nomen immer im Singular: **dört gün** „vier Tage", **iki genç** „zwei Jugendliche".

6 –**Dört** gün. **Son**ra, **An**kara'ya **git**mek isti**yo**rum. ⑥⑦
(Vier Tage. Nach[her] Ankara'nach fahren will[ich].)

7 **An**kara'dan **son**ra **Er**zurum'a. Uz**un** bir yol. ⑧
(Ankara'von nach Erzurum'nach. Lang ein Weg.)

8 **A**caba, siz**de** har**i**ta **var** mı? Bir şe**ye** **bak**mak isti**yo**rum. ⑨⑩⑪
(Wohl, Ihnen-bei Landkarte gibt es-? Eine Sache-zu schauen will[ich].)

9 –Ma**a**lesef, ben**de** yok. ⑩
(Leider, mir-bei gibt es nicht.)

(OKUNUŞ)

[***6*** *dört gün ßonra ankaraja gitmek ißtijorum* ***7*** *ankaradan ßonra ersuruma usun bir jol* ***8*** *adschaba ßisde harita war më bir scheje bakmak ißtijorum* ***9*** *maaleßef bende jok*]

1. BU CÜMLELERİ ANLIYOR MUSUNUZ?

❶ Türk değilsiniz. ❷ İstanbul'dan geliyorum. ❸ Trenle İzmir'e gidiyorsunuz. ❹ Trende dört yolcu var. ❺ Erzurum'a kadar yol uzun. ❻ Bende iki harita var. ❼ Haritaya bakmak lazım. ❽ Erzurum'dan sonra Van'a gidiyorum.

2. BOŞLUKLARI DOLDURUNUZ.

❶ Woher kommen Sie?

. . . . geliyorsunuz?

❷ Woher stammen Sie?

. . . . ?

6 – Vier Tage. Danach will ich nach Ankara fahren.
7 Nach Ankara fahre ich nach Erzurum. Es ist ein langer Weg.
8 Haben Sie wohl eine Straßenkarte dabei? Ich möchte etwas nachschauen.
9 – Leider habe ich keine bei mir.

ANMERKUNGEN

⑧ **sonra** heißt hier „nach" im zeitlichen Sinne. **sonra** ist eine Postposition, d. h. sie wird der Zeitangabe bzw. der Zeitdauer nachgestellt. **sonra** alleine heißt „dann, danach".

⑨ Mit **acaba** wird häufig eine Frage eingeleitet. Es ist vergleichbar mit unserem deutschen „wohl" oder „zufällig".

⑩ **sizde** bedeutet hier „bei Ihnen". Ebenso **bende** „bei mir" (wörtlich „ich-bei"). „haben" ist hier eher im Sinne von „bei sich haben" als von „besitzen" gemeint.

⑪ Nach **bakmak** „schauen, sehen" steht der Richtungsfall: **bir şey-e bakmak** „etwas ansehen" („zu etwas sehen"); **Mehmet güzel kıza bakıyor** „Mehmet sieht ein schönes Mädchen" („sieht zu einem ...").

1. ŞİMDİ ANLADINIZ MI?

❶ Sie sind kein Türke. ❷ Ich komme aus Istanbul. ❸ Sie (Plural; höflich) fahren mit dem Zug nach Izmir. ❹ Im Zug gibt es vier Reisende. ❺ Bis Erzurum ist es ein langer Weg (Erzurum-zu bis Weg lang). ❻ Ich habe zwei Straßenkarten bei mir. ❼ Es ist notwendig, auf die Karte zu schauen. ❽ Nach Erzurum (zeitlich) fahre ich nach Van.

Lerntipp: *Haben Sie Schwierigkeiten, bestimmte Laute auf den Tonaufnahmen herauszuhören und nachzusprechen? Das ist nicht schlimm; halten Sie sich damit momentan nicht auf. Sie werden merken, dass sich dies mit der Zeit bessern wird. Wirklich wichtig wird die Aussprache erst zu Beginn der „Zweiten Welle" (ab Lektion 36), und bis dahin haben Sie noch viel Zeit zum Üben!*

❸ Ich fahre nach Istanbul.

İstanbul'a . . . . ?

❹ Ich bin kein Franzose.

Fransız . . . .

❺ Wie lange (wie viele Tage) wollen Sie in Istanbul bleiben?

İstanbul'. . . . . gün . . . . . . istiyorsunuz?

❻ Haben Sie wohl eine Straßenkarte bei sich?

. . . . . , ... harita . . . . . ?

▶ BEŞİNCİ (5.) DERS

BALIKÇI**LAR** ①
(Fischer-die)

1 **Bu** sa**bah** Boğaz'**da çok** balık**çı** var. ②③
(Dieser Morgen Bosporus'auf viele Fischer gibt[es].)

2 On**lar** sandal**lar**la ba**lık** tuto**yor**lar. Rüz**gâr** yok. ④⑤
(Sie Boote-den-mit Fisch fangen[sie]. Wind gibt-[es]-nicht.)

OKUNUŞ

[*beschindschi derß balëktschëlar* **1** *bu ßabach bohasda tschok balëktschë war* **2** *onlar ßandallarla balëk tutujorlar rüsgjar jok*]

ANMERKUNGEN

① **Balık** „Fisch"; das Suffix **-çı** weist auf einen Beruf oder eine Tätigkeit hin.

2. BOŞLUKLARA GELEN SÖZCÜKLER.

❶ Nereden ❷ Nerelisiniz ❸ gidiyorum ❹ değilim ❺ da - kaç - kalmak ❻ Acaba - sizde - var mı.

Lerntipp: *Vergessen Sie nicht, anhand der Seitenzahlen auch das Zählen auf Türkisch zu lernen. Die Zahlen von 1 bis 4 kennen Sie schon:* ***bir, iki, üç, dört****. Wenn Sie sich die Lektionsnummern ansehen, können Sie auch die Ordnungszahlen („erster, zweiter, dritter ...") lernen. Auf ihre Bildung gehen wir später noch ein.*

FÜNFTE LEKTION

DIE FISCHER

1 Heute morgen sind viele Fischer auf dem Bosporus.
2 Mit ihren Booten fangen sie Fische. Es gibt keinen Wind.

② **Boğaz** „Bosporus" ist die Meerenge, die Asien von Europa trennt und das Schwarze Meer mit dem Marmarameer verbindet.

③ Nach **çok**, **kaç** und nach Zahlen bleibt das Substantiv im Singular. **çok** bedeutet „sehr" vor einem Adjektiv und „viel" vor einem Substantiv oder einem Verb. **çok geliyor** „er kommt oft" (viel). Nach **bazı** „mancher, -e, -es" dagegen folgt der Plural.

④ **-la** ist ebenfalls eine Form von **ile** „mit". Wegen der Vokalharmonie muss bei **sandallar** das Suffix **-la** lauten.

⑤ Das Verb **tutu-yorlar** ist folgendermaßen aufgebaut: **tut** ist der Stamm des Verbs **tutmak** „halten", **-u-** ist ein Füllvokal, **-yorlar** ist die Endung der 3. Person Plural. Die Endung für die 3. Person Singular lautet nur **-yor**: **isti-yor** „er/sie/es will"; **geli-yor** „er/sie/es kommt"; **bakı-yor** „er/sie/es schaut".

3 **Ba**zı balıkçı**lar** ba**lık** tut**mak için** Ka**ra**deniz'e gidi**yor**lar. ③⑥
(Manche Fischer-die Fisch fangen zu/für Schwarzes Meer'zum fahren[sie].)

4 Tekne**ler** ya**vaş** ya**vaş** geçi**yor**. ⑦⑧
(Schiffe-die langsam langsam fahren-vorbei.)

5 **Biz** onla**ra** bakı**yo**ruz. Me**rak** edi**yo**ruz: ⑤⑨
(Wir ihnen-zu sehen[wir]. Erstaunen machen[wir]:)

6 **A**caba, **ne** za**man** dönecek**ler?** **Bil**miyoruz. ⑩⑪
(Wohl, welche Zeit zurückfahren-werden[sie]? Wissen-nicht[wir].)

7 **Bel**ki **bu** ak**şam**, **bel**ki **ya**rın.
(Vielleicht dieser Abend, vielleicht morgen.)

OKUNUŞ

[***3*** *basë balëktschëlar balëk tutmak itschin karadenise gidijorlar* ***4*** *tekneler jawasch jawasch getschijor* ***5*** *bis onlara bakëjorus merak edijorus* ***6*** *adschaba ne saman dönedschekler bilmijorus* ***7*** *belki bu akscham belki jarën*]

ANMERKUNGEN

⑥ Im Türkischen gibt es viele Verben, die aus Verb und Objekt bestehen. **balık tutmak** ist ein Beispiel. **balık** steht zwar hier im Singular, kann jedoch mit „Fisch" und mit „Fische" übersetzt werden.

⑦ **yavaş** bedeutet „langsam". Es kann sowohl adjektivisch als auch adverbial gebraucht werden. Die Wiederholung bewirkt eine Verstärkung: „sehr langsam".

1. BU CÜMLELERİ ANLIYOR MUSUNUZ?

❶ Bu sabah çok rüzgâr var. ❷ Acaba, balık var mı? ❸ Çok sandal var. ❹ Biz sandallara bakıyoruz. ❺ Balıkçılar ne zaman Karadeniz'e gidiyorlar? ❻ Onlar balık tutmak istiyorlar. ❼ Tekneler Karadeniz'e gidiyor. ❽ Geçmiyoruz. Gelmiyoruz.

3 Manche Fischer fahren zum Schwarzen Meer, um Fische zu fangen.
4 Die Fischerboote fahren sehr langsam vorbei.
5 Wir schauen ihnen zu. Wir fragen uns:
6 Wann werden sie wohl zurückkommen? Wir wissen es nicht.
7 Vielleicht heute Abend, vielleicht morgen.

⑧ **Tekneler geçiyor** „die Schiffe fahren vorbei". In diesem Fall ist „Schiffe" ein Sammelbegriff; in solchen Fällen bleibt das Verb im Singular.

⑨ **onlara bakıyoruz**. **bakmak** verlangt den Richtungsfall. -**uz** ist die Endung der 1. Person Plural „wir". Ein anderes Beispiel: **merak ediyoruz** „wir sind erstaunt", ein aus Objekt und Verb zusammengesetztes Verb. **ediyoruz** kommt vom Verb **etmek** „machen".

⑩ **dönecekler** „sie werden zurückfahren".

⑪ **Bil-mi-yoruz** „wir wissen nicht" ist die Verneinung von **biliyoruz** „wir wissen". Sie wird durch Einschieben von -**m**- zwischen Verbstamm (auf Konsonant endend) und Personalendung erreicht. Ebenso: **bak-m-ı-yoruz** „wir sehen nicht"; **tut-m-u-yorlar** „sie nehmen nicht".

1. ŞİMDİ ANLADINIZ MI?

❶ Heute Morgen gibt es viel Wind. ❷ Gibt es wohl Fisch? ❸ Es gibt viele Boote. ❹ Wir schauen die Boote an. ❺ Wann fahren die Fischer zum Schwarzen Meer? ❻ Sie wollen Fische fangen. ❼ Die Schiffe fahren zum Schwarzen Meer. ❽ Wir fahren/gehen nicht vorbei. Wir kommen nicht.

2. BOŞLUKLARI DOLDURUNUZ.

❶ Heute Morgen gibt es viele Fischer.

Bu . . . . . çok . . . .

❷ Sie fahren fischen (um Fische zu fangen).

Balık . . . . gidiyorlar.

❸ Die Boote fahren sehr langsam vorbei.

Sandallar . . . . geçiyor.

❹ Wir fragen uns. (Erstaunen machen[wir].)

. . . . . ediyoruz.

Hören Sie weiterhin oft die Tonaufnahmen an und versuchen Sie, die türkischen Laute nachzusprechen. Greifen Sie in Zweifelsfällen auf die vereinfachte Lautschrift zurück. Wie Sie sie lesen, wird in der Einleitung beschrieben.

▶ ALTINCI (6.) DERS

BAHÇE**DE**
(Garten-in)

1 Nil**gün** bahçe**de yal**nız oturu**yor**. Ki**tap** oku**yor**. ①②
(Nilgün Garten-in allein sitzt. Buch liest[sie].)

2 **O** sıra**da** Ah**met** geli**yor**. ③④
(Dieser Moment-in Ahmet kommt.)

OKUNUŞ

[*altëndschı derß bachtschede* **1** *nilgün bachtschede jalnës oturujor kitap okujor* **2** *o ßërada achmet gelijor*]

5 Wir wissen [es] nicht.

. . . .

6 Vielleicht heute Abend, vielleicht morgen.

Belki . . . . , belki . . . . . .

2. BOŞLUKLARA GELEN SÖZCÜKLER.

1 sabah - balıkçı var 2 tutmak için 3 yavaş yavaş 4 Merak 5 Bilmiyoruz 6 bu akşam - yarın.

Falls Sie in den Lektionen die Grammatik vermissen, so hat das seine Richtigkeit. Wir wollen Sie damit möglichst wenig belasten. Gedulden Sie sich jeweils bis zur nächsten Wiederholungslektion (jede 7. Lektion). Dort wird vieles vertieft und ausführlicher erläutert. Und schließlich gibt es ja noch den grammatikalischen Anhang.

SECHSTE LEKTION

IM GARTEN

1 Nilgün sitzt allein im Garten. Sie liest ein Buch.
2 In dem Moment kommt Ahmet.

ANMERKUNGEN

① **oturuyor** setzt sich aus **otur**, dem Stamm von **oturmak** „sitzen", dem Füllvokal -**u**- und der Endung der 3. Person Singular, -**yor**, zusammen.

② **Kitap okuyor** „sie liest [ein] Buch", eine Konstruktion, die aus Verb und Objekt besteht.

③ Das Demonstrativpronomen **o** „dieser, -e, -es dort" in **o sırada** „in dem Moment" weist auf etwas weiter Entferntes hin (vgl. **bu** „dieser hier"; **şu** „dieser da").

④ **gelmek** heißt „kommen" und „ankommen".

3 Ah**met** geve**ze** bir **ço**cuk. So**ru** sormaya baş**lıyor**. ⑤
(Ahmet geschwätzig ein Junge. Frage fragen-zu beginnt[er].)

4 – **Ne** oku**yor**sun? Ro**man** mı? ⑥⑦
(Was liest[du]? Roman-?)

5 – Ro**man de**ğil, hikâ**ye**. „Bin Bir Ge**ce**" ad**lı** ki**tap**. ⑧
(Roman nicht, Märchen. „Tausend eine Nacht" genanntes Buch.)

6 – **A**ma, **bu** hikâye**ler** çocuk**lar için**!
(Aber, diese Märchen-die Kinder-die für!)

7 – Ta**mam**, **sen ço**cuk de**ğil**sin. ⑨⑩
(Na gut, du Kind nicht-bist[du].)

8 **Şim**di **lüt**fen bura**dan** git! ⑪
(Nun bitte hier-von geh!)

AHMET GEVEZE BİR ÇOCUK

(OKUNUŞ)

[*3 achmet gewese bir tschodschuk ßoru ßormaja baschlëjor* ***4*** *ne okujorßun roman më* ***5*** *roman dehil hikjaje bin bir gedsche adlë kitap* ***6*** *ama bu hikjajeler tschodschuklar itschin* ***7*** *tamam ßen tschodschuk dehilßin* ***8*** *schimdi lütfen buradan git*]

3 Ahmet ist ein geschwätziger Junge. Er beginnt, Fragen zu stellen.

4 – Was liest du? Einen Roman?

5 – Es ist kein Roman, es sind Märchen. Ein Buch mit dem Namen „Tausendundeine Nacht".

6 – Aber Märchen sind doch für Kinder!

7 – Na gut, du bist kein Kind.

8 Nun, bitte, geh weg von hier!

ANMERKUNGEN

⑤ **Soru sormak**, wörtlich „eine Frage fragen". Auch dies ist eine Verb-Objekt-Kombination. **sormak** wird zu **sormaya**, weil das Verb **başlamak** den Dativ (Richtungsfall) verlangt. Wie **sormaya** gebildet wird, erläutern wir später.

⑥ **okuyorsun** „du liest". **oku** ist der Stamm des Verbs **okumak** „lesen", -**yorsun** ist die Endung der 2. Person Singular.

⑦ **Roman mı**? „Ein Roman?". Da die letzte Silbe von **roman** ein **a** enthält, lautet die Fragepartikel nicht **mi**, sondern **mı** (Vokalharmonie!).

⑧ **Bin Bir Gece** „1001 Nacht". Wie Sie bereits wissen, bleibt nach einem Zahlwort das Substantiv im Singular.

⑨ **Tamam** heißt „einverstanden" und wird in der Umgangssprache häufig anstelle von **evet** „ja" oder **peki** „gut, einverstanden" benutzt. **yok** drückt jegliche Art der Verneinung oder Verweigerung aus: „nein", „das geht nicht", „gibt es nicht", „ist nicht da", „kommt nicht in Frage". Das Wort für „nein" in der Umgangssprache lautet **hayır** [*hajër*].

⑩ **değilsin** setzt sich aus **değil** „nicht" und der Endung der 2. Person Singular, -**sin**, zusammen.

⑪ **git** „geh!" ist die Befehlsform von **gitmek** „gehen". Für die Befehlsform genügt es, die Endung wegzulassen und nur den Stamm des Verbs zu benutzen: **gel!** „komm!" (**gelmek**); **geç!** „geh vorbei!" (**geçmek**); **oku!** „lies!" (**okumak**).

1. BU CÜMLELERİ ANLIYOR MUSUNUZ?

❶ Bahçede bir kız oturuyor. ❷ Ahmet soru soruyor. ❸ Kitap okuyorsun. ❹ Bu romanlar çocuklar için değil. ❺ Sen burada yalnız değilsin. ❻ İyi bir kitap okumak istiyorum. ❼ Bahçeye git.

2. BOŞLUKLARI DOLDURUNUZ.

❶ Nilgün liest [ein] Buch.

Nilgün . . . .

❷ Ahmet kommt.

Ahmet . . . .

❸ Was liest du?

Ne . . . . ?

❹ Ist es ein Roman?

Roman . . ?

YEDİNCİ (7.) DERS

WIEDERHOLUNG UND ANMERKUNGEN

In diesen ersten Lektionen haben Sie sich schon ein wenig mit den Lauten und dem Klang der türkischen Sprache vertraut gemacht. Sie haben sich auch ein paar grammatikalische Grundkenntnisse angeeignet. In der nun folgenden Lektion haben Sie die Gelegenheit, das bisher Gelernte zu wiederholen und zu vertiefen, denn hier wird nun „Bilanz gezogen", d. h. der Stoff der letzten sechs Lektionen ausführlicher erläutert und anhand von Beispielen illustriert. Lesen Sie sich alle Erklärungen möglichst mehrmals durch. Benutzen Sie sie auch zum Nachschlagen. Gehen Sie erst dann zu Lektion 8 über, wenn Ihnen die Erklärungen keine größeren Schwierigkeiten mehr bereiten.

1. ŞİMDİ ANLADINIZ MI?

❶ Im Garten sitzt ein Mädchen. ❷ Ahmet stellt Fragen. ❸ Du liest ein Buch. ❹ Diese Romane sind nicht für Kinder. ❺ Du bist nicht allein hier. ❻ Ich will ein gutes Buch lesen. ❼ Geh in den Garten.

❺ Du, du bist kein Kind.

. . . , çocuk . . . .

❻ Bitte, geh weg von hier!

. . . . , buradan . . . !

2. BOŞLUKLARA GELEN SÖZCÜKLER.

❶ kitap okuyor ❷ geliyor ❸ okuyorsun ❹ mı ❺ Sen - değilsin ❻ Lütfen - git.

Nun, nach den ersten sechs Lektionen, haben Sie schon einen umfassenden Eindruck vom Türkischen bekommen. Die nachfolgende Wiederholungslektion soll dafür sorgen, dass sich Ihre Kenntnisse ein wenig ordnen und festigen.

SIEBTE LEKTION

1. Satzbau

Der Satzbau lautet im Türkischen: Subjekt - Objekt - Verb:

Ahmet - **otobüsle** - **Taksim'e gidiyor.**
(Wörtlich „Ahmet - Bus-mit - Taksim'nach fährt[er]".)
„Ahmet fährt mit dem Bus nach Taksim."

Beide Objekte stehen vor dem Verb; das, das betont werden soll, steht unmittelbar davor. Oben wird gesagt, dass Ahmet nach Taksim fährt. Soll betont werden, womit er fährt, würde **otobüsle** dem Verb vorangehen: **Ahmet Taksim'e otobüsle gidiyor.**

2. Artikel

Im Türkischen gibt es nur den Artikel **bir** „ein, eine" (der gleichzeitig ein Zahlwort ist): **bir balıkçı** „ein Fischer", **bir kız** „ein

Mädchen". Wenn ein Adjektiv vorhanden ist, so wird **bir** zwischen das Adjektiv und das Substantiv gestellt: **iyi bir balıkçı** „ein guter Fischer"; **güzel bir kız** „ein schönes Mädchen".

3. Maskulinum, Femininum, Neutrum

Im Türkischen besitzen die Substantive kein grammatisches Geschlecht. Das gleiche gilt für Adjektive, Demonstrativpronomen und Suffixe. Beispiel: **genç** kann „junger Mann" oder „junge Frau" heißen.

4. Singular und Plural

Ein Substantiv im Singular kann auch Pluralbedeutung haben, z. B. wenn es sich um Sammelbegriffe handelt: **çocuk**, **balık**, **kitap**, ...). Ob vom Singular oder vom Plural die Rede ist, geht normalerweise aus dem Kontext hervor:

> **bir çocuk** „ein Kind";
> **iki çocuk** „zwei Kinder";
> **çok çocuk** „viele Kinder";
> **kaç çocuk**? „wie viele Kinder?"

Nach einer Zahl, nach **çok** und nach **kaç** bleibt das Substantiv im Singular. In manchen Fällen kann ein Substantiv im Deutschen durch einen unbestimmten Plural wiedergegeben werden:

> **Evde kitap var.** „Im Haus gibt es Bücher"
> (d. h. eine unbestimmte Menge Bücher).
> Gibt es nur ein Buch, lautet der Satz: **Evde bir kitap var.**

Wird in einem Satz von einer Sache oder Person gesprochen, die schon bekannt, d. h. „bestimmt", ist, so wird ihr – im Gegensatz zum Deutschen – kein Artikel vorangestellt:

> **Bahçede bir kız var. Kız kitap okuyor.**
> „Im Garten ist ein Mädchen. Das Mädchen liest ein Buch."

Versuchen Sie einmal, die folgenden Sätze zu verstehen:

> **Bahçede güzel bir kız oturuyor. Ahmet geliyor. Soru sormaya başlıyor. Ama güzel kız konuşmak istemiyor.** (**konuşmak** „sprechen, reden").
> „Im Garten sitzt ein schönes Mädchen. Da kommt Ahmet. Er beginnt Fragen zu stellen. Aber das schöne Mädchen möchte nicht sprechen."

Das Pluralsuffix lautet -**ler** oder -**lar**, je nach Regel der Vokalharmonie. Nach einer Silbe mit **e**, **i**, **ö** oder **ü** enthält das Suffix den Vokal **e**, nach einer Silbe mit **a**, **ı**, **o** oder **u** enthält das Suffix den Vokal **a**. Nach **bu** „dieser, -e, -es" und **bazı** „mancher, -e, -es" folgt immer der Plural:

Bu öğrenciler zeki ve çalışkan.
„Diese Studenten sind klug und fleißig."

Bazı balıkçılar Karadeniz'e gidiyorlar.
„Manche Fischer fahren zum Schwarzen Meer."

Die Pluralform -**ler**/-**lar** gilt nicht nur als bestimmter, sondern auch als unbestimmter Plural im Sinne von „eine gewisse Anzahl von", „eine bestimmte Menge von":

Bahçede gençler var. „Im Garten sind Jugendliche."
Şimdi otobüsler geliyor. „Jetzt kommen Busse."

Das mag für Sie momentan noch ein wenig kompliziert klingen, aber Sie werden schnell ein Gefühl dafür entwickeln.

5. Substantiv und Fallendungen

Von den sechs Fällen des Türkischen kennen Sie bereits vier:

a) Nominativ
Er hat kein Suffix. Beispiel:

Deniz güzel. „Das Meer ist schön."

b) Richtungsfall (Dativ)
Er weist auf die Richtung einer Bewegung. An das Substantiv wird **-(y)e** oder **-(y)a** angehängt, wobei bei Eigennamen bzw. Ortsnamen das Suffix durch ein Hochkomma abgetrennt wird (das **y** wird eingeschoben, wenn der Eigenname mit einem Vokal endet). Beispiele:

Ankara'ya „nach Ankara";
Karadeniz'e „ans Schwarze Meer/zum Schwarzen Meer";
aber: **denize** „ans/zum Meer".

c) Lokativ
Dieser Fall bezeichnet den Ort, an dem sich etwas oder jemand befindet (statisch; vgl. Ablativ). Das Suffix lautet **de** oder **da** und wird an eine Ortsangabe angehängt (bei Eigennamen/Ortsnamen wird ein Hochkomma eingefügt). Beispiele:

trende „im Zug"; **İstanbul'da** „in Istanbul".

d) Ablativ

Dieser Fall weist auf den Ausgangspunkt einer Bewegung hin (dynamisch). Das Suffix lautet **den** oder **dan** (bei Eigennamen/ Ortsnamen wird ein Hochkomma eingefügt). Beispiele:

> **İzmir'den** „von/aus Izmir";
> **Van'dan** „von/aus Van";
> **onlardan** „von ihnen".

Sie können den Richtungsfall und den Lokativ unterscheiden, indem Sie herausfinden, ob eine Bewegung stattfindet (dynamisch) oder ob es sich um eine feste Ortsangabe (statisch) handelt. Orientieren Sie sich nicht zu sehr an den deutschen Präpositionen „in, an, auf".

6. Personalpronomen

Die Personalpronomen lauten **ben** „ich", **sen** „du", **o** „er, sie, es", **biz** „wir", **siz** „ihr, Sie" und **onlar** „sie". Alle Pronomen gibt es auch in den sechs Fällen. Sie kennen bereits **bende** „mit mir, bei mir", **sizde** „mit Ihnen, bei Ihnen" und **onlara** „zu ihnen". Bei Sätzen, in denen durch die Verbform schon klar ist, von welcher Person die Rede ist, kann das Personalpronomen zur stärkeren Betonung dem Satz noch einmal vorangestellt werden.

7. Verben

a) Infinitiv (Grundform): Alle Verben enden im Infinitiv entweder auf -**mek** oder -**mak**. Die Silbe -**yor** drückt die Gegenwart aus. (-**yor** heißt „im Begriff sein, etwas zu tun".) An diese Silbe wird die Personalendung angehängt. Als Beispiel werden hier die beiden Verben **gelmek** „kommen" und **okumak** „lesen" konjugiert (gebeugt):

gel-i-yor-um	**oku-yor-um**
gel-i-yor-sun	**oku-yor-sun**
gel-i-yor	**oku-yor**
gel-i-yor-uz	**oku-yor-uz**
gel-i-yor-sunuz	**oku-yor-sunuz**
gel-i-yor-lar	**oku-yor-lar**

Es gibt im Türkischen keine unregelmäßigen Verben, jedoch einige Einschränkungen, die durch die Vokalharmonie entstehen: Endet der Stamm eines Verbs mit einem Konsonanten, wird vor dem Präsenssuffix -**yor** ein Füllvokal eingefügt – z. B. **gel-mek** „kommen": **gel-i-yor**.

Endet der Stamm hingegen mit einem Vokal, bleibt dieser erhalten – z. B. **oku-mak** „lesen“: **oku-yor** – oder man ersetzt ihn durch einen anderen – z. B. **başla-mak** „anfangen“: **başlı-yor**.

Eine andere Ausnahme finden wir z. B. bei **gitmek** „gehen“. Hier wird beim Konjugieren das -**t**- in der Mitte zu einem „-**d**-“: **gidiyor**.

b) Absicht oder Wunsch wird mit dem Verb **istemek** „wollen, möchten“ und einem Infinitiv (Endung -**mek** oder -**mak**) ausgedrückt. Beispiel:

bakmak istiyorum „ich möchte sehen“.

Die Wendung „man muss“ oder „es ist nötig/notwendig, zu“ wird mit einem Infinitiv und dem Wort **lazım** gebildet. Beispiel:

Gitmek lazım. „Es ist nötig, zu gehen.“; „Man muss gehen.“

c) Die Befehlsform ergibt sich durch die Verwendung des Verbstamms. Beispiele: **gitmek** – **git!** „geh!“; **gelmek** – **gel!** „komm!“; **oturmak** – **otur!** „setz dich!“; **okumak** – **oku!** „lies!“.

d) Die Verneinung der Verben erfolgt durch Einfügen eines -**m**- zwischen Verbstamm und Personalendung. Einige Beispiele mit Ihnen schon bekannten Verben (in der 3. Person Singular) sind:

gel-mek „kommen“ **gel-i-yor** „er/sie/es kommt“;
gel-m-i-yor „er/sie/es kommt nicht“;
bak-mak „schauen“ **bak-ı-yor** „er/sie/es schaut“;
bak-m-ı-yor „er/sie/es schaut nicht“;
sor-mak „fragen“ **sor-u-yor** „er/sie/es fragt“;
sor-m-u-yor „er/sie/es fragt nicht“.

Endet der Verbstamm mit einem Vokal und fällt dieser in der bejahenden Form weg, so erscheint er in der verneinenden Form wieder:

başlamak „anfangen“ **başl-ı-yor** „er/sie/es fängt an“;
başla-m-ı-yor „er/sie/es fängt nicht an“;
istemek „wollen“ **ist-i-yor** „er/sie/es will“;
iste-m-i-yor „er/sie/es will nicht“.

e) Das Verb „sein“ wird in der 3. Person Singular und Plural nicht ausgedrückt. Beispiel: **kız güzel** „das Mädchen [ist] schön“. In den anderen Personen werden an Substantive und Adjektive die folgenden Personalendungen angefügt (wir erwähnen hier nur die Personalendungen, die Sie schon kennen):

Sing. 1.	**(y)-im**	**güzel-im** „ich bin schön"	**iyi-yim** „ich bin nett"
2.	**-sin**	**güzel-sin** „du bist schön"	**iyi-sin** „du bist nett"
Pl. 2.	**-siniz**	**güzel-siniz** „ihr seid schön/ Sie sind schön"	**iyi-siniz** „ihr seid nett/ Sie sind nett"

Auch hier gilt die Vokalharmonie:

Alman „Deutscher": **Alman-ım.** „Ich bin Deutscher."
Fransız „Franzose": **Fransız-ım.** „Ich bin Franzose."
yorgun „müde": **Yorgun-um.** „Ich bin müde."

Ein Beispiel für -**sin** bzw. -**sın**:

Nasıl-sın? „Wie geht es dir?"

Sie sollten im Moment nicht versuchen, diese Regeln krampfhaft auswendig zu lernen. Ihr Gehör wird sich mit der Zeit ganz automatisch an die Phonetik gewöhnen. Merken Sie sich momentan am besten nur die Form mit -**i**, wie sie z. B. bei **değil** „nicht/kein" benutzt wird:

1. Pers. Sing.:	**güzel değilim**	„ich bin nicht schön"
2. Pers. Sing.:	**genç değilsin**	„du bist nicht jung"
3. Pers. Sing.:	**çalışkan değil**	„er/sie/es ist nicht fleißig"
2. Pers. Plur.:	**Türk değilsiniz**	„ihr seid keine Türken/ Sie sind kein Türke."

8. Frageformen

a) Die Fragepartikel mi. Sie wird an das Wort, auf das sich die Frage bezieht, angehängt. Sie variiert dabei nach den Regeln der Vokalharmonie. Beispiele:

değil mi? „nicht wahr?", „ist es nicht so?";
var mı? „gibt es das?";
uzak mı? „ist es weit?"

b) Fragewörter. Einige kennen Sie bereits. Die wichtigsten sind hier noch einmal zusammengestellt:

nasıl?	wie?	**kaç?**	wie viel?
ne?	was?	**nerede?**	wo?
	welcher, -e, -es?	**nereden?**	von wo? woher?
ne zaman?	wann?	**nereye?**	wohin?

9. Vokalharmonie

Wie Sie festgestellt haben, bedient sich die türkische Sprache einer Vielzahl von Infixen (eingefügte Silben) und Suffixen (angehängte Silben). Daher ist es möglich, mit sehr wenigen Wörtern sehr komplexe Sachverhalte auszudrücken. Die gesamte Struktur der Sprache basiert auf der Vokalharmonie, von der es im Übrigen eine „große" und eine „kleine" gibt. Letztere wollen wir Ihnen in der folgenden Tabelle verdeutlichen:

	Plural-suffix	Kasus-suffix	Infinitiv-endung	Suffix **ile** „mit"	Partikel **de/da** „auch"
nach **e**, **i**, **ö**, **ü**	**-ler**	2. **-e** 3. **-de** 4. **-den**	**-mek**	**(y)-le**	**de**
nach **a**, **ı**, **o**, **u**	**-lar**	2. **-a** 3. **-da** 4. **-dan**	**-mak**	**(y)-la**	**da**

Achtung! Verwechseln Sie nicht das Suffix -**de**/-**da** mit der Bedeutung „in" mit der Partikel **de**, **da** „auch", „was ... betrifft".

10. Demonstrativpronomen „dieser, -e, -es"

Sie lauten **bu** „dieser, -e, -es (hier)", **şu** „dieser, -e, -es (da)" und **o** „jener, -e, -es (dort)" und können zeitlich und räumlich benutzt werden. Außerdem ist **o** auch das Personalpronomen für die 3. Person Singular: „er, sie, es".

11. Zahlwörter

Sie kennen bereits die türkischen Zahlen bis 10 und können daher schon bis 19 zählen. Jetzt brauchen Sie nur noch die Zehnerzahlen zu lernen und schon können Sie bis 99 zählen!

1 **bir**	6 **altı**	11 **on bir**	16 **on altı**
2 **iki**	7 **yedi**	12 **on iki**	17 **on yedi**
3 **üç**	8 **sekiz**	13 **on üç**	18 **on sekiz**
4 **dört**	9 **dokuz**	14 **on dört**	19 **on dokuz**
5 **beş**	10 **on**	15 **on beş**	

Sie haben sich in diesem ersten Lektionsblock schon eine ganze Menge an Grundkenntnissen angeeignet. Sie können schon kleine Sätze verstehen, die einfache Situationen beschreiben. Mit ***İyi yolculuklar!*** *„Gute Reise!" wollen wir Ihnen nun weiterhin viel Erfolg und Spaß wünschen!*

▶ SEKİZİNCİ (8.) DERS

İKİ FIKRA ①
(Zwei Geschichte)

1 – **Ho**ca **bak**, bir **tep**si **bö**rek gidi**yor**. ②③④
(Hodscha guck, eine Platte Börek [weg]geht.)

2 – Ba**na ne**? ⑤
(Mir-zu was?)

3 – **A**ma si**ze** gidi**yor**.
(Aber euch-zu geht.)

4 – Öy**ley**se sa**na ne**? ⑤⑥
(So-wenn dir-zu was?)

(Nasred**din Ho**ca'dan)
(Nasreddin Hodscha-von)

5 **Bir** kahve**de** bey**ler** soh**bet** ediyor**lar**: ⑦⑧
(Ein Café-in Herren-die Unterhaltung machen[sie]:)

6 – **A**caba gecele**ri pen**cere **açık** mı yatmal**ı**, kapal**ı** mı? ⑨⑩⑪
(Zufällig Nächte-die-* Fenster offen-? schlafen-muss, geschlossen-?)

OKUNUŞ

[*ßekißindschi derß iki fëkra* **1** *hodscha bak bir tepßi börek gidijor* **2** *bana ne* **3** *ama ßise gidijor* **4** *öileiße ßana ne* **5** *bir kachwede beiler ßochbet edijorlar* **6** *adschaba gedscheleri pendschere atschëk më jatmalë kapalë më*]

ANMERKUNGEN

① **fıkra** heißt „Anekdote, Witz", **hikâye** „Märchen, Geschichte". Der Legende nach war Nasreddin Hodscha der Imam eines anatolischen Dorfes. In der ganzen Türkei sind die Geschichten über ihn bekannt und beliebt. Sie bilden die Grundlage für viele Redewendungen und Sprichwörter und wurden in zahlreiche Sprachen übersetzt.

ACHTE LEKTION

ZWEI GESCHICHTEN

1 – Hodscha, guck, eine Platte Börek geht weg.
2 – Was geht es mich an?
3 – Aber sie geht zu euch.
4 – Was geht es dann dich an?
Von Nasreddin Hodscha
5 In einem Café führen Herren eine Unterhaltung:
6 – Sagen Sie: Ist es besser, nachts mit offenem oder mit geschlossenem Fenster zu schlafen?

② **Hoca** „Meister" ist die Anrede für einen Imam oder Lehrer.

③ **bak** „schau, guck" ist die Befehlsform von **bakmak** „gucken, schauen".

④ **börek** ist eine mit Käse oder anderen Zutaten gefüllte Blätterteigtasche, **tepsi** eine Platte oder breite Pfanne. **bir tepsi** ist hier eine Maßeinheit.

⑤ **Ban-a** oder **san-a** sind die (unregelmäßigen) Dativformen von **ben** „ich" und **sen** „du".

⑥ **Öyleyse** „in diesem Fall, wenn das so ist, also dann".

⑦ In der Türkei werden die traditionellen Tee- oder Kaffeehäuser ausschließlich von Männern besucht.

⑧ Hier ist **beyler** ein Sammelbegriff, der die Besucher des Cafés beschreibt.

⑨ **gece** heißt „Nacht", **-ler** ist die Pluralendung, der Vokal **-i** ist ein Suffix, das später noch beschrieben wird.

⑩ **yatmalı** setzt sich aus **yat**, dem Stamm des Verbs **yatmak** „schlafen, sich zu Bett legen", und dem Suffix **-malı** zusammen, das „es ist notwendig, man muss" bedeutet.

⑪ Die in der wörtlichen Übersetzung mit einem * markierte Silbe ist nicht ins Deutsche übersetzbar. Wir gehen später darauf ein.

7 Yanda**ki** masa**dan** bir a**dam** sö**ze** karış**ıyor**: ⑫
(Seite-an-welche Tisch-von ein Mann Gespräch-in [sich]mischt:)

8 – **Açık pen**cere **her** za**man** iyi**dir**. ⑬⑭
(Offen[es] Fenster jede[r] Zeit gut-ist.)

9 – **Siz** her hal**de** dok**tor**sunuz. ⑬
(Sie jede Wahrscheinlichkeit-in Arzt-sind[Sie].)

10 – **Ha**yır, hır**sı**zım.
(Nein, Dieb-bin[ich].)

OKUNUŞ

[***7*** *jandaki maßadan bir adam ßöse karëschëjor* ***8*** *atschëk pendschere her saman ijidir* ***9*** *ßis her halde doktorßunus* ***10*** *hajër hërßësëm*]

1. BU CÜMLELERİ ANLIYOR MUSUNUZ?

❶ İki tepsi börek. ❷ Hırsız ne yapmalı? ❸ Bir adam sana gidiyor. ❹ Söze karışıyorsunuz. ❺ Pencereler kapalı mı? ❻ Sen hırsızsın. ❼ Doktor bir beyle sohbet ediyor.

2. BOŞLUKLARI DOLDURUNUZ.

❶ Was geht mich das an?

. . . . ne?

❷ Er geht zu Ihnen.

. . . . gidiyor.

❸ Die Herren unterhalten sich.

Beyler . . . . . . ediyorlar.

7 Ein Mann am Nebentisch ergreift das Wort:
8 – Mit offenem Fenster ist es immer gut.
9 – Sie sind wahrscheinlich Arzt[?]
10 – Nein, ich bin Dieb.

ANMERKUNGEN

⑫ **Yandaki** ist eine nähere Beschreibung des Wortes **masa** „Tisch": „an der Seite stehender Tisch" oder „Tisch, der an der Seite steht". Die Silbe **-dan** hinter **masa** bezeichnet den Ausgangspunkt einer Bewegung: „vom Tisch her, der danebensteht".

⑬ **her** „jeder, -e, -es" oder „alle, alles", **her zaman** „immer", **her halde** „sicherlich, wahrscheinlich, doch, wohl".

⑭ **-dir** ist die Personalendung der 3. Person Singular, die allerdings nur dann verwendet wird, wenn die Verbaussage zusätzlich betont werden soll. Normalerweise wird bei Verben in der 3. Person Singular keine Endung verwendet.

1. ŞİMDİ ANLADINIZ MI?

❶ Zwei Platten Börek. ❷ Der Dieb, was soll er tun? ❸ Ein Mann geht zu dir. ❹ Sie mischen sich ins Gespräch ein. ❺ Sind die Fenster geschlossen? ❻ Du, du bist ein Dieb. ❼ Der Arzt unterhält sich mit einem Herrn.

④ Ein Mann mischt sich (ins Gespräch) ein.

Bir . . . . karışıyor.

⑤ Sie sind wahrscheinlich Arzt.

. . . her halde . . . .

⑥ Ja, ich bin Dieb.

Evet, ...

DOKUZUNCU (9.) DERS

BOĞA**Z'A** GİDE**LİM** ①②

(Bosporus'zum gehen[wir])

1 – Çocuk**lar**, ben **bu**gün ba**lık ye**mek isti**yo**rum. Boğa**z'a** gide**lim** mi?
(Kinder-die, ich heute Fisch essen will[ich], Bosporus'zu gehen[wir]-?)

2 – **Çok** gü**zel** bir fi**kir**. **Ne**reye gide**lim**? ②③
(Sehr schön eine Idee. Wohin gehen[wir]?)

3 – Sari**yer**'e. Ben ora**da çok iyi** bir lo**kan**ta bili**yo**rum. ①④
(Sarıyer'nach. Ich dort-in sehr gut ein Restaurant kenne[ich].)

OKUNUŞ

[*dokusundschu derß bohasa gidelim* **1** *tschodschuklar ben bugün balëk jemek ißtijorum bohasa gidelim mi* **2** *tschok güsel bir fikir nereje gidelim* **3** *ßarëjere ben orada tschok iji bir lokanta bilijorum*]

2. BOŞLUKLARA GELEN SÖZCÜKLER.

❶ Bana ❷ Size ❸ sohbet ❹ adam söze ❺ Siz - doktorsunuz ❻ hırsızım.

Wenn Sie ein türkisches Wort in einem Wörterbuch oder im Wörterverzeichnis am Ende des Buches nachschlagen möchten, so sollten Sie wissen, wo Sie die Sonderzeichen finden: Das **ç** *finden Sie nach dem* **c**, *das* **ı** *folgt auf das* **h** *und das* **ş** *findet sich nach dem* **s**.

NEUNTE LEKTION

GEHEN WIR AN DEN BOSPORUS

1 – Freunde, ich möchte heute Fisch essen. Wollen wir an den Bosporus fahren?

2 – Das ist eine gute Idee. Wohin könnten wir fahren?

3 – Nach Sarıyer. Dort kenne ich ein sehr gutes Restaurant.

ANMERKUNGEN

① Beliebte Ausflugsorte am Bosporus sind z. B. **Beşiktaş**, ein belebtes Viertel Istanbuls, und der etwas weiter nördlich gelegene Park **Emirgan**, berühmt für seine Tulpenbeete. **Sarıyer**, ein kleines Fischerdorf am Schwarzen Meer, ist bekannt für seine Fischrestaurants.

② **gidelim** ist eine Aufforderung: „Gehen wir!". Zusammen mit der Fragepartikel **mi** heißt dies: „Wie wär's, wenn wir gingen?", „Und wenn wir ... gingen?", „Wollen wir ... gehen?". **Nereye gidelim?** „Wohin könnten wir gehen?"

③ **güzel** heißt nicht nur „schön", sondern auch „gut".

④ **orada** heißt „dort", **oraya** „dorthin" und **oradan** „von dort". Diese Variationen sind identisch mit denen von **nerede** „wo?", **nereye** „wohin?" und **nereden** „woher?"

4 **Hem** u**cuz**, **hem** de te**miz**. Balık**lar** da **çok ta**ze. ⑤
(Und billig, und auch sauber. Fische-die auch sehr frisch.)

5 – Ta**mam**. **Na**sıl gidi**yo**ruz?
(Einverstanden. Wie gehen/fahren[wir]?)

6 – Va**pur**la. **Şim**di saat **on** bir bu**çuk**. ⑥⑦
(Dampfer-mit. Jetzt Uhr zehn eins halb.)

7 – **On** iki**de** Be**şik**taş'**tan** va**pur** kalkı**yor**. ①⑦⑧⑨
(Zwölf-in Beşiktaş'von Dampfer fährt-ab.)

8 – Öy**ley**se ça**buk** ola**lım**. ⑩
(So-wenn[es ist] schnell seien[wir].)

9 – Yemek**ten son**ra da, **Emir**gan'da **çay**. **Na**sıl? **İyi de**ğil mi? ①⑧⑪
(Essen-von nach und, Emirgan'in Tee. Wie? Gut nicht-?)

OKUNUŞ

[*4 hem udschus hem de temis balëklar da tschok tase 5 tammam naßël gidijorus 6 wapurla schimdi ßaat on bir butschuk 7 on ikide beschiktaschtan wapur kalkëjor 8 öileiße tschabuk olalëm 9 jemekten ßonra da emirganda tschai naßël iji dehilmi*]

1. BU CÜMLELERİ ANLIYOR MUSUNUZ?

❶ Lokantaya gidelim mi? ❷ Sarıyer çok uzak değil. ❸ Vapur nereye gidiyor? ❹ Balıklar taze mi? ❺ Dokuz buçukta Taksim'den otobüs kalkıyor. ❻ Bu lokanta çok temiz. ❼ Boğaz'a nasıl gidiyorlar?

2. BOŞLUKLARI DOLDURUNUZ.

❶ Wohin könnten wir denn fahren?

. . . . . . gidelim?

4 Es ist preiswert und dazu sauber. Und der Fisch ist dort sehr frisch.
5 – Einverstanden. Wie fahren wir hin?
6 – Mit dem Dampfer. Es ist jetzt halb zwölf.
7 – Der Dampfer fährt um 12 Uhr von Beşiktaş ab.
8 – Also, beeilen wir uns.
9 – Und nach dem Essen [trinken wir] Tee in Emirgan. Was haltet ihr davon? Ist das nicht gut?

ANMERKUNGEN

⑤ **hem ... hem (de)...** „sowohl ... als auch ...".

⑥ **Vapur** „Dampfer". Diese Boote sind zwischen den Ufern des Bosporus und des Marmarameers das schnellste Beförderungsmittel.

⑦ **saat on bir buçuk**, wörtlich „Uhr elf (zehn+eins) halb", also „halb zwölf"; **saat on bir** „elf Uhr"; (**saat**) **on ikide** „um 12 (Uhr)". Das Suffix **da/de** entspricht dem deutschen „um". Bei **saat on bir buçukta** wird es zu **ta**, weil **buçuk** mit einem **k** endet. (Diese Variationen werden später erläutert.) **Saat kaç?** heißt „Wie spät ist es?". **Vapur saat kaçta kalkıyor?** „Um wie viel Uhr fährt der Dampfer ab?"

⑧ **Beşiktaş'tan** „von Beşiktaş aus". Das Suffix **-tan** ist eine Variante von **-dan**. Das „**d**" des Lokativs und des Ablativs ändert sich nach den Konsonanten **ş**, **s**, **ç**, **f**, **h**, **p**, **t** und **k** in **t**, d. h. **-de**, **-da**, **-den**, **-dan** wird zu **-te**, **-ta**, **-ten**, **-tan**. Beispiel: **yemek-ten sonra** „nach dem Essen".

⑨ **gitmek** heißt „gehen, fahren", **kalkmak** „abfahren" bei Verkehrsmitteln und „aufbrechen" bei Personen. Eine höfliche Formulierung, mit der Sie bei einem Besuch bei Freunden Ihren Abschied ankündigen können, lautet **Yavaş yavaş kalkalım** „Wir wollen mal langsam aufbrechen" oder „Es wird langsam Zeit zu gehen".

⑩ **olalım** „seien wir" ist die Befehlsform von **olmak** „sein, werden". **-elim** ist die Endung der 1. Person Plural für Verben, die im Infinitiv auf **-mek** enden, **-alım** für Verben, die im Infinitiv auf **-mak** enden.

⑪ **Yemek** heißt „essen" (Verb) und „das Essen" (Substantiv). Man hört auch oft die Doppelform **yemek yemek**.

1. ŞİMDİ ANLADINIZ MI?

❶ Wie wär's, wenn wir ins Restaurant gingen? ❷ Sarıyer ist nicht sehr weit [weg]. ❸ Wohin fährt der Dampfer? ❹ Ist der Fisch/Sind die Fische frisch? ❺ Der Bus fährt um halb zehn von Taksim ab. ❻ Dieses Restaurant ist sehr sauber. ❼ Wie fahren sie zum Bosporus?

❷ Ich kenne ein gutes Restaurant.

İyi . . . lokanta . . . .

❸ Wir fahren mit dem Dampfer [hin].

. . . . gidiyoruz.

❹ Der Dampfer fährt um elf Uhr ab.

. . . . vapur . . . .

❺ Beeilen wir uns!

. . . . !

❻ Ist es nicht gut?

İyi . . . . ?

ONUNCU (10.) DERS

LO**KAN**TADA ①
(Restaurant-in)

1 – **Hoş gel**diniz e**fen**dim. **Kaç ki**şisiniz? ②③
(Fröhlich sind[Sie]-gekommen meine-Herrschaften. Wie viele Personen-sind[Sie]?)

OKUNUŞ

[*onundschu derß lokantada* **1** *hosch geldinis efendim katsch kischißinis*]

ANMERKUNGEN

① In der Türkei gibt es Restaurants (**lokanta**), in denen man nur auf die Schnelle etwas isst, und Restaurants, in denen man länger bleibt, verschiedene kleine Speisen isst und dazu eine Flasche Wein oder **Rakı** „Raki“ (Anisschnaps) trinkt. In den meisten Restaurants kann der Gast sich die Speisen vor dem Essen in einer Kühlvitrine ansehen und das Gewünschte auswählen. Teurere und nach westlichem Stil ausgerichtete **Lokantas** nennt man **restoran**.

2. BOŞLUKLARA GELEN SÖZCÜKLER.

❶ Nereye ❷ bir - biliyorum ❸ Vapurla ❹ On birde - kalkıyor ❺ Çabuk olalım ❻ değil mi.

ZEHNTE LEKTION

IM RESTAURANT

1 – Willkommen, meine Herrschaften. Wie viele Personen sind Sie?

② **Hoş geldiniz!** ist eine Begrüßungsfloskel: „Willkommen!" Die Antwort des Gastes hierauf lautet **Hoş bulduk**, was nur schwer übersetzbar ist. Es bedeutet in etwa „Wir haben Sie (euch) fröhlich gefunden".

③ Die respektvolle Anrede **efendim** kann „mein Herr, meine Herren" oder „meine Herrschaften" heißen. Sie wird im täglichen Leben in vielen Situationen verwendet, auch, wenn man gerufen oder angesprochen wird, wenn man etwas nicht verstanden hat oder wenn man um eine Auskunft bittet.

2 – **Al**tı **ki**şiyiz. ④
(Sechs Personen-sind[wir].)

3 – **Şöy**le buyu**run**. Ne **ar**zu edi**yor**sunuz? ⑤
(So befehlen-Sie. Welchen Wunsch machen[Sie]?)

4 – **Ba**lık **var** mi?
(Fisch gibt[es]-?)

5 – E**vet**, lev**rek**, kal**kan** ve bar**bun**ya.
(Ja, Seebarsch, Steinbutt und Meerbarbe.)

6 – **İs**takoz **yok** mu? ⑥
(Hummer gibt[es]nicht-?)

7 – Ma**a**lesef, **a**ma **mid**ye ve ka**ri**des var.
(Leider, aber Muscheln und Garnelen gibt[es].)

8 – Bi**ze** **üç** lev**rek** ız**ga**ra, **bir** **kal**kan **şiş**, iki **ta**ne de ka**ri**des gü**veç**.
(Uns-zu drei Seebarsch Grill, ein Steinbutt Spieß, zwei mal auch Garnelen Topf.)

9 – **Ba**lıktan **ön**ce **ne** alı**yor**sunuz? ⑦
(Fisch-von vor was nehmen[Sie]?)

10 – **Han**gi meze**ler** var? ⑧
(Welche Vorspeisen-die gibt[es]?)

11 – **Be**yaz **pey**nir, **dol**ma, **bö**rek, ka**vun**... ⑨
(Weißer Käse, gefüllt, Börek, Melone ...)

12 – **Bir** **de** karı**şık** sa**la**ta geti**rin**. ⑩⑪
(Ein auch gemischter Salat bringen[Sie].)

OKUNUŞ

[*2 altë kischijis 3 schöile bujurun ne arsu edijorßunus 4 balëk war më 5 ewet lewrek, kalkan we barbunja 6 ißtakos jok mu 7 maaleßef ama midje we karideß war 8 bise ütsch lewrek ësgara bir kalkan schisch iki tane de karideß güwetsch 9 balëktan öndsche ne alëjorßunuz 10 hangi medseler war 11 bejas peinir dolma börek kawun 12 bir de karëschëk ßalata getirin*]

2 – Wir sind sechs Personen.
3 – Nehmen Sie dort Platz, bitte. Was wünschen Sie?
4 – Gibt es Fisch?
5 – Ja, Seebarsch, Steinbutt und Meerbarbe.
6 – Gibt es keinen Hummer?
7 – Leider nicht, aber es gibt Muscheln und Garnelen.
8 – Bringen Sie uns drei gegrillte Seebarsche, einen Steinbutt am Spieß und zwei Portionen gebackene Garnelen.
9 – Was nehmen Sie vor dem Fisch?
10 – Was haben Sie für Vorspeisen?
11 – Schafskäse, gefülltes Gemüse, Börek und Melone.
12 – Und dann bringen Sie uns auch einen gemischten Salat.

ANMERKUNGEN

④ **Altı kişiyiz** „Wir sind sechs Personen". Vor der Endung -**iz** (1. Person Plural) muss -**y**- eingeschoben werden, **da kişi** „Person" mit einem Vokal endet.

⑤ **buyurun**, wörtlich „befehlen Sie, befehlt", entspricht unserem „bitte". Es wird auch oft als Aufforderung, z. B. zum Setzen, zum Sprechen usw., benutzt.

⑥ **yok mu?** „gibt es nicht?" ist das Gegenteil von **var mı?** „gibt es?". Die Fragepartikel **mi** passt sich hier wieder der Vorsilbe an (Vokalharmonie!).

⑦ **önce** „vor" steht wie **sonra** „nach" hinter dem Substantiv. Dieses steht im Ablativ (Endung -**dan** bzw. -**tan**).

⑧ **Hangi** „welcher, -e, -es" ist unveränderlich. Ihm kann ein Singular oder ein Plural folgen.

⑨ **Beyaz peynir** ist Schafskäse, der oft in Scheiben zum Raki serviert wird; **dolma** bezeichnet alle Arten von gefülltem Gemüse: **domates dolması** „gefüllte Tomaten", **biber dolması** „gefüllte Paprika" usw.

⑩ Der Ausdruck **bir de** bedeutet „und dann".

⑪ **getirin** „bringen Sie/bringt" ist die Befehlsform der 2. Person Plural, obwohl die komplette Form in der Schriftsprache **getiriniz** lauten müsste. Sie lernen hier jedoch die Umgangssprache. Der Infinitiv lautet **getirmek** „bringen".

13 – **İçecek** ola**rak**? ⑫
(Getränk als?)

14 – Bir bü**yük ra**kı ve so**ğuk** su, **lüt**fen. ⑬
(Ein großer Raki und kaltes Wasser, bitte.)

15 – **Baş** üstü**ne**, **efen**dim. ⑭
(Kopf übertreffen, mein Herr.)

OKUNUŞ

[***13*** *itschedschek olarak* ***14*** *bir büjük rakë we ßohuk ßu lütfen* ***15*** *basch üßtüne efendim*]

1. BU CÜMLELERİ ANLIYOR MUSUNUZ?

❶ Ne arzu ediyorlar? ❷ Mezelerden önce ne istiyorsunuz? ❸ Bu lokantada balık yok. ❹ Biz de börek istiyoruz. ❺ Dolma yok mu? ❻ Hangi börekler var? ❼ Bize altı tane levrek getirin.

2. BOŞLUKLARI DOLDURUNUZ.

❶ Wie viele Personen sind Sie/seid ihr?
Kaç . . . . ?

❷ Hierher bitte.
Şöyle . . . .

❸ Was gibt es für Fische?
. . . . . balıklar . . . ?

❹ Zu trinken?
İçecek . . . . . . ?

❺ Willkommen, meine Herren.
. . . geldiniz, ...

❻ Gibt es Garnelen?
Karides . . . . . ?

13 – Und zu trinken?
14 – Eine große Flasche Raki und frisches Wasser, bitte.
15 – Gerne, meine Herrschaften.

ANMERKUNGEN

⑫ **olarak** „(geltend) als" kommt von **olmak** „sein, werden".

⑬ Im Gegensatz zur bekannten Regel steht hier der Artikel **bir** vor dem Adjektiv **büyük**. Ein **büyük rakı** ist eine ganze Flasche Raki, ein **küçük rakı** eine halbe Flasche, **bir tek rakı** ein „einfacher Raki" und **bir duble rakı** ein „doppelter Raki". **Rakı** ist das türkische Nationalgetränk. Der aus vergorenen Rosinen und Anis hergestellte Branntwein passt gut zu Fisch und Vorspeisen. Traditionell wird er mit einem Glas Wasser serviert und man trinkt abwechselnd aus beiden Gläsern. Oft wird er auch gleich mit Wasser gemischt, was dem Getränk eine weißliche Farbe verleiht.

⑭ **Baş üstüne** ist ein Ausdruck, der sich nur schwer ins Deutsche übersetzen lässt und der in etwa unserem „gerne, gewiss" bzw. dem etwas veralteten „Zu Ihren Diensten" entspricht.

1. ŞİMDİ ANLADINIZ MI?

❶ Was wünschen sie? ❷ Was möchten Sie vor der Vorspeise? ❸ In diesem Restaurant gibt es keinen Fisch. ❹ Auch wir wollen Börek. ❺ Gibt es kein gefülltes Gemüse? ❻ Was gibt es für Börek-[sorten]? ❼ Bringen Sie uns sechs Portionen Seebarsch.

2. BOŞLUKLARA GELEN SÖZCÜKLER.

❶ kişisiniz ❷ buyurun ❸ Hangi - var ❹ olarak ❺ Hoş - efendim ❻ var mı.

▶ ON BİRİNCİ DERS

BİRAZ DEDİKO**DU** ①
(Ein-bisschen Klatsch)

1 – Günay**dın** **Nes**li **Ha**nım, **na**sılsınız? ②③
(Tag-hell[er] Nesli Frau, wie sind[Sie]?)

2 – **Hiç** **iyi** değ**ilim**. **Dün** akşam**dan** **beri** **ba**şım ağrı**yor**. ④⑤⑥
(Keineswegs gut nicht-bin[ich]. Gestern Abend-von seit Kopf-mein schmerzt.)

3 – **Geç**miş **ol**sun. ⑦
(Vorbei sei.)

4 – Teşek**kür** ede**rim**. **Alt** katta**ki** komşu**lar** ... **Her** ge**ce** saba**ha** ka**dar** **ya** mü**zik** dinli**yor**, **ya** da **kav**ga ediyor**lar**. ⑧⑨⑩
(Danke mache[ich]. Unten Stock-in-welch[em] Nachbarn-die [sind] ... Jede Nacht Morgen-zum bis entweder Musik hört, oder auch Streit machen[sie].)

(OKUNUŞ)

[on birindschi derß biras dedikodu ***1*** *günaidën neßli hanëm naßëlßënës* ***2*** *hitsch iji dehilim dün akschamdan beri baschëm ahrëjor* ***3*** *getschmisch olßun* ***4*** *teschekür ederim alt kataki komschular her gedsche ßabacha kadar ja müsik dinlijor ja da kawga edijorlar]*

(ANMERKUNGEN)

① Das Verb zu **dedikodu** „Klatsch, Geschwätz" lautet **dedikodu yapmak** „klatschen, tratschen". Nach **biraz** und **çok** steht der Singular.

② **Günaydın** „Guten Morgen" setzt sich aus **gün** „Tag" und **aydın** „hell" zusammen.

ELFTE LEKTION

EIN BISSCHEN KLATSCH

1 – Guten Morgen, Frau Nesli, wie geht es Ihnen?
2 – Es geht mir überhaupt nicht gut. Seit gestern Abend habe ich Kopfschmerzen.
3 – Gute Besserung. (Vergangen soll-[es]-sein.)
4 – Ich danke Ihnen. Die Nachbarn unten ... Jede Nacht hören sie Musik oder sie streiten sich.

③ **Nesli Hanım**: Türken benutzen bei der Begrüßung sehr oft den Vornamen einer Person, gefolgt von der höflichen Anrede **hanım** bei Frauen und **bey** bei Männern, z. B. **Mehmet Bey**. Hierfür gibt es im Deutschen keine Entsprechung; wir haben deshalb nur der Einfachheit halber die Übersetzung „Frau" und „Herr" gewählt.

④ **Hiç** heißt „keiner, -e, -es", aber auch „keineswegs". Im Gegensatz zum Deutschen, wo zwei Verneinungen eine Bejahung ergeben, können im Türkischen ohne Weiteres zwei Verneinungen mit verneinender Bedeutung in einem Satz vorkommen.

⑤ Vor **beri** „seit" muss der Ablativ stehen (Endung -**dan**/-**den**). Ein weiteres Beispiel: **o günden beri** „seit diesem Tag".

⑥ **başım** „mein Kopf". -**im** (hier aus Gründen der Vokalharmonie -**ım**) ist die Possessivendung (besitzanzeigende Endung) der 1. Person Singular. Aufgrund des Kontextes ist eine Verwechslung mit dem Suffix -**im** „ich bin" (Personalendung des Verbs „sein") ausgeschlossen. **ağrıyor** kommt vom Verb **ağrımak** „weh tun". **başım ağrıyor** „mein Kopf tut weh" oder „ich habe Kopfschmerzen".

⑦ **Geçmiş olsun** (wörtlich „es soll vorbei sein") „Gute Besserung!" wird z. B. auch bei Krankenbesuchen benutzt.

⑧ **Alt kattaki**: Hier wird wegen des **t** in **kat** die Silbe -**da** zu -**ta**.

⑨ **ya ..., ya da ...** „entweder ... oder ...".

⑩ **... dinliyor ... ediyorlar**: Wenn zwei Verben mit -**(i)yor** aufeinanderfolgen oder nahe beieinander stehen, trägt normalerweise nur das letzte die Personalendung. Ähnlich ist es unten in Satz 7 bei **televizyon seyrediyor, uyuyoruz**. In Fällen, in denen keine Verwechslung möglich ist, neigt das Türkische stark zur Vereinfachung.

5 – Eh, **ta**bii, on**lar genç**. **Hem de ye**ni **ev**liler. **Ba**kın bi**ze** ... ⑪⑫⑬⑭
(Ah, sicher, sie jung. Und auch neu verheiratet-die. Sehen[Sie] uns-zu ...)

6 Biz **yir**mi **yıl**dır hiç konuşmu**yo**ruz bi**le**. ⑮⑯
(Wir zwanzig Jahr-ist keineswegs nicht-sprechen[wir] sogar.)

7 Akşamla**rı yal**nız televi**zyon** seyredi**yor**, uyu**yo**ruz. ⑩⑰
(Abende-die nur Fernsehen anschaut, schlafen[wir].)

8 – Hak**lı**sınız, **Ay**şe **Ha**nım. ⑱
(Recht-habend-sind[Sie], Nesli Frau.)

9 – Ba**na** buyu**run**, bir **kah**ve içe**lim**. Si**ze bir** de aspi**rin** vere**yim**. ⑲
(Mir-zu ich-bitte-Sie, ein Kaffee trinken[wir]. Ihnen-zu ein auch Aspirin dass-[ich]-gebe.)

10 – **Sağ**olun, **Ay**şe **Ha**nım, **a**ma **ar**tık ba**şım a**ğrımıyor. ⑳㉑
(Gesund-seien[Sie], Ayşe Frau, aber jetzt Kopf-mein nicht-weh-tut.)

OKUNUŞ

*[**5** e tabii onlar gendsch hem de jeni ewliler bakën bise **6** bis jirmi jëldër hitsch konuschmujorus bile **7** akschamlarë jalnës telewisjon ßeiredijor ujujorus **8** haklëßënës neßli hanëm **9** bana bujurun bir kahwe itschelim ßise bir de aßpirin werejim **10** ßaholun aische hanëm ama artëk baschëm ahrëmëjor]*

Lerntipp: *Um die richtige Aussprache zu üben, sollten Sie die Texte laut lesen. Manchmal ist es auch sehr hilfreich, Ihre Aussprache mit einem Smartphone aufzunehmen, sie anschließend kritisch anzuhören und mit den Tonaufnahmen dieses Lehrwerks zu vergleichen.*

5 – Sicher, sie sind jung! Außerdem sind sie frisch verheiratet. Schauen Sie uns an ...

6 Schon seit zwanzig Jahren sprechen wir nicht einmal mehr miteinander.

7 Abends sehen wir nur fern, dann schlafen wir.

8 – Sie haben recht, Frau Ayşe.

9 – Kommen Sie zu mir und trinken wir einen Kaffee. Ich werde Ihnen auch Aspirin geben.

10 – Danke schön, Frau Ayşe, aber ich habe keine Kopfschmerzen mehr.

ANMERKUNGEN

⑪ **tabii** bedeutet „natürlich, sicher, einverstanden".

⑫ Sie kennen bereits **hem ... hem de** „sowohl ... als auch". Am Satzanfang bedeutet **hem de** „außerdem, noch dazu".

⑬ **evli** „verheiratet" kommt vom Wort **ev** „Haus".

⑭ **Bak-ın!** „Schauen Sie!/Schaut!" ist ebenso wie **getirin!** „bringen Sie!/bringt!" die Befehlsform der 2. Person Plural.

⑮ **yirmi yıl-dır**, wörtlich „zwanzig-Jahr-ist-es", bedeutet „schon seit zwanzig Jahren".

⑯ **konuş-mu-yor-uz** „wir sprechen nicht" ist die Verneinung von **konuşuyoruz**. In Verbindung mit **bile** „sogar, selbst" heißt der Ausdruck **konuşmuyoruz bile** „wir sprechen nicht einmal (miteinander)".

⑰ **Akşamları** „abends, jeden Abend". Vergleichen Sie mit **geceleri** „jede Nacht" aus Lektion 8.

⑱ Hier ist den Autoren leider ein kleiner logischer Fehler unterlaufen, der auch auf den Tonaufnahmen nachzuvollziehen ist: Gemäß der Sprecherwechselfolge spricht Frau Nesli sich hier selbst an ... Aus diesem Grund haben wir hier im Lehrbuch den Namen „Nesli" durch „Ayşe" ausgetauscht.

⑲ Die Form **vereyim** „dass ich gebe" wollen wir im Moment nicht weiter analysieren.

⑳ **Sağolun** oder **sağol** hat mehrere Bedeutungen. Es wird am häufigsten für „Danke!" benutzt.

㉑ **artık** plus ein verneintes Verb bedeutet „nicht mehr". **artık başım ağrımıyor** „ich habe keine Kopfschmerzen mehr"; **artık derse gelmiyor** „er kommt nicht mehr zum Unterricht".

1. BU CÜMLELERİ ANLIYOR MUSUNUZ?

❶ Dün sabahtan beri iyi değiliz. ❷ Geceleri, alt kattaki gençler müzik dinliyorlar. ❸ Yeni evliler kavga ediyorlar. ❹ Nesli Hanım akşama kadar Ayşe Hanım'la konuşuyor. ❺ Her gece televizyon seyrediyor, uyuyorum. ❻ Bize buyurun, bir çay içelim. ❼ Üç yıldır televizyon seyretmiyoruz.

2. BOŞLUKLARI DOLDURUNUZ.

❶ Heute habe ich Kopfschmerzen.

. . . . ağrıyor.

❷ Gute Besserung!

. . . . !

❸ Wir sprechen nicht mal (miteinander).

Biz . . . konuşmuyoruz . . . . .

❹ Sie haben recht, Frau Nesli.

. . . . , Nesli . . . . . .

❺ Ich spreche nicht mehr mit Frau Nesli.

Nesli . . . . . ' . . . . konuşmuyorum.

❻ Abends trinken wir Kaffee.

. . . . kahve . . . .

> ***Lerntipp:*** *Lernen Sie niemals auswendig. Sie können dann lediglich Sätze zu einem späteren Zeitpunkt wieder aus dem Gedächtnis „abspulen", aber den Sinn dieser Sätze nicht verstehen.*

1. ŞİMDİ ANLADINIZ MI?

❶ Seit gestern Morgen fühlen wir uns nicht wohl. ❷ Nachts hören die Jugendlichen im unteren Stockwerk Musik. ❸ Die Neuvermählten streiten sich. ❹ Frau Nesli spricht bis zum Abend mit Frau Ayşe. ❺ Jeden Abend (jede Nacht) sehe ich fern, (dann) schlafe ich. ❻ [Kommen Sie] (bitte) zu uns, trinken wir (einen) Tee. ❼ Schon seit drei Jahren sehen wir nicht mehr fern.

2. BOŞLUKLARA GELEN SÖZCÜKLER.

❶ Bugün başım ❷ Geçmiş olsun ❸ hiç - bile ❹ Haklısınız - Hanım ❺ Hanım'la - artık ❻ Akşamları - içiyoruz.

▶ ON İKİNCİ DERS

ÖNEMLİ BİR MİSAFİR ①
(Wichtig ein Gast)

1 – Sev**gi**lim, **kar**nım **çok** aç. **Ne ye**mek **var**? ①②
(Geliebte-meine, Magen-mein sehr hungrig. Was Essen gibt-[es]?)

2 – Kusu**ra bak**ma, ha**ya**tım. **Bu**gün **hiç**bir şey **yok**. ②③
(Fehler-zu siehe-nicht, Leben-mein. Heute keine Sache gibt-nicht.)

3 – Önem**li de**ğil. **Pey**nir **ek**mek **ye**ter. ④
(Wichtig nicht-[ist]. Käse Brot genügt.)

4 – **Ne** ka**dar** iyi**sin**! A! **Ka**pı çalını**yor**. ⑤
(Wie viel gut-bist[du]! Ach! Tür klingelt.)

OKUNUŞ

[*on ikindschi derß önemli bir mißafir* ***1*** *ßewgilim karnëm tschok atsch ne jemek war* ***2*** *kußura bakma hajatëm bugün hitsch bir schei jok* ***3*** *önemli dehil peinir ekmek jeter* ***4*** *ne kadar ijißin a kapë tschalënëjor*]

ZWÖLFTE LEKTION

EIN WICHTIGER GAST

1 – Mein Liebling, ich habe großen Hunger. Was gibt es zu essen?
2 – Sei mir nicht böse, mein Schatz. Heute gibt es nichts.
3 – Es ist nicht schlimm. Käse und Brot werden genügen.
4 – Wie gut du bist! Ah! Jemand klingelt an der Tür.

ANMERKUNGEN

① **önemli** „wichtig". Das Suffix **-li** „habend", „mit etwas versehen" dient zur Bildung von Adjektiven, z. B. **evli** „verheiratet" von **ev** „Haus", **sevgili** „geliebt" von **sevgi** „Liebe". Dieses Suffix passt sich nach der Vokalharmonie an die Vorsilbe an, z. B. bei **meraklı** „neugierig" (Lektion 4), **adlı** „genannt" (Lektion 6) und **haklı** „recht habend" (Lektion 11).

② **Sevgili-m** „mein(e) Geliebte(r)". **-m** ist die Possessivendung der 1. Person Singular nach Substantiven, die mit einem Vokal enden. Andere Beispiele: **anne-m** „meine Mutter"; **kayınvalide-m** „meine Schwiegermutter". Bei Substantiven, die auf Konsonant enden, wird vor der Endung **-m** ein der Vokalharmonie entsprechender Vokal eingefügt: **baş-ım** „mein Kopf"; **karn-ım** „mein Magen"; **hayat-ım** „mein Leben". **can-ım**, wörtlich „meine Seele" ist ein Kosewort unter Liebenden: „mein Schatz".

③ Die Redewendung **kusura bakma** „sei mir nicht böse" ist sehr geläufig. Die Endung **-ma** kennzeichnet die verneinte Befehlsform. Bei Verben mit der Infinitivendung **-mek** lautet sie **-me**: **git-me!** „geh nicht!"

④ Merken Sie sich **yeter** „es genügt".

⑤ **Ne kadar** bedeutet „wie viel(e)" in Frage- und Ausrufesätzen.

5 **Kim** gel**di**? Kapı**cı** mı? ⑥⑦⑧
(Wer gekommen-ist? Hausmeister-?)

6 – **Ha**yır. **Bil** baka**lım**. ⑨
(Nein. Wisse sehen[wir].)

7 – U**ğur** mu? ⑧
(Ugur-?)

8 – **Yok ca**nım. U**ğur** da**ha** ge**çen** gün **gel**di. ②⑩
(Nein, Seele-meine. Ugur schon vergangener Tag gekommen-ist.)

9 – Gö**nül** mü? ⑧
(Gönül-?)

10 – **O** da **de**ğil. **An**nem. ②
(Sie auch nicht[ist]. Mutter-meine.)

11 – Kayınvali**dem** mi? Ey**vah**! ②⑧
(Schwiegermutter-meine-? Ach!)

12 – Ça**buk** karşıda**ki** lokanta**dan** bir şey**ler** al **ge**tir. ⑪
(Schnell gegenüber-in-dem[ist] Lokal-von ein Sachen-die nimm bring.)

OKUNUŞ

[**5** *kim geldi kapëdschë më* **6** *hajër bil bakalëm* **7** *uhur mu* **8** *jok dschanëm uhur daha getschen gün geldi* **9** *gönül mü* **10** *o da dehil annem* **11** *kajënwalidem mi eiwah* **12** *tschabuk karschëdaki lokantadan bir scheiler al getir*]

1. BU CÜMLELERİ ANLIYOR MUSUNUZ?

❶ Bu yemek bana yeter. ❷ Babam ne getirdi? ❸ Dün annem bize geldi. ❹ Geçen akşam size kim geldi? Hasan mı? ❺ Karşıdaki lokanta ucuz mu? ❻ Kapım açık. ❼ Sen söze karışma! ❽ Aspirinim nerede? ❾ Ekmek alalım.

5 – Wer ist gekommen? Der Hausmeister?
6 – Nein. Rate mal.
7 – Uğur?
8 – Aber nein, mein Schatz. Uğur ist neulich schon [vorbei]gekommen.
9 – Also Gönül?
10 – Auch nicht. Meine Mutter ist es.
11 – Meine Schwiegermutter? Ach!
12 – Hol schnell etwas aus dem Lokal gegenüber!

ANMERKUNGEN

⑥ **gel-di** „er/sie/es ist gekommen". Das Perfekt (zusammengesetzte Vergangenheit) wird durch Anhängen von Personalendungen an den Verbstamm gebildet. -**di** ist die Endung der 3. Person Singular, -**diniz** die der 2. Person Plural. Vgl. Sie **Hoş gel-diniz**.

⑦ **Kapıcı** „Hausmeister". An das Wort **kapı** „Tür" wird die Endung -**ci** angehängt (vgl. Sie **balıkçı** „Fischer" (Lektion 5; hier lautet wegen des **k** in **balık** die Endung -**çı**). Der Hausmeister ist in der Türkei eine wichtige Institution. Er bringt die Post, erledigt kleinere Arbeiten am Haus und kümmert sich um die Wasser-/Stromversorgung im Haus.

⑧ Die Fragepartikel -**mi** wird hinter **Uğur** und **yok** zu -**mu**, hinter **var** zu -**mı**, hinter **Gönül** zu -**mü** und hinter **kayınvalidem** zu -**mi**. Damit kennen Sie alle vier Formen.

⑨ **Bil bakalım** „rate mal" besteht aus zwei Befehlsformen: **bil** „wisse" und **bakalım** „sehen wir" (eigentlich Plural).

⑩ **geçen gün** (wörtlich „vergangener Tag") bedeutet „neulich, an einem der letzten Tage". **geçen yıl** meint das „vergangene Jahr", **geçen ay** den „vergangenen Monat" und **geçen hafta** die „vergangene Woche".

⑪ **al getir**: **almak** heißt „kaufen" und „nehmen", **getirmek** „bringen". Merken Sie sich, dass der Ort, an dem eingekauft wird, im Ablativ steht: **lokantadan**.

1. ŞİMDİ ANLADINIZ MI?

❶ Dieses Essen genügt mir. ❷ Was hat mein Vater mitgebracht? ❸ Gestern ist meine Mutter zu uns gekommen. ❹ Wer ist neulich abends zu euch/Ihnen gekommen? Hasan? ❺ Ist das Lokal gegenüber preiswert? ❻ Meine Tür ist offen. ❼ Du, mische dich nicht ins Gespräch ein! ❽ Wo ist mein Aspirin? ❾ Kaufen wir Brot.

2. BOŞLUKLARI DOLDURUNUZ.

❶ Meine Geliebte, ich bin hungrig.

. . . . , karnım . . .

❷ Sei mir nicht böse!

Kusura . . . . . !

❸ Rate mal!

. . . . !

❹ [Ist es] Ugur? Gönul? Ahmet? Ertan?

Uğur . . ? Gönül . . ? Ahmet . . ? Ertan . . ?

▶ ON ÜÇÜNCÜ DERS

BİR ÖĞRENCİ**DEN** **MEK**TUP

(Ein Student-von Brief)

1 Sevgi**li** **an**nem.
(Liebe Mutter-meine.)

2 **On** beş **gün**dür İs**tan**bul'dayız. Oku**la** **baş**ladık. ①②③
(Fünfzehn Tage-ist Istanbul'in-sind[wir]. Schule-zu haben[wir]-begonnen.)

OKUNUŞ

[on ütschündschü derß bir öhrendschiden mektup **1** *ßewgili annem* **2** *on besch gündür ißtanbuldajës okula baschladëk]*

❺ Hol etwas aus dem Restaurant (nimm bring ...).

. . . . bir şeyler . . . .

❻ Wie gut ihr seid!/Sie sind!

. . kadar . . . . !

2. BOŞLUKLARA GELEN SÖZCÜKLER.

❶ Sevgilim - aç ❷ bakma ❸ Bil bakalım ❹ mu - mü - mi - mı ❺ Lokantadan - al getir ❻ Ne - iyisiniz.

DREIZEHNTE LEKTION

BRIEF EINES STUDENTEN

1 Liebe Mutter,

2 Wir sind schon fünfzehn Tage in Istanbul. Wir haben mit dem Unterricht an der Universität begonnen.

ANMERKUNGEN

① **On beş gündür** „es sind schon 15 Tage" bzw. „seit 15 Tagen". Das Suffix **-dir**, Endung für die 3. Person Singular, ändert sich nach **gün** in **-dür**.

② **İstanbul'da-y-ız** „Wir sind in Istanbul". Das Suffix **-ız** ist die vokalharmonische Variante von **-iz** „wir sind". Der Füllvokal **-y-** wird eingefügt, weil hier zwei Vokale aufeinandertreffen.

③ **Okula başladık** „Wir haben mit der Schule begonnen". **başlamak** verlangt den Richtungsfall (Dativ). **Okul** kann auch „Universität" bedeuten. **başladık** „wir haben begonnen" ist die Perfektform der 1. Person Plural von **başlamak** „beginnen". Vgl. auch **geldik** „wir sind gekommen".

3 **Çok** **mut**luyuz, **a**ma se**ni** özlü**yo**ruz. ④⑤
(Sehr glücklich-sind[wir], aber dich vermissen[wir].)

4 **Kırk** daire**li** bir apartman**da** oturu**yo**ruz. ⑥
(Vierzig Wohnung-habend ein Wohnhaus-in wohnen[wir].)

5 Bi**zim** **köy** ka**dar** kalaba**lık**. ⑦⑧
(Unser Dorf so viel überfüllt.)

6 **Ev**de, **Mu**rat **a**lış **ve**riş yapı**yor**, ye**mek** pişiri**yor**;
(Haus-im, Murat Einkäufe macht; Essen kochen-lässt;)

7 **ben** de bula**şık** yıkı**yor**, temiz**lik** yapı**yo**rum.
(ich auch Geschirr spüle[ich]-ab, Putzen mache[ich].)

8 **Ta**bii, **her** gün bir**kaç** bar**dak** ta**bak** kırılı**yor**. ⑨⑩
(Natürlich, jeden Tag einige Glas Teller gebrochen-wird.)

9 Porce**len**ci biz**den** **çok** **mem**nun. Para**lar** da bit**mek** üze**re**. ⑪
(Porzellanhändler uns-von sehr zufrieden. Gelder-die auch ausgehen dabei.)

10 **Hoş**ça kal. Se**lam** ve sevgi**ler**. **A**li ⑫⑬
(Angenehm bleibe. Grüße und Lieben-die. Ali)

OKUNUŞ

[***3*** *tschok mutlujus ama ßeni öslüjorus* ***4*** *kırk daireli bir apartmanda oturujorus* ***5*** *bisim köi kadar kalabalëk* ***6*** *ewde murat alësch werisch japëjor jemek pischirijor* ***7*** *ben de bulaschëk jëkëjor temislik japëjorum* ***8*** *tabii her gün birkatsch bardak tabak kërëlëjor* ***9*** *porßelendschi bisden tschok memnun paralar da bitmek üsere* ***10*** *hoschtscha kal ßelam we ßewgile. ali*]

3 Wir sind glücklich, aber wir vermissen dich.

4 Wir wohnen in einem Wohnhaus mit vierzig Wohnungen.

5 Hier wohnen so viele Menschen wie in unserem Dorf.

6 Zu Hause macht Murat Einkäufe und bereitet das Essen vor

7 und ich, ich spüle und putze.

8 Natürlich gibt es jeden Tag zerbrochene Gläser und Teller.

9 Der Geschirrhändler hat uns sehr gern. Unser Geld geht gerade zu Ende.

10 Leb wohl. In Liebe, Ali

ANMERKUNGEN

④ **mut-lu-y-uz** „wir sind froh". -**lu** ist eine Variante von -**li** (Suffix zur Bildung von Adjektiven), -**uz** ist die Endung für die 1. Person Plural (Variante von -**iz**).

⑤ **sen-i özlüyoruz**. Die Endung -**i** kennzeichnet den Akkusativ, **seni** ist das Akkusativobjekt von **özlemek** „vermissen".

⑥ **apartman** bedeutet nicht „Wohnung", sondern „Wohnhaus". Was wir als „Appartement" bezeichnen, ist im Türkischen **daire**. Die Endung -**li** ist hier keine Adjektivendung, sondern bedeutet „mit" oder „das ... hat".

⑦ **Bizim köy** „unser Dorf".

⑧ **Bizim köy kadar kalabalık** zeigt, wie im Türkischen Vergleiche formuliert werden: Element A - **kadar** - Adjektiv - Element B. Ein weiteres Beispiel: **Ahmet kadar çalışkan bir çocuk** „ein Kind so fleißig wie Ahmet".

⑨ Wie nach **kaç** steht auch nach **birkaç** „einige" der Singular.

⑩ **kırılıyor** „zerbrochen wird/ist" kommt von **kırılmak**, das die Passivform von **kırmak** ist.

⑪ In **porselen-ci** „Porzellan-/Geschirrhändler" finden wir wieder das Suffix -**ci**, mit dem Berufsbezeichnungen gebildet werden.

⑫ **Hoşça kal** (oder im Plural **Hoşça kalın**) ist eine gebräuchliche Abschiedsfloskel, etwa wie unser „Auf Wiedersehen".

⑬ **Selam ve sevgiler** „Viele Grüße", „In Liebe". Beide Wörter stehen vom Sinn her im Plural, aber nur das zweite trägt die Pluralendung. Solche Konstruktionen sind im Türkischen sehr häufig.

1. BU CÜMLELERİ ANLIYOR MUSUNUZ?

❶ On iki gündür Ankara'dayız. ❷ Ders çalışmaya başladık. ❸ Alış veriş yapıyoruz. ❹ Biz bu evden gitmek üzereyiz. ❺ Porselenciden çok memnunuz. ❻ Evi özlüyoruz. ❼ Bu ev bizim daire kadar büyük.

2. BOŞLUKLARI DOLDURUNUZ.

❶ Wir haben mit der Schule angefangen.

. . . . . başladık.

❷ Ein Wohnhaus mit vierzig Wohnungen.

Kırk . . . . bir . . . .

❸ Das Geld geht zu Ende.

. . . . bitmek . . . . . .

❹ Du bist froh in diesem Haus.

Bu . . . .

❺ Ahmet vermisst dich.

Ahmet . . . . özlüyor.

❻ So groß wie ein Teller.

. . . tabak . . . . . büyük.

▶ ON DÖRDÜNCÜ DERS

WIEDERHOLUNG UND ANMERKUNGEN

1. Vokalharmonie

In dieser zweiten Etappe haben Sie sich mit den durch die Vokalharmonie bedingten Variationen der Suffixe vertraut gemacht. Zuerst mag dies für Sie etwas verwirrend sein. Wenn Sie jedoch das System der Vokalharmonie einmal verstanden haben, werden Sie sehen, dass sie im Grunde einfach und

1. ŞİMDİ ANLADINIZ MI?

❶ Wir sind schon seit zwölf Tagen in Ankara. ❷ Wir haben angefangen, unsere Lektionen zu lernen. ❸ Wir machen Einkäufe. ❹ Wir sind im Begriff, aus dem (diesem) Haus zu gehen. ❺ Wir sind mit dem Geschirrhändler sehr zufrieden. ❻ Wir vermissen das Haus. ❼ Dieses Haus ist so groß wie unsere Wohnung.

2. BOŞLUKLARA GELEN SÖZCÜKLER.

❶ Okula ❷ daireli - apartman ❸ Paralar - üzere ❹ evde mutlusun ❺ seni ❻ Bir - kadar.

VIERZEHNTE LEKTION

logisch aufgebaut ist. Wie Sie bestimmt gemerkt haben, sind die Suffixe sozusagen das „A und O" des Türkischen.

In den ersten sieben Lektionen folgte die Suffixbildung der „kleinen" Vokalharmonie, bei der sich die Variationen bei den Suffixen auf -**e** oder -**a** beschränken. Danach haben Sie die „große" Vokalharmonie kennengelernt, bei der die Suffixe zwischen **i**, **ü**, **ı** und **u** variieren. In der folgenden Tabelle sind beide Systeme noch einmal dargestellt:

<table>
<tr><th>Vokal des Suffixes
Große Vokal-harmonie</th><th>Vokal der letzten Silbe des Wortes</th><th>Vokal des Suffixes
Kleine Vokal-harmonie</th></tr>
<tr><td rowspan="2">i <</td><td>e</td><td rowspan="4">> e</td></tr>
<tr><td>i</td></tr>
<tr><td rowspan="2">ü <</td><td>ö</td></tr>
<tr><td>ü</td></tr>
<tr><td rowspan="2">ı <</td><td>a</td><td rowspan="4">> a</td></tr>
<tr><td>ı</td></tr>
<tr><td rowspan="2">u <</td><td>o</td></tr>
<tr><td>u</td></tr>
</table>

Bei der „kleinen“ Vokalharmonie folgen auf Silben, die die Vokale **e**, **i**, **ö** oder **ü** enthalten, Suffixe mit **e**, bei Silben, die die Vokale **a**, **ı**, **o** oder **u** enthalten, Suffixe mit **a**.
Bei der „großen“ Vokalharmonie wird eine weitere Unterteilung vorgenommen: Nach Silben mit **e** oder **i** folgen Suffixe mit **i**, nach Silben mit **ö** oder **ü** folgen Suffixe mit **ü**, nach Silben mit **a** oder **ı** folgen Suffixe mit **ı** und nach Silben mit **o** oder **u** Suffixe mit **u**. Sie stellen fest: Es gibt keine Suffixe mit **o** oder **ö**.

1 a) „Kleine Vokalharmonie“

Die folgende Tabelle fasst die in den letzten Lektionen neu gelernten Verbformen zusammen:
- Befehlsform 1. Person Plural;
- Verneinte Befehlsform 2. Person Singular;
- Notwendigkeit.

Sie richten sich nach der kleinen Vokalharmonie (**e** und **a**):

	Verben auf -**mek** (Verbstamm +)	Verben auf -**mak** (Verbstamm +)
Befehlsform 1. Person Plural	**-elim**	**-alım**
Verneinte Befehlsform 2. Person Singular	**-me**	**-ma**
Notwendigkeit	**-meli**	**-malı**

Wird die Postposition -**ile** „mit“ an ein Substantiv angehängt, so ändert sie sich je nach Vorsilbe in -**(y)le** oder -**(y)la**:

trenle „mit dem Zug";
taksiyle „mit dem Taxi";
vapurla „mit dem Dampfer".

1 b) „Große Vokalharmonie"

• Variationen der Suffixe bei der großen Vokalharmonie

	-im		-üm		-ım		-um
	-sin		-sün		-sın		-sun
güzel	-dir	kör[1]	-dür	çalışkan	-dır	hoş	-dur[3]
nazik	-iz	kötü[2]-y	-üz	yalnız	-ız	yorgun	-uz
	-siniz		-sünüz		-sınız		-sunuz
	-(dir)ler		-(dür)ler		-(dır)lar		-(dur)lar

1) und 2) In dieser Tabelle kommen zwei neue Wörter vor: **kör** „blind" und **kötü** „schlecht".
3) **hoş** + **dur** ergibt **hoştur** (siehe dazu auch Punkt „8. Variationen bei den Konsonanten" in dieser Lektion).

Die Endungen der 3. Person Singular und Plural werden in der Umgangssprache kaum benutzt. Sie werden nur dann gesprochen, wenn die Verbaussage besonders unterstrichen werden soll.

• Verben im Präsens
Wie schon erwähnt, wird die Präsensform eines Verbs, im Türkischen **şimdiki zaman** „aktuelle Gegenwart", durch die Silbe **-yor** gekennzeichnet, die „gerade etwas tun" bedeutet: **çalışıyor** „er arbeitet (gerade)". Dieser Grundform werden die Personalendungen (siehe Tabelle unter **1 b)**) hinzugefügt.
Bei Verben, deren Stamm mit einem Konsonanten endet, muss zwischen dem Verbstamm und **-yor** ein Vokal eingefügt werden, der sich nach der großen Vokalharmonie richtet:

„kommen"	gel-mek	gel-**i**-yor
„wissen"	bil-mek	bil-**i**-yor
„zurückkehren"	dön-mek	dön-**ü**-yor
„fallen"	düş-mek	düş-**ü**-yor
„schauen"	bak-mak	bak-**ı**-yor
„abbauen"	yakmak	yak-**ı**-yor
„fragen"	sor-mak	sor-**u**-yor
„nehmen"	tut-mak	tut-**u**-yor

Bei Verben, deren Stamm mit einem Vokal endet, wird dieser beibehalten oder durch einen anderen ersetzt:

„wollen“	iste-mek	isti-yor
„vermissen“	özle-mek	özlü-yor
„beginnen“	başla-mak	başlı-yor
„lesen“	oku-mak	oku-yor

Wenn Sie sich diese Regeln im Moment nicht merken können, so belasten Sie sich damit nicht weiter. Assimilieren Sie die Verbformen einfach so, wie Sie sie in den Lektionen antreffen. Irgendwann werden Sie ganz automatisch die richtige Form wählen.

• Possessivendungen
Die Possessivendung der 1. Person Singular lautet -**m**:

anne-m „meine Mutter“;
baba-m „mein Vater“.

Endet das Substantiv mit einem Konsonanten, erweitert man das Suffix auf -**im**, -**üm**, -**ım** oder -**um**. Beispiele:

ev-im „mein Haus“;
köy-üm „mein Dorf“;
apartman-ım „mein Wohnhaus“;
okul-um „meine Schule“.

Dieses Suffix gleicht der Verwendung der Personalendung der 1. Person Singular im Präsens. Verwechslungen sind jedoch durch den Kontext in den meisten Fällen ausgeschlossen, zumal die Betonung auch oft unterschiedlich ist. Beispiel: avu**kat**-ım „ich bin Rechtsanwalt“ - avukat-**ım** „mein Rechtsanwalt“.

• Suffix -**li**
Es bedeutet „mit ... (versehen)“, „von ... stammend“ oder „der/die/das ... hat“. Durch Anhängen dieser Endung an Substantive werden Adjektive gebildet. Hier gilt die große Vokalharmonie, die Endungen lauten -**li**, -**lü**, -**lı** und -**lu**. Beispiele:

ev-li (wörtlich „der ein Haus hat“) „verheiratet“;
köy-lü (wörtlich „der aus einem Dorf stammt“) „Bauer“;
hak-lı (wörtlich „der recht hat“) „berechtigt“;
mut-lu (wörtlich „der Glück hat“) „glücklich“.

• Berufs- und Tätigkeitsbezeichnungen
Sie werden gebildet, indem einem Substantiv die Endung -**ci**, -**cü**, -**cı** oder -**cu** angehängt wird. (Nach bestimmten Konsonanten wird diese Endung zu -**çi**, -**çü**, -**çı** oder -**çu**; siehe Punkt „8. Variationen bei den Konsonanten“ in dieser Lektion):

porselenci „Porzellanhändler";
kömürcü „Kohlenhändler" (**kömür** „Kohle");
kapıcı „Hausmeister";
yolcu „Reisender".

• Ordnungszahlen
Sie werden gebildet, indem man dem Zahlwort das Suffix -**(i)nci** bzw. seine entsprechenden Varianten hinzufügt:

1. **bir-inci**	6. **alt-ıncı**	11. **on birinci**
2. **iki-nci**	7. **yedi-nci**	usw.
3. **üç-üncü**	8. **sekiz-inci**	
4. **dörd-üncü**	9. **dokuz-uncu**	
5. **beş-inci**	10. **on-uncu**	

20. **yirmi-nci**
40. **kırk-ıncı**
usw.

Man kann auch **kaçıncı?** „der, die, das Wievielte?" sagen.

• Fragepartikel
Sie lauten -**mi**, -**mü**, -**mı** und -**mu** und stehen direkt hinter dem Element, auf das sich die Frage bezieht.

• Befehlsform
Die Befehlsform in der 2. Person Plural („ihr/Sie") wird durch Anhängen des Suffixes -**in**, -**ün**, -**ın** und -**un** an den Verbstamm gebildet. Beispiele:

Gel-in! „Kommt!/Kommen Sie!";
Gör-ün! „Seht!/Sehen Sie!";
Kal-ın! „Bleibt!/Bleiben Sie!";
Sor-un! „Fragt!/Fragen Sie!"

• Perfekt
Die Endung für das Perfekt in der 3. Person Singular lautet -**di**, in der 1. Person Plural -**dik** und in der 2. Person Plural -**diniz**. Beispiele:

geldi „er/sie/es ist gekommen";
geldik „wir sind gekommen";
geldiniz „ihr seid/Sie sind gekommen".

• Akkusativ
Den Akkusativ haben Sie in Form eines angehängten -**i**, z. B. beim Wort **sen-i** kennengelernt. Das Verb **özlemek** „vermissen" verlangt z. B. den Akkusativ.

2. Personalpronomen

Sie haben die Personalpronomen **size** „zu euch/zu Ihnen", **bana** „zu mir", **sana** „zu dir" und **bizim** „unser" kennengelernt.

3. Postpositionen

Sie sind im Deutschen meist Präpositionen, d. h. sie werden dem Bezugswort vorangestellt, während sie im Türkischen dem Wort, auf das sie sich beziehen, nachgestellt werden:

a) **için** „für" und **kadar** „so viel(e)" stehen hinter Substantiven im Nominativ. Beispiele:

> **Bu hikâyeler çocuklar için.**
> „Diese Märchen sind für Kinder".
> **Bu apartman bizim köy kadar kalabalık.** „In diesem Wohnhaus wohnen so viele Menschen wie in unserem Dorf".

b) **sonra** „nach", **önce** „vor" und **beri** „seit" werden vom Ablativ (-**den**, -**dan**) begleitet. Beispiele:

> **dokuzdan sonra** „nach 9 Uhr";
> **okuldan önce** „vor der Schule";
> **dün akşamdan beri** „seit gestern Abend".

c) **kadar** „bis" wird vom Richtungsfall (Dativ) begleitet. Beispiel:

> **sabaha kadar** „bis zum Morgen".

d) Ein Infinitiv + **üzere** („auf, über") heißt „im Begriff sein, zu ...":

> **gitmek üzere** „im Begriff sein, zu gehen".

Hier kann man auch **gitmek üzereyiz** „wir sind im Begriff, zu gehen" sagen.

4. Partikel -ki

Sie gleicht einem Relativpronomen (bezügliches Fürwort) und bildet mit dem Substantiv, dem sie angefügt wird, einen Relativsatz. Beispiele:

> **evdeki tabaklar** „die Teller, die im Haus sind";
> **yandaki lokanta** „das Restaurant, das nebenan ist".

5. Partikel de und da

Sie haben meistens die Bedeutung „außerdem", „und auch", „übrigens". **ya ... ya da** bedeutet „entweder ... oder", **hem ... hem de** bedeutet „sowohl ... als auch".

6. Aufzählungen

Bei Aufzählungen wird im Türkischen meistens die Wiederholung gleichlautender Suffixe vermieden. Dies gilt für Verben und für Substantive. Beispiele:

Selam(lar) ve sevgiler „Grüße und Liebe";
Televizyon seyrediyor(uz), uyuyoruz.
„Wir sehen fern und dann schlafen wir".

7. Zeitangaben

a) Tageszeiten: Sie haben einige Zeitangaben kennengelernt, die Tageszeiten bezeichnen:

akşamları „abends",
geceleri „nachts".

b) Zeitdauer: Um eine Zeitdauer auszudrücken, fügt man der Zeitangabe das Suffix des Verbs „sein" in der 3. Person Singular hinzu:

yirmi yıl-dır „es sind (schon) 20 Jahre"
= „schon seit 20 Jahren";

on beş gün-dür „es sind (schon) 15 Tage"
= „schon seit 15 Tagen".

8. Variationen bei den Konsonanten

Nach bestimmten Konsonanten ändern sich die Anfangskonsonanten der Suffixe. Nach den stimmlosen Konsonanten **p**, **f**, **t**, **k**, **s**, **ş**, **h**, **ç** werden die Silben -**de**, -**da**, -**den**, -**dan** zu -**te**, -**ta**, -**ten**, -**tan**, die Suffixe -**ci**, -**cü**, -**cı** und -**cu** zu -**çi**, -**çü**, -**çı** und -**çu**. Als Eselsbrücke hierfür können Sie sich den Satz **Fe Paşa çok hasta.** „Fe Pascha ist sehr krank." merken. Beispiele:

balık-tan; **yemek-ten**; **Beşiktaş'tan**; **kat-ta**; **balık-çı**.

Ähnliche Variationen gibt es bei der Konjugation von Verben und bei der Bildung von Ordnungszahlen: **etmek** „machen" wird im Präsens zu **ediyor**, **gitmek** „gehen" wird zu **gidiyor**, aus **dört** „vier" wird **dördüncü** „der, die, das Vierte".

Dies war schon Ihre zweite Wiederholungslektion. Machen Sie sich keine Sorgen, wenn noch nicht alles „sitzt". Mit der Zeit werden Sie ein Gefühl für den richtigen Gebrauch entwickeln. Wichtig ist dafür aber, dass Sie regelmäßig lernen. Eine halbe Stunde täglich reicht schon. In dieser Zeit werden Sie vielleicht keine ganze Lektion schaffen, aber das ist kein Problem. Verteilen Sie die Lektion einfach auf mehrere Tage.

9. Aussprache

Ab der nächsten Lektion finden Sie nicht mehr die gesamten Lektionssätze in vereinfachter Lautschrift, sondern nur noch die neuen und schwierig auszusprechenden Wörter. Die ausgelassenen Satzteile werden durch ... dargestellt. Häufig auftretende Wörter können Sie bestimmt mittlerweile gut lesen und spre-

ON BEŞİNCİ DERS

OTEL**DE**

(Hotel-in)

1 – Turist**ler** otobüs**ten** ini**yor**lar. Reh**ber** **he**men resepsiyo**na** koşu**yor**.
(Touristen-die Bus-von steigen-aus. Reiseführer sofort Rezeption-zu läuft.)

2 – **İyi** akşam**lar**. **Biz** **Ro**ma'dan geli**yo**ruz. Yerleri**miz** ha**zır** mı? ①
(Gute Abende-die. Wir Rom'von kommen[wir]. Plätze-die-unsere bereit-?)

OKUNUŞ

[*on beschindschi derß otelde* **1** *... rechber ... reßepßjona koschujor* **2** *... jerlerimis hasër më*]

chen. Achten Sie weiterhin auf die saubere Aussprache von **c** (in **acaba**, **hoca** und **pencere**), **ç** (in **açık**) und **ş** (in **karışıyor**). Vergessen Sie auch nicht, das **h** in **kahve** oder **sohbet** zu sprechen, und denken Sie daran, dass der Laut **ı** immer wie ein kurzes, geschlossenes [*ö*] gesprochen wird. Hören Sie sich besonders aufmerksam die Tonaufnahmen an, wiederholen Sie die Sätze laut und deutlich und schauen Sie bei Unklarheiten in die Liste der Laute in der Einleitung oder am Ende des Buches.

FÜNFZEHNTE LEKTION

IM HOTEL

1 – Die Touristen steigen aus dem Bus aus. Der Reiseführer läuft sofort zur Rezeption.

2 – Guten Abend. Wir kommen aus Rom. Sind unsere Zimmer bereit?

ANMERKUNGEN

① **Yerlerimiz** „unsere Plätze“. **-(i)miz** (Varianten **-(ü)müz**, **-(ı)mız**, **-(u)muz**) ist die Possessivendung der 1. Person Plural („unser, -e“).

3 – **E**vet e**fen**dim. S**izin** i**çin** s**e**kiz **ta**ne i**ki** ya**ta**klı, **ye**di **ta**ne de **tek** ya**ta**klı o**da** ayır**dık**. ②
(Ja mein Herr. Sie für acht Stück zwei Bett-habend, sieben Stück auch einfach[es] Bett-habend Zimmer haben-reserviert[wir].)

4 – Fiyat**lar ne** ka**dar**?
(Preise-die wie viel?)

5 – **İki** kişi**lik** oda**lar** yüz el**li** beş bin **li**ra, **tek** kişi**lik** oda**lar** dok**san** bin li**ra**. Kah**val**tı **da**hil. ③④
(Zwei Personen-* Zimmer-die hundert fünfzig fünf tausend Lira, allein Person-* Zimmer-die neunzig tausend Lira. Frühstück inbegriffen.)

6 – Ta**mam**. Kah**val**tı **sa**at **kaç**ta?
(Einverstanden. Frühstück Uhrzeit wie-viel-in?)

7 – Yedi**den** o**na** ka**dar** e**fen**dim. **Şim**di çocuk**lar** valizle**ri** odala**ra çı**karıyorlar. ⑤⑥
(Sieben-von zehn-zu bis mein Herr. Nun Kinder-die Koffer-die(Akkusativ) Zimmer-die-zu hochbringen.)

8 – Teşekkür**ler**. **Çok yor**gunuz. Sı**cak** su **var**, **de**ğil mi?
(Danken-die. Sehr müde-sind[wir]. Warmes Wasser gibt[es], nicht wahr?)

9 – **Ne** ya**zık** ki sı**cak su yok**, **çün**kü ona**rım** var.
(Welch schade dass warm Wasser gibt-es-nicht, weil Bauarbeiten gibt[es].)

OKUNUŞ

[*3 ... jataklë ... ajërdëk* ***5*** *... kachwaltë ...* ***7*** *... walisleri odalara tschëkarëjorlar* ***8*** *... tschok jorgunuz ... ßëdschak ßu ...* ***9*** *... jasëk ... tschünkü ...*]

3 – Ja, mein Herr. Wir haben für Sie acht Doppel- und sieben Einzelzimmer reserviert.
4 – Was kosten sie?
5 – Die Doppelzimmer kosten 155.000 [türkische] Lira, die Einzelzimmer 90.000 [türkische] Lira. Inklusive Frühstück.
6 – Gut. Um welche Uhrzeit gibt es Frühstück?
7 – Von sieben bis zehn, mein Herr. Die Pagen bringen gerade die Koffer in Ihre Zimmer.
8 – Danke. Wir sind sehr müde. Es gibt warmes Wasser, nicht wahr?
9 – Leider gibt es kein warmes Wasser, weil wir Bauarbeiten machen lassen.

ANMERKUNGEN

② **Sizin için** „für euch/Sie". Merken Sie sich im Moment nur, dass es nach **için** (in dieser Person!) **sizin** heißen muss.

③ Mit dem Suffix **-lik** (**-lük**, **-lık**, **-luk**) können aus Adjektiven Substantive gebildet werden (**temiz** „sauber" – **temizlik** „Sauberkeit") oder aus konkreten Substantiven abstrakte Substantive (**çocuk** „Kind" – **çocukluk** „Kindheit", **kişi** „Person" – **kişilik** „Persönlichkeit"). Im Text hat **kişilik** jedoch eine etwas andere Bedeutung; mit **tek** bzw. **iki** bezieht es sich auf **odalar** „Zimmer" und heißt „Einzel-" bzw. „Doppelzimmer".

④ Damit Sie auch das Zählen auf Türkisch nicht vergessen, hier noch einige größere Zahlen: 10 **on**, 20 **yirmi**, 30 **otuz**, 40 **kırk**, 50 **elli**, 60 **altmış**, 70 **yetmiş**, 80 **seksen**, 90 **doksan**, 100 **yüz**, 1000 **bin**.

⑤ Mit **çocuk** „Kind" werden auch Kellner oder Pagen im Hotel oder Gehilfen von Handwerkern bezeichnet.

⑥ **valiz-ler-i** ist der Akkusativ der Pluralform „die Koffer".

10 – **A**ma **he**men yakın**da iyi** bir ha**mam** var. **Sa**at **do**kuz buçu**ğa** ka**dar** a**çık**. ⑦⑧⑨
(Aber ganz nah-in gutes ein Dampfbad gibt[es]. Uhr neun halb-zu bis offen.)

11 – **Pe**ki. **O** da fiyatla**ra da**hil mi?
(Gut. Es auch Preise-den-zu inbegriffen-?)

OKUNUŞ

[*10 ... jakënda iji bir hamam ... butschaha kadar atschëk*]

1. BU CÜMLELERİ ANLIYOR MUSUNUZ?

❶ Valizlerimiz hazır değil. ❷ Bize beş tane oda lazım. ❸ Saat kaçta gidiyoruz? ❹ Çocuklara para verin. ❺ Rehber turistleri otele getirdi. ❻ Bu hamam sabah saat dokuzdan akşama kadar açık. ❼ Odalara valizleri çıkardık.

2. BOŞLUKLARI DOLDURUNUZ.

❶ Wie (viel) sind die Preise?

Fiyatlar . . . . ?

❷ Dieses Zimmer ist für Sie/euch.

Bu . . . . için.

❸ Drei Doppelzimmer.

Üç . . . . iki . . . . oda.

❹ Ist das Frühstück inbegriffen?

Kahvaltı . . . . ?

❺ Wie schade, dass es kein warmes Wasser gibt.

Ne . . . . . ki . . . . . su . . . .

❻ Es ist bis halb zehn offen.

. . . . dokuz . . . . . . kadar . . . . .

10 – Aber ganz in der Nähe gibt es einen guten Hamam. Er hat bis halb zehn geöffnet.

11 – Gut. Ist das auch im Preis inbegriffen?

ANMERKUNGEN

⑦ **hemen** bedeutet „sofort, gleich, ganz, direkt“: **hemen yakında** „direkt nebenan“. Verdoppelt bedeutet es „fast“: **Bu otelde kırk oda var. Hemen hemen hepsi** („alle“) **dolu.** „In diesem Hotel gibt es 40 Zimmer. Sie sind fast alle besetzt“.

⑧ Einen **Hamam** („Dampfbad“) findet man selbst im kleinsten türkischen Dorf. Früher wurden sie vor allem von den Türken besucht, die zu Hause kein Badezimmer hatten. Über seine hygienische Funktion hinaus ist der Hamam – wie die Teehäuser und Cafés – ein wichtiger gesellschaftlicher Treffpunkt, der im Gegensatz zu diesen auch traditionell von Frauen – in einem separaten Teil oder zu bestimmten Zeiten – besucht wird. Die Angestellten des Hamams seifen den Gast zunächst gründlich ein, waschen ihn und massieren ihn dann nach allen Regeln der Kunst. Die anschließende Ruhepause hat man dann bitter nötig ...

⑨ Über die Veränderungen der Anfangskonsonanten von Suffixen haben wir bereits gesprochen. Hier ein weiteres Beispiel: die Veränderung von **buçuk** zu **buçuğa**.

1. ŞİMDİ ANLADINIZ MI?

❶ Unsere Koffer sind nicht bereit. ❷ Wir brauchen fünf Zimmer („fünf mal Zimmer sind uns nötig“). ❸ Um wie viel Uhr gehen wir weg? ❹ Geben Sie den Kindern Geld. ❺ Der Reiseführer hat die Touristen ins Hotel gebracht. ❻ Dieses Dampfbad hat von neun Uhr morgens bis zum Abend geöffnet. ❼ Wir haben die Koffer in die Zimmer hochgebracht.

2. BOŞLUKLARA GELEN SÖZCÜKLER.

❶ ne kadar ❷ oda sizin ❸ tane - yataklı ❹ dahil mi ❺ yazık - sıcak - yok ❻ Saat - buçuğa - açık.

ON ALTINCI DERS

HALICI**DA** ①
(Teppichhändler-bei)

1 Müşte**ri** Kapa**lı** Çarşı'**da** bir halıcı**ya** giri**yor**. ②
(Kunde gedeckt Markt'in ein Teppichhändler-zu tritt-ein[er].)

2 Dükkân**da** gü**zel** bir ha**lı** görü**yor**. ③
(Geschäft-in schön ein Teppich sieht[er].)

3 – **Ben bu** halı**yı çok** beğen**dim**. **Ne** ka**dar**? ③④
(Ich diesen Teppich sehr habe[ich]-gemocht. Wie viel?)

4 – **On** mil**yon**.
(Zehn Million.)

5 – **On** mil**yon mu**? **Ne** ka**dar** paha**lı**!
(Zehn Million-? Wie viel teuer!)

6 – **E**vet, bi**raz** pa**ha**lı, **a**ma bu **çok** değer**li** bir **ha**lı.
(Ja, ein-bisschen teuer, aber dieser sehr wertvoll ein Teppich.)

7 – Öy**ley**se kilimle**re** baka**lım**. ⑤
(Also-dann Kelims-den-zu schauen[wir].)

OKUNUŞ

[on altëndschë derß halëdschëda ***1*** *müschteri kapalë tscharschë ... halëdschëja ...* ***3*** *... tschok behendim ...* ***4*** *... miljon* ***5*** *... pahalë]*

SECHZEHNTE LEKTION

BEIM TEPPICHHÄNDLER

1 Im [Großen] Gedeckten Basar tritt ein Kunde bei einem Teppichhändler ein.
2 Im Geschäft sieht er einen schönen Teppich.
3 – Ich mag diesen Teppich sehr. Was kostet er?
4 – Zehn Millionen.
5 – Zehn Millionen? Wie teuer!
6 – Ja, er ist etwas teuer, aber es ist ein sehr wertvoller Teppich.
7 – Also, dann sehen wir uns die Kelims an.

ANMERKUNGEN

① **halıcı** ist „derjenige, der sich mit Teppichen beschäftigt" (Teppichfabrikant, Teppichverkäufer, ...) Die Endung -**cı** kennzeichnet in jedem Fall eine Person, die einer bestimmten Tätigkeit nachgeht. Ein anderes Beispiel: **satıcı** „Verkäufer" vom Verb **satmak** „verkaufen".

② Der **Kapalı Çarşı** in Istanbul ist, wie der Name sagt, ein überdachter Markt mit unzähligen kleinen Gassen und Läden für Lederwaren, Schmuck, Teppiche, Stoffe usw. In der osmanischen Zeit war er das große Geschäftszentrum der Stadt, heute ist er vor allem für Touristen ein bedeutender Anziehungspunkt.

③ **bir halı** ist ein unbestimmtes Akkusativobjekt, **halıyı** ein bestimmtes; nur das Letztere trägt die Akkusativendung. Man sagt: **bir halı aldım** „ich habe einen Teppich gekauft", aber **halıyı aldım** „ich habe den Teppich gekauft" oder **bu halıyı aldım** „ich habe diesen Teppich gekauft".

④ **beğendim**: -**dim** ist die Endung der 1. Person Singular im Perfekt, wird jedoch auch für die Gegenwart benutzt: **bu halıyı beğendim** heißt nicht nur „ich habe diesen Teppich gemocht", sondern auch „ich mag diesen Teppich". Ebenso: **geldi** „er ist gekommen" und „er kommt gerade"; **susadım** „ich bin durstig gewesen" und „ich habe Durst".

⑤ Kelims sind gewebte Teppiche. Sie sind dünner als geknüpfte Teppiche und werden oft zum Abdecken von Bänken, Truhen usw. oder als Vorhänge benutzt.

8 Satı**cı** bir**kaç** ki**lim** çıka**rıp** onla**rı** müşteri**ye** gösteri**yor**. ①⑥
(Verkäufer einige Kelim aussortiert-* sie(Akkus.) Kunden[dem]-zu zeigt[er].)

9 – Bun**lar** **ye**ni. Ben **es**ki kilimle**ri** da**ha** **çok** sevi**yo**rum. ⑦
(Diese-die neu. Ich alte Kelims-die mehr viel mag[ich].)

10 – **Pe**ki, bu**na** **ne** di**yor**sunuz? ⑦
(Gut, diesem-zu was sagen[Sie]?)

11 – Gü**zel**, **a**ma **faz**la bü**yük**. Da**ha** kü**çük** bir ki**lim** **yok** mu?
(Schön, aber zu groß. Mehr klein ein Kelim gibt-[es]-nicht-?)

12 – **Şu** **na**sıl?
(Dieser-da wie?)

13 – **İyi**, **a**ma o mavi**li**. **Ben** kırmızı**lı** bir şey isti**yo**rum. ⑧
(Gut, aber er blau-seiend. Ich rot-seiende eine Sache will[ich].)

OKUNUŞ

*[**8** ßatëdschë birkatsch kilim tschëkarëp ... **11** ... ama fasla büjük ... **13** ... ben kërmësëlë bir schei ...]*

8 Der Händler sortiert einige Kelims aus und zeigt sie dem Kunden.

9 – Es sind aber neue Kelims. Ich ziehe die alten Kelims vor.

10 – Nun, was sagen Sie zu diesem?

11 – Er ist schön, aber er ist zu groß. Gibt es keinen kleineren?

12 – Und dieser da? Wie finden Sie ihn?

13 – Er ist schön, aber es ist Blau drin. Ich möchte einen mit Rot drin.

ANMERKUNGEN

⑥ Durch das an den Verbstamm angehängte Suffix **-ip** (**-üp**, **-ıp**, **-up**) werden Verben verbunden, die dasselbe Subjekt haben und in derselben Zeit stehen. Nur das letzte Verb trägt die Merkmale der Person und der Zeit: **Biz Kapalı Çarşıya gidip, halıcıya girip, halıya baktık.** „Wir sind zum Gedeckten Basar gegangen, zu einem Teppichhändler hineingegangen und haben uns die Teppiche angesehen."

⑦ **Bunlar**, **buna** sind Formen des Demonstrativpronomens **bu**: Nominativ Plural „diese" und Dativ Singular „zu diesem".

⑧ **istiyorum** „ich will, ich möchte" macht Ihnen keine Schwierigkeiten mehr.

14 – Kar**ım** bana ge**çen** gün kırm**ızı ter**lik **al**dı da. ⑨⑩
(Frau-meine mir-zu vergangenen Tag rot Pantoffel hat-gekauft[sie] auch.)

(OKUNUŞ)

[*14 karëm bana getschen ... kërmësë terlik aldë ...*]

1. BU CÜMLELERİ ANLIYOR MUSUNUZ?

❶ Ben, şu kilimleri çok beğendim. ❷ Halıcı pahalı halıyı müşteriye gösterdi. ❸ Buna bakın. Fazla küçük değil mi? ❹ Çarşıya gidip halıları alalım. ❺ Mavili terlik almak istiyorum. ❻ Kapalı Çarşı'da birkaç halıcı bana halı gösterdi.

2. BOŞLUKLARI DOLDURUNUZ.

❶ Wie teuer es ist!
Ne . . . . !

❷ Der Kunde tritt in ein Geschäft ein.
. . . . bir . . . . giriyor.

❸ Also, schauen wir uns die Teppiche an.
. . . . , ... bakalım.

❹ Wir, wir mögen die Kelims lieber.
Biz . . . . daha . . . seviyoruz.

❺ Was sagen Sie zu diesem?
. . . . ne . . . . ?

❻ Teppich; Teppichhändler / Landkarte; Kartograf.
Halı; . . . . / Harita; . . . .

14 – Meine Frau hat mir nämlich neulich rote Pantoffeln gekauft.

ANMERKUNGEN

⑨ **Karım** „meine (Ehe-)Frau". „Frau" im Allgemeinen heißt **kadın**.

⑩ Eine weitere Verwendungsweise der Partikel **de** bzw. **da**: Sie hat, wenn sie am Satzende steht, die Bedeutung der Konjunktion „denn, weil". Dieser Satz hätte auch lauten können: **Çünkü karım bana geçen gün kırmızı terlik aldı.** „Denn meine Frau hat mir neulich rote Pantoffeln gekauft." **da** ist jedoch im Türkischen ausdrucksstärker.

1. ŞİMDİ ANLADINIZ MI?

❶ Ich, ich mag sehr (ich habe gemocht) diese [anderen] Kelims [da]. ❷ Der Teppichhändler hat dem Kunden den wertvollen Teppich gezeigt. ❸ Sehen Sie diesen an. Ist er nicht zu klein? ❹ Gehen wir zum Markt und kaufen wir die Teppiche. ❺ Ich möchte bläuliche Pantoffeln kaufen. ❻ Im Gedeckten Basar haben mir einige (Teppich-)Händler Teppiche gezeigt.

❼ Kaffee; Kaffeehändler / Wort; Fürsprecher.

Kahve; . . . . / Söz; . . . . . .

❽ Fernsehen; Fernsehhändler oder -mechaniker.

Televizyon; . . . .

2. BOŞLUKLARA GELEN SÖZCÜKLER.

❶ kadar pahalı ❷ Müşteri - dükkâna ❸ Öyleyse halılara ❹ kilimleri - çok ❺ Buna - diyorsunuz ❻ halıcı - haritacı ❼ kahveci - sözcü ❽ televizyoncu.

ON YEDİNCİ DERS

İKİ ESKİ ARKA**DAŞ**
(Zwei alte Freunde)

1 – **Tun**cay! **Mer**haba! **Be**ni tanı**dın** mı? ①
(Tuncay! Hallo! Mich hast[du]-erkannt-?)

2 – Tanı**dım** ta**bii**. Sen Gün**gör de**ğil misin? ①②
([Ich]-habe-erkannt natürlich. Du Güngör nicht bist[du]?)

3 Galatasa**ray**'da **se**kiz yıl **ay**nı sınıf**ta** oku**duk**. ③④
(Galatasaray'in acht Jahr selbe Klasse-in haben[wir]-gelernt.)

4 – **Kaç** yıl **geç**ti! **Şim**di **ne** yapı**yor**sun? ⑤
(Wie viele Jahr vergangen-ist! Jetzt was machst[du]?)

5 – Mühen**di**sim. Bir fa**bri**kada çalışı**yo**rum. **Sen** ne iş yapı**yor**sun?
(Ingenieur-bin[ich]. Eine Fabrik-in arbeite[ich]. Du welche Arbeit machst[du]?)

6 – **Ben** tica**ret**le uğraşı**yo**rum. **Dış** a**lım** sa**tım** yapı**yo**ruz. ⑥
(Ich Handel-mit beschäftige[ich]-mich. Außen Kauf Verkauf machen[wir].)

OKUNUŞ

[*on jedindschi derß iki eßki arkadasch* **1** *tundschai ... beni tanëdën më* **3** *galataßaraida ßekis jël ...* **4** *... getschti ... ne japëjorßun* **5** *mühendißim ... tschalëschëjorum ... isch ...* **6** *... tidscharetle uhraschëjorum ... dësch alëm ßatëm japëjorus*]

SIEBZEHNTE LEKTION

ZWEI ALTE FREUNDE

1 – Tuncay! Hallo! Erkennst du mich?
2 – Sicher erkenne ich dich. Du bist doch Güngör?
3 Wir haben acht Jahre in derselben Klasse in Galatasaray gelernt.
4 – Wie viele Jahre vergangen sind! Was machst du jetzt?
5 – Ich bin Ingenieur und arbeite in einer Fabrik. Und du, welche Arbeit machst du?
6 – Ich bin im Handel. Wir betreiben Import/Export.

ANMERKUNGEN

① **tanıdın** „du hast erkannt“: -**dın** (-**dün**, -**din**, -**dun**) ist die Endung der 2. Person Singular im Perfekt, die Endung der 1. Person Singular lautet -**dım** (-**düm**, -**dim**, -**dum**).

② **değil misin?** „bist du nicht?“ ist die Frageform von **değilsin** „du bist nicht“. Weitere Beispiele: **Evlisin** „Du bist verheiratet“ – **Evli misin?** „Bist du verheiratet?“

③ Das **Galatasaray Lisesi**, ein Elite-Gymnasium im Istanbuler Stadtteil **Beyoğlu**, wurde 1481 von **Sultan Bayezid II.** gegründet. 1866 wurde das Gymnasium nach französischem Vorbild als „Kaiserliche Galatasaray-Schule“ (**Galatasaray Mekteb-i Sultani**) eröffnet.

④ **okuduk** „wir haben gelernt“. -**duk** ist die Endung der 1. Person Plural im Perfekt (mit den Varianten -**dik**, -**dük**, -**dık**).

⑤ **geçti** „vergangen“. Die Endung lautet -**ti** und nicht -**di**, weil nach dem Konsonanten **ç** ein **d** zu **t** wird. Das Verb bleibt hier im Singular, weil **yıl** in diesem Fall eine Art Sammelbegriff ist und nach **kaç** generell der Singular steht.

⑥ **Dış alım satım** „Import/Export“ wird mitunter anstelle des arabischen Ausdrucks **ithalat**, **ihracat** „Import, Export“ verwendet. Auch **ticaret** „Handel“ ist ein arabisches Wort.

7 – **Maşallah**, **işin iyi**dir o za**man**. ⑦⑧⑨⑩
(Gratulation, Arbeit-deine gut-ist diese Zeit.)

8 – **E**vet, fe**na de**ğil. **Ne**rede oturu**yor**sun?
(Ja, schlecht ist[es]-nicht. Wo wohnst[du]?)

9 – Bakır**köy**'de. E**vin ne**rede? ⑧⑪
(Bakırköy'in. Haus-dein wo?)

10 – **Be**bek'te. **Ço**luk **ço**cuk **var** mı? ⑪⑫
(Bebek'in. Kinder gibt[es]-?)

11 – **Yok**. Be**kâ**rım. Sen ev**li** misin? ②
([Es]gibt-nicht. Junggeselle-bin[ich]. Du verheiratet-bist[du]?)

12 – **E**vet. Kı**zım** üniversite**yi** bitiri**yor**, oğ**lum** **li**se iki**de**. ⑬⑭
(Ja. Tochter-meine Universität(Akkus.) abschließt[sie], Sohn-mein Gymnasium zwei-in.)

(OKUNUŞ)

[*8* ... *oturujorßun* ***9*** *bakërköi de* ... ***10*** ... *tscholuk* ... ***11*** ... *bekjarëm* ... ***12*** ... *kësëm üniwerßiteji bitirijor ohlum lißee ikide*]

7 – Sehr schön, du hast also eine gute Arbeit.
8 – Ja, es ist nicht schlecht. Wo wohnst du?
9 – In Bakırköy. Und du?
10 – In Bebek. Hast du Kinder?
11 – Nein. Ich bin Junggeselle. Und du, bist du verheiratet?
12 – Ja. Meine Tochter schließt die Universität ab und mein Sohn ist in der 2. Klasse des Gymnasiums.

ANMERKUNGEN

⑦ In der Türkei gibt es unzählige Redewendungen, in denen das Wort **Allah** vorkommt. **Maşallah** heißt z. B. „Bravo, Gratulation". **Allah bağışlasın** heißt „dass Gott es euch/Ihnen schenken möge".

⑧ **işin** „deine Arbeit". **Evin** „dein Haus" (Satz 9). Das Suffix **-in** (**-ün**, **ın**, **-un**) kennzeichnet die 2. Person Singular: „dein, deine".

⑨ **işin iyidir** „deine Arbeit ist [bestimmt] gut": Die Endung **-dir** bewirkt hier eine Unterstreichung der Satzaussage, spielt also eher eine rhetorische Rolle. Normalerweise wird in der 3. Person Singular keine Endung benutzt.

⑩ **o zaman** „in diesem Fall" wird ähnlich verwendet wie **öyleyse** „wenn das so ist". Beides kann mit „also" wiedergegeben werden.

⑪ **Bakırköy** ist ein Vorort Istanbuls an der Westküste des Marmarameers. Der Stadtteil **Bebek** am Bosporus ist ein moderner und wohlhabender Ort mit vielen Geschäften, Cafés und Restaurants.

⑫ **Çoluk çocuk** bedeutet „Kinder" oder „Familie". Diese Frage wird hauptsächlich Frauen gestellt. Keine Kinder zu haben, gilt in der Türkei, zumindest in stark religiösen Familien, noch immer als Schande.

⑬ Wird an **oğul** „Sohn" die Endung **-um** „mein" angehängt, so ändert sich das Wort in **oğlum**. Ähnliches geschieht bei **karın** „Magen, Bauch". Es wird zu **karnım** „mein Magen". Ebenso wird **resim** „Bild" zu **resmim**.

⑭ Einige Schulformen: **yuva** „Kindergarten", **ana okulu** „Vorschule", **ilkokul** „Grundschule", **ortaokul** „Mittelschule" und **lise** „Gymnasium".

13 – Al**lah** bağışla**sın**. ⑦
(Gott schenke [sie euch] = Gott beschütze sie.)

OKUNUŞ

[***13*** *alaa bahëschlaßën*]

1. BU CÜMLELERİ ANLIYOR MUSUNUZ?

❶ Siz mühendis değil misiniz? ❷ Geçen sene bu eski evde birkaç ay oturduk. ❸ Biz üniversiteyi bitirdik. ❹ Bizi tanıdın mı? ❺ Oğlum okulda çok çalıştı. ❻ Evin aynı yerde mi? Evli misin? ❼ Biz ticaretle uğraşıyoruz.

2. BOŞLUKLARI DOLDURUNUZ.

❶ Sie, welche Arbeit machen Sie?
Siz, . . iş . . . . ?

❷ Hast du (gibt es) Kinder?
. . . . . çocuk var . . ?

❸ Wie viele Tage vergangen sind!
. . . gün . . . . . !

❹ Sie sind nicht ledig, Sie sind verheiratet.
Siz, bekâr . . . . . , ...

❺ Wir haben in derselben Klasse gelernt.
. . . . sınıfta . . . .

❻ Diese Arbeit ist nicht schlecht.
Bu . . . . . . değil.

13 – Herzlichen Glückwunsch!

1. ŞİMDİ ANLADINIZ MI?

❶ Sind Sie nicht Ingenieur? ❷ Letztes (vergangenes) Jahr haben wir einige Monate in diesem alten Haus gewohnt. ❸ Wir haben die Universität abgeschlossen. ❹ Hast du uns erkannt? ❺ Mein Sohn hat in der Schule viel gearbeitet. ❻ Wohnst du (Ist dein Haus) im selben Ort? Bist du verheiratet? ❼ Wir, wir sind im Handel (beschäftigen uns mit dem Handel).

2. BOŞLUKLARA GELEN SÖZCÜKLER.

❶ ne - yapıyorsunuz ❷ Çoluk - mı ❸ Kaç - geçti ❹ değil - evlisiniz ❺ Aynı - okuduk ❻ iş fena.

Wenn Sie sich in der aktiven Phase befinden, können Sie einmal folgende Übung machen: Nehmen Sie die im Buch befindliche Karte der Türkei zur Hand und denken Sie sich dann Situationen aus. Bilden Sie z. B. Sätze wie „Ich wohne in ...“, „Ich arbeite in ...“, „Mein Sohn geht in ... zur Universität“, „Ich fahre mit ... von ... nach ...“. Dann bilden Sie Fragesätze „Wohnst du in ...?“, „Arbeitest du in ...?“, „Fährst du mit ... von ... nach ...?“, „Wo gehen Sie zur Schule?“ usw. Sie werden sehen, dass Sie schon eine Menge Dinge auf Türkisch ausdrücken können!

***Kolay gelsin!** „Viel Glück!“*

ON SEKİZİNCİ DERS

TELEFON**DA**
(Telefon-am)

1 –A**lo**. Günay**dın**, **ha**nıme**fen**di.
(Hallo. Guten Tag, Frau.)

2 **Ben** E**rol** Bil**gin**. **Nec**det **Bey**'le **gö**rüşmek isti**yor**dum. **Ev**de mi? ①②
(Ich Erol Bilgin. Necdet Herr'mit sich-unterhalten würde[ich]. Haus-in -?)

3 –**Nec**det **bi**raz **ön**ce çık**tı**, **şim**di yol**da**dır.
(Necdet ein-bisschen zuvor ist-gegangen, jetzt Weg-auf-ist[er].)

4 **Ya**rım sa**at son**ra 145 06 89'**dan** (yüz kırk beş **sı**fır **al**tı **sek**sen **do**kuz'**dan**) ara**yın lüt**fen. ③④
(Halbe Stunde nach 145 06 89'von suchen[Sie] bitte.)

5 –A**lo**. **Mer**haba **Nec**det Bey. **Na**sılsınız?
(Hallo. Guten Tag Necdet Herr. Wie-sind[Sie]?)

6 **Ya**rın ak**şam** ti**ya**troda gü**zel** bir o**yun** var.
(Morgen Abend Theater-in schön ein Schauspiel gibt[es].)

7 Si**zi** eşi**niz**le **da**vet **et**mek i**çin** ara**dım**. ⑤
(Sie(Akkus.) Ehefrau-Ihrer-mit Einladung machen für habe-gesucht[ich].)

OKUNUŞ

[on ßekisindschi derß telefonda ***2*** *... nedschdet ... görüschmek ...* ***3*** *... tschëktë ... joldadër* ***6*** *... tijatroda güsel bir ojun war* ***7*** *ßisi eschinisle dawet ...]*

ACHTZEHNTE LEKTION

AM TELEFON

1 – Hallo. Guten Tag, gnädige Frau.
2 Erol Bilgin am Apparat. Ich hätte gerne mit Herrn Necdet gesprochen. Ist er da?
3 – Necdet ist vor Kurzem gegangen, er sollte jetzt unterwegs sein.
4 Rufen Sie ihn bitte in einer halben Stunde unter der Nummer 145 0689 an.
5 – Hallo. Guten Tag, Herr Necdet. Wie geht es Ihnen?
6 Morgen Abend gibt es ein gutes Theaterstück.
7 Ich rufe Sie an, um Sie und Ihre Frau dazu einzuladen.

ANMERKUNGEN

① **görüşmek** „sich sehen". Das Suffix -**üş** kennzeichnet Tätigkeiten, an denen mehrere Personen beteiligt sind: „sich sehen", „sich unterhalten" usw. **bir görüşme** „ein Gespräch". Wenn man eine Person am Telefon sprechen will, sagt man **görüşmek** oder **konuşmak**.

② **istiyordum** ist die Höflichkeitsform: „ich hätte gerne, würde gerne", während **istiyorum** „ich will, möchte" heißt.

③ **Yarım saat sonra**. Hier steht **sonra** hinter einem Nominativ und heißt „in", „innerhalb". Ist **sonra** zeitlich gemeint, steht vor ihm immer der Ablativ: **Ankara'dan sonra** „nach Ankara", d. h. „im Anschluss an Ankara".

④ **aramak** „suchen" kann auch am Telefon verwendet werden, wenn man eine bestimmte Person sprechen will.

⑤ **eşinizle** „mit Ihrer Ehefrau/Ihrem Ehemann" (beides ist möglich). Die Possessivendung der 2. Person Plural -**iniz** wird zu -**niz**, wenn das Substantiv mit einem Vokal endet: **anne-niz** „Ihre Mutter".

8 – **Çok** teşek**kür** ede**rim**, ama e**şim** **bu**rada **de**ğil, **İz**mir'de.
(Vielen Dank mache[ich], aber Ehefrau-meine hier nicht, Izmir'in.)

9 – **Pe**ki **bu** sa**bah** si**zin** **ev**de telefo**na** ce**vap** ve**ren** **ha**nım **kim**di? ⑥⑦⑧
(Gut dieser Morgen Ihrem Haus-in Telefon-zu Antwort gebende Dame wer-ist-gewesen?)

10 – **An**nemdi.
(Mutter-meine-ist gewesen.)

11 – Anne**niz** mi? Telefon**da** ba**na** **çok** genç **gi**bi **gel**di de. ⑤
(Mutter-Ihre-? Telefon-am mir-zu sehr jung wie ist-gekommen auch.)

12 **O** za**man** anne**niz**le geli**yor**sunuz, **de**ğil mi?
(Diese Zeit Mutter-Ihre-mit kommen[Sie], nicht-?)

13 – **İn**şallah. Teşekkür**ler**.
(So Gott will. Dank-die.)

14 – **Ya**rın ak**şam** görüş**mek** üze**re**. ⑨
(Morgen Abend sich-sehen um-zu.)

OKUNUŞ

*[**8** ... eschim ... **9** ... dschewap weren hanëm kimdi **12** o saman anenisle gelijorßunus ... **13** inschalla ...]*

1. BU CÜMLELERİ ANLIYOR MUSUNUZ?

❶ Biraz önce Necdet Bey'le görüşmek istedim. ❷ Bir buçuk saat sonra beni bu numaradan arayın. ❸ Eviniz Taksim'den çok uzak. ❹ Sizi tiyatroya davet eden kimdi? ❺ Eşinizle görüşmek istiyordum. ❻ Oyun güzeldi. ❼ O akşam Ayşe Hanım bana çok yorgun gibi geldi.

8 – Ich danke Ihnen sehr, aber meine Frau ist nicht da. Sie ist in Izmir.
9 – Ach, wer war dann die Dame, die heute Morgen bei Ihnen am Telefon geantwortet hat?
10 – Das war meine Mutter.
11 – Ihre Mutter? Sie schien mir am Telefon sehr jung.
12 Also, dann kommen Sie mit Ihrer Mutter, nicht?
13 – Ja, so Gott will. Vielen Dank!
14 – Bis morgen Abend.

ANMERKUNGEN

⑥ **sizin evde** ist identisch mit **evinizde** „bei Ihnen zu Hause".

⑦ Die Endung -**en** bzw. -**an** hinter dem Verbstamm markiert ein Partizip Präsens oder einen Relativsatz: **cevap veren hanım** „die Antwort gebende Frau", „die Frau, die Antwort gibt".

⑧ **kimdi** „wer war ...?". Die Endung -**di** ist die Endung der 3. Person Singular im Perfekt (-**dim** ist 1. Person Singular, -**dik** 1. Person Plural).

⑨ **görüşmek üzere**, wörtlich „sich-sehen um-zu", ist mit unserem „Na dann, bis ..." zu vergleichen.

1. ŞİMDİ ANLADINIZ MI?

❶ Eben habe ich mit Herrn Necdet sprechen wollen. ❷ Rufen Sie mich in eineinhalb Stunden unter dieser Nummer an. ❸ Ihr Haus ist sehr weit von Taksim [entfernt]. ❹ Wer war (die Person), die Sie ins Theater eingeladen hat (Sie Theater-zu eingeladen habend wer)? ❺ Ich hätte (gerne) mit Ihrem Gatten gesprochen. ❻ Das Theaterstück war gut. ❼ An jenem Abend schien mir Frau Ayşe sehr müde (mir sehr müde wie gekommen).

2. BOŞLUKLARI DOLDURUNUZ.

❶ Guten Tag, gnädige Frau.

Günaydın, ...

❷ Wer spricht am Telefon?

. . . . kim . . . . ?

❸ Sie kommen mit Ihrer Ehefrau.

. . . . geliyorsunuz.

❹ Bis morgen früh.

Yarın . . . . . görüşmek . . . . . .

❺ Meine Frau ist nicht da, sie ist in Antalya.

. . . . burada . . . . . , Antalya' . . .

❻ Wer war derjenige, der Antwort gab?

Cevap . . . . . kimdi?

ON DOKUZUNCU DERS

YE**Nİ** ZENGİN**LER**

(neu Reiche-die)

1 Koyuncu'**lar son** zamanlar**da çok zen**gin **ol**dular. ①②

(„Schafhändler"-die letzte Zeiten-den-in sehr reich geworden-sind[sie].)

OKUNUŞ

[*on dokusundschu derß jeni senginler* **1** *kojundschular ...*]

2. BOŞLUKLARA GELEN SÖZCÜKLER.

❶ hanımefendi ❷ Telefonda - konuşuyor ❸ Eşinizle ❹ sabah - üzere ❺ Eşim - değil - da ❻ veren.

OYUN GÜZELDİ

> *Sicher haben Sie festgestellt, dass sich der türkische Satzbau erheblich vom deutschen unterscheidet. Manchmal hilft es, wenn Sie „das Pferd von hinten aufzäumen“, d. h. die türkischen Sätze von hinten lesen, um sie besser zu verstehen. Versuchen Sie ansonsten, die Sätze in Wortgruppen einzuteilen. So erhalten Sie, gerade bei längeren Sätzen, einen besseren Überblick.*

NEUNZEHNTE LEKTION

DIE NEUREICHEN

1 Die Koyuncus sind in der letzten Zeit sehr reich geworden.

ANMERKUNGEN

① Bis zur Ausrufung der Republik 1923 hatten die Türken nur Vornamen, denen entsprechend der sozialen Schicht ein Titel oder Spitzname hinzugefügt wurde. Erst Atatürk führte die Familiennamen ein. Viele Türken nahmen einfach den Namen ihres Vaters und hängten die Silbe für „Sohn“ an; daher gibt es oft die Suffixe -**ci** und -**oğlu**.

② -**dular** ist die Endung der 3. Person Plural Perfekt.

2 Toplantılar**da**, kokteyller**de** Bay**an** Se**rap** Koyun**cu** **şöy**le övünü**yor**:
(Empfänge-den-auf, Cocktails-den-in Frau „Fata Morgana“ „Schafhändler“ so sich-rühmt:)

3 – Boğaz'**da** bü**yük** bir yalı**mız** var. Bir sa**ray** ka**dar** gü**zel**. ③④
(Bosporus'am groß eine Strandvilla-unsere gibt[es]. Ein Palast wie schön.)

4 Banyo**lar** mer**mer**. Perde**ler** ipek**ten**. ⑤
(Badezimmer-die Marmor. Vorhänge-die Seide-aus.)

5 **Ev** halı**lar**, antika**lar**, **ta**blolarla do**lu**.
(Haus Teppich-die, Antiquitäten-die, Bilder-die-mit voll.)

6 Bir mü**ze** **gi**bi. Ta**bii** **her** şey si**gor**talı. ⑥
(Ein Museum wie. Natürlich jede Sache versichert.)

7 **Üç** **ta**ne araba**mız** var. **Hep**si telefon**lu**, televizyon**lu**. ④
(Drei Stück Auto-unsere gibt[es]. Jedes Telefon-habend, Fernseher-habend.)

8 **Ya**zın **en** son mo**del** yatımız**la** **Bo**drum'a gidi**yo**ruz. ⑦
(Sommer-*, das-meist letzte Modell Jacht-unsere-mit Bodrum'nach fahren[wir].)

OKUNUŞ

[**2** *toplantëlarda kokteilerde* ... **4** *banjolar* ... **6** ... *her schei ßigortalë* **7** *ütsch tane arabamës* ... **8** ... *jatëmësla* ...]

2 Bei Empfängen und bei Cocktails rühmt sich Frau Serap Koyuncu mit diesen Worten:

3 – Wir haben eine sehr große Strandvilla am Bosporus. Sie ist so schön wie ein Palast.

4 Die Badezimmer sind ganz aus Marmor und die Vorhänge aus Seide.

5 Das Haus ist voll mit Teppichen, Antiquitäten und Bildern.

6 Es ist wie ein Museum. Natürlich ist alles versichert.

7 Wir haben drei Autos, jedes mit Telefon und Fernseher.

8 Im Sommer fahren wir auf unserer Jacht modernster Bauart nach Bodrum.

ANMERKUNGEN

③ **yalı** ist eine typische türkische Strandvilla. Diese alten Sommerresidenzen sind aus Holz und Backsteinen gebaut.

④ **yalımız var** „es gibt (wir haben) unsere Strandvilla"; **arabamız var** „wie haben Autos" (weiter unten).

⑤ Der Ablativ drückt auch die Beschaffenheit aus: **ipek-ten** „aus Seide". Ebenso wäre möglich **banyolar mermer-den**.

⑥ Versicherungen sind in der Türkei kaum verbreitet. Nur ausgesprochen wertvolle Dinge werden versichert.

⑦ **Yaz-ın** „im Sommer".

9 **Her ay özel** uçağımız**la Pa**ris'e **ve**ya **Lon**dra'ya, yıl**da iki** de**fa** da **Hong**kong'a **a**lış **ve**rişe gidi**yo**ruz. ⑧⑨
(Jeder Monat privat Flugzeug-unserem-mit Paris'nach oder London'nach, Jahr-in zwei mal auch Hongkong'nach Einkäufe-zu fahren[wir].)

10 **Ye**di **ta**ne kür**küm**, **bir**çok mücevhe**rim** var. Ta**bii ban**kada. ④
(Sieben Stück Pelz-meine, viel Schmuck-mein gibt[es]. Natürlich Bank-in.)

11 De**mek her** şey**im var**. ④
(Das-soll-heißen jede Sache-meine gibt[es].)

12 **Bö**y**le** bir toplantı**da o**nu du**yan** bir genç **kız**: ⑩
(So ein Empfang-bei sie(Akkus.) hörend ein jung Mädchen:)

13 – Her **hal**de **çok zen**gin bir kitaplığı**nız** da **var**dır. ⑧⑪
(Jedem Fall-in sehr reich eine Bibliothek-Ihre auch gibt[es].)

14 – **A**... Ba**kın** iş**te** bu**nu** unut**tuk**! ⑫
(Oh ... Sehen[-Sie] also dieses(Akkus.) haben-[wir]-vergessen!)

OKUNUŞ

[***9*** *her ai ösel udschahëmësla pariße veia londraja jëlda ... alësch werische ...* ***10*** *... müdschewherim ...* ***12*** *... toplantëda onu dujan ...* ***13*** *... kitaplëhënës ...* ***14*** *... bakën ischte bunu unutuk*]

1. BU CÜMLELERİ ANLIYOR MUSUNUZ?

❶ Eski bir sarayımız var. ❷ Konuşan hanım kimdi? ❸ Boğaz'da yalınız var mı? ❹ Evimiz antikalarla dolu. ❺ Toplantıda arkadaşlarımızla konuştuk. ❻ Onları kokteyle davet ettim. ❼ Yılda üç defa alış veriş için Paris'e gidiyorum.

9 Jeden Monat fliegen wir mit unserem Privatflugzeug nach Paris oder London und zweimal im Jahr zum Shopping nach Hongkong.
10 Ich habe sieben Pelze und eine Menge Schmuck. Natürlich ist alles auf der Bank.
11 Das heißt: Ich habe alles.
12 Bei einem Empfang fragt sie ein Mädchen, das ihr zuhört:
13 – Sie haben sicher auch eine sehr umfangreiche Bibliothek?
14 – Ach ... Sehen Sie, das haben wir vergessen!

ANMERKUNGEN

⑧ **uçağımızla** enthält **uçak** „Flugzeug", dessen Endkonsonant **k** beim Anhängen der Possessivendung zu **ğ** wird. Das Gleiche gilt für **kitaplığınız**.

⑨ **yılda iki defa** „zweimal im Jahr". Ein weiteres Beispiel: **günde üç defa** „dreimal am Tag".

⑩ **duyan bir genç kız** „ein zuhörendes junges Mädchen". **duyan** kommt vom Verb **duymak** „hören, fühlen" und ist hier ein Partizip, das auch als Relativsatz ausgedrückt werden kann: „ein Mädchen, das zuhört".

⑪ **Her halde** „wahrscheinlich". **her** „jeder, -e, -es", **hal** „Zustand, Bedingung" kommt aus dem Arabischen. Solche Wörter können Sie manchmal daran erkennen, dass ihre Bildung nicht der Vokalharmonie folgt (z. B. **saatler**, **hali**).

⑫ **işte** „also, nun". Das Suffix -**de** wird hier zu -**te**. Vergleichen Sie hierzu Lektion 14, „8. Variationen bei den Konsonanten".

1. ŞİMDİ ANLADINIZ MI?

❶ Wir haben einen alten Palast. ❷ Wer war die Frau, die sprach? ❸ Haben Sie eine Strandvilla am Bosporus? ❹ Unser Haus ist voll mit Antiquitäten. ❺ Beim Empfang haben wir mit unseren Freunden gesprochen. ❻ Ich habe sie zum Cocktail eingeladen. ❼ Ich fahre dreimal im Jahr zum Einkaufen nach Paris.

2. BOŞLUKLARI DOLDURUNUZ.

1. Wir sind sehr reich geworden.

   Çok zengin . . . . . .

2. Fahren Sie mit Ihrer Jacht nach Bodrum?

   . . . . Bodrum'a . . gidiyorsunuz?

3. Ist Ihr Schmuck auf der Bank?

   . . . . bankada . . ?

4. Wir haben alles.

   . . . . var.

5. Wir haben die Bilder vergessen.

   Tabloları . . . .

YİRMİNCİ DERS

TÜRKİYE'DE BİR YA**BAN**CI
(Türkei'in ein Ausländer)

1 – **Siz** yaban**cı** mısınız? Bu**na** inan**mak** **çok** zor.
(Sie Ausländer sind[Sie]? Dies-an glauben sehr schwer.)

2 **Ne** ka**dar** gü**zel** **Türk**çe konuşu**yor**sunuz!
(Wie viel schön Türkisch sprechen[Sie]!)

OKUNUŞ

[jirmindschi derß türkijede bir jabandschë ***1*** *... buna inanmak tschok sor* ***2*** *... türktsche ...]*

⑥ Sind Ihre Vorhänge aus Seide?

Perdeleriniz . . . . ?

2. BOŞLUKLARA GELEN SÖZCÜKLER.

❶ olduk ❷ Yatınızla - mı ❸ Mücevherleriniz - mı ❹ Her şeyimiz ❺ unuttuk ❻ ipekten mi.

Sie wissen nun, wie „haben" im Türkischen ausgedrückt wird und können dadurch noch besser das Gehörte und Gelesene verstehen. Wenn Sie sich in der aktiven Phase befinden, können Sie nun auch Sätze mit „haben" bilden.

İyi çalışmalar! *„Viel Erfolg bei der Arbeit (Gute Arbeit)!"*

ZWANZIGSTE LEKTION

EIN AUSLÄNDER IN DER TÜRKEI

1 – Sind Sie Ausländer? Das ist schwer zu glauben!
2 Wie gut Sie Türkisch sprechen!

3 – **Ben bu**rada üni**ver**sitede Türkolo**ji** oku**yo**rum da on**dan**. ①
(Ich hier-in Universität-an Turkologie studiere[ich] auch dies-von = deshalb.)

4 – **Kaç yıl**dır **Tür**kiye'desiniz?
(Wie viele Jahr-ist Türkei'in-sind[Sie]?)

5 – **Üç yıl**dır. **Bir**çok **Türk** arka**da**şım var. Onlar**la hep Türk**çe konuşu**yo**ruz. ②
(Drei Jahr-ist. Viele türkisch Freund-mein gibt[es]. Ihnen-mit immer Türkisch sprechen[wir].)

6 **A**ma Fran**sız**ca bi**len** Türk**ler**le görüş**mek** istemi**yo**rum, **çün**kü on**lar** **be**nimle **Türk**çe **de**ğil, Fran**sız**ca konuşu**yor**lar. ③④
(Aber Französisch wissende Türken-den-mit sich-unterhalten nicht-will[ich], weil sie mir-mit Türkisch nicht, Französisch sprechen[sie].)

7 – Hak**lı**sınız. **Türk**çe **zor** mu?
(Recht-habend-sind[Sie]. Türkisch schwer-?)

8 – **Ha**yır, **Türk**çe ba**na** zor **gel**miyor. **Ay**rıca **ben Çin**ce ve Ja**pon**ca da bili**yo**rum. **Türk**çe onlar**dan çok** da**ha** ko**lay**. ⑤
(Nein, Türkisch mir-zu schwer nicht-kommt[es]. Außerdem ich Chinesisch und Japanisch auch weiß[ich]. Türkisch ihnen-von viel mehr leicht.)

OKUNUŞ

[*3 ... türkolodschi ... 4 katsch jëldër türkijedeßinis 5 ... arkadaschëm ... 6 ama franßësdscha bilen ... görüschmek ... 8 ... airëdscha ben tschindsche we japondscha da bilijorum ... kolai*]

3 – Das kommt, weil ich an der hiesigen Universität Turkologie studiere.

4 – Seit wie vielen Jahren sind Sie schon in der Türkei?

5 – Seit drei Jahren. Ich habe viele türkische Freunde, und mit ihnen spreche ich nur Türkisch.

6 Aber ich möchte keine Türken treffen, die Französisch können, weil sie mit mir nicht auf Türkisch, sondern auf Französisch sprechen.

7 – Sie haben recht. Ist Türkisch schwierig?

8 – Nein, das Türkische erscheint mir nicht schwierig. Außerdem kann ich auch Chinesisch und Japanisch, und Türkisch ist demgegenüber viel leichter.

ANMERKUNGEN

① Das **j** erscheint im Türkischen nur in Fremdwörtern wie z. B. **türkoloji**. Sprechen Sie es wie das „j" in „Journal" aus.

② **hep** heißt „alle, insgesamt, ganz, immer". Sie kennen schon **hepsi** „jeder, -e, -es" aus der letzten Lektion.

③ **benimle** „mit mir". Im Moment sollten Sie diese Formen der Pronomen, die mit Suffixen oder Postpositionen zusammengesetzt sind, einfach so assimilieren, anstatt zu versuchen, sie zu analysieren.

④ Hier bedeutet **değil** „nicht ..., sondern": **Türkçe değil, Almanca konuşuyoruz.** „Wir sprechen nicht Türkisch, sondern Deutsch."

⑤ Dieser Satz drückt einen Vergleich aus. Das zweite Element **onlardan** steht im Ablativ und wird von **daha** gefolgt. Einige Beispiele: **Türkçe Almanca'dan daha zor.** „Türkisch ist (noch) schwerer als Deutsch." (Sprachen und Nationalitäten werden großgeschrieben!) **Bu ev o evden daha büyük.** „Dieses Haus ist (noch) größer als jenes Haus." **daha** bedeutet „noch" oder, mit einem verneinten Verb wie im letzten Satz dieser Lektion, „(immer) noch nicht".

9 – Tatiller**de** **Tür**kiye'yi gezi**yor** musunuz? ⑥⑦
(Ferien-den-in Türkei'die(Akkus.) besichtigen Sie?)

10 – **E**vet, **bir**çok yer **gez**dim, **gör**düm.
(Ja, viele Ort habe[ich]-besichtigt, habe[ich]-gesehen.)

11 – **Ne**releri **gez**diniz?
(Wo-die(Akkus.) haben[Sie]-besichtigt?)

12 – Bü**tün** Ege'**yi**, **Ak**deniz'i do**laş**tım, Van'**a** ka**dar** **git**tim.
(Ganz Ägäis'(Akkus.), Mittelmeer'(Akkus.) durchreist-habe[ich], Van'nach bis gefahren-bin[ich].)

13 – **Ne** mut**lu** si**ze**! **Ben** da**ha** **o**raları **bil**mi-yorum. ⑤⑧⑨⑩
(Was froh Ihnen-zu! Ich noch jener-Ort-die(Akkus.) nicht kenne[ich].)

OKUNUŞ

[*__9__ tatilerde türkijeji gesijor mußunus __10__ ... jer gesdim gördüm __11__ nereleri gesdinis __12__ bütün egeji akdenisi dolaschtëm vana kadar gitim __13__ ne mutlu ßise ben daha oralarë bilmijorum*]

1. BU CÜMLELERİ ANLIYOR MUSUNUZ?

❶ Türkçe bilen yabancılar Türklerle sohbet ediyorlar. ❷ Fransızca Türkçeden daha zor. ❸ Benimle görüşmek istiyor musunuz? ❹ Bana inanıyor musun? ❺ Tatilde Akdeniz'i gezdik. ❻ Nereleri gördünüz? ❼ Ne mutlu sana! Bütün Türkiye'yi gezdin.

9 – Besichtigen Sie die Türkei in den Ferien?
10 – Ja, ich habe viele Orte gesehen und besichtigt.
11 – Welche Orte haben Sie besichtigt?
12 – Ich habe alle Gebiete der Ägäis und des Mittelmeeres durchreist und bin bis Van gefahren.
13 – Was für ein Glück Sie haben! Ich, ich kenne diese Orte immer noch nicht.

ANMERKUNGEN

⑥ **geziyor musunuz?** „besichtigen Sie?" ist die Frageform von **geziyorsunuz** „Sie besichtigen". Sie entsteht durch Einschieben von -**mu**- zwischen -**yor** und der Personalendung.

⑦ **gezmek** ohne Ergänzung heißt „spazieren gehen", mit einem Akkusativobjekt „besichtigen".

⑧ **Ne** vor einem Adjektiv hat die gleiche Funktion wie **ne kadar** „wie (sehr)".

⑨ **Ne mutlu size!** ist eine sehr gebräuchliche Wendung, die sinngemäß „Was für ein Glück Sie haben!" bedeutet. Ähnlich lautet ein berühmter Satz Atatürks, der auf vielen Denkmälern zu lesen ist: **Ne mutlu Türküm diyene!**, sinngemäß „Wie froh kann der sein, der sagen kann: Ich bin ein Türke!"

⑩ **bilmek** „wissen, kennen", auch „können, beherrschen", wenn von intellektuellen Fähigkeiten die Rede ist: **Türkçe biliyorum.** „Ich kann Türkisch (sprechen)." Bei Personen sagt man für „kennen" bzw. „erkennen" eher **tanımak**.

1. ŞİMDİ ANLADINIZ MI?

❶ Die Ausländer, die Türkisch können, sprechen mit den Türken. ❷ Französisch ist schwieriger als Türkisch. ❸ Wollen Sie mich sehen (mir-mit unterhalten wollen-Sie)? ❹ Glaubst du mir? ❺ In den Ferien haben wir [die Gegend um] das Mittelmeer besichtigt. ❻ Welche Orte haben Sie gesehen? ❼ Was für ein Glück du hast! Du hast die ganze Türkei besichtigt.

2. BOŞLUKLARI DOLDURUNUZ.

1. Das Türkische erscheint uns nicht schwierig.

   Türkçe . . . . zor . . . .

2. Japanisch ist nicht schwieriger als Türkisch.

   Japonca . . . . zor değil.

3. Wir haben viele Orte besichtigt.

   Birçok yer . . . .

4. Wir haben den Bosporus bis zum Schwarzen Meer besichtigt.

   . . . . ' . kadar . . . . . ' . dolaştık.

5. Kennen Sie diese Orte [dort]?

   . . . . biliyor . . . . ?

YİRMİ BİRİNCİ DERS

WIEDERHOLUNG UND ANMERKUNGEN

In der 3. Lerneinheit haben Sie weitere Suffixe kennengelernt und sich mit dem Gebrauch der bekannten Suffixe weiter vertraut gemacht. Auch die Vokalharmonie ist nun für Sie kein Geheimnis mehr. Sie wissen nun, wann Sie die Suffixe mit **-e**/**-a** bzw. die mit **-i**/**-ü**/**-ı**/**-u** verwenden, und können mehrere Suffixe in einem Wort unterbringen. Wir wiederholen in erster Linie noch einmal die Suffixe mit **-i**.

1. Akkusativ

Er tauchte erstmals in Lektion 13 im Wort **seni** auf. Es folgten weitere Akkusative, die z. T. mit anderen Suffixen zusammengesetzt waren. Hier einige Beispiele für die vier Endungen des Akkusativs, **-i**, **-ü**, **-ı** und **-u**:

Ev-i görüyor. „Er sieht das Haus."
Köy-ü biliyorum. „Ich kenne das Dorf."

6 Wir sind seit vier Jahren in der Türkei.

Dört . . . . . . Türkiye'. . . . . .

2. BOŞLUKLARA GELEN SÖZCÜKLER.

1 bize - gelmiyor 2 Türkçeden daha 3 gezdik 4 Karadeniz'e - Boğaz'ı 5 Oraları - musunuz 6 yıldır - deyiz.

Sie sind nun am Ende Ihrer dritten Kurseinheit angelangt. Es wird wieder einmal Zeit, den in den letzten Lektionen erlernten Stoff zu wiederholen und sich einen Überblick über Ihren aktuellen Kenntnisstand zu verschaffen.

EINUNDZWANZIGSTE LEKTION

Hanım-ı tanıdık. „Wir haben die Dame erkannt."
Yol-u bilmiyoruz. „Wir kennen den Weg nicht."

In Substantiven, die mit einem Vokal enden, wird vor der Endung ein **-y-** gefügt:

halı-y-ı „den Teppich";
su-y-u „das Wasser".

Die Akkusativendung kann auch an das Pluralsuffix angehängt werden. In diesem Fall gibt es die beiden Formen **-ler-i** und **-lar-ı**:

Valiz-ler-i çıkarıyorlar. „Sie tragen die Koffer hoch."
Ora-lar-ı bilmiyorum. „Ich kenne diese Orte nicht."

In den folgenden Lektionen werden Sie sehen, dass Akkusativendungen auch mit Possessivpronomen kombiniert werden können.

2. Possessivendungen

Sie kennen die Possessivendungen der 1. und 2. Person Singular und Plural, die mit **-i** gebildet werden:

> -**(i)m** „mein, meine";
> -**(i)n** „dein, deine";
> -**(i)miz** „unser, unsere";
> -**(i)niz** „euer, eure; Ihr, Ihre".

Nach konsonantisch auslautenden Substantiven behält das Suffix seinen ursprünglichen Vokal:

> **ev-im** „mein Haus";
> **ev-in** „dein Haus";
> **ev-imiz** „unser Haus";
> **ev-iniz** „euer/Ihr Haus".

Nach vokalisch auslautenden Substantiven verliert das Suffix seinen ursprünglichen Vokal:

> **müşteri-m** „mein Kunde";
> **müşteri-n** „dein Kunde";
> **müşteri-miz** „unser Kunde";
> **müşteri-niz** „euer/Ihr Kunde".

> **anne-m** „meine Mutter";
> **anne-n** „deine Mutter";
> **anne-miz** „unsere Mutter";
> **anne-niz** „eure/Ihre Mutter".

Das Gleiche gilt natürlich für die anderen Variationen der großen Vokalharmonie: -**üm**, -**ım** und -**um**. Anstelle von **evimiz** können Sie auch **bizim ev** und anstelle von **eviniz** können Sie **sizin ev** sagen.

Das Verb „haben" wird im Türkischen ausgedrückt, indem man dem „Besitztum" die entsprechende Possessivendung anhängt und dann das Wort **var** folgen läßt:

> **Bir valizim var.** „Ich habe einen Koffer."
> **Evlerin var.** „Du hast Häuser."
> **Üç tane arabamız var.** „Wir haben drei Autos."
> **Kitaplığınız var mı?** „Haben Sie eine Bibliothek?"

Um „nicht haben" auszudrücken, verwendet man logischerweise **yok**:

> **Arabamız yok.** „Wir haben kein Auto."

3. Konjugationen

a) **Perfekt**

Das Perfekt, das im Deutschen mit der zusammengesetzten Vergangenheit übersetzt wird, wird durch Anhängen der Suffixe **-di**, **-dü**, **-dı**, **-du** an den Verbstamm gebildet. Hier für alle Varianten ein Beispiel:

gel-mek	**gör-mek**	**al-mak**	**bul-mak**
gel-dim	gör-düm	al-dım	bul-dum
gel-din	gör-dün	al-dın	bul-dun
gel-di	gör-dü	al-dı	bul-du
gel-dik	gör-dük	al-dık	bul-duk
gel-diniz	gör-dünüz	al-dınız	bul-dunuz
gel-diler	gör-düler	al-dılar	bul-dular

Beispiel:

Bana bir kitap verdi. „Er hat mir ein Buch gegeben."

b) **Bildung des Imperfekts**

Für das Imperfekt (einfache Vergangenheit im Deutschen) wird die Endung **-du** (abgeschlossene Handlung) benutzt:

istiyor-dum „ich wollte";
konuşuyor-duk „wir sprachen"

c) **Imperfekt des Verbs „sein"**

Die einfache Vergangenheit von „sein" wird mit der Endung **-di** (und ihren Varianten) gebildet:

Annem-di. „Es war meine Mutter."
Gönül'dü. „Es war Gönül."
Yakın-dı. „Es war (stand, befand sich) nah."
Yorgun-dum. „Ich war müde."

Vergessen Sie nicht, dass das **-d** des Suffixes nach bestimmten Konsonanten zu **-t** wird:

Unut-tuk. „Wir haben vergessen."
Geç-ti. „Er ist vorbeigekommen."
Ahmet'ti. „Es war Ahmet."

d) **Suffix -ip** (**-üp**, **-ıp**, **-up**)

Dieses Suffix, das an den Verbstamm angehängt wird, hat im Deutschen etwa die Funktion der Konjunktion „und". Es spart Zeit- und Personalendungen, wenn mehrere Verben mit demselben Subjekt und demselben Tempus aufeinanderfolgen:

Satıcı birkaç kilim çıkarıp onları müşteriye gösteriyor. „Der Händler sortiert einige Kelims aus und zeigt sie dem Kunden."

Erst am Ende des türkischen Satzes erfährt man Zeit und Person der Konjugation (Lektion 16).

e) **Fragepartikel mi**
Diese Fragepartikel steht hinter dem Wort, auf das sich die Frage bezieht. Diese Partikel kann an die Personalendung des Verbs „sein" angehängt werden:

Evli-siniz. „Sie sind/ihr seid verheiratet."
Evli-misiniz? „Sind Sie/seid ihr verheiratet?"

Nach der Präsenspartikel -**yor** wird die Fragepartikel -**mi** wegen der Vokalharmonie zu -**mu**:

Geliyor-sunuz. „Sie kommen/ihr kommt"
Geliyor-musunuz? „Kommen Sie?/Kommt ihr?"
Uyuyor-uz. „Wir schlafen."
Uyuyor-muyuz? „Schlafen wir?"

Wichtig! Enthält ein Satz ein Fragewort (wer?, wo? was?, wohin? usw.), entfällt die Fragepartikel:

Çalışıyor musunuz? „Arbeiten Sie?/Arbeitet ihr?"
aber: **Nerede çalışıyorsunuz?** „Wo arbeiten Sie?/ Wo arbeitet ihr?"

Görüyor musun? „Siehst du?"
aber: **Ne görüyorsun?** „Was siehst du?"

Geliyor mu? „Kommt er/sie/es?"
aber: **Kim geliyor?** „Wer kommt?"

4. Suffix -lik (-lük, -lık, -luk)

Mithilfe dieses Suffixes entsteht z. B. aus **arkadaş** „Freund" **arkadaşlık** „Freundschaft", aus **yolcu** „Reisender" **yolculuk** „Reise", aus **tuz** „Salz" **tuzluk** „Salzfass" oder aus **iyi** „gut" **iyilik** „Güte". In gewissen Fällen kann diese Endung im Deutschen mit „für, für etwas bestimmt sein" wiedergegeben werden: **iki kişilik odalar** „ein Zimmer für zwei Personen"; **mantoluk kumaş** „Stoff für einen Mantel". -**lik** mit einer Zeitangabe weist auf eine Zeitdauer hin: **bir haftalık yolculuk** „eine einwöchige Reise" (eine Reise von einer Woche), **iki günlük bebek** „ein zwei Tage altes Baby".

5. Suffixe mit „e“

a) **-en**, **-an**

Dieses Suffix, das an den Verbstamm angehängt wird, kennzeichnet ein Partizip Präsens oder einen Relativsatz:

bana cevap veren hanım „die mir Antwort gebende Dame“ oder „die Dame, die mir Antwort gibt“ (Lektion 18);
onu duyan kız „das Mädchen, das ihn hört“ (Lektion 19).

Je nach Kontext steht der Relativsatz im Präsens oder in der Vergangenheit:

Düşen çocuk ağlıyor. „Das Kind, das fiel, weint.“
Koşan çocuk düştü. „Das Kind, das lief, ist gefallen.“
Koşan çocuk benim oğlum. „Das Kind, das läuft, ist mein Sohn.“
(**düşmek** „fallen“, **ağlamak** „weinen“.)

b) **Namen von Sprachen**

Namen von Sprachen werden mit dem Suffix -**ce**, -**ca** gebildet und im Türkischen großgeschrieben. Nach den acht stimmlosen Konsonanten **p**, **t**, **k**, **ç**, **f**, **s**, **ş** und **h** wird das Suffix zu -**çe** bzw. -**ça**:

İngiliz	„Engländer“	**İngilizce**	„Englisch“
Alman	„Deutscher“	**Almanca**	„Deutsch“
Fransız	„Franzose“	**Fransızca**	„Französisch“
Türk	„Türke“	**Türkçe**	„Türkisch“
Arap	„Araber“	**Arapça**	„Arabisch“

6. Verb „sein“

a) **Präsens**

Sie wissen schon, dass diese Zeit in der 3. Person Singular und Plural im gesprochenen Türkisch kaum verwendet wird:

Ayşe hanım öğretmen(dir). „Frau Ayşe ist Lehrerin.“
Onlar öğrenci(dirler). „Sie sind Studenten.“

-dir und **-dirler** müssen aber verwendet werden, wenn man eine Feststellung oder Vermutung ausdrückt:

İşin iyidir o zaman. „Deine Arbeit ist also gut.“
Şimdi yoldadır. „Er ist jetzt (wohl) unterwegs.“

b) **Imperfekt**

Das Imperfekt wird mit dem Suffix -**di** (-**dü**, -**dı**, -**du**) gebildet. Merken Sie sich, dass Präsens und Imperfekt im Türkischen die beiden einzigen Zeiten sind, in denen das Verb „sein" vorkommt. Um das Perfekt und die Befehlsform auszudrücken, benutzt man das Verb **olmak**, das „sein" und „werden" bedeuten kann. Im Perfekt lautet die Form **oldu** „er/sie/es ist gewesen/geworden", in der Befehlsform **ol** oder **olun** „sei" oder „seid/seien Sie". **olmak** im Präsens und im Imperfekt hat dagegen die Bedeutung „werden":

> **Bu iş her gün biraz daha zor oluyor/oluyordu.**
> „Diese Arbeit wird/wurde jeden Tag etwas schwieriger."

7. Personal- und Demonstrativpronomen

a) **bu „dieser, diese, dieses (hier)"**
Der Akkusativ lautet **bunu**, der Richtungsfall (Dativ) **buna**, der Plural **bunlar**.

b) **o „jener, jene, jenes"**
Der Akkusativ lautet **onu**, der Ablativ **ondan**, der Ablativ im Plural **onlardan**, der Akkusativ im Plural **onları**. **Onlar** und **bunlar** werden regelmäßig dekliniert.

c) **ben und siz**
beni und **sizi** sind die Akkusativformen. Mit Postpositionen werden **ben** und **siz** zu **benim** und **sizin**, z. B. **benimle** „mit mir" **sizin için** „für euch/Sie". Ferner können **benim**, **sizin** und **bizim** mit „mein", „euer/Ihr" und „unser" wiedergegeben werden. **Benim ev** heißt wie **evim** „mein Haus".

8. Komparativ und Superlativ

a) **Komparativ (Vergleichsform)**
Sie kennen den Vergleich:

> **Bu ev bir saray kadar güzel.**
> „Dieses Haus ist so schön wie ein Palast."

Hier ein Beispiel für eine Steigerung:

> **Almanca Türkçeden daha zor.**
> „Deutsch ist (noch) schwieriger als Türkisch."

„nicht so ... wie" wird mit **kadar** + Adjektiv + **değil** wiedergegeben:

> **Bu saray yalınız kadar güzel değil.**
> „Dieser Palast ist nicht so schön wie unsere Strandvilla."

b) **Superlativ**
Er wird mit **en** + Adjektiv gebildet:

en son model „das (aller)letzte Modell";
en güzel kız „das schönste Mädchen".

9. Postpositionen

Die Bedeutung von **sonra** variiert je nach Kasus (Ablativ oder Nominativ). Bisher wurde es mit dem Ablativ in der Bedeutung „nach" (zeitlich) benutzt:

Ankara'dan sonra „nach Ankara" (zeitlich!; Lektion 4)
yemekten sonra „nach dem Essen" (zeitlich; Lektion 9)

Man sagt auch:

öğleden sonra „nach Mittag" = „am Nachmittag".

sonra erscheint auch im Nominativ als Objekt der Zeit. In einem Satz im Präsens, im Futur oder in der Befehlsform heißt es dann „in", in einem Satz in der Vergangenheit heißt es „nach" oder „am Ende von ...":

Präsens:

İki saat sonra Ankara'ya gidiyor.
„In zwei Stunden fährt er nach Ankara."

Futur:

Balıkçılar iki gün sonra dönecekler.
„Die Fischer werden in zwei Tagen zurückfahren."

Befehlsform:

Yarım saat sonra arayın.
„Rufen Sie in einer halben Stunde an."

Vergangenheit:

Dün hamama gitti; iki saat sonra eve döndü. „Gestern ging er ins Dampfbad; nach zwei Stunden kehrte er zurück."

In diesem Zusammenhang sollten Sie sich merken, dass **sonra** mit Ablativ einen bestimmten Zeitpunkt und **sonra** mit Nominativ eine Zeitdauer kennzeichnet. Vergleichen Sie die folgenden Sätze:

Saat dokuzdan sonra beni arayın.
„Rufen Sie mich nach neun Uhr an."

Dokuz saat sonra Amerika'ya gidiyorum.
„In neun Stunden fliege ich nach Amerika."

10. Orthografische Varianten

Wir erinnern noch einmal daran, dass nach bestimmten Konsonanten **d** zu **t** wird. Daher heißt es **geçti**, **gittim**, **dolaştım** und **unuttuk**. Weiterhin wird das finale **k** vor einem einleitenden Suffix zu **ğ**: **dokuz buçuğa** (**buçuk**) **kadar** „bis halb zehn". Achtung: Eigennamen, die auf **k** enden, behalten dieses vor dem Dativ: Man schreibt **Bebek'e**, spricht aber **Bebeğe**.

▶ YİRMİ İKİNCİ DERS

İŞE GEÇ KA**LAN ME**MUR

1 **Os**man Bey **bir** şirke**tte** çalış**ıyor**.

2 Pa**zar**tesi gü**nü** kalk**ıyor**, kah**val**tı yap**ıyor**. Sa**at se**kiz buçuk**ta** oto**bü**se bin**iyor**, **işe** gid**iyor**. ①②

(OKUNUŞ)

[*ische getsch kalan memur* ***1*** *... schirkette ...* ***2*** *pasarteßi ...*]

Lesen Sie diese Wiederholungslektion noch mehrere Male. Gehen Sie erst weiter, wenn Sie sicher sind, dass Sie alles verstanden haben. Machen Sie sich auch immer wieder klar, dass Sie schon eine ganze Menge Türkisch verstehen – und das ohne Mühe! Sie haben sich inzwischen etwas an den türkischen Satzbau gewöhnt und wissen, dass es die Übersetzung manchmal erleichtert, wenn Sie den Satz von hinten beginnen, z. B. ***işe geç kalan memur*** *„der Beamte, der spät zur Arbeit kommt". Ab jetzt wird die wörtliche Übersetzung nicht mehr unter jedem türkischen Satz angegeben, sondern auszugsweise in die deutsche Übersetzung integriert.*

ZWEIUNDZWANZIGSTE LEKTION

DER BEAMTE, DER ZU SPÄT ZUR ARBEIT KOMMT

1 Herr Osman arbeitet in einer Firma.

2 Am Montag steht er auf und frühstückt. Um halb neun steigt er in den Bus und fährt zur Arbeit.

ANMERKUNGEN

① **Pazartesi günü** „am Montag". Entsprechend wird auch den anderen Wochentagen **günü** nachgestellt. -**ü** ist hier die Possessivendung (die Varianten lauten -**i**, -**ı** und -**u**), nach vokalisch auslautenden Substantiven -**sü**, -**si**, -**sı** und -**su** (Beispiele: **anne-si** „seine Mutter", **karı-sı** „seine Ehefrau"). Zwar gleichen sich die Possessivendungen in der 3. Person Singular (-**i**, -**ü**, -**ı**, -**u**) und die Akkusativendung, jedoch lässt der Kontext meistens keine Verwechslung zu: **köy-ü seviyorum** „ich liebe das Dorf" (Akkusativ) – **köy-ü güzel** „sein Dorf ist schön" (Nominativ).

② **etmek** und **yapmak** heißt beides „machen", **etmek** meint jedoch eher „verwirklichen, ausführen", **yapmak** bedeutet „herstellen, erzeugen". **etmek** wird oft zusammen mit einem Objekt benutzt und bildet mit ihm zusammen einen festen Ausdruck: **kavga etmek** „sich streiten"; **teşekkür etmek** „sich bedanken"; **sohbet etmek** „sich unterhalten"; **merak etmek** „sich wundern"; **davet etmek** „einladen"; **arzu etmek** „sich etw. wünschen". **yapmak** drückt konkretere Sachverhalte aus: **temizlik yapmak** „putzen"; **alış veriş yapmak** „einkaufen". „Frühstücken" kann **kahvaltı etmek** und **kahvaltı yapmak** heißen.

3 Salı günü, yorgun. Canı çalışmak istemiyor. Gazetelere bakıyor. Evden saat dokuzda çıkıyor ve işe geç kalıyor. ①③

4 Müdür bundan hiç hoşlanmıyor ama ses çıkarmıyor...

5 Çarşamba günü, yolda bir arkadaşa rastlıyor. Bir kahveye giriyorlar. Osman Bey saat onda işte oluyor. ①

6 Perşembe günü, sabah, köyden annesi geliyor. Osman Bey onunla uzun uzun konuşuyor. ①④⑥

7 İşe yine geç kalıyor. Müdür ona kızıyor.

8 Cuma günü, karısıyla kavga ediyor. Onun için evden daha geç çıkıyor. ①②④

9 On ikiye doğru işte oluyor. Müdür onu işten kovuyor. ⑤

10 Cumartesi günü, Osman Bey çok mutlu. Bol bol uyuyor. ⑥

11 Pazar günü, kara kara düşünüyor... ⑥

OKUNUŞ

[*3 ßalë ... dschanë ... gadsetelere bakëjor ... 4 ... hoschlanmëjor ... tschëkarmëjor 5 tscharschamba ... 6 perschembe ... 8 dschuma ... karëßëila kawga ... 9 ... dohru ... 10 dschumarteßi ... 11 pasar ... düschünüjor*]

3 Am Dienstag ist er müde. Er hat keine Lust zu arbeiten. (Seele-seine arbeiten will-nicht.) Er wirft einen Blick in die Zeitungen. Um neun Uhr geht er und kommt verspätet bei [seiner] Arbeit an.

4 Der Direktor ist gar nicht [damit] zufrieden, aber er sagt kein Wort (Stimme lässt er nicht heraus) ...

5 Am Mittwoch trifft er unterwegs einen Freund. Sie gehen ins Kaffeehaus. Herr Osman ist um zehn Uhr bei der Arbeit.

6 Am Donnerstagmorgen kommt seine Mutter aus [ihrem] Dorf. Herr Osman unterhält sich lange (lang lang) mit ihr.

7 Wiederholt kommt er verspätet zur Arbeit. Der Direktor (ihm-zu) ärgert sich über ihn.

8 Am Freitag streitet er sich mit seiner Frau. Aus diesem Grund geht er später aus dem Haus.

9 Er kommt gegen Mittag bei [seiner] Arbeit an (zwölf-zu gegen Arbeit-bei ist). Der Direktor entlässt ihn.

10 Am Samstag ist Herr Osman sehr froh. Er schläft, solange er kann (viel viel schläft).

11 Am Sonntag hat er schwarze Gedanken (schwarz schwarz denkt[er]) ...

ANMERKUNGEN

③ **Canı**. **-ı** ist die Possessivendung der 3. Person Singular. **can** + Possessiv + Infinitiv + **istiyor** (**istemiyor**) bedeutet „etwas (nicht) tun wollen“. Achtung: In diesem Ausdruck bleibt **istiyor** immer unverändert; die Possessivendung hinter **can** bestimmt die Person! **canım gitmek istiyor** „meine Seele will gehen“ = „ich will gehen“; **şu anda canım rakı içmek istemiyor** „im Moment möchte ich keinen Raki trinken“.

④ Die Form **onunla** „mit ihr“ ist ähnlich wie **benimle** „mit mir“. Auch vor **için** wird **o** zu **onun**.

⑤ **On ikiye doğru** „gegen zwölf Uhr/mittags“; **doğru** verlangt den Dativ.

⑥ Die Adjektivverdopplung ist im Türkischen sehr häufig. Sie kennen schon **yavaş yavaş** „sehr langsam“.

1. BU CÜMLELERİ ANLIYOR MUSUNUZ?

❶ Bu şirkette çalışan memur çok. ❷ Biz sabahları, geç kalkıyor, kahvaltı yapıyoruz. ❸ Bu sabah, canım çalışmak istemiyor. ❹ Yarın annesi köye gidiyor. ❺ Dün yolda bir arkadaşa rastladım. ❻ Bu müdür işe geç kalan memurları kovuyor. ❼ Geçen cumartesi bol bol uyudum.

2. BOŞLUKLARI DOLDURUNUZ.

❶ Herr Osman sieht in die Zeitungen.
Osman Bey . . . . bakıyor.

❷ Er ist um halb elf an seinem Arbeitsplatz.
Saat . . . . işte . . . .

❸ Die Angestellten kommen erneut zu spät zur Arbeit.
Memurlar . . . yine . . . .

❹ Ich ärgere mich über dich (zu dir).
. . . . kızıyorum.

❺ Wir schlafen sehr lange.
. . . . . . uyuyoruz.

❻ Der Direktor entlässt ihn (aus der Arbeit).
Müdür . . . . kovuyor.

❼ Er hat schwarze Gedanken.
. . . . düşünüyor.

Versuchen Sie, mit der Zeit anstatt holpriger Lehrbuchsätze eher Redewendungen (sogenannte Idiome) zu assimilieren, z. B. nicht ***Boğaz'a gitmek istiyorum****, sondern* ***Canım Boğaz'a gitmek istiyor****. Das ist lebendiger und wird, wenn Sie diese Wendungen einmal unter Türken anwenden, große Bewunderung auslösen!*

1. ŞİMDİ ANLADINIZ MI?

❶ Die Angestellten, die in dieser Firma arbeiten, sind zahlreich. ❷ Wir stehen morgens (die Morgende) spät auf [und] frühstücken. ❸ An diesem Morgen habe ich keine Lust zu arbeiten (meine Seele will nicht arbeiten). ❹ Morgen fährt seine Mutter ins Dorf. ❺ Gestern habe ich unterwegs einen Freund getroffen. ❻ Dieser Direktor entlässt Angestellte, die verspätet zur Arbeit kommen. ❼ Letzten Samstag habe ich sehr lange geschlafen.

2. BOŞLUKLARA GELEN SÖZCÜKLER.

❶ gazetelere ❷ on buçukta - oluyor ❸ işe - geç kalıyorlar ❹ Sana ❺ Bol bol ❻ onu işten ❼ Kara kara.

Seien Sie nicht erstaunt, wenn Ihnen eine Wendung oder ein bestimmtes sprachliches Phänomen zwei oder drei Mal begegnet, bevor die entsprechende Erklärung dazu kommt. Dies ist ein Merkmal der Assimil-Methode. Zu dem Zeitpunkt, wenn die Erklärung eingeführt wird, werden Sie mit der Wendung bereits so vertraut sein, dass sie Ihnen keine Schwierigkeiten mehr bereiten wird.

Raum für persönliche Notizen:

▶ YİRMİ ÜÇÜNCÜ DERS

ARNA**VUT**KÖY'DEKİ **ÇAR**ŞI ①②

1 – **Gül**çin, bu**gün** alış veri**şe** çıkı**yor** muyuz? ③④

2 – **E**vet, ca**nım**. Ev**de** yiye**cek kal**madı. **Dün** bakkal**da pey**nir **yok**tu. Manav**da** meyve**ler** gü**zel** de**ğil**di. ⑤⑥

3 Kasa**ba git**tim. Etle**ri** ba**na** pek i**yi** gi**bi gel**medi. ⑥⑦

(OKUNUŞ)

[*arnawutköideki tscharschı* **1** *gültschin* ... **2** ... *jijedschek kalmadë* ... *manawda meiweler* ... **3** *kaßaba* ...]

DREIUNDZWANZIGSTE LEKTION

DER MARKT IN ARNAVUTKÖY

1 – Gülçin, wollen wir heute einkaufen gehen (für Einkäufe ausgehen)?

2 – Ja, mein Schatz. Zu Hause gibt es nichts mehr zu essen (geblieben-nicht-ist). Gestern gab es keinen Käse beim Lebensmittelhändler. [Und] beim Obst- und Gemüsehändler waren die Früchte nicht schön.

3 Ich bin zum Fleischer gegangen. Das Fleisch (seine Fleischstücke) erschien mir nicht sehr schön.

ANMERKUNGEN

① **Arnavutköy**, „das Dorf der Albaner", ist ein Vorort Istanbuls. Hier sieht man noch viele alte Holzhäuser. **Arnavutköy** hat ausgedehnte Grünbereiche, die als Erholungsgebiete genutzt werden.

② **çarşı** kann mit „Markt" übersetzt werden, obwohl dies keine genaue Entsprechung ist. **çarşı** ist eher das Geschäftszentrum einer Stadt mit vielen verschiedenen Geschäften (**Kapalı Çarşı** „Gedeckter Basar"). Der normale „Wochenmarkt" heißt auf Türkisch **pazar**. Dieses Wort ist identisch mit dem Wort für „Sonntag", weil in der Türkei der Sonntag **pazar günü** „der Markttag" ist.

③ **alış veriş** (wörtlich „das Nehmen das Geben"): Früher war damit der Tauschhandel gemeint, den es heute nicht mehr gibt. Daher hat **almak** die Bedeutung „kaufen" erhalten.

④ **çıkıyor mu-y-uz** ist die Frageform von **çıkıyoruz**. Siehe Lektion 21.

⑤ **yiyecek** „zu(m) Essen" von **yemek** „essen".

⑥ **kalmadı** „er ist nicht geblieben" von **kaldı** „er ist geblieben" und **-ma** (**-me**), Verneinungspartikel; **geldi** „er ist gekommen"; **gelmedi** „er ist nicht gekommen".

⑦ **Etleri** „seine Fleischstücke". **-leri** bzw. **-ları** ist die Possessivendung der 3. Person Plural. Auch hier besteht wieder eine Ähnlichkeit zu den Suffixen des Akkusativs; die Struktur der Sätze ist jedoch unterschiedlich: **valiz-ler-i çıkardık** „wir haben die Koffer hochgebracht" (Akkusativ) – **valiz-ler-i büyük** „seine Koffer sind groß" (Nominativ).

4 – **O zaman** Arnavutköy'**e** gide**lim**. Çarşısı **çok** ucuz. **Ben o**rayı seviyorum. **O**rada **her** şey güz**el**. ⑧

5 Sebzeleri **her** za**man ta**ze. Balıkl**arı** da. ⑦

6 – Ba**na bir** de mutfak**ta** kullan**mak için** tah**ta** ça**tal** ka**şık** la**zım**. ⑨⑩

7 – On**lar** her hal**de**, pa**zar**da **var**dır. Bu**gün** sa**lı**, Arnavutköy'**de** pa**zar** var. ②

8 **A**lış veriş**ten son**ra da Arna**vut**köy'ü geze**lim**. **Es**ki **ah**şap **ev**leri **çok** güz**el**. ⑦⑨

9 – Lokantal**arı** da. **Bu** ak**şam**, yeme**ği o**rada yiye**lim** mi? ⑦⑪⑫

OKUNUŞ

[*4 ... tscharschëßë tschok udschus ... 5 ßebseleri her saman tase ... 6 ... tachta tschatal kaschëk lasëm 8 ... geselim ... eßki achschap ... 9 ... jemehi ... jijelim ...*]

1. BU CÜMLELERİ ANLIYOR MUSUNUZ?

❶ Evde yiyecek kalmadı. Çarşıya gidiyor muyuz? ❷ Manava gidelim. Ama meyveleri pek güzel değil. ❸ Biz Arnavutköy'de oturuyoruz. Ahşap evleri çok eski, çarşısı da büyük ve güzel. ❹ Dün bakkala gittik. Peynirleri iyi değildi. ❺ Sizde tahta çatal kaşık yok mu? ❻ Bize güzel bir ahşap ev lazım.

4 – Fahren wir also nach Arnavutköy. Die Geschäfte dort sind sehr billig. Ich habe diesen Ort sehr gern. Alles ist gut dort.

5 Das (sein) Gemüse ist dort immer frisch und die (seine) Fische auch.

6 – Ich brauche auch für die Küche Gabeln und Löffel aus Holz.

7 – Das (sie) gibt es wahrscheinlich auf dem Markt. Heute haben wir Dienstag, es ist Markt in Arnavutköy.

8 Und nach dem Einkaufen besichtigen wir Arnavutköy. Seine alten Holzhäuser sind sehr schön.

9 – Seine Restaurants [sind] auch [gut]. Essen wir doch heute Abend dort!

ANMERKUNGEN

⑧ **Çarşısı** „sein Markt“: **-sı** ist Possessivendung der 3. Person Singular.

⑨ **tahta** bezeichnet unbehandeltes Holz, **ahşap** bearbeitetes Holz. **tahta ev** ist eine „Baracke“, während **ahşap ev** ein Holzhaus im alten türkischen Stil bezeichnet. „Heizholz, Ofenholz“ heißt **odun**.

⑩ **çatal kaşık** „Gabeln und Löffel“. Das Wort für „Messer“ ist **bıçak**.

⑪ In **yemeği** wird das **k** von **yemek** zu einem **ğ**. **yemeği** kann auch „sein Essen“ heißen!

⑫ **yiyelim**: Befehlsform der 1. Person Plural. Hier hat diese Form mit der Fragepartikel **mi** den Charakter eines Vorschlags.

1. ŞİMDİ ANLADINIZ MI?

❶ Es gibt im Haus nichts mehr zu essen (es ist nichts mehr geblieben). Gehen wir auf den Markt? ❷ Gehen wir zum Gemüse- und Obsthändler. Seine Früchte sind aber nicht sehr schön. ❸ Wir wohnen in Arnavutköy. Seine Holzhäuser sind sehr alt, sein Markt groß und gut. ❹ Gestern sind wir zum Lebensmittelhändler gegangen. Seine Käse waren nicht gut. ❺ Gibt es bei Ihnen keine Löffel und Gabeln aus Holz (Holz Gabel Löffel)? ❻ Wir brauchen ein schönes Holzhaus.

2. BOŞLUKLARI DOLDURUNUZ.

❶ Gibt es im Haus nichts zu essen?

Evde . . . . yok . . ?

❷ Besichtigen wir Istanbul!

. . . . ' . gezelim!

❸ Nach den Einkäufen besichtigen wir Arnavutköy.

Alış . . . . , ... ' . gezelim.

❹ Wie wär's, wenn wir heute Abend dort essen?

Bu akşam, ... orada . . . . mi?

❺ Sein Markt (Geschäftszentrum) ist sehr billig.

. . . . çok . . . . .

▶ YİRMİ DÖRDÜNCÜ DERS

ERGIN BEY AV**RU**PA'DA

1 – **Mer**haba **Er**sun. **Kar**deşin **ne**relerde? ①

2 Bir**kaç** de**fa** ara**dım**, telefo**nu** ce**vap** **ver**medi. Önem**li** bir **şey** **için** görüş**mek** isti**yor**dum. ②③

OKUNUŞ

[*ergin bei awrupada* ***1*** *... kardeschin ...* ***2*** *... dschewap wermedi ...*]

⑥ Wir lieben diesen Ort (hier) sehr.

Biz . . . . . . çok . . . .

2. BOŞLUKLARA GELEN SÖZCÜKLER.

① yiyecek - mu ② İstanbul'u ③ verişten sonra Arnavutköy'ü ④ yemeği - yiyelim ⑤ Çarşısı - ucuz ⑥ burayı - seviyoruz.

Lassen Sie sich nicht durch die Menge der verschiedenen Suffixe und ihre teilweise große Ähnlichkeit verwirren. Mit der Zeit werden Sie einen immer besseren Überblick bekommen. Die Suffixe der ersten Lektionen können Sie bestimmt schon mühelos auseinanderhalten und verstehen ...!

VIERUNDZWANZIGSTE LEKTION

HERR ERGIN IST IN EUROPA

1 – Guten Tag, Ersun. Wo ist [denn] dein Bruder?
2 Ich habe ihn mehrmals angerufen, habe aber keine Antwort erhalten (Telefon-sein Antwort gab-nicht). Ich wollte mit ihm über eine wichtige Angelegenheit sprechen.

ANMERKUNGEN

① **nerelerde?** „an welchen Orten?". Sie kennen aus Lektion 20: **Nereleri gezdiniz?** „Welche Orte haben Sie denn besichtigt?". Hier hätte man auch den Singular, **nerede**, verwenden können, **nerelerde** drückt jedoch Neugierde aus: „Wo kann er bloß sein?"

② **telefonu** „sein Telefon".

③ **ver-me-di** ist das verneinte Perfekt „hat nicht geantwortet".

3 – **Er**gin Av**ru**pa'da.

4 – **Öy**le **mi**? Habe**rim yok**tu.

5 – Bili**yor**sun **dış a**lım **sa**tım **ya**pıyor.

6 O**nun için** sık sık dışarı**ya** gidi**yor**. ④⑤

7 – **Ne** za**man** döne**cek**? ⑥

8 – **Haf**taya **bu**rada ola**cak**. ⑥⑦

9 – **Yi**ne **Pa**ris'e mi git**ti**? ⑧

10 – **Ha**yır, **bu** de**fa Brük**sel'de ve **Mü**nih'te kala**cak**. ⑨

11 Oralar**da** top**lan**tıları var. **Ba**zı şirket**ler**le görüşe**cek**. ⑥⑩

12 – U**çak**la mı git**ti**? ⑧

13 – **Ha**yır, **bu** se**fer ken**di araba**sı**yla **yo**la **çık**tı, **çün**kü bir**kaç** ye**re** da**ha** uğra**mak** isti**yor**du. ⑨⑪

OKUNUŞ

[*5 ... dësch alëm ßatëm japëjor ... 6 ... ßëk ßëk dëscharëja ... 8 haftaja burada oladschak 9 jine parißе ... 10 ... brükßelde we münichte kaladschak 11 ... toplantëlarë ... basë schirketlerle görüschedschek 12 utschakla më ... 13 ... bu ßefer kendi arabaßëila jola tschëktë tschünkü ...*]

3 – Ergin ist in Europa.
4 – Wirklich? Ich wusste nichts davon. (ich hatte [die] Nachricht nicht.)
5 – Du weißt es doch. Er betreibt Außenhandel.
6 Daher (Dafür) reist er oft ins Ausland.
7 – Wann wird er zurückkommen?
8 – Er wird in einer Woche zurück sein.
9 – Ist er wieder nach Paris gefahren?
10 – Nein, diesmal wird er sich in Brüssel und in München aufhalten.
11 Er hat dort Besprechungen (Treffen/Versammlungen). Er wird bestimmte Firmen besuchen (wird sich mit bestimmten Firmen treffen).
12 – Ist er mit dem Flugzeug geflogen?
13 – Nein, diesmal ist er mit dem eigenen Wagen gereist (Weg-auf-den ist-gegangen), weil er an mehreren Orten anhalten wollte.

ANMERKUNGEN

④ **sık sık** heißt „oft“. **sık** alleine heißt „gedrängt, dicht“.

⑤ **dışarı-y-a**: **dışarı** bedeutet „das Äußere“ oder „Ausland“.

⑥ Hier sehen Sie die Futurendungen -**ecek** bzw. -**acak**, sie werden an den Verbstamm angehängt: **dönmek** - **dönecek**, **görüşmek** - **görüşecek**, **olmak** - **olacak**, **kalmak** - **kalacak**.

⑦ **Haftaya** „in einer Woche“. Für diese Zeitangabe wird einfach das Wort **hafta** in den Dativ gesetzt. Ebenso: **sene-y-e** „in einem Jahr“.

⑧ Die Fragepartikel steht immer hinter dem Element, nach dem gefragt wird: **Yine Frankfurt'a mı gitti?** „Ist er schon wieder nach *Frankfurt* gefahren?“; **Yine mi Frankfurt'a gitti?** „Ist er *schon wieder* nach Frankfurt gefahren?“; ebenso: **Uçakla mı gitti?** „Ist er geflogen (mit dem Flugzeug gefahren)?“

⑨ „mal“ heißt **defa** oder **sefer**. Beide Ausdrücke können gleich verwendet werden.

⑩ **toplantı-lar-ı** „seine Besprechungen“. **toplantıları var** „er hat Besprechungen“. Das Verb „haben“ wird durch die Possessivendung und das Verb **var** (wörtlich „Besitz“) ausgedrückt.

⑪ **araba-sı-y-la** „mit seinem Wagen“. -**sı** ist die Possessivendung der 3. Person Singular, -**yla** bedeutet „mit“.

1. BU CÜMLELERİ ANLIYOR MUSUNUZ?

❶ Ona cevap vermedik. ❷ Kardeşi beni aramadı. ❸ Annesi ne zaman dönecek? ❹ Kardeşi Münih'te kaç gün kalacak? ❺ Dün yolda bir arkadaşa rastladım. ❻ Telefonu cevap vermiyor. ❼ Kendi arabasıyla yola çıkmak istiyordu, fakat olmadı.

2. BOŞLUKLARI DOLDURUNUZ.

❶ Wo sind (denn) die Brüder?
. . . . nerelerde?

❷ Ich wollte einige Firmen besuchen.
Bazı . . . . görüşmek . . . .

❸ Sein Bruder wird in einer Woche da sein.
Kardeşi . . . . burada . . . .

❹ Ist er noch einmal nach Istanbul gefahren?
Yine . . . . ' . . . gitti?

❺ Es ist nötig, über mehrere Orte zu fahren.
Birkaç . . . . uğramak . . . . . .

YİRMİ BEŞİNCİ DERS

DOKTOR**DA** ①

1 – Şi**kâ**yetiniz **ne**dir, e**fen**dim?

OKUNUŞ

[*doktorda* ***1*** *schikjajetinis nedir ...*]

1. ŞİMDİ ANLADINIZ MI?

❶ Wir haben ihm keine Antwort gegeben. ❷ Sein Bruder hat mich nicht angerufen. ❸ Wann wird seine Mutter zurückkommen? ❹ Wie viele Tage wird sein Bruder in München bleiben? ❺ Gestern habe ich unterwegs einen Freund getroffen. ❻ Er antwortet nicht am Telefon. (Sein Telefon antwortet nicht.) ❼ Er wollte mit seinem eigenen Wagen auf die Reise gehen, aber es ist nicht [möglich] gewesen.

❻ Daher betreibt er Import/Export.

. . . . için . . . . yapıyor.

❼ Ist er diesmal mit seinem eigenen Wagen gefahren?

Bu . . . . arabasıyla . . gitti?

2. BOŞLUKLARA GELEN SÖZCÜKLER.

❶ Kardeşleri ❷ şirketlerle - istiyordum ❸ haftaya - olacak ❹ İstanbul'a mı ❺ yere - lazım ❻ Onun - dış alım satım ❼ sefer kendi - mı.

Helfen Ihnen unsere kleinen humorigen Illustrationen, bestimmte Redewendungen und Ausdrücke besser im Gedächtnis zu behalten?

FÜNFUNDZWANZIGSTE LEKTION

BEIM ARZT

1 – Woran leiden Sie (Beschwerden-Ihre was-ist), mein Herr?

ANMERKUNGEN

① **doktorda** heißt „beim Arzt", so wie **evde** „zu Hause, bei sich" heißt. **doktora gitmek** „zum Arzt gehen", **hasta** „der Kranke", **reçete** „Rezept", **ilaç** „Heilmittel, Medikament".

2 – **İki gün**dür be**lim** ağrı**yor**, dik du**ra**mıyorum, **Dok**tor bey. ②③

3 – Üşüttü**nüz** her hal**de**, **ya** da yan**lış** bir hare**ket yap**tınız. ④

4 – **Bil**miyorum. Fark **et**medim ... **E**vet, **şim**di hatırlı**yo**rum. **Ön**ceki **gün** is**ke**lede **bir** sa**at** ni**şan**lımı **be**kledim. ⑤⑥

5 **Çok** rüz**gâr var**dı. **Son**ra diskote**ğe** git**tik**. **O**rada ba**na çok** zor figür**ler yap**tırdı. ⑦

6 **Şim**di ba**na ne i**laç veri**yor**sunuz, **Dok**tor Bey?

7 – Si**ze ilaç ver**miyorum. **Yal**nız, kendini**zi** sı**cak** tu**tun**. ⑧

8 **Bir** de bun**dan son**ra o**nu bu** ka**dar** bek**le**meyin ve din**le**meyin. ⑨

OKUNUŞ

[*2 ... belim ahrējor dik duramējorum ... 3 üschütünüs her halde ... janlësch bir hareket japtënës 4 ... fark etmedim ... hatërlējorum öndscheki ... ißkelede ... nischanlëmë bekledim 5 ... rüsgjar ... dißkotehe ... figürler ... 6 ... ilatsch werijorßunus ... 7 ... ßëdschak tutun 8 ... beklemejin we dinlemejin*]

ANMERKUNGEN

② **belim** „meine Lenden, Nieren" aus **bel** „Lenden, Nieren" und der Possessivendung für die 1. Person Singular.

③ **dur-a-mı-yorum** „ich kann mich nicht gerade halten": Das eingefügte -**a**- in der verneinten Verbform hat die Bedeutung „können". Durch das -**a**- ändert sich der Vokal in der Verneinungspartikel! So lautet das Infix (die Zwischensilbe) für „nicht können" **e-mi** bei den Verben auf -**mek** und **a-mı** bei denen auf -**mak**.

2 – Schon seit zwei Tagen habe ich Schmerzen in der Lendengegend (meine Lendengegend tut weh), ich kann mich nicht gerade halten, Herr Doktor.

3 – Wahrscheinlich haben Sie sich erkältet oder Sie haben eine falsche Bewegung gemacht.

4 – Ich weiß nicht. Ich habe es nicht wahrgenommen (Unterschied habe-nicht-gemacht) ... [Ach!] ... doch, jetzt erinnere ich mich [daran]. Vorgestern (davor-der Tag) habe ich eine Stunde lang auf meine Verlobte an der Landungsbrücke gewartet.

5 Es war sehr windig. Dann sind wir zur Diskothek gegangen. Dort hat sie mich sehr schwierige Figuren tanzen lassen.

6 Nun, Herr Doktor, was geben Sie mir für ein Medikament?

7 – Ich verschreibe Ihnen kein Medikament. Bleiben Sie nur im Warmen (Sie-sich-selbst warm halten-Sie).

8 Und (nach diesem-hier) warten Sie nicht mehr auf sie, und hören Sie nicht mehr auf sie.

④ **Üşüt-tünüz** „Sie haben sich erkältet", Perfekt von **üşütmek**.

⑤ **Fark etmek** „merken, unterscheiden" von **fark** „Unterschied".

⑥ **nişanlı-m-ı** von **nişanlı** „verlobt, Verlobte(e)", die Endung -**m** ist die Possessivendung der 1. Person Singular „meine", die Endung -**ı** ist die Akkusativendung.

⑦ **yaptırdı** „sie ließ tun". Die Partikel -**dır** bzw. -**tır** wegen des -**p**- mit den Varianten -**dir**, -**dür**, -**dur**, die zwischen Verbstamm und Tempussuffix eingefügt wird, hat die Bedeutung „veranlassen, lassen, bewirken, verursachen": **yedirmek** „essen lassen".

⑧ **kendi** „eigen", mit einer Possessivendung „selbst": **kendin** „du selbst", **kendiniz** „Sie/ihr selbst". **kendinizi** ist hier der Akkusativ „Sie sich selbst". Ebenso: **dilinizi** (Satz 14).

⑨ **bekle-me-y-in** „warten Sie nicht" ist die verneinte Befehlsform der 2. Person Plural. Die Partikel -**me** für die Verneinung steht zwischen dem Stamm und der Endung für die Befehlsform. Ebenso **dinle-me-y-in** „hören Sie nicht".

9 Bir **genç kız**la **an**nesi dokto**ra** gidi**yor**lar. ⑩

10 **Dok**tor **genç** kı**za**:

11 – So**yu**nun **lüt**fen, **kü**çük **ha**nım.

12 An**ne**:

13 – Hasta **o** de**ğil**, **be**nim, **Dok**tor bey. ⑪

14 – **Öy**le mi? Dilini**zi** çıka**rın** **lüt**fen, hanıme**fen**di.

(OKUNUŞ)

[*11 ßojunun lütfen kütschük hanëm* ***14*** *... dilinisi tschëkarën ...*]

1. BU CÜMLELERİ ANLIYOR MUSUNUZ?

❶ Bir haftadır evde oturamıyoruz, çünkü onarım var. ❷ İskelede annemi beklemedim. ❸ Şikâyeti vardı. Doktora gitti. ❹ Bize yanlış hareket yaptırdınız. ❺ Kendimizi sıcak tutalım. ❻ Küçük hanım, annenizi dinleyin, soğukta arkadaşlarınızı beklemeyin.

2. BOŞLUKLARI DOLDURUNUZ.

❶ Woran leiden Sie (Beschwerden-Ihre was-ist), mein Herr?

. . . . , efendim?

❷ Wir wissen (es) nicht. Wir haben (es) nicht gemerkt.

. . . . Fark . . . .

❸ Vorgestern (davor-der Tag) habe ich vier Stunden auf meinen Verlobten gewartet.

. . . . . . gün . . . . dört . . . . bekledim.

9 – Eine Jugendliche geht mit ihrer Mutter zum Arzt. (jung Mädchen-mit Mutter-ihre Arzt-zu sie-gehen.)
10 Der Arzt [sagt] zu der jungen Frau (Mädchen):
11 – Ziehen Sie sich bitte aus, junge Frau (klein Dame).
12 Die Mutter:
13 – Nicht *sie* ist krank, [sondern] ich, Herr Doktor.
14 – Ach so (so ist es)! Dann strecken Sie bitte Ihre Zunge heraus, gnädige Frau.

ANMERKUNGEN

⑩ **Bir genç kızla annesi** bildet eine Subjektgruppe im Plural; das Verb steht daher im Plural.

⑪ Achten Sie hier auf die Betonung von **benim** (auf der 1. Silbe **ben**-). Es handelt sich nicht um einen Genitiv (dann läge die Betonung auf -**im**), sondern um die Endung der 1. Person Singular -**im**.

1. ŞİMDİ ANLADINIZ MI?

❶ Seit einer Woche können wir nicht mehr zu Hause wohnen, weil es Bauarbeiten gibt. ❷ Ich habe an der Landungsbrücke nicht auf meine Mutter gewartet. ❸ Er hatte [gesundheitliche] Beschwerden. Er ist zum Arzt gegangen. ❹ Sie haben uns eine falsche Bewegung machen lassen. ❺ Bleiben wir im Warmen (uns-selbst warm wir-halten). ❻ Junge Frau, hören Sie auf Ihre Mutter, warten Sie nicht in der Kälte auf Ihre Freunde.

④ Von nun an hören Sie nicht mehr auf ihn.

. . . . . . sonra, . . . bu kadar . . . .

⑤ Nicht *sie* ist die Kranke, [sondern] ich.

Hasta o . . . . . , ...

⑥ Eine Jugendliche und ihre Mutter (ein junges-Mädchen-mit Mutter-ihre) gehen zum Arzt.

Bir genç . . . . doktora . . . .

▶ YİRMİ ALTINCI DERS

TEM**BEL** ÖĞREN**Cİ**

1 Bir **ort**a**o**kul; üçün**cü** sınıf**ta** birin**ci** dö**nem bit**mek üze**re**. ①②

2 Öğret**men** öğrenciler**den çok mem**nun, onları sevindir**mek** isti**yor**. ③④

OKUNUŞ

[*tembel öhrendschi **1** ... ütschündschü ßënëfta birindschi ...*]

2. BOŞLUKLARA GELEN SÖZCÜKLER.

❶ Şikâyetiniz nedir ❷ Bilmiyoruz - etmedik ❸ Önceki - nişanlımı - saat ❹ Bundan - onu - dinlemeyin ❺ değil benim ❻ kızla annesi - gidiyorlar.

Seien Sie aktiv und nutzen Sie die vielfältigen Möglichkeiten, mit Ihrer neuen Sprache in Kontakt zu kommen. Finden Sie heraus, was Ihnen am meisten Spaß macht: Tandempartnerschaften im Internet, Brieffreundschaften, leichte Literatur (z. B. Kinderbücher), Hörspiele, Kino, DVDs, Musik, Radio, Zeitungen und Zeitschriften.

SECHSUNDZWANZIGSTE LEKTION

DER FAULE SCHÜLER

1 In der dritten Klasse einer Mittelschule ist das Halbjahr bald zu Ende.

2 Die Lehrerin ist mit den Schülern sehr zufrieden [und] will ihnen eine Freude machen.

ANMERKUNGEN

① **ortaokul üçüncü sınıf** „das 3. Schuljahr der Mittelschule".

② **dönem** „Zeitdauer", hier „Schulhalbjahr".

③ **Öğretmen** „Lehrer"; **öğrenmek** „lernen". In der Grundschule sprechen die Schüler den Lehrer mit **öğretmenim** „mein Lehrer" an, in der Mittelschule und am Gymnasium mit **hocam** „mein Meister".

④ **sevinmek** „etwas gerne haben, sich freuen". **sevin-dir-mek** „jemandem eine Freude machen". Zur Funktion von **-dir** siehe Lektion 25.

3 –Çocuk**lar**, gele**cek** haf**ta** ti**ya**troda tari**hi** bir o**yun** var. **Gör**mek iste**yen var** mı? ⑤

4 –**E**vet, **Ho**cam. Konu**su ne**? ③⑥

5 –De**li** İbra**him**. **Ge**çen ay si**ze bu** padişah**tan söz et**tim, hatırlı**yor**sunuz. Sekreterli**ğe yir**mi **ta**ne bi**let** bı**rak**tım. ⑥

6 **Gel**mek isteyen**ler** biletle**ri o**radan alacak**lar**, **ya**rın pa**ra** getirme**yi** u**nut**mayın. ⑤⑦⑧

7 Oyu**nu** gö**ren** öğrenci**ler bu** konu**da** bir ö**dev** ya**pıp**, tatil**den son**ra ba**na** verecek**ler**. ⑤⑦⑨

(OKUNUŞ)

*[3 ... geledschek ... tarihi bir ojun war ... **5** ... getschen ai ... padischachtan ... ßekreterlihe ... bëraktëm **6** ... ißtejenler ... aladschaklar ... **7** ... weredschekler]*

3 – [Meine] Kinder, es gibt nächste Woche ein historisches Stück (Schauspiel) im Theater. Gibt es unter euch welche, die es sehen wollen? (sehen-wollende gibt-?)

4 – Ja, [Frau] Lehrerin (Meister-mein). Was ist das Thema?

5 – Ibrahim der Verrückte. Letzten Monat habe ich mit euch über diesen Sultan gesprochen, ihr erinnert euch. Ich habe 20 Eintrittskarten im Sekretariat gelassen.

6 Diejenigen, die kommen wollen (kommen wollende-die), werden dort die Karten abholen; vergesst nicht, morgen das Geld mitzubringen.

7 Die Schüler, die das Stück (Schauspiel) gesehen haben (das Stück sehende Schüler-die), werden eine Hausaufgabe über dieses Thema machen und sie mir nach den Ferien zurückgeben.

ANMERKUNGEN

⑤ **Görmek isteyen var mı?** ist unbestimmt (wörtlich „Sehen-wollende gibt-?"). Es trägt keine Pluralendung. **Gelmek, isteyenler ...** trägt demgegenüber die Pluralendung und bedeutet „die, die kommen wollen". Fügt man dem Substantiv **öğrenciler** das Wort **gören** hinzu, ist es ein Partizip im Sinne eines Relativsatzes: „die Schüler, die das Stück gesehen haben".

⑥ **Konusu** „sein Thema". **Deli İbrahim** „Ibrahim der Verrückte", der von 1640-1648 regierte, war schon halb verwirrt, als er mit 25 Jahren den Thron bestieg. Seine Jugend hatte er wie einige andere osmanische Prinzen in einer zum Harem gehörigen Wohnung verbracht, die **kafes** bzw. Käfig hieß, in der ständigen Furcht, ermordet zu werden.

⑦ **al-acak-lar** und **ver-ecek-ler**: 3. Person Plural Futur.

⑧ **getir-me-y-i unut-mayın** „vergesst nicht, mitzubringen": **getirme** ist ein verkürzter Infinitiv, d. h. ein Substantiv, das aus dem Verb **getirmek** abgeleitet wurde, und dem hier die Akkusativendung hinzugefügt wurde. **unutmayın** ist die Befehlsform der 2. Person Plural.

⑨ **yapıp** ersetzt hier **yapacaklar** „und werden ... machen". Siehe auch Lektion 16.

8 **Ar**ka sıra**dan** bir öğren**ci** par**mak** kaldırı**yor**:

9 –**Efen**dim, **ben** gelmek**ten** **vaz**geçtim. ⑩

(OKUNUŞ)

[*9 ... wasgetschtim*]

1. BU CÜMLELERİ ANLIYOR MUSUNUZ?

❶ Çocukları sevindirmek için, gelecek hafta tiyatroya davet edeceğim. ❷ Bu oyunu görmek isteyenler bana haber verecekler. ❸ Tiyatroda yeni bir oyun olacak; konusu Deli İbrahim. ❹ Çocuklar, ödevi yapmayı unutmayın. ❺ Biletlerinizi evde bırakmayın. ❻ Ben, tiyatroya gitmekten vazgeçtim.

2. BOŞLUKLARI DOLDURUNUZ.

❶ In der Schule ist das erste Halbjahr bald zu Ende.

Okulda . . . . dönem . . . .

❷ Der Lehrer (die Lehrerin) ist mit den Schülern nicht zufrieden.

Öğretmen . . . . memnun . . . . . .

❸ Er möchte ihnen keine Freude machen.

. . . . . . sevindirmek . . . .

❹ Ich habe mit euch letzten Monat über diesen Sultan gesprochen.

. . . . . ay . . . . bu . . . . söz ettim.

❺ Die Schüler werden die Eintrittskarten im Sekretariat abholen.

Öğrenciler . . . . sekreterlikten . . . .

8 Hinten in der Klasse (hintere Reihe-von) hebt ein Schüler den Finger:

9 – Frau [Lehrerin], ich verzichte [darauf] mitzukommen (kommen-von verzichtet-habe).

ANMERKUNGEN

⑩ **vazgeçtim** steht zwar im Perfekt (mit Ablativ), wird aber mit einem Präsens übersetzt, ähnlich wie **geldi** „jetzt kommt er an". **Bu halıyı beğendim.** „Ich mag diesen Teppich."

1. ŞİMDİ ANLADINIZ MI?

❶ Um den Kindern eine Freude zu machen, werde ich sie nächste Woche ins Theater einladen. ❷ Diejenigen, die dieses Stück (Schauspiel) sehen wollen, werden [es] mir vorher sagen (mir Nachricht werden-geben). ❸ Es wird ein neues Stück im Theater gegeben (sein); sein Thema ist Ibrahim der Verrückte. ❹ Kinder, vergesst nicht, die Hausaufgabe zu machen. ❺ Lasst eure Eintrittskarten nicht zu Hause. ❻ Ich, ich verzichte darauf, ins Theater zu gehen.

❻ Die Kinder werden eine Hausaufgabe über dieses Thema machen und sie mir nach den Ferien zurückgeben.

Çocuklar bu . . . . . . bir ödev . . . . . ,
. . . . sonra bana . . . .

❼ Der faule Student hob den Finger.

. . . . . . öğrenci parmak . . . .

LEKTION 26

2. BOŞLUKLARA GELEN SÖZCÜKLER.

❶ birinci - bitmek üzere ❷ öğrencilerden - değil ❸ Onları - istemiyor ❹ Geçen - size - padişahtan ❺ biletleri - alacaklar ❻ konuda - yapıp - tatilden - verecekler ❼ Tembel - kaldırdı.

YİRMİ YEDİNCİ DERS

KÖY**DE** ①

1 – **Hoş gel**diniz, **bey**efendi.
2 – **Hoş** bul**duk**, Muh**tar**. Ne var ne yok? ②
3 – İyi**lik**, **sağ**lık. **Ne** za**man gel**diniz? ③
4 – **Dün** ak**şam**. **Bir haf**ta ka**lıp** döne**ceğim**. **Bu** se**ne** ü**rün na**sıl? ④
5 – **Ge**çen sene**den** da**ha** kö**tü**. **Yağ**mur **yağ**madı, bili**yor**sunuz. ⑤
6 – Hayvan**lar na**sıl?
7 – On**lar** da **pek** i**yi de**ğil. Ku**rak** bir **kış ge**çirdik. **Ot** yok. Hayvan**lar iyi** besle**ne**medi. **Çok** yav**ru ver**mediler. ⑥
8 – **Ney**se, yakın**da** çoban**lar** sürüle**ri** yayla**ya** götürecek**ler**, **de**ğil mi? ⑦

(OKUNUŞ)

[*köide* **2** ... *muchtar* ... **3** ... *ßahlëk* ... **4** ... *dönedschejim* ... **5** ... *jahmur jahmadë* ... **6** *haiwanlar* ... **7** ... *kësch getschirdik* ... *jawru* ... **8** *neiße jakënda tschobanlar ßürüleri jailaja* ...]

(ANMERKUNGEN)

① **köy** „Dorf" kann manchmal auch „Land" heißen: **Ahmet nerede oturuyor? Şehirde mi? - Hayır, köyde** „Wo wohnt Ahmet? In der Stadt? - Nein, auf dem Land". **Köye gidiyorum** heißt in der Regel „ich fahre in mein Dorf". Seit Jahren gibt es eine starke Abwanderung vom Land in die Stadt. In Großstädten wie Istanbul gelingt es kaum, die Bedürfnisse der ständig wachsenden Bevölkerung zu befriedigen. Im Gegensatz zu Europa kauft man in der Türkei kein Haus auf dem Land, sondern man verbringt die Ferien an der Küste.

② Der **muhtar** ist der Bürgermeister einer Gemeinde oder eines Stadtviertels.

SIEBENUNDZWANZIGSTE LEKTION

IM DORF

1 – Ich heiße Sie willkommen, mein Herr.
2 – Ich danke Ihnen, Herr Bürgermeister. Was gibt es für Neuigkeiten? (Was gibt es, was gibt es nicht?)
3 – Alles in Ordnung, [danke] (wohl, gesund). Wann sind Sie angekommen?
4 – Gestern Abend. Ich werde eine Woche bleiben und dann zurückfahren. Wie sieht die Ernte aus in diesem Jahr?
5 – Schlechter als im letzten. Es hat nicht geregnet, sie wissen [es].
6 – [Und] das Vieh (wie geht es dem Vieh)?
7 – Auch nicht sehr gut. Wir haben einen trockenen Winter gehabt (verbracht) [und] es gibt kein Gras. Das Vieh konnte nicht gut gefüttert werden [und] hat nicht viele Junge bekommen (gegeben).
8 – Sowieso werden die Hirten bald die Herden zu den [Weiden der] Hochebenen führen, nicht wahr?

③ **İyilik, sağlık** (wörtlich „Wohlbefinden, Gesundheit“) heißt sinngemäß „Danke, gut“ als Antwort auf die Frage **Ne var ne yok?** oder **Ne haber?** „Wie geht's?“

④ **döneceğim** wird gebildet aus **dönecek** und **-im**, wobei das **k** zu einem **ğ** wird. Im Futur lautet die Endung der 1. Person Singular **-ım** für Verben auf **-mak** und **-im** für die auf **-mek**: **kalmak/kal-acağım**; **aramak/ara-y-acağım**.

⑤ **Yağmur yağmak** (wörtlich „Regen regnen“) ist wieder ein aus Verb und Objekt bestehendes Verb.

⑥ **beslen-e-me-di** „er ist nicht ernährt/gefüttert worden“, von **beslenmek**, Passivform von **beslemek** „ernähren“. Es enthält die Verneinung **-me** (mit einem **-e**), was „nicht können“ ausdrückt. Diese Form der Vergangenheit lautet **-emedi** für die Verben auf **-mek** und **-amadı** für die Verben auf **-mak**.

⑦ **yayla** sind Hochebenen unweit der Dörfer, auf die die Hirten im Sommer ihr Vieh führen.

9 – **E**vet, fa**kat** **o**ralarda da eski**si** ka**dar** **ot** yok. Si**zin** İs**tan**bul **na**sıl? ⑧⑨

10 – İs**tan**bul'u **hiç** **sor**mayın: kalaba**lık**, gürül**tü** ve kir**li** hava**dan** baş**ka** bir şey yok. Kö**yü** **her** za**man** arı**yo**rum. ⑩

11 – **Pe**ki öy**ley**se ne**den** **bu**rada oturmu**yor**sunuz?

12 – **O** za**man** da ti**ya**troları, eğlencele**ri** ve Boğaz'da**ki** lo**kan**taları araya**ca**ğım, bu**nu** **çok** **iyi** bili**yo**rum. ④

(OKUNUŞ)

[*12 ... ehlendscheleri ... bohasdaki ... arajadschahëm ...*]

1. BU CÜMLELERİ ANLIYOR MUSUNUZ?

❶ Haftaya İstanbul'a gidip dönecekler. ❷ Ben sürüleri yaylaya götüreceğim. ❸ Kurak bir kış ve sıcak bir yaz geçirdik. ❹ Bu yıl ürün geçen seneden daha iyi. ❺ Köyü arıyoruz, çünkü iki yıldır oraya gidemedik. ❻ Burada gürültüden başka bir şey yok. ❼ Hayvanlar çok yavru veremedi.

9 – Ja, aber dort gibt es auch nicht so viel Gras wie damals. Und wie geht es bei Ihnen in Istanbul?

10 – Sprechen Sie mir nicht von Istanbul: (Istanbul'zu gar-nicht fragen-Sie:) Es gibt nichts anderes als viele Menschen, Lärm und Luftverschmutzung. Ich sehne mich immer nach dem Dorf.

11 – Na, warum leben Sie dann nicht hier?

12 – Dann sind es die Theater, die Zerstreuungen und die Restaurants am Bosporus (Bosporus-am-die Restaurants), die ich vermissen werde (werde-suchen), ich weiß es ganz genau.

ANMERKUNGEN

⑧ **eskisi kadar** bedeutet „wie in alter Zeit".

⑨ **Sizin İstanbul** (wörtlich „Ihr Istanbul"); **sizin** gibt der Aussage eine intime Note: „Ihr *persönliches* Istanbul". Ebenso: **bizim köy** „unser Dorf" anstelle von **köyümüz**. **Bizim köy** ist übrigens ein erfolgreicher Roman des Schriftstellers **Mahmut Makal** über das Leben in Anatolien.

⑩ **aramak** „suchen" haben wir bereits im Sinne von „anrufen" angetroffen. Hier hat es die Bedeutung „verlangen nach/etwas vermissen".

1. ŞİMDİ ANLADINIZ MI?

❶ In einer Woche werden sie nach Istanbul fahren und [dann] zurückkehren. ❷ Ich werde die Herden zu den Hochebenen führen. ❸ Wir haben einen trockenen Winter und einen warmen Sommer verbracht (gehabt). ❹ Dieses Jahr ist die Ernte besser als letztes Jahr. ❺ Wir vermissen (suchen) das Dorf, weil wir schon zwei Jahre nicht mehr dorthin fahren konnten. ❻ Hier gibt es nichts anderes als Lärm (Lärm-von andere eine Sache gibt-nicht). ❼ Das Vieh konnte nicht viele Junge bekommen (geben).

2. BOŞLUKLARI DOLDURUNUZ.

❶ Willkommen, meine Dame. – Danke, mein Herr.

Hoş . . . . , hanımefendi. – Hoş . . . . , beyefendi.

❷ Dort gibt es nicht so viel Gras wie früher.

. . . . kadar . . yok.

❸ Sprechen Sie mir nicht von Ankara. (Ankara'zu gar-nicht fragen-Sie.)

Ankara' . . hiç . . . .

❹ Ich werde die Restaurants am Bosporus vermissen (suchen).

Boğaz' . . . . lokantaları . . . .

Sie haben auf den letzten Seiten zahlreiche Gruß- und Abschiedsformeln gelernt. Hier noch einmal ein Überblick:

Zur Begrüßung:

Merhaba! „Hallo!";
Günaydın! „Guten Morgen!";
İyi günler! „Guten Tag!";
İyi akşamlar! „Guten Abend!"

Zum Abschied:

Hoşça kal(ın). „Leb/Leben Sie wohl.";
İyi günler. „Auf Wiedersehen.";
İyi akşamlar. „Guten Abend.";
İyi geceler. „Gute Nacht."

Hat eine Person sich verabschiedet, antwortet man mit **Güle güle**.

Zum Empfang:

Hoş geldin(iz)! „Willkommen!"

Die Anwort hierauf lautet **Hoş bulduk.**

❺ Was gibt es für Neuigkeiten? – Alles ist in Ordnung (gut, gesund).

Ne var . . . . . ? – İyilik, ...

❻ Es hat dieses Jahr nicht geregnet.

Bu . . . . , yağmur . . . .

❼ [Und] wie geht es Ihrem Istanbul?

. . . . . İstanbul . . . . . ?

2. BOŞLUKLARA GELEN SÖZCÜKLER.

❶ geldiniz - bulduk ❷ Oralarda eskisi - ot ❸ yı - sormayın ❹ daki - arayacağım ❺ ne yok - sağlık ❻ sene - yağmadı ❼ Sizin - nasıl.

In Lektion 28 gibt es wieder ein bisschen „Theorie". In den Lektionen sollen Sie vor allem Ihr Hörverständnis trainieren und nicht mit zu viel Grammatik belastet werden. Im grammatikalischen Anhang können Sie jederzeit gezielt Informationen zu bestimmten Grammatikthemen nachschlagen.

Fragen im Anschluss an den Gruß:

Nasılsın(ız)? „Wie geht es dir/Ihnen?"

Antwort:

İyiyim. „Es geht mir gut." oder
Teşekkür ederim. „Danke."

Ne var ne yok? oder **Ne haber?** „Was gibt's Neues?"

Antwort:

İyilik, sağlık. „Alles in Ordnung (gut, gesund)."
oder **Sağol**(**un**). „Danke."

Wenn Sie antworten, dass es Ihnen nicht gut geht, sagt man zu Ihnen: **Geçmiş olsun!** „Gute Besserung!"

YİRMİ SEKİZİNCİ DERS

WIEDERHOLUNG UND ANMERKUNGEN

Im Laufe der letzten sechs Lektionen haben Sie bereits erworbene Kenntnisse vertieft und vieles dazugelernt. In dieser Lektion wollen wir den Stoff noch einmal wiederholen und ausführlicher erläutern.
Die Vokalharmonie und das Suffixsystem sind Ihnen größtenteils schon vertraut; beides wird Sie bis ans Ende dieses Kurses begleiten, denn es ist sozusagen das „Fundament" der türkischen Sprache.

1. Possessivendungen

a) **Possessiv in der 3. Person Singular.** Diese Form war für Sie neu. Sie wird durch Anhängen der Silben -**si**, -**sü**, -**sı** oder -**su** nach vokalisch auslautenden Substantiven bzw. -**i**, -**ü**, -**ı** oder -**u** nach konsonantisch auslautenden Substantiven gebildet. Beispiele für den Singular:

anne-si	„seine/ihre Mutter"	**iş-i**	„seine/ihre Arbeit"
sürü-sü	„seine/ihre Herde"	**köy-ü**	„sein/ihr Dorf"
kapı-sı	„seine/ihre Tür"	**kız-ı**	„seine/ihre Tochter"
tablo-su	„sein/ihr Bild"	**yol-u**	„sein/ihr Weg"

Der Plural hat nur zwei Formen: -**leri** und -**ları**:

iş-	+ **leri**	= **işleri**
köy-		= **köyleri**
kız-	+ **ları**	= **kızları**
yol-		= **yolları**

Achtung! Die Pluralform kann je nach Kontext bedeuten:

1. iş-**leri** „ihre (Plural!) [gemeinsame] Arbeit";
2. iş-**leri** „ihre (Plural!) Arbeiten"

... und aus anderen Suffixen zusammengesetzt:

3. iş-**ler-i** „seine/ihre (Singular) Arbeiten";
4. iş-**ler-i** „die (Akkusativ) Arbeiten".

b) **Genitivobjekte.** Das Possessiv dient auch zur Bildung von Genitivobjekten, z. B. **pazartesi günü** „der Tag des Montags", **posta kutusu** oder **mektup kutusu** „der Kasten der Post/des Briefes" („Briefkasten"), **ev kapısı** „die Tür des Hauses".

ACHTUNDZWANZIGSTE LEKTION

2. Futur

Die Futurendung lautet -**(y)ecek** bzw. -**(y)acak** (3. Pers. Sing.). Ihr werden die Personalendungen des Verbs „sein“ angehängt:

gör-mek	**al-mak**
gör-eceğ-im	al-acağ-ım
gör-ecek-sin	al-acak-sın
gör-ecek	al-acak
gör-eceğ-iz	al-acağ-ız
gör-ecek-siniz	al-acak-sınız
gör-ecek-ler	al-acak-lar

Hier sehen Sie wieder Fälle, in denen -**k** zu -**ğ** wird. Weiterhin wird bei vokalisch auslautenden Verben hinter dem Stamm ein -**y**- eingefügt: **anla-y-acak**, **bekle-y-ecek**. Die Suffixe -**ecek** und -**acak** haben die Grundbedeutung „für, bestimmt sein für“. Daher heißt **yiyecek** „zum Essen“ oder „zu essen“: **Yiyecek kalmadı.** „Es ist nichts zu essen übrig geblieben“.

3. Verneinung der Verben

a) Bei **Verben mit -(i)yor** lautet die Verneinung -**m(i)yor**. Mit einem -**e** bzw. -**a** vor der Verneinungspartikel kann man auch die Idee der Unmöglichkeit ausdrücken:

gel-**i**-yor	„er kommt“;
gel-**mi**-yor	„er kommt nicht“;
gel-**e-mi**-yor	„er kann nicht kommen“.
dur-**u**-yor	„er hält an“;
dur-**mu**-yor	„er hält nicht an“;
dur-**a-mı**-yor	„er kann nicht anhalten“.

Es gibt also nur die beiden Formen -**emi** und -**amı**, die erste nach **i**, **e**, **ö** und **ü**, die zweite nach **a**, **ı**, **o** und **u**.

b) **Verben im Perfekt:** Hier erfolgt die Verneinung mit den Suffixen -**me-di** und -**ma-dı**:

gel-**di**	„er ist gekommen“;
gel-**medi**	„er ist nicht gekommen“.
al-**dı**	„er hat genommen“;
al-**madı**	„er hat nicht genommen“.

Siehe dazu auch Konjugationstabellen unter e).

c) **„niemand“** wird mit **kimse** + verneinter Verbform wiedergegeben:

dün **kimse** gel-**medi** „gestern ist niemand gekommen“.

d) **Die verneinte Befehlsform** (2. Person Singular und Plural):

ver-**me**	„gib nicht“;
ver-**me-yin**	„gebt/geben Sie nicht“.
bak-**ma**	„schaue nicht“;
bak-**ma-yın**	„schaut/schauen Sie nicht“.

Für beide Verben gibt es noch die höflicheren Formen **vermeyiniz** und **bakmayınız**.

e) **Konjugationstabellen.** Sie enthalten die Ihnen bereits bekannten Konjugationen in bejahter und verneinter Form:

<table>
<tr><td rowspan="2">Stamm</td><td colspan="7">Aktuelles Präsens</td></tr>
<tr><td colspan="2">Bejaht</td><td colspan="3">Verneint</td><td colspan="2">Unmöglich</td></tr>
<tr><td>bil-</td><td rowspan="2">i</td><td rowspan="8">-yor</td><td rowspan="8">m</td><td rowspan="2">-i</td><td rowspan="8">-yor</td><td rowspan="4">emi</td><td rowspan="8">-yor</td></tr>
<tr><td>gel-</td></tr>
<tr><td>gör-</td><td rowspan="2">ü</td><td rowspan="2">-ü</td></tr>
<tr><td>düş-</td></tr>
<tr><td>kal-</td><td rowspan="2">ı</td><td rowspan="2">-ı</td><td rowspan="4">amı</td></tr>
<tr><td>yık-</td></tr>
<tr><td>koş-</td><td rowspan="2">u</td><td rowspan="2">-u</td></tr>
<tr><td>bul-</td></tr>
</table>

<table>
<tr><td rowspan="2">Stamm</td><td colspan="7">Perfekt</td></tr>
<tr><td colspan="2">Bejaht</td><td colspan="2">Verneint</td><td colspan="3">Unmöglich</td></tr>
<tr><td>bil-</td><td rowspan="8">d-</td><td rowspan="2">i</td><td rowspan="8">m</td><td rowspan="4">-edi</td><td rowspan="4">e-</td><td rowspan="8">m</td><td rowspan="4">-edi</td></tr>
<tr><td>gel-</td></tr>
<tr><td>gör-</td><td rowspan="2">ü</td></tr>
<tr><td>düş-</td></tr>
<tr><td>kal-</td><td rowspan="2">ı</td><td rowspan="4">-adı</td><td rowspan="4">a-</td><td rowspan="4">-adı</td></tr>
<tr><td>yık-</td></tr>
<tr><td>koş-</td><td rowspan="2">u</td></tr>
<tr><td>bul-</td></tr>
</table>

Siehe auch Tabellen im grammatikalischen Anhang.

4. Suffix -en, -an

Die Endung **-en** bzw. **-an** hinter dem Verbstamm hat im Deutschen die Bedeutung „derjenige, der; diejenige, die". Danach können Pluralendung oder Kasussuffixe folgen. Beispiel:

istey-**en**-ler „diejenigen, die wollen".

5. Substantivierter Infinitiv mit -me, -ma

Aus einem Infinitiv kann ein Substantiv werden, indem dem Verbstamm das Suffix -**me** bzw. -**ma** angehängt wird. Die Form **getirme** des Verbs **getirmek** bedeutet z. B. „das Bringen". Diese Form verhält sich wie ein Substantiv und erhält dementsprechend Kasussuffixe (Lektion 26: **getirme-y-i** „das Mitbringen"). **al-ma** ist die Substantivierung von **almak**. Beispiel: **Ekmek almayı unutma** „Vergiss nicht, Brot zu kaufen" (das Kaufen von Brot). Auch in Lektion 6 im Satz **Soru sormaya başlıyor** „er fängt an, Fragen zu stellen" handelt es sich um einen substantivierten Infinitiv („er fängt mit dem Stellen von Fragen an").

6. Verben mit -dir, -dür, -dır, -dur

Diese Partikeln hinter einem Verbstamm haben die Bedeutung „lassen, veranlassen, bewirken". Beispiele:

bilmek „wissen" - **bildirmek** „wissen lassen";
dolmak „sich füllen" - **doldurmak** „füllen lassen".

Nach stimmlosen Konsonanten wird -**dir** zu -**tir**:

yapmak „machen" - **yaptırmak** „machen lassen".

7. Demonstrativ- und Fragepronomen

a) **ondan** und **bundan** sind Ablativformen von **o** und **bu**. **onunla** heißt „mit ihm, damit".

b) **bura „hier", ora „dort", nere „wo"** verhalten sich wie Substantive und können Plural- und Kasussuffixe erhalten. Bisher kannten Sie sie im Dativ, im Lokativ und im Ablativ: **buraya**, **burada**, **buradan**; **oraya**, **orada**, **oradan**; **nereye**, **nerede**, **nereden**. Jetzt kennen Sie auch den Akkusativ: **orayı seviyorum** „ich liebe diesen Ort" und den Plural in verschiedenen Fällen: **nereleri**, **oraları**, **nerelerde** und **oralarda**.

8. Postposition doğru

Sie bedeutet „in Richtung auf, nach, gegen“ und verlangt der Dativ (Richtungsfall):

Taksim'e doğru „nach Taksim“;
on ikiye doğru „gegen 12 Uhr“.

9. başka

başka kann „anderer, -e, -es“ oder „außer“ heißen. In der letzten Bedeutung wird es mit dem Ablativ verwendet:

Gürültüden başka bir şey yok.
„Außer Lärm gibt es nichts“.

10. Verben mit dem Dativ

Versuchen Sie immer sich einzuprägen, welcher Kasus die einzelnen Verben begleitet:

-e binmek	„einsteigen (in)“
-e girmek	„eintreten (in)“
-e geç kalmak	„spät ankommen in, bei“
-e bakmak	„anschauen, betrachten“
-e rastlamak	„begegnen, treffen“
-e kızmak	„sich ärgern über“

Achtung! **hoşlanmak** „zufrieden sein mit, gefallen“ erfordert der Ablativ -**den** bzw. -**ten**:

Bu müzikten hoşlanıyorum. „Diese Musik gefällt mir.“

11. Tarih „das Datum“

Das Datum schreibt man in einem Brief oder Bericht folgendermaßen: **27 Ocak 1992** (**Pazartesi**) „(Montag), den 27. Januar 1992“ (lesen Sie **yirmi yedi ocak bin dokuz yüz doksan ik pazartesi**).

Einem Datum, das mitten im Text steht, muss das Wort **günü** hinzugefügt werden. Obwohl die Türken zu 99 % dem Islam angehören, ist der Sonntag und nicht der Freitag der Feiertag Nach der von Atatürk eingeführten Kalenderreform beginnt das Jahr im Frühjahr. Die osmanische Zeit folgt ihrerseits der islamischen Jahreszählung mit Monaten von 29 oder 30 Tagen und Jahren von 354 Tagen, die mit dem Auszug des Propheten Mohammed nach Medina (622) begann.

12. Übung

Wir schlagen nun vor, dass Sie von den Verben **ağrımak**, **yapmak**, **etmek**, **beklemek** und **tutmak** jeweils in der 1. Person Singular, der 3. Person Singular und der 2. Person Plural die bejahte Form, die verneinte Form und die Unmöglichkeitsform der Gegenwart bilden.
Anschließend können Sie üben, von den Verben **durmak**, **hatırlamak**, **gitmek**, **vermek** und **dinlemek** die Befehlsform in der 2. Person Singular und Plural, und zwar bejaht und verneint, zu bilden! Ob Sie es richtig gemacht haben, können Sie anhand der Konjugationstabelle unter 3. e) kontrollieren.

13. Wochentage

pazartesi	„Montag“
salı	„Dienstag“
çarşamba	„Mittwoch“
perşembe	„Donnerstag“
cuma	„Freitag“
cumartesi	„Samstag“
pazar	„Sonntag“

14. Monatsnamen

ocak	„Januar“	**temmuz**	„Juli“
şubat	„Februar“	**ağustos**	„August“
mart	„März“	**eylül**	„September“
nisan	„April“	**ekim**	„Oktober“
mayıs	„Mai“	**kasım**	„November“
haziran	„Juni“	**aralık**	„Dezember“

15. Betonung

Von nun an werden wir in der Lektion nicht mehr auf die Betonung hinweisen. Sie ist im Türkischen relativ willkürlich und folgt nur einigen wenigen Regeln:

1. Normalerweise wird ein Wort auf der **letzten Silbe** betont:

otobüs → oto**büs**, otobüs**ler**, çocuk**lar**, gidi**yor**, gidiyor**lar**.

Dies gilt auch für Wörter mit Kasussuffixen:

k**ızım**, tatil**iniz**, tatilini**zi**, akşamlar**ı**, lokanta**ya**.

2. Substantive mit dem Suffix **-le**/**-la** und solche mit den Endungen des Verbs „sein" im Präsens und im Perfekt (-**di**) werden auf der **vorletzten Silbe** betont:

oto**büs**le, ko**cam**la, yor**gu**num, ya**kın**dı.

3. Die von der Fragepartikel **mi** oder von **de** gefolgten Wörter werden auf der **Silbe vor dieser Partikel** betont:

bina**lar** da, tesisle**ri** de, tam pansi**yon** mu?, paha**lı** mı?

4. Die **verneinten Verbformen** werden auf der **letzten Silbe vor der Verneinungspartikel** bzw. auf dem -**e** oder -**a** im Imperativ, im Perfekt, im Präsens und in der Unmöglichkeitsform betont:

▶ YİRMİ DOKUNZUNCU DERS

YAZ TATİLİ ①

1 – Bu sene kocamla ben Güney'e gidip Mavi Yolculuk yapmayı düşünüyoruz. Ama henüz tam karar vermedik. ②③④⑤

2 Siz tatilinizi nerede geçireceksiniz? ⑥⑦

(OKUNUŞ)

[*1* ... *kodschamla* ... *2* ... *getschiredschekßinis*]

(ANMERKUNGEN)

① **yaz tatili** „Sommer Ferien-seine" oder „Sommerferien". **tatil** bleibt immer im Singular. Es stammt aus dem Arabischen und wird mit langem **a** gesprochen: [*taatil*].

② **Güney** „Süden", **kuzey** „Norden", **batı** „Westen", **doğu** „Osten". Im Süden kann man im Sommer auf kleinen Segelbooten die „Blaue Reise", **Mavi Yolculuk**, entlang der Ägäis- und Mittelmeerküsten zwischen **Bodrum** und **Antalya** machen. **Side** liegt östlich von **Antalya**.

verme, **ver**meyin, **ver**medi, be**kle**miyorum, **dur**muyorum, dur**a**mıyorum.

5. Fragewörter und Eigennamen werden auf der **ersten Silbe** betont:

nerede?, **han**gi kitap?, **An**kara, **İz**mir, **Trab**zon.
Ausnahme: İ**stan**bul.

Ab der nächsten Lektion wird es eine kleine Änderung geben: In den türkischen Lektionstexten werden nun die betonten Silben nicht mehr durch Fettdruck gekennzeichnet. Mittlerweile haben Sie sich mit der Betonung schon gut vertraut gemacht, aber in Zweifelsfällen können Sie immer auf die Tonaufnahmen zurückgreifen.

29. LEKTION

SOMMERFERIEN

1 – Dieses Jahr haben wir, mein Mann und ich, vor, in den Süden zu fahren und die „Blaue Reise" zu machen. Aber wir haben [unsere] Entscheidung noch nicht ganz getroffen.

2 [Und] Sie, wo werden Sie Ihre Ferien verbringen?

③ **yapma-y-ı**: substantivierter Infinitiv, hier Akkusativobjekt von **düşünüyoruz**.

④ **henüz** mit einem verneinten Verb heißt „noch nicht": **Henüz hazır değilim.** „Ich bin noch nicht bereit."; **Henüz gitmedi.** „Er ist noch nicht gegangen."

⑤ **tam** heißt „ganz, richtig, genau, vollkommen". In dieser Lektion treffen wir es zwei Mal: **tam karar** „richtige Entscheidung"; **tam pansiyon** „Vollpension".

⑥ **tatil-iniz-i** „Ihre Ferien". Hier schließt sich an eine Possessiv- eine Akkusativendung an. Ebenso: **Dilinizi çıkarın!** „Strecken Sie Ihre Zunge heraus!" und **yemeğ-imiz-i** „unser Essen" + Akkusativ.

⑦ **in-eceğ-iz** (weiter unten) und **geçir-ecek-siniz**: Sie sehen hier zum ersten Mal die Futurformen der 1. und 2. Person Plural.

3 – Biz de, sanıyorum, ailece Güney'e ineceğiz. ⑦⑧

4 Yer varsa, geçen seneki otelde kalacağız, çünkü orayı çok sevdik. Aslında otel değil, tatil köyü. ①⑨⑩

5 – Nerede bu?

6 – Side'de. ②

7 – Side gerçekten çok güzel bir yer. Uzun, geniş bir plajı var, taşsız, çakılsız. Tatil köyü antik tiyatroya yakın mı? ⑪

8 – Evet, oldukça yakın. Sahilde. Adı „Kumsal Tatil Köyü".

9 – Odaları nasıl?

10 – Çok konforlu. Zemin kattakiler ön bahçeye açılıyor. Birinci ve ikinci kattakiler balkonlu. ⑫⑬

OKUNUŞ

[*3 ... ailedsche ... inedschehis* ***4*** *... kaladschahës ...* ***7*** *... plaschë ... taschßës tschakëlßës ...* ***10*** *... semin ... bachtscheje atschëlëjor ...*]

ANMERKUNGEN

⑧ **aile-ce** „mit Familie" kommt von **aile** „Familie". Das Suffix -**ce** bzw. -**ca** kennen Sie schon von **hoşça** „auf angenehme Weise". Wir finden es außerdem bei den Sprachen: **Almanca**, **Türkçe**.

⑨ **Yer varsa** „wenn es Platz gibt". -**se**/-**sa** drückt eine Bedingung aus („wenn ..."): **yoksa** „wenn es nicht gibt". Es kann aber auch Substantiven hinzugefügt werden.

3 – Ich glaube, wir werden auch mit der Familie in den Süden fahren.
4 Wenn es Platz gibt, werden wir im (selben) Hotel wie letztes Jahr wohnen (bleiben), denn wir haben es dort (Akkus.) sehr gemocht. Eigentlich ist es kein Hotel, [sondern] ein Feriendorf.
5 – Wo denn?
6 – In Side.
7 – Side ist wirklich ein sehr schöner Ort. Er hat einen langen und breiten Strand ohne Steine und ohne Kiesel. Liegt das Feriendorf nah am antiken Theater?
8 – Ja, ziemlich nah. An der Küste. Sein Name ist „Feriendorf Sandstrand".
9 – Wie sind die (seine) Zimmer?
10 – Sehr komfortabel. Die im Erdgeschoss gehen (öffnen) auf den Vorgarten, die im ersten und zweiten Stock haben einen Balkon.

⑩ **Aslında** von **aslı** „eigentlich". Wie diese Form gebildet wird, wird weiter hinten im Kurs erläutert.

⑪ **-siz** „ohne", das Gegenteil von **-li** „mit". **taşsız bir plaj** „ein Strand ohne Steine"; **taşlı bir yer** „eine Stelle mit Steinen".

⑫ **Zemin kattakiler** ist eine andere Form von **zemin kattaki odalar** „die Zimmer, die im Erdgeschoss liegen". Das Suffix **-ki**, gefolgt von **-ler**, bildet die Konstruktion „die(jenigen), die ...". **Trendekiler sohbet ediyorlar** „die(jenigen), die im Zug sind, unterhalten sich".

⑬ **Zemin katı** „Erdgeschoss", in Fahrstühlen meistens durch ein „**Z**" erkennbar. In Istanbul sind viele Häuser an den Hang gebaut. Der Eingang (auf der Straßenseite) ist entsprechend im zweiten oder dritten Stock. In diesem Fall sagt man eher: **giriş katı** „Eingangsetage". In solchen Häusern findet man auch häufig Wohnungen, die teilweise oder komplett unter dem Straßenniveau liegen. Die ersten nennt man **zemin katı** (die Fenster sind dann auf Straßenhöhe), die anderen **bodrum katı** „Kellerwohnung". **kat** heißt „Schicht" (auch bei Farbe, Stoff, ...), kann aber auch „mal" bedeuten: **Bugün dünden iki kat daha sıcak.** „Heute ist es zweimal (doppelt) so warm wie gestern."

11 Binalar büyük, ağaçlı bir bahçe içinde. Havuzu da var. Her taraf çiçeklerle dolu. Cennet gibi. ⑭

12 – Tam pansiyon mu kalıyorsunuz, yarım pansiyon mu? ⑤

13 – Yarım pansiyon. Çünkü öğleyin ya plajda bir sandöviç yiyoruz, ya da antik kalıntıları gezip, bir lokantaya gidiyoruz. ⑮

14 Akşamları, yemeğimizi kendi otelimizde yiyoruz. Orkestra var. Yemekte müzik dinleyip dans ediyoruz. ⑥

15 – Pahalı mı?

16 – Ne pahalı, ne ucuz. Yeri ve tesisleri çok güzel. Onun için fiyatlara değer. ⑯

OKUNUŞ

[***11*** *... ahatschlë ... tschitscheklerle ... dschenet ...* ***16*** *... teßißleri ... fijatlara deher*]

1. BU CÜMLELERİ ANLIYOR MUSUNUZ?

❶ Yazın ben Side'ye gidip bir pansiyonda kalmayı düşünüyorum. ❷ Henüz müzik başlamadı. Yemekten sonra dans edeceğiz. ❸ Orada güzel bir tatil köyü varsa, kalacağım. ❹ Side'de oteller pek ucuz değil, ama sahildekiler çok daha pahalı. ❺ Bu odalar daha ucuz, çünkü balkonsuz. ❻ Bu tatil köyü pahalı, ama tesisleri fiyatlara değer.

2. BOŞLUKLARI DOLDURUNUZ.

❶ Wo werden wir unsere Ferien verbringen?

Biz . . . . nerede . . . . ?

11 Die Gebäude stehen in einem großen mit Bäumen bepflanzten (Bäume habend) Garten. Es (der Ort) hat auch ein Schwimmbad. Überall voll Blumen. (Jede Seite Blumen-mit voll.) Wie ein Paradies.

12 – Haben Sie Vollpension oder Halbpension?

13 – Halbpension. Denn mittags essen wir entweder ein Sandwich am Strand oder wir besichtigen antike Ruinen und gehen dann ins Restaurant.

14 Abends (Abend-die) essen wir in unserem (eigenen) Hotel. Es gibt ein Orchester. Während der Mahlzeiten hören wir Musik und tanzen.

15 – Ist es teuer?

16 – Weder teuer noch billig. Der (sein) Ort und die (seine) Einrichtungen sind sehr gut. Daher ist es seinen Preis wert. (Preise-zu taugt es.)

ANMERKUNGEN

⑭ **için** hat hier die Bedeutung „in, innen, innerlich", die Form **içinde** wird später erklärt.

⑮ **öğleyin** „mittags", **yazın** „im Sommer", **akşamları** „am Abend", **geceleri** „nachts" sind ergänzende Zeitangaben.

⑯ **değer** ist die 3. Person Singular von **değmek** „wert sein". Diese Form (Suffix -**er**, -**ar**, gelegentlich -**ır**, plus Personalendung) drückt das unbestimmte Präsens („Aorist") aus. Hierunter fallen Handlungen, die gewohnheitsmäßig und wiederholt stattfinden, im Gegensatz zu solchen, die nur einmal zu einem bestimmten Zeitpunkt erfolgen.

1. ŞİMDİ ANLADINIZ MI?

❶ Im Sommer habe ich vor, nach Side zu fahren und in einer Pension zu wohnen. ❷ Die Musik hat noch nicht begonnen. Wir werden nach dem Essen tanzen. ❸ Wenn es dort ein schönes Feriendorf gibt, werde ich [dort] bleiben. ❹ In Side sind die Hotels nicht sehr billig, aber die, die am Strand liegen, sind noch (viel) teurer. ❺ Diese Zimmer sind billiger, weil sie ohne Balkon sind. ❻ Dieses Feriendorf ist teuer, aber seine Einrichtungen sind den Preis wert.

❷ Wir haben uns noch nicht entscheiden können.

. . . . . karar . . . .

❸ Side ist schön. Es hat einen Strand ohne Kiesel.

Side güzel. . . . . bir . . . . . var.

❹ Mittags essen wir entweder am Strand oder in einem Restaurant.

. . . . ya . . . . . . yiyoruz . . . . bir lokantada.

❺ Dieser Ort ist weder teuer noch billig.

Bu . . . . . pahalı . . ucuz.

❻ Wir essen (unser Essen) in unserem (eigenen) Hotel.

. . . . otelimizde yiyoruz.

❼ Feriendorf. Sommerferien.

Tatil . . . . . Yaz . . . .

▶ OTUZUNCU DERS

SİDE'DE ①

1 Semra Hanım'la Gül Hanım tatildeler. Side'de küçük, temiz bir pansiyonda kalıyorlar. Sabahleyin, kahvaltıda konuşuyorlar. ②

OKUNUŞ

[*otusundschu derß*]

8 Abendessen. Gartentür.

Akşam . . . . Bahçe . . . .

2. BOŞLUKLARA GELEN SÖZCÜKLER.

1 tatilimizi - geçireceğiz 2 Henüz - veremedik 3 Çakılsız - plajı 4 Öğleyin - plajda - ya da 5 yer ne - ne 6 Yemeğimizi - kendi 7 köyü - tatili 8 yemeği - kapısı.

30. LEKTION

IN SIDE

1 Frau Semra und Frau Gül sind in den Ferien. Sie halten sich (bleiben) in Side in einer kleinen, sauberen Pension auf. Morgens beim Frühstück unterhalten sie sich:

ANMERKUNGEN

① **Side** ist ein kleines Städtchen, das auf den Ruinen einer antiken Stadt gebaut ist und ein sehr schönes Theater hat. **Köprülü Kanyon** und **Selge** liegen im Taurusgebirge und sind beliebte Ausflugsziele.

② **Sabahleyin** „morgens". (Vgl. **öğleyin** „mittags", L. 29).

2 – Bugün sen ne yapacaksın? Güneşlenecek misin? ③④

3 – Hayır, dün çok yandım. Bugün güneşte kalmaya niyetim yok. ⑤

4 Canım bir yerlere gitmek, biraz yürümek istiyor. Nereye gidebiliriz? ⑥⑦

5 – Aklıma güzel bir şey geldi. Köprülü Kanyon'a gidelim. Oradan bir çay geçiyor. Üstünde, ağaçlar içinde bir lokanta var. ⑧⑨⑩

(OKUNUŞ)

[**2** ... *japadschakßën* ... *güneschlenedschek mißin* **3** ... *jandëm* ... *güneschte* ... **5** *aklëma* ... *kanjona* ... *ahatschlar itschinde* ...]

2 – Was wirst du heute tun? Wirst du dich in die Sonne legen?

3 – Nein, gestern habe ich einen (schweren) Sonnenbrand gehabt (sehr gebrannt-wurde). Heute habe ich nicht die Absicht, in der Sonne zu bleiben.

4 Ich habe Lust (meine Seele will), irgendwohin zu fahren und etwas spazieren zu gehen. Wohin könnten wir fahren?

5 – Ach, ich habe eine gute Idee (Verstand-mein-zu schön eine Sache ist-gekommen). Fahren wir nach Köprülü Kanyon. Dort fließt ein Bach. Oben zwischen den Bäumen gibt es ein Restaurant.

ANMERKUNGEN

③ **yapacak-sın** und **güneşlenecek-sin**, zwei Varianten für die 2. Person Singular Futur. Die Frageform des Letzteren lautet: **Güneşlenecek misin?**. Wie bei **gidiyorsun/gidiyor musun** wird die Frageform gebildet, indem man die Fragepartikel (**mi**, **mü**, **mı**, **mu**) vor die Personalendung setzt.

④ **Güneşle-n-mek** oder **güneşlemek** „sich sonnen"; **hazırla-n-mak** „sich vorbereiten, sich fertig machen".

⑤ **yanmak** „brennen (passiv)/angezündet sein" kann auch „bräunen/braun werden" oder sogar „einen Sonnenbrand bekommen" bedeuten. Das aktive „verbrennen, anzünden" heißt **yakmak**.

⑥ **bir yerler** „irgendwo", vgl. **bir şeyler** „etwas".

⑦ Die Endung -**(y)ebilir** bzw. -**(y)abilir** ist unveränderlich und heißt „können". Ihr folgen die Personalendungen: **gid-ebilir-iz** „wir können gehen"; **yi-y-ebilir-iz** „wir können essen"; **gör-ebilir-sin** „du kannst sehen".

⑧ **çay** bedeutet „Tee" und „Bach".

⑨ Merken Sie sich die Redewendung **Aklıma bir şey geldi** „Da fällt mir etwas ein", „Da kommt mir etwas in den Sinn". **akıl** verliert wie **oğul** einen Buchstaben vor vokalischen Suffixen: **ak(ı)l-ım** wird zu **aklım** „mein Verstand/Geist".

⑩ **Üstünde** „über, auf, an, nach" ist eine ähnliche Form wie **içinde** „in, innerhalb".

6 Çaydaki havuzda yetiştirilen alabalıklardan yiyebiliriz. Ne dersin? ⑦⑪⑫

7 – Harika. Yalnız bir şey soracağım. Oraya neden Köprülü Kanyon diyorlar?

8 – Çünkü çay, çok dik ve derin bir kanyondan geçiyor. Üstünde Romalı'lardan kalma bir köprü var. ⑬

9 – Köprüden nereye gidiliyor? ⑪

10 – Antik bir kente. Adı Selge. Köprüden kente giden eski taş yolu görebilirsin. ⑦

11 – Oldu, hemen hazırlanıp geliyorum. Ama yemekler benden. ⑭

OKUNUŞ

[*6 tschaidaki hawusda jetischtirilen alabalëklardan ... 7 ... ßoradschahëm ... 11 ... hasërlanëp ...*]

1. BU CÜMLELERİ ANLIYOR MUSUNUZ?

❶ Sabahleyin saat dokuzda kahvaltı yapıyorlar. ❷ Bu sabah ne yapacaksın? Güneşte kalacak mısın? ❸ Bugün güneşlenmeye niyetim yok. Canım gezmek istiyor. ❹ Çaydaki havuzda alabalık yetiştiriliyor. ❺ Onlardan yiyebiliriz. ❻ Dik bir kanyondan geçen çay Akdeniz'e doğru gidiyor. ❼ Köprüyü görebiliriz.

6 Wir können Forellen essen, die in einem Becken im Bach gezüchtet werden. Was sagst du dazu?

7 – (Das ist) Wunderbar. Nur will ich dich etwas (eine Sache) fragen. Warum sagt man Köprülü Kanyon zu dem Ort?

8 – Weil der Bach durch eine steile und tiefe Schlucht fließt, über die es eine aus der Römerzeit übrig gebliebene Brücke gibt.

9 – Wohin kommt man über diese Brücke?

10 – Zu einer antiken Stadt. Sie heißt Selge. Du kannst die alte Steinstraße sehen, die von der Brücke aus zu der Stadt führt.

11 – Einverstanden (ist-gewesen), ich mache mich bereit und komme sofort. Aber das Essen bezahle ich (die Essen von mir).

ANMERKUNGEN

⑪ **yetiş-tir-il-en** ist eine Form mit vielen Suffixen: **yetiştirmek** bedeutet u. a. „züchten", -**il** weist auf das Passiv, die Endung -**en** auf das Partizip Präsens hin. **yetiştirilen alabalıklar** heißt „gezüchtete Forellen". Mit dem Suffix -**dan** bedeutet es sinngemäß „von den gezüchteten Forellen". Das Passivsuffix -**il** gibt auch das unpersönliche „man" wieder: **gid-il-iyor** „man geht".

⑫ **der-sin** „du sagst". **der** ist das unbestimmte Präsens von **demek** „sagen".

⑬ **kalma** ist der substantivierte Infinitiv von **kalmak** „bleiben" und wird hier wie ein Adjektiv verwendet: -**den**/-**dan kalma** „der/die/das von ... übrig geblieben ist/datiert".

⑭ **Oldu** „OK, einverstanden, wird gemacht, alles klar" hört man sehr oft.

1. ŞİMDİ ANLADINIZ MI?

❶ Morgens frühstücken sie um neun Uhr. ❷ Was wirst du heute Morgen tun? Wirst du dich sonnen? ❸ Heute habe ich keine Absicht, in der Sonne zu liegen. Ich habe Lust, spazieren zu gehen. ❹ In dem Becken, das im Bach ist, züchtet man Forellen. ❺ Wir können davon essen. ❻ Der Bach, der in einem steilen Canyon fließt, fließt bis zum Mittelmeer. ❼ Wir können die Brücke sehen.

2. BOŞLUKLARI DOLDURUNUZ.

1. Ich habe nicht die Absicht, im Hotel zu bleiben.
   Otelde . . . . yok.
2. Ich habe eine gute Idee.
   . . . . . . güzel bir şey . . . . . .
3. Dort gibt es eine aus der Römerzeit übrig gebliebene Brücke.
   Orada . . . . . .' . . . . bir köprü var.
4. Man sagt zu diesem Ort dort Köprülü Kanyon.
   . . . . . Köprülü Kanyon . . . .
5. Über die Brücke geht man zu einer antiken Stadt.
   . . . . antik bir kente . . . .
6. Das Essen bezahle ich (von mir).
   Yemekler . . . .

OTUZ BİRİNCİ DERS

BİR MÜDÜRLÜKTE

1 Sabah. Saat ona çeyrek var. ①

2 – Günaydın, efendim. Müdür beyle görüşmek istiyordum. Burada mı?

OKUNUŞ

[*1 ... tscheirek ...*]

7 Wir machen uns sofort bereit und kommen.

Hemen ....

2. BOŞLUKLARA GELEN SÖZCÜKLER.

1 kalmaya niyetim 2 Aklıma - geldi 3 Romalı'lardan kalma 4 Oraya - diyorlar 5 Köprüden - gidiliyor 6 benden 7 hazırlanıp geliyoruz.

Eine Sprache zu erlernen, bedeutet nicht nur, sich ihre grammatischen Strukturen und den Wortschatz anzueignen, sondern in die Mentalität der Menschen einzutauchen, die diese Sprache sprechen. So beleuchten wir in diesem Kurs in kleinen Häppchen auch viele landeskundliche Aspekte der Türkei, denn beides hat die heutige Sprache mit geprägt und ist ein wichtiges Element für die Verständigung zwischen den Sprechern.

31. LEKTION

IM BÜRO EINES DIREKTORS
(In einer Verwaltung)

1 Eines Morgens um Viertel vor 10 (zehn-zu Viertel gibt-es).
2 – Guten Tag, mein Herr. Ich möchte den Direktor sehen. Ist er da?

ANMERKUNGEN

① **Saat ona çeyrek var** „bis 10 Uhr ist es eine Viertelstunde", d. h. „Viertel vor 10". **çeyrek** „Viertelstunde". **on bire yirmi var** „es ist 20 vor 11". **saat onu yirmi geçiyor** „es ist 20 nach 10" („zehn-zu 20 vergeht[es]"). **saat yediyi on geçiyor** „es ist zehn nach sieben".

3 – Henüz gelmedi. Bekleyin, birazdan gelir. Hangi konuda görüşeceksiniz? ②

4 – Ben araştırmacıyım. Yeni yapılan kazılarda resim çekmek için izin almaya geldim. Müdür izin verir mi acaba? ②③

5 – Sanmıyorum. Resim çekmek yabancılara yasak da.

6 – Ama ben Türk hükümetinden, araştırma yapmak için burs aldım. Müdür Bey bana bu izni vermeli. ④⑤

7 – Bakalım. İnşallah. Siz oturun, Müdür Bey şimdi gelir. Bir çay içer misiniz? ②

8 – Teşekkür ederim, çok iyi olur. ⑥

OKUNUŞ

[*3 ... görüschedschekßinis* **4** *... araschtërmadschëjëm ... jeni japëlan kasëlarda ...* **7** *... tschai itscher mißinis*]

3 – Er ist noch nicht angekommen. Warten Sie [doch], er wird in Kürze kommen. In welcher Sache wollen Sie ihn sehen?

4 – Ich bin Forscher. Ich bin hergekommen, um die Erlaubnis zu erhalten (nehmen), Fotos bei den kürzlich durchgeführten Ausgrabungen zu machen (ziehen). Wird [mir] der Direktor die Erlaubnis geben?

5 – Ich glaube nicht. Denn das Fotografieren ist für Ausländer verboten.

6 – Aber ich habe von der türkischen Regierung ein Stipendium erhalten (genommen), um Forschungen anzustellen. Der Direktor soll mir diese Erlaubnis geben.

7 – Wir werden sehen. (Sehen-wir.) Hoffentlich. Setzen Sie sich, der Direktor wird jetzt kommen. Wollen (trinken) Sie einen Tee?

8 – [Ja] danke, das wird guttun.

ANMERKUNGEN

② In dieser Lektion begegnen Sie Verben im unbestimmten Präsens: **gelir** (**gelmek**), **verir** (**vermek**), **içer** (**içmek**). Dieses Tempus hat verschiedene Bedeutungen. **müdür gelir** heißt „der Direktor wird bestimmt kommen", aber man weiß nicht, wann, im Unterschied zu **geliyor** „er kommt gerade, ist im Begriff zu kommen". **Çay içer misiniz?** „Würden Sie gerne einen Tee trinken?" ist eine Höflichkeitsform. Ebenso: **Bana su verir misiniz?** „Würden Sie mir (bitte) etwas Wasser geben?"

③ **yapılan kazılar** „die gemachten Ausgrabungen" (vgl. dazu **yetiştirilen**, L. 30).

④ **Türk hükümeti** „die Regierung der Türken" ist eine Genitivkonstruktion. **-i** ist die Possessivendung. Fügt man diesem Wort ein weiteres Kasussuffix hinzu, so muss **-n** eingeschoben werden: **Türk hükümeti-n-den** „von der türkischen Regierung"; **kendi-si-n-e veriyorum** „ich gebe ihm", wobei **kendi-si** „er selbst" heißt.

⑤ **izin** wird im Akkusativ zu **izni**, **resim** wird zu **resmi**.

⑥ **çok iyi olur** (wörtlich „es wird gut sein") „das wird mir guttun". Man sagt auch **çok iyi geldi** („es ist gut gekommen") „das hat mir gutgetan". In Geschäften, Büros usw. wird den Besuchern oft Tee angeboten. Er wird in kleinen Gläsern gereicht, ist sehr stark und mit viel Zucker gesüßt.

9 Biraz sonra:

10 – Müdür Bey nerede kaldı? Saat onu yirmi geçiyor. Hâlâ gelmedi. Daha fazla bekleyemeyeceğim. ⑦⑧⑨

11 Telefon çalıyor:

12 – Alo, buyurun Müdür Bey... Evet efendim... Toplantıda mısınız?... Peki efendim... Gelemeyecek misiniz? ⑨

13 Fakat burada sizi bekleyen yabancı bir araştırmacı var. Kazılarda resim çekmek için izin istiyor... Ben mi yazıp vereyim? Peki efendim... ⑩

14 Bütün kazılar için mi? Ama resim çekmek yabancılara yasak değil miydi? Peki, baş üstüne efendim. Yazıyı hemen yazıp kendisine veriyorum... ④⑪

15 Haydi, gözünüz aydın, izni aldık. Ben demedim mi size Müdür izin verir, diye... ⑤⑫⑬

OKUNUŞ

[*10 ... beklejemejedschejim* ***13*** *... ben mi jasëp werejim ...* ***14*** *... jasëjë ...* ***15*** *haidi gösünüs aidën isni aldëk ...*]

ANMERKUNGEN

⑦ **nerede kaldı** „wo bleibt er nur?". In diesem Ausdruck schwingt auch Ungeduld mit.

⑧ **Hâlâ gelmedi** „er ist immer noch nicht gekommen". Man könnte auch **henüz gelmedi** sagen, wobei **hâlâ** noch etwas stärker ist. **hâlâ** und **henüz** können beide durch **daha** ersetzt werden.

9 Etwas später:

10 – [Aber] wo ist (bleibt) der Direktor (geblieben)? Es ist zwanzig nach zehn. Er ist immer noch nicht da. Ich werde nicht länger warten können.

11 Das Telefon klingelt:

12 – Hallo, ja, Herr Direktor ... Ja, Herr Direkor ... Sie sind in einer Besprechung? Jawohl, Herr Direktor ... Sie werden nicht kommen können?

13 Aber hier wartet ein ausländischer Forscher auf Sie. Er möchte eine Erlaubnis, um Fotos bei den Ausgrabungen zu machen ... Dass ich sie schreibe und ihm gebe? Jawohl, Herr Direktor ...

14 Für alle Ausgrabungen? Aber war es nicht den Ausländern verboten, Fotos zu machen? Gut, einverstanden, zu Ihren Diensten, Herr Direktor. Ich fertige das Schriftstück sofort aus und gebe es ihm ...

15 Nun, gratuliere (Auge-Ihr hell), wir haben die Erlaubnis erhalten. Hatte ich Ihnen nicht selbst gesagt, (sagend) der Direktor würde Ihnen [diese] Erlaubnis geben ...

⑨ **bekle-y-e-me-y-eceğ-im** „ich werde nicht länger warten können". Die Verneinungspartikel lautet im Futur (wie in der Vergangenheit) **-me**/**-ma**. Vor **-ecek**/**-acak** muss ein **-y-** eingefügt werden. Zusammen mit der Partikel für die Unmöglichkeit entsteht **-emeyecek** bzw. **-amayacak**: **bilemeyecek** „er wird es nicht wissen können", **koşamayacak** „er wird nicht laufen können".

⑩ **vereyim** „dass ich gebe (vgl. Lektion 11: **size aspirin vereyim**).

⑪ **değil mi-y-di?** Frageform von **değildi** „es war nicht".

⑫ **gözünüz aydın** ist einer der zahlreichen blumigen Ausdrücke des Türkischen: „Ihr Auge wird vor Freude glänzen" oder: „Gratulation".

⑬ Wird eine andere Person zitiert, so wird dies mit **diye** umschrieben: **Müdür izin demedim/verir/diye mi?** „Habe ich nicht gesagt, dass der Direktor die Erlaubnis gibt?". Ein weiteres Beispiel: **Ona çayı nasıl içersin diye sordum.** „Ich habe ihn gefragt, wie er den Tee trinkt".

1. BU CÜMLELERİ ANLIYOR MUSUNUZ?

❶ Saat on bire çeyrek var. Müdür henüz gelmedi. Gelmeyecek mi? ❷ Müdür, yabancı araştırmacılara resim çekmek için izin verir mi acaba? ❸ Yeni yapılan kazılarda resim çekmeye geldim. ❹ Türkiye'de araştırma yapmak için Fransız hükümetinden burs aldım. ❺ Bu yabancılar nerede kaldılar? Daha fazla bekleyemeyeceğim. ❻ İzni alıp resim çekeceğim.

2. BOŞLUKLARI DOLDURUNUZ.

❶ Es ist 9 Uhr 25. Es ist zehn vor acht.

Saat . . . . . . yirmi beş . . . . Saat . . . . on . . . . .

❷ Du hast die Erlaubnis erhalten (genommen). Gratulation (Dein Auge glänzend)!

. . . . aldın. . . . . . . aydın!

❸ War es den Ausländern nicht verboten, Fotos zu machen?

Resim çekmek . . . . yasak . . . . ?

❹ Der Direktor hat mir diese Erlaubnis nicht gegeben.

Müdür . . . . bu . . . .

❺ Dass ich [diese Erlaubnis] selber schreibe und sie ihm gebe?

Ben . . yazıp . . . . ?

❻ In welcher Sache werden Sie den Herrn Direktor sehen?

Müdür . . . ' . . hangi . . . . ?

❼ Trinken Sie Tee? – Ja, es wird mir guttun (sehr gut wird-sein).

Çay . . . . ? – Evet, çok . . . .

1. ŞİMDİ ANLADINIZ MI?

❶ Es ist Viertel vor elf. Der Direktor ist noch nicht gekommen. Wird er nicht kommen? ❷ Gibt der Direktor den Ausländern die Erlaubnis, Fotos zu machen? ❸ Ich bin hergekommen, um Fotos bei den kürzlich vorgenommenen (neu gemachten) Ausgrabungen zu machen. ❹ Ich habe ein Stipendium von der französischen Regierung bekommen, um in der Türkei Forschung zu betreiben. ❺ Wo sind denn diese Ausländer? Ich werde nicht länger [auf sie] warten können. ❻ Ich werde um die Erlaubnis bitten und Fotos machen.

2. BOŞLUKLARA GELEN SÖZCÜKLER.

❶ dokuzu - geçiyor - sekize - var ❷ İzni - Gözün ❸ yabancılara - değil miydi ❹ bana - izni vermedi ❺ mi - kendisine vereyim ❻ Bey'le - konuda görüşeceksiniz ❼ içer misiniz - iyi olur.

Sie kennen nun schon zahlreiche Suffixe und ihre Funktionen. Die Schwierigkeit besteht darin, diese richtig anzuwenden. Seien Sie nicht beunruhigt, denn das verlangen wir von Ihnen erst in der „Zweiten Welle“. Wiederholen Sie im Moment die Wörter einfach so, wie Sie sie lesen, ohne sich zu viele Gedanken zu machen.

Auch die Idee des unbestimmten Präsens verstehen Sie wahrscheinlich inzwischen etwas besser. Wir werden dies in den folgenden Lektionen noch einmal vertiefen.

OTUZ İKİNCİ DERS

CİHANGİR'DE BİR EV SAHİBİ ①②

1 – Merhaba, Erdoğan, nerelerdesin? Çoktan beri görüşemedik. Evim yakın. Gel, buyur, bir şeyler içelim.

2 – Sevinirim.

3 – Bu yokuşu inip, sağa döneceğiz... İşte geldik: Cömert apartmanı. Girişi pek güzel değil, ama manzarası olağanüstü, göreceksin. ②③④⑤

4 Merdivenlerden çıkıyorlar.

5 – Otomatiğiniz neden bu kadar çabuk sönüyor?

6 – Fazla elektrik harcamamak için.

OKUNUŞ

[*1 ... erdohan ... bujur ... 3 ... jokuschu ... ßaha dönedschehis ... dschömert ... mandsaraßë olahanüßtü ... 4 merdiwenlerden tschëkëjorlar 5 otomatihinis ...*]

32. LEKTION

EIN HAUSBESITZER IN CIHANGIR

1 – Guten Tag, Erdoğan, was machst du so? (Ort-die-in du-bist?) Wir haben uns schon lange nicht mehr gesehen. Ich wohne ganz in der Nähe (Haus-mein nah). Komm doch etwas trinken, bitte.

2 – Gerne (Ich freue mich darauf).

3 – Wir werden diese steile Gasse hinuntergehen und dann rechts abbiegen ... Sieh, wir sind angekommen: Haus Cömert („Großzügig"). Der (sein) Eingang ist nicht sehr schön, aber die (seine) Aussicht ist herrlich, du wirst sehen.

4 Sie gehen (durch) die Treppe(n) hoch:

5 – Warum schaltet sich die (eure) Schaltuhr so schnell aus?

6 – Um nicht zu viel Strom zu verbrauchen.

ANMERKUNGEN

① **Cihangir** ist ein belebtes Viertel, in dem viele Ausländer wohnen. Von dort aus hat man einen herrlichen Blick auf den Bosporus, Üsküdar, das Marmarameer und die Serailspitze.

② In **ev sahib-i** und **Cömert apartman-ı** sind **-i** und **-ı** Possessivendungen. Das 2. Wort trägt die Merkmale des Possessivs in der 3. Person Singular. **ev sahibi** heißt „Hausbesitzer, Hausherr".

③ **yokuş** „Steigung" bezeichnet eine steile Straße (oder eine Treppe), von denen es in **Cihangir** viele gibt und die zu den am Hang gebauten Häusern führen. „Straße" heißt **sokak**, „Hauptstraße" **cadde**. In Verbindung mit einem Namen werden diese Bezeichnungen in den Genitiv gesetzt: **Cihangir yokuşu**, **Cihangir sokağı**, **Cihangir caddesi**.

④ **sol** „links", **sağ** „rechts". **sola/sağa gitmek** „nach links/nach rechts gehen"; **soldan/sağdan gitmek** „(die Straße von) links/rechts nehmen (gehen)".

⑤ **İşte** „sieh (da)". **İşte kitabım** „Sieh da, mein Buch". **İşte geldik** „Sieh, wir sind angekommen".

7 – Ama bu çok tehlikeli. İnsan düşebilir. Apartman da buz gibi. Kaloriferiniz yanmıyor mu? ⑥⑦

8 – Hayır. Günde yalnız iki saat, birazcık yanıyor. Akşam üstü yakarlar. ⑧⑨

9 – Kömür yok mu?

10 – Var. Ama ev sahibi yakmaya kıyamıyor.

11 – Ev sahibiniz, demek ki, çok cimri. Kendisi hiç üşümüyor mu? ⑩

12 – Sanmıyorum. Kışın evde palto, yün başlık, eldiven ve atkıyla oturur. ⑧⑪

13 – Öyleyse çoğu zaman sıcak suyunuz da yoktur. ⑫

14 – Aslında sıcak su hiç akmıyor.

OKUNUŞ

[*7 ... techlikeli ... inßan ... kaloriferinis janmëjor ... **10** ... ew ßahib jakmaja këjamëjor **11** ... tschok dschimri ... üschümüjor ... **12** ... këschën ... baschlëk ... atkëila ... **13** .. tschohu saman ...*]

ANMERKUNGEN

⑥ **İnsan** heißt „Mann, Mensch, Leute" und kann auch das unpersönliche „man" sein: **Kışın insan evde oturuyor.** „Im Winter bleiben die Leute (bleibt man) zu Hause." Weitere Beispiele aus dieser Lektion: **İnsan düşebilir** „Leute können / Man könnte hinfallen"; **Kaloriferi yakarlar** „Sie machen / Man macht die Heizung an"; **Sorunlar unutulur** „Die Probleme werden vergessen / Man vergisst die Probleme".

7 – Aber es ist sehr gefährlich. Die Leute können hinfallen. Das Haus ist auch eiskalt (Eis wie). Ist die Heizung nicht an? (Heizung-eure brennt-nicht-?)

8 – Nein, sie funktioniert (brennt) kaum, nur zwei Stunden am Tag. Sie machen sie nur abends (über den Abend) an.

9 – Gibt es keine Kohle?

10 – Doch. Aber es widerstrebt dem Besitzer, sie zu verbrennen.

11 – Das heißt also, euer Hausbesitzer ist sehr geizig. Friert er selber überhaupt nicht?

12 – Ich glaube nicht. Im Winter lebt er zu Hause mit Mantel, Wollmütze, Handschuhen und einem Schal.

13 – Wenn das so ist, habt Ihr meistens (viel-seine Zeit) auch kein warmes Wasser.

14 – In der Tat gibt es (fließt) überhaupt kein warmes Wasser.

⑦ **düşebilir** „man kann hinfallen".

⑧ Neue Beispiele für das unbestimmte Präsens: **yakar-lar**, **oturur**, **unutulur** drücken eine gewohnheitsmäßige Handlung aus; **sevinirim**, **anlar-sın** dagegen weisen auf die nahe Zukunft hin. **anlarsın** heißt „du wirst verstehen", aber auch „du solltest verstehen".

⑨ **birazcık** „ein bisschen". **-cık** ist ein Verkleinerungssuffix.

⑩ **Ev sahib-iniz** „euer/Ihr Besitzer". Da zwei Possessivendungen nicht hintereinander vorkommen dürfen, wird die erste weggelassen: Statt **ev sahib-i + -iniz** heißt es deshalb hier **ev sahibiniz**. Ebenso wird **posta kutusu** + Possessiv der 1. Person Singular zu **posta kutum** „mein Briefkasten".

⑪ **Kışın** „im Winter". Vgl. **yazın, öğleyin ...**

⑫ **sıcak suyunuz yoktur**. Die Endung **-tur** (sie steht für das Verb „sein") drückt eine Wahrscheinlichkeit oder Vermutung aus: „Sie haben wahrscheinlich kein warmes Wasser".

15 – Bu evde oturanlara Allah kolaylık versin! Neden buradan çıkmıyorsun? ⑬

16 – İçeri girelim, pencereden bir bak. O zaman anlarsın. ⑧

17 – Aman Tanrım... Bütün Boğaz ayaklar altında... ⑭⑮

18 Doğrusu böyle bir manzara karşısında su, elektrik, soğuk gibi sorunlar unutulur. ⑧

OKUNUŞ

[*15 ... kolailëk werßin ... 16 itscheri ... 18 ... karschëßënda ... ßohu*
...]

1. BU CÜMLELERİ ANLIYOR MUSUNUZ?

❶ Ev sahibi çok cimri. Elektrik, su, kömür harcamak istemiyor. ❷ Merdivenlerde elektrik yoksa, düşebiliriz. ❸ Susuz bir evde nasıl kalabilirsin? ❹ Ev sahibim kışın kendi evinde paltoyla oturur. ❺ Haftada yalnız iki gün sıcak su akıyor. ❻ Üşüyenlere palto verilecek. ❼ Bu yokuştan inmek tehlikeli. İnme, düşersin.

2. BOŞLUKLARI DOLDURUNUZ.

❶ Wo waren Sie bloß? Wir haben uns seit langem (vielem) nich sehen können.

. . . . ? . . . . . . beri . . . .

❷ Warum schaltet sich die (eure) Schaltuhr so schnell ab?

. . . . neden . . . . çabuk . . . . ?

❸ Gott helfe euch (gebe euch Erleichterung)!

. . . . Allah kolaylık . . . . . . !

15 – Gott helfe den Bewohnern dieses Hauses (gebe Erleichterung denjenigen, die dieses Haus bewohnen)! Warum ziehst du hier nicht aus?

16 – Gehen wir rein und dann wirfst du einen Blick aus dem Fenster. Dann wirst du es verstehen.

17 – Ach! Mein Gott! ... Der ganze Bosporus zu (unter) unseren Füßen ...

18 Es stimmt (sein Richtiges), bei einer solchen Aussicht kann man Wasser-, Strom- und Heizungs- (Kälte-) -probleme (Probleme wie ...) vergessen.

ANMERKUNGEN

⑬ **On-a**, **siz-e ... kolaylık versin** „Gott helfe ihm/ ... Ihnen" ist eine geläufige Wunschformel. -**sin** kennzeichnet die Befehlsform in der 3. Person Singular. Sie kennen bereits **Allah bağışlasın!** „Herzlichen Glückwunsch!". Das Wort **oturanlara** zeigt, dass man dieser Form nicht nur Pluralendungen (**isteyenler**, L. 26), sondern auch Kasussuffixe anfügen kann.

⑭ **Aman** gleicht unserem „Ach" und ist Ausdruck der Überraschung, aber auch der Verzweiflung. Oft wird es auch wiederholt: **Aman, Aman**. **Tanrı** ist das türkische Wort für „Gott", **Allah** das arabische.

⑮ **ayaklar alt-ı-n-da** („Fuß-die unter-sein-in") heißt „zu (seinen) Füßen". Zwischen Possessiv- und Kasussuffix steht ein Verbindungs-**n**. Diese Formen sind gebräuchlich bei Wörtern, die in Verbindung mit einem Lokativ im Deutschen einer Präposition entsprechen: **alt** „das untere Teil, die (Schuh-)Sohle"/**... altında** „unter"; **... karşı** „das Gegenüberstehende"/**karşısında** „gegenüber"; **iç** „das Innere"/**içinde** „in, innerhalb"; **üst** „die Oberseite"/**üstünde** „über". **akşam üstü** „am Abend" (Lektion 30) wird aber ohne Lokativ verwendet.

1. ŞİMDİ ANLADINIZ MI?

❶ Der Besitzer ist sehr geizig. Er möchte keinen Strom, kein Wasser, keine Kohle verbrauchen. ❷ Wenn es keinen Strom im Treppenhaus gibt, können wir hinfallen. ❸ Wie kannst du in einem Haus ohne Wasser leben (bleiben)? ❹ Mein Hausbesitzer lebt zu Hause im Winter mit Mantel (im Winter in seinem eigenen Haus mit einem Mantel). ❺ Es gibt (fließt) nur zwei Tage pro Woche warmes Wasser. ❻ Man wird denjenigen Mäntel geben (werden gegeben), die frieren. ❼ Es ist gefährlich, durch diese steile Gasse hinunterzugehen. Geh nicht hinunter, du könntest hinfallen (du fällst hin).

④ Schaut! Der ganze Bosporus liegt uns zu Füßen.

Bakın! . . . . . Boğaz ayaklar . . . .

⑤ Das Haus Cömert. Seine Aussicht ist herrlich.

Cömert . . . . olağanüstü.

⑥ Du wirst diese Straße hinuntergehen und nach links abbiegen.

Bu . . . . . . inip, ... döneceksin.

OTUZ ÜÇÜNCÜ DERS

BAKKALDA ①

1 – Günaydın, Mustafa Bey. Nasılsınız?

2 – Teşekkür ederim, iyiyim. Ne arzu ediyorsunuz?

3 – Bir kilo kesme şeker, bir paket makarna, iki şişe süt, bir de... ②

4 Dışarıdan bir ses: Bakkal...

OKUNUŞ

[*3 ... keßme scheker ... iki schische ßüt ...*]

7 Treten wir ein, schauen wir mal durch das Fenster.

. . . . . girelim, ... bir . . . .

2. BOŞLUKLARA GELEN SÖZCÜKLER.

1 Nerelerdesiniz - Çoktan - görüşemedik 2 Otomatiğiniz - bu kadar - sönüyor 3 Size - versin 4 Bütün - altında 5 apartmanı - Manzarası 6 yokuşu - sola 7 İçeri - pencereden - bakalım.

33. LEKTION

BEIM LEBENSMITTELHÄNDLER

1 – Guten Tag, Herr Mustafa. Wie geht es Ihnen?

2 – Danke, es geht mir gut. Was wünschen Sie?

3 – Ein Kilo Würfelzucker, ein Paket Nudeln, zwei Flaschen Milch und außerdem ...

4 Eine Stimme von draußen: „Lebensmittelhändler ..."

ANMERKUNGEN

① Außer im Supermarkt kaufen Türken auch sehr gerne beim Lebensmittelhändler an der Ecke, wo man auch die neusten Nachrichten aus dem Viertel erfährt. Oft hört man Ausdrücke wie **Nerelerdesin?**, **Geçmiş olsun**, **Gözün aydın**, **Allah bağışlasın**, **Güle güle**! usw. Früher war es Tradition, dass die Hausfrauen dem Händler vom Fenster aus ihre Bestellungen zuriefen und einen Korb hinunterließen. Inzwischen sind auch telefonische Bestellungen gang und gäbe; ein Lehrling oder ein Kind bringt dann das Gewünschte nach Hause.

② **kesme şeker** („geschnittener Zucker") „Würfelzucker"; **kesme** erkennen Sie als substantivierten Infinitiv, der als Adjektiv verwendet wird.

5 – Sizi çağırıyorlar. Sanırım yandaki apartmandan. ③

6 – Evet... Gülistan Hanım gazetesiyle ekmeğini bekliyordu... Bir dakika lütfen. Hemen sepetine şunları koyup geliyorum. ④

7 Bakkal gidip dönüyor.

8 – Sizi beklettim, Melek Hanım. Özür dilerim. Şekeri, makarnayı ve sütü torbaya koydum. Başka bir arzunuz var mı? ③⑤

9 – Evet, bir kilo pirinç, verin lütfen. En iyisinden olsun. ④⑥

10 – Bizde baldo pirinci var, beğeneceksiniz. ⑦

11 – Bir de kibrit ve kâğıt mendil verir misiniz?

(OKUNUŞ)

[*5 ... tschahërëjorlar ... 6 ... ekmehini ... schunlarë ... 8 ... makarnëjë ... 10 ... pirintsch ... behenedschekßinis 11 ... kjahët ...*]

5 – Man ruft (sie rufen) Sie. Ich glaube, aus dem Haus nebenan.

6 – Ja ... Frau Gülistan („Rosengarten“) wartet auf ihr Brot und ihre Zeitung ... Einen Moment (eine Minute) bitte. Ich packe es in ihren Korb und komme sofort zurück.

7 Der Händler geht weg und kommt zurück:

8 – Ich ließ Sie warten, Frau Melek („Engel“). Entschuldigen Sie. [Nun] habe ich den Zucker, die Nudeln und die Milch in die Tasche gesteckt. Haben Sie noch einen Wunsch?

9 – Ja, geben Sie mir bitte ein Kilo Reis. Es soll der beste sein (bester-von).

10 – Wir haben (bei uns) Baldoreis, Sie werden ihn mögen.

11 – Und würden Sie [mir] auch Streichhölzer und Papiertaschentücher geben?

ANMERKUNGEN

③ Das unbestimmte Präsens findet sich in zahlreichen Redewendungen: **Teşekkür ederim** „Danke“, **Özür dilerim** „Entschuldigung“, **Rica ederim** „Bitte“, **Sanırım** „Ich glaube (ohne sicher zu sein), dass ...“.

④ **Ekmeğ-i-n-i**, **sepet-i-n-e**, **iyi-si-n-den**: Beachten Sie das Verbindungs-**n** zwischen Possessiv- und Kasussuffix.

⑤ **beklemek** „warten“ ; **bekle-t-mek** „warten lassen“. Bei mehrsilbigen Verbstämmen, die mit einem Vokal enden, wird anstelle von **-tir** nur ein **-t** eingeschoben. Beispiel: **anla-mak** „verstehen“, **anla-t-mak** „erklären, erzählen“.

⑥ **olsun** „es sei“: Befehlsform von **olmak** in der 3. Person Singular. Sie kennen sie schon aus **geçmiş olsun** „Gesundheit“. **-sun** ist eine Variante von **-sin**; **ver-sin** „geben Sie“.

⑦ In **pirinç** und **borç** wird das **-ç** am Ende vor einem vokalischen Suffix zu einem **-c**. Achtung: Das Wort **kâğıt** wird [*kjahët*] gesprochen!

12 – Buyurun. Hepsi burada.

13 – Borcum ne kadar? Ama yanımda para yok. Lütfen yazar mısınız? Yarın öderim. ②⑦

14 – Peki, yazıyorum.

15 – A, bir şey unuttum. Mümkünse bir telefon edebilir miyim? ⑧⑨

16 – Ne yazık ki telefonumuz bozuk. Üç gündür tamircileri bekliyoruz. Kusura bakmayın.

17 – Rica ederim, önemli değil. O kadar acelesi yoktu. Hoşça kalın. ⑩

18 – Güle güle. İyi günler.

OKUNUŞ

[*13 bordschum ... 16 ne jasëk ki telefonumus bosuk ... tamirdschiler ...*]

Zwar tauchen Sie, was den Inhalt dieser Lektion und die beschriebene Einkaufssituation angeht, etwas in die Vergangenheit ein, aber dafür lernen Sie in diesem Text eine Fülle von Höflichkeitsfloskeln kennen, die Sie sehr gut im Gespräch mit Türkischsprechern anwenden können.

1. BU CÜMLELERİ ANLIYOR MUSUNUZ?

❶ Bana iki paket makarna verir misiniz? ❷ Sema bir telefon etmek istiyor. Çok acelesi var. Onu bekletmeyin. ❸ Şu anda yanımızda para yok. Gelecek hafta öderiz. ❹ Sanırım, yeni arabasını beğeneceksin. ❺ Bakkal eviyle dükkânını sattı. ❻ Melek Hanım ekmeğiyle gazetesini bekliyor. ❼ Sepetini yukarıya çekecek. ❽ Bir haftadır dükkândaki telefon bozuk.

12 – Bitte (befehlen Sie). Alles (alles-sein) da.
13 – Wie viel bin ich [Ihnen] schuldig? (wie viel ist meine Schuld?) Aber, ich habe kein Geld bei mir (Seite-meine-an). Bitte, wollen Sie es aufschreiben? Ich werde morgen bezahlen. (morgen bezahle-ich.)
14 – Gut, ich schreibe es auf.
15 – Ach, ich habe etwas vergessen. Kann ich telefonieren, wenn es möglich ist?
16 – Leider (Schade, dass) ist unser Telefon kaputt. Seit drei Tagen warten wir auf den Reparateur. Seien Sie mir nicht böse.
17 – Ich bitte Sie, es ist nicht wichtig. So dringend ist es auch wieder nicht. Auf Wiedersehen. (recht-angenehm bleiben-Sie.)
18 – Auf Wiedersehen. Einen schönen Tag.

ANMERKUNGEN

⑧ **Mümkün-se** „wenn es möglich ist". Die Partikel **-se/-sa**, die eine Bedingung ausdrückt, kennen Sie schon von **varsa** „wenn es gibt".

⑨ **Telefon edebilir miyim?** „Kann ich telefonieren?". **bir telefon etmek** heißt „telefonieren". Merken Sie sich auch: **bir bakmak** „einen Blick werfen" (Lektion 32).

⑩ **acelesi var** „es ist eilig, es ist dringend" oder „er/sie hat es eilig". Im Gegensatz dazu: **acelesi yok** „es eilt nicht".

1. ŞİMDİ ANLADINIZ MI?

❶ Würden Sie mir (Geben Sie mir) zwei Pakete Nudeln geben? ❷ Sema möchte (will) telefonieren (anrufen). Sie hat es sehr eilig. Lassen Sie sie nicht warten. ❸ Momentan haben wir kein Geld bei uns. Wir werden nächste Woche bezahlen. ❹ Ich glaube, du wirst sein/ihr neues Auto mögen. ❺ Der Lebensmittelhändler hat sein Haus und sein Geschäft verkauft. ❻ Frau Melek wartet auf ihr Brot und ihre Zeitung. ❼ Sie wird ihren Korb hochziehen. ❽ Seit einer Woche ist das Telefon im Geschäft kaputt.

2. BOŞLUKLARI DOLDURUNUZ.

1. Darf ich anrufen, wenn es möglich ist?

   . . . . , telefon . . . . ?

2. Wieviel bin ich Ihnen schuldig (meine Schuld wieviel)?

   . . . . . . ne . . . . . ?

3. Ich bitte Sie um Entschuldigung. Ich danke (Ihnen). Ich bitte (Sie).

   Özür . . . . Teşekkür . . . .
   . . . .

4. Wie schade, [dass] mein Telefon kaputt ist.

   . . yazık . . telefonum . . . . . .

5. Es eilt nicht so [sehr].

   . kadar . . . . yok.

OTUZ DÖRDÜNCÜ DERS

DOLMUŞTA ACELESİ OLAN BİR HANIM ①②

1 – Affedersiniz, Yeşilköy'e giden dolmuşlar nereden kalkıyor? ①

2 – Az ilerdeki köşeden.

3 – Teşekkür ederim.

ANMERKUNGEN

① **Dolmuş** sind Sammeltaxis, in denen je nach Bauart fünf bis acht Personen Platz haben. Sie haben eine feste Route, auf der man an jeder beliebigen Stelle ein- und aussteigen kann. Sie fahren erst ab, wenn sie voll sind. In **Yeşilköy** (ca. 20 km vom Zentrum Istanbuls entfernt) befindet sich der Flughafen: **havalimanı**.

⑥ Es soll das Beste sein.

En . . . .

⑦ Haben Sie einen anderen Wunsch?

. . . . . bir . . . . var . . ?

⑧ Seit vier Tagen warten wir auf die Reparateure.

. . . . tamircileri . . . .

2. BOŞLUKLARA GELEN SÖZCÜKLER.

❶ Mümkünse - edebilir miyim ❷ Borcum - kadar ❸ dilerim - ederim - Rica ederim ❹ Ne - ki - bozuk ❺ O - acelesi ❻ iyisinden olsun ❼ Başka - arzunuz - mı ❽ Dört gündür - bekliyoruz.

34. LEKTION

EINE FRAU IM DOLMUŞ, DIE IN EILE IST

1 – Entschuldigen Sie, wo fahren die Dolmuş nach Yeşilköy (fahrend) ab?

2 – Etwas weiter an (von) der (Straßen)Ecke.

3 – Ich danke Ihnen.

② **acelesi olan bir hanım** („eine es eilig habende Frau“) „eine Frau, die es eilig hat“; **acelesi var** heißt „er/sie hat es eilig“. Bei einem Relativsatz oder einem Partizip verwendet man **olan** „habend“: **arabası olan genç** „der Junge, der einen Wagen hat“ oder **arabaları olanlar** „die, die einen Wagen haben“ (Plural).

4 Dolmuş durağında. ③
5 – Haydi, Yeşilköy'e... Yeşilköy'e...
6 Hanım soluk soluğa, durağa koşuyor:
7 – Şoför Bey, hemen kalkabiliriz, ben iki kişilik ödeyeceğim. ④⑤
8 Acelem var da... Neyse çok şükür fazla beklemeyeceğiz.
9 Arka koltuktaki erkek yolcu, hanıma soruyor:
10 – Hanımefendi, siz nerede ineceksiniz?
11 – Son durakta. Yolcu inip, hanıma yerini veriyor:
12 – O zaman siz böyle geçin. Ben sizden önce ineceğim, Ataköy'de. ①
13 – Sağolun, çok naziksiniz.
14 Hanım, önündeki yolcuya para uzatıyor: ⑥
15 – Şu parayı lütfen şoföre iletebilir misiniz? İki kişilik. Sağolun. ④⑤
16 Biraz sonra yolda:
17 – Şoför Bey, çok yavaş gidiyorsunuz. Söyledim size, acelem var.
18 – Yollar tıkalı, görüyorsunuz. Ne yapayım? ⑦
19 Yolculardan biri: ⑧

ANMERKUNGEN

③ In **dolmuş durağ-ı-n-da** finden Sie wieder das zwischen zwei Suffixen stehende Verbindungs-**n**.

④ **kalk-abilir-iz** „wir können abfahren"; **al-abilir-iz** „wir können kaufen"; **ilet-ebilir misiniz?** „können Sie [etwas] überreichen?"

4 An der Dolmuşhaltestelle:
5 – Es geht los, Richtung Yeşilköy ... Richtung Yeşilköy ...
6 Außer Atem läuft die Dame bis zur Haltestelle:
7 – Fahrer, wir können sofort abfahren, ich werde [für] zwei Personen bezahlen.
8 Ich habe es nämlich eilig ... Vielen Dank. So werden wir nicht so lange warten müssen.
9 Der auf der Rückbank [sitzende] Mitfahrende (Reisende) fragt die Dame:
10 – Meine Dame, wo werden Sie aussteigen?
11 – An der Endstation. Der Mitfahrende steigt aus und überlässt der Dame seinen Platz:
12 – Wechseln Sie also auf meinen Platz. Ich werde vor Ihnen aussteigen, in Ataköy.
13 – Danke, Sie sind sehr freundlich.
14 – Die Dame hält dem vor ihr sitzenden Mitfahrer das Fahrgeld hin:
15 – Bitte, können Sie dieses Geld dem Fahrer überreichen? Für zwei Personen. Danke.
16 Etwas später, unterwegs:
17 – Fahrer, Sie fahren sehr langsam. Ich habe Ihnen gesagt, ich habe es eilig.
18 – Die Straßen sind verstopft, Sie sehen [es doch]. Was soll ich denn machen?
19 Einer der Mitfahrenden:

⑤ **iki kişilik (para)** „das Geld (der Preis) für zwei Personen“. Vgl. Sie auch **tek ve iki kişilik odalar** „Zimmer für eine und für zwei Personen“ (Lektion 15).

⑥ **ön-ü-n-de-ki** „der vor ihr Sitzende“; **ön** bedeutet „der/die/das Vordere“.

⑦ **yapayım** „dass ich tue“. Vgl. L. 11 **vereyim** „dass ich gebe“. **Ne yapayım?** „Was soll ich denn machen?“.

⑧ **Yolculardan biri** „einer der Reisenden“. Merken Sie sich die Formulierung **-dan biri/-den biri** „einer von den ...“.

20 – Sinirlenmeyin canım. Bakın şuradaki dondurmacı bize doğru geliyor. Birer panda alabiliriz. ④⑨⑩

21 – Ne kadar rahatsınız. Benim dondurma yiyecek vaktim yok. Şoför Bey, beni burada indirir misiniz? ⑪⑫⑬

22 Hanım dolmuştan iniyor. Şoför arkasından söyleniyor: ⑭⑮

23 – Bu trafikte, helikoptere binecek her halde...

1. BU CÜMLELERİ ANLIYOR MUSUNUZ?

❶ Buradan kalkan dolmuşlar Yeşilköy'e gider. ❷ O yolcu benden önce inecek. Benim yerime geçsin. ❸ Arkada oturanlara şu parayı iletebilir misiniz? ❹ Acelemiz var. Hemen kalkmak için, üç kişilik ödeyebiliriz. ❺ Arabası yeni olan bir şoför yavaş gider. ❻ Bizim dondurma alacak vaktimiz yok.

20 – Ärgern Sie sich nicht, meine Dame (Seele). Schauen Sie, der Eishändler da kommt zu uns. Wir können jeder eine Eisschokolade kaufen.

21 – Wie ruhig Sie doch sind! Ich, ich habe keine Zeit, ein Eis zu essen. Fahrer, lassen Sie mich hier aussteigen?

22 Die Dame steigt aus dem Dolmuş. Der Fahrer brummelt hinter ihr her:

23 – Bei dem Verkehr wird sie wahrscheinlich in einen Hubschrauber steigen ...

ANMERKUNGEN

⑨ **Sinirle-n-me-y-in** „ärgern Sie sich nicht" kommt von **sinirlenmek** „sich ärgern"; **sinir** heißt „Nerv".

⑩ **Bir-er panda** „jeder eine Eisschokolade" (**panda** ist eine Schokoladenmarke). -**er**/-**ar** (bzw. -**şer**/-**şar** bei vokalisch auslautenden Wörtern) bedeutet hinter einem Zahlwort „jeder ein, -e": **ikişer arabamız var** „wir haben jeder zwei Autos". Die Reihe lautet: **birer**, **ikişer**, **üçer**, **dörder**, **beşer**, **altışar**, **yedişer**, **sekizer**, **dokuzar**, **onar**; dann **on birer** usw.

⑪ **yiyecek** heißt auch hier „zu essen" (siehe Lektion 23 **yiyecek kalmadı**). Diese Form ist identisch mit der der 3. Person Singular Futur und kann als Adjektiv oder als Substantiv verwendet werden.

⑫ **vakit** ist ein Wort aus dem Arabischen und wird mit einem Kasussuffix oder einer Possessivendung zu **vakti**, ebenso wie **izin/izni**, **resim/resmi**, **akıl/aklı** usw.

⑬ **in-mek** „aussteigen"; **in-dir-mek** „aussteigen lassen".

⑭ **arka-sı-n-dan** „hinter ihr her". -**sı** bezieht sich hier auf die Frau. -**dan** ist die Ablativendung „von".

⑮ **söyle-n-mek** ist das Passiv von **söylemek** „sagen". Dieses Verb würde in anderen Kontexten mit „es wird gesagt", „man sagt" übersetzt.

1. ŞİMDİ ANLADINIZ MI?

❶ Die Dolmuş, die von hier aus abfahren, fahren nach Yeşilköy. ❷ Dieser Reisende wird vor mir aussteigen. Er soll auf meinen Platz wechseln (mir Platz-zu dass-er-wechselt). ❸ Würden Sie dieses Geld denjenigen überreichen, die hinten sitzen? ❹ Wir haben es eilig. Um sofort abzufahren, können wir drei Plätze (für drei Personen) bezahlen. ❺ Ein Fahrer, der einen neuen Wagen fährt, fährt langsam. ❻ Wir haben keine Zeit, Eis zu kaufen.

2. BOŞLUKLARI DOLDURUNUZ.

1. Die Straßen sind verstopft. Was soll ich denn tun?

   Yollar . . . . Ne . . . . ?

2. (Herr) Fahrer, lassen Sie uns hier aussteigen?

   Şoför . . . , ... burada . . . . ?

3. Wir können jeder eine Eisschokolade essen (ein-jeder-Eisschokolade).

   . . . . . panda . . . .

4. Einer der Mitfahrenden hält dem Fahrer das Geld hin.

   . . . . şoföre . . . . . . uzatıyor.

5. Die Dame läuft in Richtung Dolmuşhaltestelle.

   Hanım dolmuş . . . . koşuyor.

OTUZ BEŞİNCİ DERS

WIEDERHOLUNG UND ANMERKUNGEN

In den letzten sechs Lektionen haben wir Ihnen das unbestimmte Präsens und die Possessivendungen vorgestellt. Sie haben auch die einfache Bedingungsform (Konditionalform) kennengelernt. Auf die wichtigsten Punkte soll nun noch einmal etwas ausführlicher eingegangen werden.

1. Unbestimmtes Präsens und seine Verwendung

Das aktuelle Präsens, das mit **-(i)yor** gebildet wird, kennen Sie mittlerweile gut. Für das unbestimmte Präsens gibt es im Deutschen eigentlich keine Entsprechung; es kann mit verschiedenen Zeitformen wiedergegeben werden. Hier listen wir auf, wann Sie diese Zeitform benutzen:

❻ Ärgern Sie sich nicht, meine Dame (Seele). Wir haben Zeit.

. . . . , canım. . . . . var.

2. BOŞLUKLARA GELEN SÖZCÜKLER.

❶ tıkalı - yapayım ❷ Bey - bizi - indirir misiniz ❸ Birer - yiyebiliriz ❹ Yolculardan biri - parayı ❺ durağına doğru ❻ Sinirlenmeyin - Vaktimiz.

Vielleicht merken Sie nach dem erneuten Lesen dieser Lektion, wie viele Zeiten und Modi Sie schon verstehen können: die Möglichkeit, die Unmöglichkeit, die höfliche Bitte, die Zukunft, die beiden Arten des Präsens. Und Sie verfügen schon über einen reichen passiven Wortschatz und viele Redewendungen, die für das Alltagsleben und spätere Unterhaltungen sehr wichtig sein werden!

35. LEKTION

a) **Bei gewohnheitsmäßigen Handlungen**

Akşam üstü kaloriferi yakarlar. „Abends wird die Heizung ausgemacht", „Abends macht man die Heizung aus", d. h. jeden Abend, jedoch nicht zu einem bestimmten Zeitpunkt.

b) **Bei allgemeingültigen Tatsachen**

Fiyatlara değer. „Es ist seinen Preis wert."

c) **Bei Hinweisen auf die Zukunft**, wobei der Moment der Verwirklichung nicht genauer bezeichnet wird (**Yarın öderim**) und keine Verpflichtung darstellt: „Ich werde morgen bezahlen", d. h. „morgen oder vielleicht später" ...

Diese Form des Futurs unterscheidet sich von der Form mit **-ecek/-acak** dadurch, dass die letztere eine Handlung beschreibt, die mit Sicherheit zum genannten Zeitpunkt eintritt:

Yarın ödeyeceğim. „Ich bezahle (bestimmt) morgen."

d) **Bei Ereignissen, die sicher, aber noch nicht abgeschlossen sind.** Im Gegensatz zu **müdür geliyor** „da kommt [gerade] der Direktor" drückt **müdür gelir** „der Direktor kommt [gleich]" aus, d. h. es ist sicher, dass er kommt, jedoch noch nicht klar, wann genau.

e) **Bei Vermutungen**
Sanırım ... „Ich glaube ..." drückt eine Vermutung aus. **sanıyorum** heißt zwar auch „ich glaube", der Sprecher ist sich seiner Sache aber ziemlich sicher.

f) **Bei Möglichkeiten**

Biz yarın denize gideceğiz. Sen de gelir misin?
„Wir fahren morgen ans Meer. Kommst du (eventuell) mit?"

Hätte man ... **geliyor musun?** benutzt, hieße es „du kommst doch mit, nicht wahr?"

g) **Bei höflichen Fragen**

Ekmek verir misiniz? „Würden Sie mir (bitte) Brot geben?"
Bir çay içer misiniz? „Möchten Sie (gerne) einen Tee trinken?"

Lesen Sie sich die Beispiele einige Male durch. Wenn Sie bei späteren Lektionen Zweifel über die richtige Interpretation/Bedeutung haben, kommen Sie hierher zurück und vergleichen Sie dann die Dialog- bzw. Textteile mit diesen Beispielen.

2. Bildung des unbestimmten Präsens

Die Endungen des unbestimmten Präsens lauten bei

2.1. Verben mit vokalisch auslautendem Stamm: **-r**

de-mek	**de-r**	„er sagt"
ye-mek	**ye-r**	„er isst"
bekle-mek	**bekle-r**	„er wartet"
anla-mak	**anla-r**	„er versteht"
hazırla-mak	**hazırla-r**	„er bereitet vor"

2.2. Verben mit konsonantisch auslautendem Stamm: Vokal + **-r**

a) **Einsilbiger Verbstamm: -er/-ar**

gir-mek	**gir-er**	**yap-mak**	**yap-ar**
git-mek	**gid-er**	**çal-mak**	**çal-ar**
dön-mek	**dön-er**	**koş-mak**	**koş-ar**
et-mek	**ed-er**	**duy-mak**	**duy-ar** usw.

Es gibt 13 Ausnahmen, bei denen die Verben die Endung **-ir** (und deren Varianten) haben:

al-mak	**al-ır**	**ol-mak**	**ol-ur**
bul-mak	**bul-ur**	**san-mak**	**san-ır**
dur-mak	**dur-ur**	**var-mak**	**var-ır**
kal-mak	**kal-ır**	**vur-mak**	**vur-ur**
bil-mek	**bil-ir**	**öl-mek**	**öl-ür**
gel-mek	**gel-ir**	**ver-mek**	**ver-ir**
gör-mek	**gör-ür**		

varmak „erreichen"; **vurmak** „schlagen"; **ölmek** „sterben".

b) **Einsilbiger Verbstamm plus Suffix: -(i)r**

Beispiel: Passiv von **demek** und **yemek**:

de-n-mek	**de-n-ir**	„es wird gesagt"
ye-n-mek	**ye-n-ir**	„es wird gegessen"

Achtung: Verwechseln Sie nicht **yenir** „es wird gegessen" mit **yener**, der unregelmäßigen Form von **yenmek** „besiegen".

c) **Mehrsilbiger Verbstamm: -(i)r**

getir-mek	**getir-ir**	**bil-dir-mek**	**bil-dir-ir**
düşün-mek	**düşün-ür**	**gör-üş-mek**	**gör-üş-ür**
çalış-mak	**çalış-ır**	**kar-ış-mak**	**kar-ış-ır**
konuş-mak	**konuş-ur**	**dol-dur-mak**	**dol-dur-ur**

usw.

Die Grundform, die wir für alle Tempora angeben, ist die der 3. Person Singular. An diese werden die Personalendungen angehängt.

3. Möglichkeit und Unmöglichkeit

Um im Präsens die Möglichkeit bzw. die Fähigkeit bzw. die Gelegenheit auszudrücken, fügt man dem Verbstamm die unveränderlichen Endungen -**ebilir** bzw. -**abilir** und anschließend die Personalendung hinzu.

gel-ebilir	„er kann kommen“
gid-ebilir	„er kann gehen“
yap-abilir	„er kann machen“
bak-abilir-iz	„wir können schauen“

Bei vokalisch auslautenden Substantiven fügt man ein Verbindungs-**y** ein:

bekle-mek > **bekle-y-ebilir** „er kann warten“.

Für die Verneinung wird die Verneinungspartikel -**m(e)** bzw. -**m(a)** eingefügt:

gel-e-m-iyorum	„ich kann nicht kommen“
gel-e-me-dim	„ich habe nicht kommen können“
gel-e-me-y-eceksiniz	„ihr werdet/Sie werden nicht kommen können“

4. Frageform

Sie wird bei jedem Tempus bzw. Modus (Ausnahme: Vergangenheit und Wunschform) gleich gebildet, nämlich mit der Fragepartikel **mi**:

a) **Aktuelles Präsens**

görüyor-sunuz	**görüyor musunuz?**

b) **Unbestimmtes Präsens**

içer-siniz	**içer misiniz?**

c) **Futur**

güneşlenecek-sin	**güneşlenecek misin?**

d) **Möglichkeit (Präsens)**

edebilir-im	**edebilir miyim?**

e) **Unmöglichkeit + Futur**

gelemeyecek-siniz	**gelemeyecek misiniz?**

f) **Imperfekt des Verbs „sein“ und andere Verben**

yasak değildi	**yasak değil mi-y-di?**
istiyor-dun	**istiyor mu-y-dun?**

g) **Vergangenheit und Wunschform**

Die Partikel **mi/mı** wird hinter das Verb gesetzt:

gidelim	**gidelim mi?**
geldi	**geldi mi?**
baktınız	**baktınız mı?** usw.

5. Wunschform

Die Endung für die Wunschform in der 1. Person Singular lautet **-eyim/-ayım**. Das Wörtchen **ne** in der Frage drückt eine Form der Ratlosigkeit aus:

Ne yapalım? „Was soll ich denn tun?",
Nereye gidelim? „Wohin könnten wir denn gehen?"

6. Befehlsform

Inzwischen haben Sie die 3. Person Singular und Plural angetroffen: Sie besteht aus dem Verbstamm und der Endung **-sin** bzw. deren Varianten. Im Plural wird **-ler**/**-lar** hinzugefügt.
Die 3. Person der Befehlsform drückt oft einen Wunsch aus. Beim Einkaufen z. B. kann man sagen:

En iyisinden olsun. „Es soll das Beste sein."

Es wird auch für einen „indirekten" Befehl verwendet:

Onlara söyleyin saat yedide orada olsunlar.
„Sag ihnen, dass sie um sieben Uhr dort sein sollen."

Man trifft diese Befehlsform in vielen Redewendungen:

Olsun! „So sei es! / Ja!";
Geçmiş olsun! „Gesundheit!";
Allah kolaylık versin! „Gott bewahre euch!";
Kolay gelsin! („Leicht soll es kommen") „Nur Mut!"

Als Zusammenfassung hier die vollständige Konjugation für das Verb **git-mek**:

git	„geh"
git-sin	„dass er geht"
gid-elim	„gehen wir"
git-in(iz)	„geht/gehen Sie"
git-sinler	„dass sie gehen"

... und für **gör-mek**, **kal-mak**, **bul-mak** (ohne Übersetzung):

gör	**gör-sün**	**gör-elim**	**gör-ün(üz)**	**gör-sünler**
kal	**kal-sın**	**kal-alım**	**kal-ın(ız)**	**kal-sınlar**
bul	**bul-sun**	**bul-alım**	**bul-un(uz)**	**bul-sunlar**

Beachten Sie, dass die Endung **-iniz** (2. Person Plural) sehr höflich wirkt, und eher in der Schriftsprache verwendet wird. In der Umgangssprache benutzt man die Endung **-in**.

7. Bedingungssätze

Sie werden mit dem Suffix **-se/-sa** gebildet, das an das Verb in der 3. Person Singular angehängt wird:

varsa	„wenn es gibt"
yoksa	„wenn es nicht gibt"
mümkünse	„wenn es möglich ist"
öyleyse	„wenn es so ist"

8. Passiv und Reflexiv

Das Passiv wird mit den Suffixen **-il**, **-ül**, **-ıl**, **-ul** gebildet:

yetiştir-il-mek	„erzogen werden"
gör-ül-mek	„gesehen werden"
yap-ıl-mak	„gemacht werden"
unut-ul-mak	„vergessen werden"

Verbstämme, die auf „**l**" enden, werden mit den Suffixen **-in**, **-ün**, **-ın**, **-un** konjugiert:

bil-mek	„wissen"	**bil-in-mek**	„gewusst werden"
çal-mak	„klingeln"	**çal-ın-mak**	„betätigt werden" (Klingel)

Bei vokalisch auslautenden Verbstämmen wird ein **-n-** eingefügt:

besle-mek	„ernähren"	**besle-n-mek**	„ernährt werden"
ara-mak	„suchen"	**ara-n-mak**	„gesucht werden"

Das Passiv drückt auch manchmal das unpersönliche „man" aus:

yap-ıl-ıyor	„man macht"
gid-il-iyor	„man geht"

Das Passivsuffix -**(i)n** verleiht den Verben auch eine reflexive Bedeutung:

giymek	„gekleidet sein", „tragen"
giyinmek	„sich anziehen"

Ebenso:

hazırlamak	„vorbereiten"
hazırlanmak	„sich vorbereiten"
yıkamak	„waschen"
yıkanmak	„sich waschen"

Achtung: Der Unterschied zwischen dem Passiv und dem Reflexiv ist nicht immer ganz klar. Ein Verb mit dem Infix **-in** kann zwei Bedeutungen haben: **bulunmak** heißt ebenso „gefunden werden“ wie „sich befinden“. Allerdings hat nicht jedes Verb ein Passiv und ein Reflexiv. Es ist eine Frage der Bedeutung und des Kontextes. Gewisse Verben haben jedoch zwei Formen:

görmek „sehen“:
1. görü-**l**-mek „gesehen werden“;
2. görü-**n**-mek „sich sehen, erscheinen“.

9. Substantivierter Infinitiv

Sie wissen bereits, dass ein Verb, das das Suffix **-me** bzw. **-ma** enthält, wie ein Substantiv benutzt werden kann:
Das Wort **araştırma** „Forschung“ kommt vom Verb **araştırmak** „forschen“.

Ein anderes Beispiel:

Para getirme-y-i unutmayın. „Vergessen Sie nicht, das Geld mitzubringen.“ (eigentlich „das Mitbringen des Geldes“).

Wenn diese Infinitivform vor einem Substantiv auftaucht, hat sie die Funktion eines Adjektivs: **kesme şeker** heißt „geschnittener Zucker“, also „Würfelzucker“; **kalma** „übrig“:

Romalılar'dan kalma bir köprü „eine aus der Römerzeit übrig gebliebene Brücke“.

10. Possessiv in der 3. Person

Hier muss vor einem Kasussuffix das Verbindungs-**n** beachtet werden:

ekmeğ-i „ihr Brot“ — **ekmeğ-i-n-i bekliyor** „sie wartet auf ihr Brot“

sepet-i „ihr Korb“ — **sepet-i-n-e şunları koyuyorum** „ich stecke dies in ihren Korb“

arka-sı „ihr Rücken“ — **arka-sı-n-dan** „hinter ihrem Rücken/hinter sich“

Der Plural lautet:

odaları-n-a çıktılar „sie gingen hinauf in ihre Zimmer“

11. Genitivobjekt

Sie haben es flüchtig in Lektion 22 kennengelernt: **pazar-tesi günü** (wörtlich „der Tag des Montag"). Wir wollen nun etwas ausführlicher auf die Genitivobjekte eingehen:

a) **Die Bestandteile** sind ein Grundwort und ein Bestimmungswort. Die Reihenfolge ist die gleiche wie bei deutschen zusammengesetzten Substantiven: Erst kommt das Bestimmungswort, dann das Grundwort, das die Genitivendung der 3. Person erhält. Beispiel:

ev sahibi „der Hausbesitzer".

Achten Sie darauf, dass die Bedeutung „der Hausbesitzer" (allgemein) ist und nicht „der Besitzer des/dieses Hauses", was mit einer anderen Genitivform ausgedrückt wird (die wir später kennenlernen werden).
Weitere Beispiele:

tatil köy-ü „Feriendorf",
yaz tatil-i „Sommerferien".

b) **Grundwort mit Possessivendung.** In diesem Fall verschwindet die Possessivendung der 3. Person Singular. „Ihr Hausbesitzer" heißt z. B. **ev sahib-iniz**, „unsere Sommerferien" **yaz tatilimiz** und „mein Feriendorf" **tatil köy-üm**. **Achtung: yaz tatili** kann „Sommerferien" und „seine Sommerferien" heißen!

c) Grundwort mit Kasussuffix. Hier erscheint ein Verbindungs-**n** zwischen dem Possessivsuffix der 3. Person und dem Kasussuffix:

Türk hükümet-i-n-den „von der türkischen Regierung";
dolmuş durağ-ı-n-da „an der Dolmuşhaltestelle".

Weiterhin kann man sagen:

Ev sahib-i-n-i gördüm.
„Ich habe seinen Hausbesitzer gesehen." und
Yaz tatil-i-n-i Güney'de geçirecek.
„Er wird seine Sommerferien im Süden verbringen."

Auch Ortsangaben können mit dieser Konstruktion gebildet werden:

ağaçlar iç-i-n-de „zwischen den Bäumen" (innerhalb der Bäume);
ayaklar alt-ı-n-da „zu Füßen" (Fuß-die unter-in).

12. Redewendungen

Es gibt drei Wendungen, die das Possessiv 3. Person benötigen:

acelesi olan „der es eilig hat";

...-lerden bir-i „einer/eine von den ...":
yolculardan bir-i „einer der Reisenden";

hep-si „alle":
Üç arabamız var. Hepsi telefonlu. „Wir haben drei Autos. Alle mit Telefon."

Verwechseln Sie nicht **hepsi** und **bütün**. Sie sind nicht austauschbar. **bütün** steht immer vor einem Substantiv, kann dieses jedoch im Gegensatz zu **hepsi** nicht ersetzen: **bütün kazılar** „alle Ausgrabungen".

13. Suffix -ce/-ca für die Umstände

Dieses Suffix beschreibt die Umstände einer Handlung. Merken Sie sich z. B.:

aile-ce „mit Familie"; **saatler-ce** „stundenlang".

14. Mithilfe der folgenden Übung können Sie ein bisschen die Uhrzeiten auf Türkisch trainieren:

❶ Es ist fünf vor drei.

Saat . . . .

❷ Es ist Viertel vor acht.

. . . .

❸ Es ist halb zehn.

. . . .

❹ Es ist Viertel nach 12.

. . . .

❺ Es ist 25 (Minuten) nach vier.

. . . .

❶ üçe beş var ❷ Saat sekize çeyrek var ❸ Saat dokuz buçuk ❹ Saat on ikiyi çeyrek geçiyor ❺ Saat dördü (das **t** wird zu **d**) yirmi beş geçiyor.

Diese Wiederholungslektion war etwas länger als die letzte. Sie enthielt aber nicht mehr Informationen und vor allem nichts Neues. Wir haben nur versucht, alles klarer darzustellen und auf Details und Besonderheiten hinzuweisen. Es soll Ihnen das Verstehen in Zukunft etwas erleichtern. Wichtig ist, dass Sie weiterhin entspannt und ohne Ungeduld lernen, denn: ***Acele işe şeytan karışır!*** *„In die übereilte Arbeit mischt sich der Teufel!"*

Damit wünschen wird Ihnen weiterhin ***İyi çalışmalar! Kolay gelsin!*** *„Viel Erfolg beim Weiterarbeiten!"*

Die „Zweite Welle" oder „aktive Phase"

Bislang war Ihr Studium eher passiv. Sie sollten nur lesen, zuhören und verstehen. Mit der nächsten Lektion beginnt nun die aktive Phase! Hierfür müssen Sie täglich etwa 5–10 Minuten

▶ OTUZ ALTINCI DERS

CAĞALOĞLU HAMAMINDA

1 Yusuf Bey'le Hasan Bey Cağaloğlu semtindeki bir matbaa atölyesinde işçiler. ①②

ANMERKUNGEN

① Ab dieser Lektion wird auf die vereinfachte Lautschrift verzichtet, denn die Aussprache des Türkischen birgt für Sie mittlerweile keine Probleme mehr. Hören Sie sich besonders sorgfältig die Tonaufnahmen an.

mehr einplanen, denn nach jeder neu durchgearbeiteten Lektion „aktivieren" Sie eine der ersten Lektionen, indem Sie den türkischen Lektionstext verdecken und versuchen, den deutschen Text – und, wenn Sie besonders gründlich sein wollen, auch den deutschen Text der Verständnisübung – auf Türkisch zu formulieren. Sehen Sie dann auf der linken Seite nach, ob Sie die Sätze richtig wiedergegeben haben. Wiederholen Sie die Wörter und Wendungen, die Ihnen entfallen waren, oder lesen Sie ggf. noch einmal die entsprechenden Anmerkungen. Aktivieren Sie so nach Lektion 36 die Lektion 1, nach Lektion 37 die Lektion 2, nach Lektion 38 die Lektion 3 usw.

Auf diese Weise vertiefen und festigen Sie Ihre bislang erworbenen Kenntnisse und erweitern gleichzeitig Ihren Wortschatz. Dabei sollten Sie immer möglichst locker und entspannt lernen, damit der Spaß nicht auf der Strecke bleibt. So, und nun geht es mit viel Schwung in die „Zweite Welle"!

36. LEKTION

IM HAMAM VON CAĞALOĞLU

1 Herr Yusuf und Herr Hasan sind Arbeiter in einer Druckerei in Cağaloğlu.

② **Cağaloğlu** ist das Viertel der Druckereien und Zeitungsverlage. Sein Hamam, der einen getrennten Teil für Frauen besitzt, ist einer der schönsten in Istanbul. Der Waschsaal ist ein großer runder Saal mit Nischen, in denen aus **kurna** („Brunnen") Wasser fließt, und wo man die Haut einweicht und sich abseift. Die Massagen finden in der Mitte des Hamam auf dem **göbek taşı**, („Nabelstein", „Mittelstein"), einem großen von unten beheizten Marmorpodest, statt. In einem Haman brauchen Sie **peştemal**, **tas** und **kese**, d.h. ein dünnes „Hamam-Tuch", eine „Schale", mit der man sich mit Wasser begießt, und einen „Frottierhandschuh" (aus Ziegenhaar) zum Abreiben der Haut. **kese** kann auch „(Geld-)Beutel, Säckchen" bedeuten.

2 Geçen gün hamama gitmek istediler, çünkü ertesi gün bir cenazede bulunmak zorundaydılar. ③④⑤

3 En yakın olan Cağaloğlu hamamına gittiler. 18'inci yüzyıldan kalma bu hamamın mimarisi çok güzeldir. ⑥⑦

4 İki arkadaş hamama girdiler. Hamamcılar onları karşılayıp havlu ve peştemal verip, anahtarlı bir oda gösterdiler.

5 Hasan Bey'le Yusuf Bey odada soyunup, peştemalı bellerine sardılar ve kapıyı kitleyip, yıkanmak üzere içeriye geçtiler.

6 Boş bir kurna bulup, tasla su dökünmeye başladılar. ⑧

7 Biraz sonra, kocaman, iri yarı bir tellak geldi. Onları göbek taşına yatırıp, güzelce keseledi, sabunladı. ⑨⑩

ANMERKUNGEN

③ **ertesi gün** „der folgende/nächste Tag“ oder **bir gün sonra** „ein Tag danach/später“, **iki gün sonra** „übermorgen/zwei Tage danach“. In der direkten Rede würde man **yarın** „morgen“ und **öbür gün** „übermorgen“ sagen.

④ Der Hamam wird vor allem vor Feiertagen, Festen und auch vor Beerdigungen besucht. Die soziale Rolle des Hamam wird auch dadurch deutlich, dass Mütter für ihre Söhne im Hamam oft nach einer geeigneten Braut Ausschau halten. Am Vorabend der Hochzeit werden die Verlobten in den entsprechenden Teilen des Hamam getrennt nach Geschlechtern von Verwandten und Freunden gewaschen und hergerichtet, gleichzeitig wird gegessen, um die bevorstehende Hochzeit zu feiern.

⑤ **gitmek zorundaydılar** „sie hatten die Verpflichtung, zu gehen“ aus Infinitiv + **zorunda** + „sein“ (**kalmak** anstelle von „sein“ würde auf die Folge einer Handlung hinweisen). Vergleichen Sie **gitmek zorundayım** „ich muss (weg)gehen“ und **otobüs yoktu**, **yürümek zorunda kaldım** „es gab keinen Bus, ich habe zu Fuß gehen müssen“.

⑥ Ordnungszahlen werden mit der Zahl und der Endung **-nci** gebildet.

2 Vor einigen Tagen (an einem vergangenen Tag) haben sie zum Dampfbad gehen wollen, denn am folgenden Tag mussten sie zu einem Begräbnis (Begräbnis-zu sich-befinden Verpflichtung-in-sie).

3 Sie sind zum Dampfbad in Cağaloğlu gegangen, das am nächsten liegt. Die Architektur dieses Dampfbades aus dem 18. Jahrhundert ist sehr schön.

4 Die zwei Freunde sind in den Hamam hineingegangen. Die Angestellten (des Hamam) haben sie empfangen, ihnen Handtücher und Hamam-Tücher gegeben, und haben ihnen dann ein abschließbares Zimmer zugewiesen.

5 Herr Hasan und Herr Yusuf haben sich im Zimmer ausgezogen, haben das Hamam-Tuch um ihre Hüften gewickelt, haben dann die Tür zugeschlossen und sind ins Bad gegangen, um sich zu waschen.

6 Sie haben ein freies Becken gefunden und haben angefangen, mit der Schale Wasser über sich auszugießen.

7 Kurz danach ist ein riesiger, kräftiger Masseur hereingekommen. Er bat sie, sich auf den Mittelstein zu legen, und hat sie kräftig mit dem Frottierhandschuh abgerieben und dann eingeseift.

⑦ **bu hamam-ın mimari-si** „die Architektur dieses Hamam". Hier treffen Sie eine Genitivkonstruktion mit einem bestimmten Besitzer. Das Suffix des Genitivs ist nach konsonantisch auslautenden Substantiven -**in** bzw. nach vokalisch auslautenden Substantiven (und ihren Varianten) -**nin**. Das 2. Wort, das Grundwort, trägt das Genitivmerkmal in der 3. Person. Vergleichen Sie mit **hamam mimarisi**, die „Hamamarchitektur" (ganz allgemein).

⑧ **Boş** „leer, frei". **boş vakit** „freie Zeit", **boş bir oda** „ein freies Zimmer", **boş olmak** „frei sein, Zeit haben". **Bu akşam boş musun?** „Bist du heute Abend frei?"

⑨ **kocaman** „sehr groß, enorm"; **iri** „groß, riesig"; **iri yarı** „groß und kräftig", d.h. „ein kräftiger Kerl".

⑩ **kese-le-mek** „mit dem Frottierhandschuh abreiben"; **sabun-la-mak** „einseifen".

8 Sonra da o kadar kuvvetli bir masaj yaptı ki, zavallı Yusuf Bey'in incecik kemikleri az kaldı kırılıyordu. Dayak yemiş gibi oldu. ⑦⑪

9 Biraz sonra, odalarında kahve içerken, arkadaşını bitkin bir halde gören Hasan Bey ona takıldı: ⑫⑬

10 – Tellak iyi bir bahşiş hak etti, değil mi?

11 Ve şu fıkrayı anlattı. ⑭

12 „Nasreddin Hoca bir gün hamama gider. Hamamcılar onu bir köşede unuturlar. Hoca kendi kendine yıkanır.

13 Hamamdan çıkarken çokça bahşiş dağıtır. Adamlar şaşırıp kalırlar. ⑫

14 Bir süre sonra Hoca yine hamama gider. Bu kez hamamcılar, etrafında fırıl fırıl döner, hizmet ederler.

15 Ama Hoca bahşiş vermeden çıkar. Adamlar çok kızarlar. ⑮

16 Hoca:

17 – Bugünkü bahşişinizi geçen defa aldınız ya, der." ⑯

ANMERKUNGEN

⑪ **ye-miş** „gegessen habend", Partizip der Vergangenheit von **yemek** „essen"; **dayak yemek** „Prügel essen" ist ein bildhafter Ausdruck für „Stockschläge bekommen".

⑫ (**kahve**) **içer-ken** „(Kaffee) trinkend". -**ken** wird der Grundform des unbestimmten Präsens hinzugefügt und ermöglicht so, Nebensätze mit „wenn", „als", „da", „während" oder „indem" einzuleiten. Ebenso: **hamamdan çıkarken** „als er aus dem Hamam kommt".

⑬ **kahve** „Kaffee": Er wird mit sehr feinem Pulver zubereitet und in kleinen Tassen gereicht. Man kann ihn **sade** „einfach", **orta** (**şekerli**) „leicht gesüßt" oder **şekerli** „gesüßt" trinken.

8 Später hat er eine so starke Massage gemacht, dass die dünnen Knochen von Herrn Yusuf beinahe brachen. Er hatte den Eindruck, Stockschläge bekommen zu haben. (Schläge gegessen-habend wie geworden-er.)

9 Etwas später, beim Kaffeetrinken in ihrem Zimmer, als er seinen völlig erschöpften Freund (erschöpft ein Zustand sehend) ansah, neckte ihn Herr Hasan:

10 – Der Masseur hat ein gutes Trinkgeld verdient (recht erhalten), nicht wahr?

11 Und er erzählte diese Geschichte:

12 „Eines Tages geht Nasreddin Hodscha zum Dampfbad. Die Angestellten des Hamam vergessen ihn in einer Ecke. Nasreddin Hodscha wäscht sich allein (selber selben).

13 Beim Verlassen des Hamam verteilt er großzügig (viel + -**ça**) Trinkgelder. Die Männer staunen.

14 Nach einiger Zeit geht Hodscha wieder zum Hamam. Diesmal bemühen sich die Angestellten eifrig, ihm zu Diensten zu sein.

15 Aber Hodscha geht weg, ohne Trinkgeld zu geben. Die Männer ärgern sich sehr.

16 Hodscha sagt:

17 – Euer Trinkgeld für heute habt Ihr ja das vorige Mal gehabt!

⑭ **fıkra** ist ein „Witz", eine „Anekdote", oft im Zusammenhang mit den Geschichten Nasreddin Hodschas, in denen übrigens immer das unbestimmte Präsens gebraucht wird.

⑮ **verme-den** „ohne zu geben". Das Suffix -**meden**/-**madan** nach einem Verbstamm heißt „ohne zu ..."

⑯ **ya** haben Sie schon mit der Bedeutung „oder, es sei" oder in **ya ... ya da** „entweder ... oder" kennengelernt. Hier wird **ya** als Stilmittel zur Bekräftigung der Aussage eingesetzt und entspricht in diesem Kontext „ja, doch, gewiss".

1. BU CÜMLELERİ ANLIYOR MUSUNUZ?

❶ Cağaloğlu hamamında tellaklar çok güzel masaj yaptılar. ❷ Odaya girerken, Hasan Bey arkadaşına takıldı. ❸ Tellak iki arkadaşı göbek taşında keseleyip sabunladı. ❹ En yakın ama en pahalı olan Cağaloğlu hamamına gitmek zorunda kaldılar. ❺ Yusuf Bey'in kemikleri çok kuvvetli masajdan az kaldı kırılıyordu. ❻ Hamamcıya bahşiş vermeden çıktı. ❼ Bu semtin hamamı çok pahalıdır. ❽ Yusuf Bey Hasan Bey'in arkadaşıdır.

2. BOŞLUKLARI DOLDURUNUZ.

❶ Morgen müssen wir zu einem Begräbnis gehen.

. . . . . bir . . . . gitmek . . . .

❷ Die Architektur dieses Dampfbades aus dem 18. Jahrhundert ist sehr schön.

18. . . . . bu . . . .
mimarisi çok . . . .

❸ Der arme Herr Yusuf hatte den Eindruck, Stockschläge bekommen zu haben.

. . . . Yusuf Bey . . . . gibi . . . . .

❹ Beinahe brachen Herrn Yusufs dünne Knochen.

Yusuf . . . ' . . incecik . . . . az . . . . .
kırılıyordu.

❺ Die Angestellten des Hamam haben [sie] so gut bedient, dass sie ein gutes Trinkgeld verdient haben.

Hamamcılar . . . . . . güzel . . . . . . ettiler
. . iyi bir bahşiş . . . .

❻ Beim Verlassen verteilt Nasreddin Hodscha großzügig Trinkgeld. Die Angestellten des Dampfbades bleiben [sehr] erstaunt.

Nasreddin Hoca . . . . çokça . . . . . .
. . . . Hamamcılar . . . .

1. ŞİMDİ ANLADINIZ MI?

❶ Im Hamam von Cağoloğlu haben die Masseure eine sehr gute Massage gemacht. ❷ Als er ins Zimmer trat, hat Herr Hasan seinen Freund geneckt. ❸ Der Masseur hat die zwei Freunde mit dem Frottierhandschuh auf dem Mittelstein abgerieben und sie dann eingeseift (der Masseur die zwei Freunde auf dem Stein). ❹ Sie mussten in den Hamam von Cağaloğlu gehen, der der nächste, aber der teuerste ist. ❺ Beinahe brachen Herrn Yusufs Knochen von der kräfigen Massage. ❻ Er ging weg, ohne dem Angestellten des Dampfbades ein Trinkgeld zu geben. ❼ Der Hamam dieses Viertels ist sehr teuer. ❽ Herr Yusuf ist der Freund von Herrn Hasan.

2. BOŞLUKLARA GELEN SÖZCÜKLER.

❶ Yarın - cenazeye - zorundayız ❷ yüzyıldan kalma - hamamın - güzeldir ❸ Zavallı - dayak yemiş - oldu ❹ Bey'in - kemikleri - kaldı ❺ o kadar - hizmet - ki - hak ettiler ❻ çıkarken - bahşiş dağıtır - şaşırıp kalırlar.

Zweite Welle: Aktivieren Sie heute Lektion 1!

OTUZ YEDİNCİ DERS

GECİKEN MİSAFİRLER

1 Emir Bey'ler bu akşam dostlarına yemek veriyorlar. Çetin Bey'lerden başka herkes geldi. ①②

2 O sırada telefon çalıyor:

3 – Alo Çetin? Nerede kaldınız? Merak ettik.

4 – Kusura bakmayın, çok geciktik. Küçük bir kaza geçirdik de. ③

5 – Kaza mı geçirdiniz? Geçmiş olsun. Yaralanan var mı? ④

6 – Çok şükür, yaralı falan yok. Hepimiz iyiyiz. Yalnız, şu anda arabayla uğraşıyoruz. ⑤⑥⑦⑧

7 – Nasıl oldu kaza?

ANMERKUNGEN

① **Emir Bey'ler** („die Herren Emir") „die Familie Emir". Es ist auch möglich, den Familiennamen direkt mit der Pluralendung zu verwenden: **Emir'ler**, **Koyuncu'lar**.

② **başka** hinter einem Wort im Ablativ heißt „außer".

③ Die Bedeutung von **geçirmek** ändert sich je nach Begleitwort: **kaza geçirmek** „einen Unfall haben", **tatil geçirmek** „Ferien verbringen", **kurak bir kış geçirdik** „wir haben einen trockenen Winter gehabt (verbracht)".

④ **Yaralamak** „verletzen", **yarala-n-mak** „verletzt werden"; **yaralanan** „der Verletzte", **yaralı** „verletzt".

37. LEKTION

DIE VERSPÄTETEN GÄSTE

1 Herr Emir und seine Frau (die Emirs) geben für ihre Freunde heute Abend ein Essen. Außer Çetin und seiner Frau (Çetins) sind alle gekommen.

2 In diesem Moment klingelt das Telefon:

3 – Hallo, Çetin? Wo bleibt ihr? Wir haben uns Sorgen gemacht.

4 – Seid uns nicht böse, wir haben uns sehr verspätet. Das heißt, wir haben einen kleinen Unfall gehabt.

5 – Ihr habt einen Unfall gehabt? Mein Gott. (vorbeigegangen sei-es.) Ist jemand verletzt?

6 – Gott sei Dank ist niemand verletzt oder Ähnliches. Es geht uns allen gut. Nur sind wir augenblicklich mit dem Wagen beschäftigt.

7 – Wie ist der Unfall passiert?

⑤ **Çok şükür** „vielen Dank (an Gott)“ entspricht unserem „Gott sei Dank“. **şükür** stammt aus dem Arabischen und ist auch in **teşekkür** enthalten.

⑥ **falan** oder **filan** bedeutet „oder Ähnliches“.

⑦ **Hep** „all, nur“. **onlarla hep Türkçe konuşuyoruz** „mit ihnen sprechen wir nur Türkisch“ (Lektion 20). Bezieht sich „all“ auf etwas Bestimmtes, erhält **hep** ein Possessivsuffix: **hepsi** „all dieses“, **hepimiz** „wir alle“.

⑧ **arabayla uğraşıyoruz** „wir sind beschäftigt/beschäftigen uns mit dem Wagen“, **uğraşmak** heißt „sich anstrengen, sich bemühen“. Ebenso: **Nihayet kapıyı açtım, ama çok uğraştım** „Endlich habe ich die Tür geöffnet, aber es war anstrengend“ oder aus Lektion 17: **Ben ticaretle uğraşıyorum.** „Ich bin Händler/beschäftige mich mit dem Handel.“

8 – Gelirken bir virajda lastik patladı. Bereket versin yavaş gidiyordum. Arabam kaydı, yandaki hendeğe girdi. ⑨⑩

9 Telefon ettik. Arabayı çıkarmaya gelecekler. Siz lütfen beklemeyin, yemeğe başlayın. Biz inşallah tatlıya yetişiriz.

10 Emir Bey'i işiten misafirler merakla soruyorlar:

11 – Ne olmuş?

12 – Kaza mı olmuş?

13 – Kim kaza yapmış? ⑪

14 Emir Bey:

15 – Yolda Çetin'in lastiği patlamış. Arabası hendeğe girmiş. Neyse ki hepsi iyiymiş. ⑪⑫

16 Biz yemeğe başlayabiliriz. Sofraya buyurun. Onlara tatlıdan ayırırız. ⑬⑭

ANMERKUNGEN

⑨ **Gelir-ken** „beim Kommen", „als wir kamen".

⑩ **Bereket versin** „Gott gebe euch Segen" im Sinne von „Gottlob, zum Glück". Eine Wendung, die Sie z. B. von einem Händler hören können, wenn Sie dessen erster Kunde sind.

8 – Auf der Fahrt ist in einer Kurve ein Reifen geplatzt. Gott sei Dank (Segen dass-er-gebe) fuhr ich langsam. Der (mein) Wagen schleuderte (und) geriet in den (danebenliegenden) Graben.

9 Wir haben angerufen. Man wird kommen, [um] den Wagen herauszuziehen. Wartet bitte nicht (auf uns), fangt mit dem Essen an. So Gott will, kommen wir rechtzeitig zum Nachtisch.

10 Die Gäste, die Herrn Emir haben sprechen hören, fragen angstvoll:

11 – Was ist geschehen (was wurde)?

12 – Gab es einen Unfall?

13 – Wer hat einen Unfall gehabt?

14 Emir Bey:

15 – Auf dem Weg ist anscheinend Çetins Reifen geplatzt. Sein Wagen ist wohl in den Graben geraten. Glücklicherweise geht es anscheinend allen gut.

16 Wir können mit dem Essen anfangen. Ich bitte zu Tisch. Wir werden für sie etwas Nachtisch aufheben.

⑪ **ol-muş**, **yap-mış** sind wie **oldu**, **yaptı** Formen der Vergangenheit, sie weisen aber auf eine subjektive, vom Sprecher getroffene Feststellung hin. Vergleichen Sie die Schilderung des von Herrn Çetin erlebten Unfalls (Perfekt mit **-di**) mit der von Herrn Emir abgegebenen Beschreibung des Unfalls („anscheinend ..." - Vergangenheit mit **-miş**).

⑫ **Çetin'in lastiği** „Çetins Reifen". Ein weiteres Beispiel für einen Genitiv mit einem bestimmten Besitzer.

⑬ **başla-y-abilir-iz** „wir können anfangen". Erinnern Sie sich an das Verbindungs-**y** vor (dem unveränderlichen) **-abilir** nach einem konsonantisch auslautenden Verbstamm?

⑭ **Sofra** ist das Tischtuch, das auf den Boden gelegt wird, um darauf das Essen einzunehmen. Dieser Brauch ist auch heute auf dem Land noch lebendig.

1. BU CÜMLELERİ ANLIYOR MUSUNUZ?

❶ Geçen toplantıda Çetin'ler gecikmiş, çünkü gelirken kaza geçirmişler. ❷ Kazada birkaç kişi yaralandı. ❸ Emir Bey dostlarına kazayı anlattı. ❹ Ev sahibi merak etmiş. Saat dokuz buçukta misafirleri hâlâ gelmemiş. ❺ Çetin Bey'in arabası bozuk. Motoruyla uğraşıyor. ❻ Misafirler geciktiler ama tatlıya yetişecekler. ❼ Gecikenlere tatlıdan ayırabiliriz ❽ Merak etmeyin. Telefonla haber vereceğiz.

2. BOŞLUKLARI DOLDURUNUZ.

❶ Außer den Çetins sind alle (ist jeder) gekommen.
Çetin' . . . . herkes geldi.

❷ Haben sie einen Unfall gehabt? Gibt es Verletzte?
. . . . mı . . . . ? . . . . var . . ?

❸ Sie können mit dem Essen anfangen.
Siz . . . .

❹ Gott sei Dank gibt es keine Verletzten oder Ähnliches. Ich bitte zu Tisch.
Çok . . . . . yaralı . . . . . yok. . . . . buyurun.

❺ Was ist geschehen? Hat es einen Unfall gegeben? Wer hat einen Unfall gehabt?
Ne . . . . . ? . . . . . . olmuş? . . . kaza . . . . . . ?

❻ Glücklicherweise ist anscheinend jeder wohlauf (gut).
. . . . hepsi . . . .

❼ Wo sind Sie geblieben? Wir haben uns Sorgen gemacht.
Nerede . . . . ? . . . . . . ettik.

1. ŞİMDİ ANLADINIZ MI?

❶ Beim letzten Empfang sind die Çetins anscheinend zu spät gekommen, weil sie anscheinend auf der Hinfahrt einen Unfall gehabt haben. ❷ Bei dem Unfall sind mehrere Personen verletzt worden. ❸ Herr Emir hat seinen Freunden von dem Unfall erzählt. ❹ Der Gastgeber scheint sich Sorgen gemacht zu haben. Um halb zehn waren seine Gäste wohl immer noch nicht da. ❺ Herrn Çetins Wagen hat eine Panne. Er ist mit seinem Motor beschäftigt. ❻ Die Gäste haben sich verspätet, sie werden aber rechtzeitig zum Nachtisch ankommen. ❼ Wir können etwas Nachtisch für die Verspäteten aufbewahren. ❽ Machen Sie sich keine Sorgen. Wir werden [Ihnen] telefonisch Bescheid sagen.

2. BOŞLUKLARA GELEN SÖZCÜKLER.

❶ lerden başka ❷ Kaza - geçirdiler - Yaralanan - mı ❸ yemeğe başlayabilirsiniz ❹ şükür - falan - Sofraya ❺ olmuş - Kaza mı - Kim - yapmış ❻ Neyse ki - iyiymiş ❼ kaldınız - Merak.

In den ersten 35 Lektionen haben Sie sich mit der Grundstruktur der türkischen Sprache vertraut gemacht. Nun sind Sie in der „aktiven Phase", die wir auch „Zweite Welle" nennen: Sie formulieren selbstständig Sätze auf Türkisch. Sie werden feststellen, dass Ihnen die erforderlichen Ausdrücke und Redewendungen spontan einfallen. Überhaupt wird es in dieser Phase an Erfolgserlebnissen nicht fehlen: Da Sie mittlerweile sehr viel verstehen, werden Ihnen die Texte der ersten Lektionen besonders leicht erscheinen.

Achtung: Bevor Sie diese neue Übung absolvieren, sollten Sie die heutige Lektion ganz normal bearbeiten, d.h. sich nur mit dem Verstehen des Dialogs beschäftigen. Sie werden feststellen, dass Sie Ihre bislang erworbenen Kenntnisse vertiefen und festigen und gleichzeitig Ihren Wortschatz erweitern.

Verzichten Sie nicht auf diese „aktive Phase"; sie ist integraler Bestandteil des Kurses! Sie werden merken, wie viele passive Kenntnisse Sie schon besitzen, und nun können Sie endlich selbst auf Türkisch formulieren! Außerdem zeigt Ihnen die „Zweite Welle" die Schwierigkeiten auf, die noch bei Ihnen bestehen, und Sie werden herausfinden, was Sie noch einmal wiederholen müssen.

Zweite Welle: Aktivieren Sie heute Lektion 2!

OTUZ SEKİZİNCİ DERS

RADYOEVİNDE BİR KONUŞMACI ①

1 ... Evet, sayın dinleyiciler. Bugünkü konuşmamı şöyle özetlemek istiyorum: ②

2 Hiçbir şeye sinirlenmeyin, üzülmeyin. Birçok hastalık üzüntüyle gelir. ③

3 Diyelim ki, uçağınızı kaçırdınız. Hayatın sonu değil ya. Bir sonrakine binersiniz. ①④⑤

4 Oğlunuzun karnesi kırıklarla dolu. Bu sene sınıfta kalırsa, kalsın. Ne çıkar? Seneye büyür, daha iyi notlar alır. ①⑥⑦⑧

5 Sevgiliniz sizi bırakırsa, bıraksın. Ağlamaya değer mi? Başkasını bulursunuz. ⑦⑨⑩

ANMERKUNGEN

① **radyoevi** „Rundfunkhaus“ ist eine Genitivkonstruktion aus **rady** und **ev**. Ebenso: **kitabevi** „Buchhandlung“, **olağanüstü** („über da Gewöhnliche“) „außerordentlich“, **havaalanı** „Flughafen“. Ein weite rer unbestimmter Genitiv in dieser Lektion: **ruh sağlığı** „die geistig Gesundheit“ und ein bestimmter Genitiv: **Hayatın sonu** „Lebens ende“. Suchen Sie weitere Beispiele für beide Genitivformen!

② **sayın** „verehrt“ vom Verb **saymak** „zählen, schätzen“ wird nicht nu bei Ansprachen und Reden, sondern auch in Briefadressen verwen det. Man schreibt **Sayın** oder kurz **Sn. Emir Demirtaş** und als An rede im Brief **Emir Bey** oder **Sayın Demirtaş**.

③ **sinirlenmek** und **üzülmek** werden vom Dativ begleitet. **üzme** „bekümmern, Sorge bereiten“, **üzülmek** „Kummer haben“, „sic Sorgen machen“, **üzüntü** „der Kummer, die Sorge“.

④ **ya** hat hier die gleiche rhetorische, d.h. stilistische Funktion wie i Lektion 36 und wird zur Bekräftigung der Aussage benutzt.

⑤ **Bir sonra-ki-ne** „zu dem/der folgenden“ bzw. „in den/das folgen de/n“: **bir sonraki** heißt „der/die/das folgende“.

⑥ **kırık** „schlecht, ungenügend“ (von **kırmak**) steht hier für „schlecht Zensur“ (das Wort für „Zensur“ **not** wird nicht ausgedrückt). **zay** „unzureichend“ ersetzt häufig das Wort **kırık**.

38. LEKTION

EIN ANSAGER IM RUNDFUNKHAUS

1 ... „Nun (ja), liebe Zuhörer, ich möchte meine heutige Rede so zusammenfassen:

2 Lassen Sie sich nicht ärgern, machen Sie sich keine Sorgen. Sehr viele Krankheiten kommen durch den Stress (die Sorgen).

3 Sagen wir mal, Sie haben Ihr Flugzeug (ja/doch) verpasst. Das ist jedoch kein Weltuntergang (Lebensende). Sie werden ins nächste einsteigen.

4 Das Zeugnisheft Ihres Sohnes ist voll von schlechten Zensuren. Wenn er (in der Klasse) sitzen bleibt, so bleibt er sitzen. Und dann (was darauf)? Nächstes Jahr wird er älter werden (wachsen) [und] bessere Zensuren haben.

5 Wenn Ihr/e Freund/in Sie verlässt, na und? Soll er/sie Sie verlassen! Ist das ein Grund zum Weinen? Sie werden eine/n andere/n finden! (Sie werden finden eine/n andere/n!)

⑦ **kalır-sa** „wenn es bleibt". Die Partikel **-sa** „wenn ..." kennen Sie bereits; sie weist auf einen Bedingungssatz hin. Eine Befehlsform hinter einem solchen Bedingungssatz, z. B. **kalsın** „dass er bleibt" oder **bıraksın** „dass er lasse", heißt dann in etwa „na und?", „was soll's?"

⑧ **Sene-y-e** „in einem Jahr", „nach einem Jahr", „nächstes Jahr". Ebenso: **haftaya** „in einer Woche".

⑨ **değmek** „wert sein" verlangt den Dativ, ob mit einem Substantiv (**fiyatlara değer** „es ist den Preis wert") oder mit einem Verb (**Ağlamaya değer mi?** „Lohnt es sich zu weinen?").

⑩ **Başka-sı** heißt wörtlich „sein anderer", d. h. „ein anderer ...". Ähnlich bei **eskisi kadar ot yok** „es gibt kein Gras wie früher" (wörtlich „sein früheres), **doğrusu** „sein wahres" = „der/die/das wahre ...", **en iyisi** „der/die/das Beste" und in dieser Lektion **daha iyileri** „bessere ...".

6 Evinize hırsız mı girdi? En değerli eşyalarınızı mı çaldı? Canınız sağ olsun. Çalışır, kazanır, daha iyilerini alırsınız. ⑪

7 Kısaca hiçbir şeye üzülmeye değmez, sevgili dinleyicilerim. ⑫⑬

8 Ruh sağlığınızı koruyabilirsiniz. Sözlerimi bitirirken, hepinize mutluluklar dilerim. ①⑭

9 Biraz sonra dışarda, aynı konuşmacının sesi duyuluyor: ①

10 – Hangi düşüncesiz buraya park etti? Ben şimdi nasıl çıkacağım?

11 Havaalanına nasıl yetişeceğim? Bu kadar bencillik olmaz! ⑬

12 O sırada, yakındaki bir bankta adamın biri uzanmış, yatıyor. Gürültüyü duyunca başını kaldırıp söyleniyor: ①⑮⑯

13 – Arabanın sahibi gelir canım, o kadar önemli değil. Sinirlenmeyin, üzülmeyin... ①

14 – Sana akıl soran oldu mu? Sen kendi işine bak. Of Tanrım, çıldıracağım.

ANMERKUNGEN

⑪ **Canınız sağ olsun** „dass Ihre Seele heil sei“ heißt „machen Sie sich keine Sorgen“.

⑫ **Kısa-ca** „kurzum, kurz und gut“. Das Suffix deutet auf die Umstände einer Handlung hin.

6 Ist ein Dieb bei Ihnen eingebrochen? Hat er Ihre wertvollsten Sachen gestohlen? Machen Sie sich keine Sorgen. (Seele-Ihre gesund soll-sein.) Sie werden arbeiten, [Geld] verdienen und noch schönere (bessere) kaufen.

7 Kurz und gut, nichts ist Sorgen wert (es lohnt sich nicht, für kein Ding sich Sorgen zu machen), meine lieben Zuhörer.

8 Sie können Ihre geistige Gesundheit bewahren (schützen). Zum Schluss meiner Worte wünsche ich Ihnen allen [alles] Gute."

9 Etwas später hört man draußen die Stimme desselben Ansagers:

10 – Welcher Idiot (Gedankenloser) hat hier geparkt? Wie komme ich jetzt hier raus?

11 Wie erreiche ich rechtzeitig den Flughafen? Ein solcher Egoismus ist doch nicht möglich!

12 Währenddessen lag (gestreckt liegend) ein Typ auf einer Bank in der Nähe. Als er den Lärm hörte, hob er den Kopf und murmelte:

13 – Der Besitzer des Wagens kommt gleich, mein Lieber, es ist doch nicht so schlimm! Lassen Sie sich nicht ärgern, machen Sie sich keine Sorgen ...

14 – Hat dich jemand um deine Meinung gebeten? Kümmere dich um (schaue zu) deine Angelegenheiten! Mein Gott, ich werde verrückt.

⑬ **değ-m-ez** (und in Satz 11) **ol-m-az**: Verneinungsformen der 3. Person Singular von **değer** und **olur** (unbestimmtes Präsens von **değmek** und **olmak**).

⑭ **bitirir-ken** („beim Enden") „zum Schluss". Vgl. Sie auch **içerken** „beim Verlassen". Die Endung **-ken** ermöglicht, einen Nebensatz mit „als, wenn, indem" zu beginnen. Sie werden sie ab nun häufiger antreffen.

⑮ **uzanmış** „sich hingelegt habend" ist wie **dayak yemiş** „Stockschläge erhalten habend" ein Partizip der Vergangenheit.

⑯ **duy-unca** „hörend". Das dem Stamm hinzugefügte **-ince** (**-ünce**, **-ınca**, **-unca**) dient dazu, die Gleichzeitigkeit auszudrücken. Im Deutschen wird es durch ein Adverb oder einen Nebensatz ausgedrückt: **Kediyi görünce, fare kaçtı.** „Als sie die Katze sah, floh die Maus."

1. BU CÜMLELERİ ANLIYOR MUSUNUZ?

❶ Radyoevinde bir konuşmacı dinleyicilerine şöyle söylüyordu: Hiçbir şeye sinirlenmeye, üzülmeye değmez. ❷ Bu adam uçağını kaçırırsa, bir sonrakine biner. ❸ Oğlunuzun karnesi kırıklarla dolu. Böyle giderse, sınıfta kalır. Daha iyi notlar almalı. ❹ Bir hırsız evime girip eşyalarımı çalarsa, yenilerini almak zorunda kalırım. ❺ Sevgilin seni bırakırsa, ağlamaya değmez. Daha iyisini bulursun. ❻ Konuşmacı park ederken, bir adamın sesini duydu. ❼ Bankta uzanmış bir adam görünce, sinirlenip bağırmaya başladı.

2. BOŞLUKLARI DOLDURUNUZ.

❶ Ich möchte meine heutige Rede mit diesen Worten zusammenfassen.

. . . . konuşmamı şöyle . . . . istiyorum.

❷ Es ist nicht so schlimm. Ärgern Sie sich nicht, machen Sie sich keine Sorgen.

O . . . . değil. Sinirlenmeyin, ...

❸ Welcher Idiot hat hier geparkt?

Hangi . . . . park etti?

❹ Ein solcher Egoismus ist doch nicht möglich!

Bu kadar . . . . !

❺ Hat man dich um deine Meinung gebeten? Kümmere dich um deine Angelegenheiten!

Sana . . . . oldu mu? Sen . . . . bak!

1. ŞİMDİ ANLADINIZ MI?

❶ Ein Ansager im Rundfunkhaus sagt seinen Zuhörern Folgendes: „Nichts ist Kummer und Sorgen wert.“ ❷ Wenn dieser Mann sein Flugzeug verpasst, wird er ins nächste einsteigen. ❸ Das Zeugnisheft Ihres Sohnes ist voll von schlechten Zensuren. Wenn das so weitergeht, bleibt er sitzen. Er muss bessere Zensuren haben (nehmen). ❹ Wenn ein Dieb bei mir einbricht und meine Sachen stiehlt, werde ich neue kaufen müssen. ❺ Wenn dein Geliebter dich verlässt, lohnt es sich, nicht zu weinen. Du wirst einen besseren finden. ❻ Der Ansager hörte, als er parkte, die Stimme eines Mannes. ❼ Als er einen Mann auf einer Bank liegen sah, ärgerte er sich und fing an zu brüllen.

❻ Der Besitzer des Wagens kommt gleich, mein Lieber. Machen Sie sich keine Sorgen.

. . . . sahibi . . . . . canım, merak . . . .

❼ Ein Typ liegt. Als er Lärm hört, hebt er seinen Kopf und murmelt.

. . . . . . biri . . . . Gürültüyü . . . . , başını . . . . söyleniyor.

❽ Ich wünsche Ihnen alles Gute.

. . . . mutluluklar . . . .

2. BOŞLUKLARA GELEN SÖZCÜKLER.

❶ Bugünkü - özetlemek ❷ kadar önemli - üzülmeyin ❸ düşüncesiz - buraya ❹ bencillik olmaz ❺ akıl soran - kendi işine ❻ Arabanın - gelir - etmeyin ❼ Adamın - uzanmış - duyunca - kaldırıp ❽ Hepinize - dilerim.

Bestimmt bereitet Ihnen das selbstständige Formulieren der Lektionstexte auf Türkisch keine größeren Schwierigkeiten mehr. Hören Sie sich ruhig immer wieder die Tonaufnahmen der ersten Lektionen an. Jetzt, wo Sie mehr verstehen, haben Sie ein noch besseres Ohr für den türkischen Tonfall.

Zweite Welle: Aktivieren Sie heute Lektion 3!

OTUZ DOKUZUNCU DERS

ACI BIR HABER

1 Günlerden cumartesi. Nejat Bey geç saatlere kadar uyuyor.

2 Uyanınca, neşeyle kalkıp pencereyi açıyor. Yağmur dinmiş, gökyüzü pırıl pırıl. ①②③④⑤

3 Nejat Bey çok mutlu. Islık çalarak mutfağa gidiyor. Çayı ateşe koyuyor. ⑥⑦

4 Kapıcı gazetesini kapıya bırakmış. Biraz sonra kahvaltı ederken gazetenin başlıklarına bir göz atıyor: ③

5 „E 5 Karayolunda otobüs kazası, 27 ölü, 12 yaralı." ⑧⑨

ANMERKUNGEN

① **Uyan-ınca** „als er aufwacht". -**ınca** ist eine Variante von -**unca** (Lektion 38). Von den Varianten -**ünce** und -**ince** finden Sie weitere Beispiele im Text ...

② **dinmek** „aufhören, sich beruhigen" wird hauptsächlich beim Wetter gebraucht: **yağmur dindi** „der Regen hat aufgehört", **rüzgâr dindi** „der Wind hat sich gelegt".

③ -**miş** in **dinmiş** und **bırakmış** (Satz 4) bezeichnet hier eine abgeschlossene Handlung, die Personalendungen werden angehängt. -**miş** wird auch für Handlungen verwendet, die man persönlich nicht miterlebt hat (**banka soymuşlar**, **uçak kaçırmışlar**, **deprem olmuş**, **evler yıkılmış**) und die mit „anscheinend", „es wird behauptet", „man sagt" umschrieben werden. Diese Vergangenheit unterscheidet sich von der „objektiven Feststellung" (**banka soydular**, **uçak kaçırdılar**, **deprem oldu**, **evler yıkıldı**), bei der Journalisten über beobachtete Ereignisse berichten. Außerdem wird mit -**miş** das Partizip Perfekt gebildet: **yumruk yemiş** „einen Faustschlag bekommen habend", **uzanmış** „gelegt".

39. LEKTION

EINE BETRÜBLICHE NACHRICHT

1 An einem Samstag (unter allen Tagen Samstag). Herr Nejat schläft lange (spät Stunde-die-zu bis schläft-er).

2 Als er aufwacht, steht er fröhlich (mit Freude) auf und öffnet das Fenster. Der Regen hat aufgehört, der Himmel ist ganz blau (glänzend glänzend).

3 Herr Nejat ist ganz froh. Pfeifend geht er in die Küche. Er setzt den Tee auf.

4 Der Hausmeister hat die (seine) Zeitung vor der Tür gelassen. Etwas später, beim Frühstück, wirft er einen Blick auf die Überschriften der Zeitung:

5 „Auf der Fernstraße E5, Busunglück: 27 Tote und 12 Verletzte."

④ **gökyüzü** aus **gök** „Himmel" und **yüz** „Gesicht" bedeutet „Firmament". **mavi** heißt „blau", **gök** oder **gök mavisi** „himmelblau". In Istanbul kann man abends das Wetter des folgenden Tages anhand der Farbe des Leuchtturms von Beyazıt erfahren, und zwar aus dem Anfangsbuchstaben der Lichtfarbe: **gök** „blau" = **güzel** „schön", **yeşil** „grün" = **yağmur** „Regen", **sarı** „gelb" = **sis** „Nebel", **kırmızı** „rot" = **kar** „Schnee".

⑤ **pırıl pırıl** „eine rein glänzende Sauberkeit" ist wieder ein Doppelwort. Hier ist es kein Adjektiv, sondern die Ableitung von **pırıldamak** „leuchten, glänzen". **ev pırıl pırıl** „ein blitzblankes Haus".

⑥ **çalmak** heißt „stehlen", „klingen" und „(ein Musikinstrument) spielen". **ıslık çalmak** „pfeifen".

⑦ **Islık çalarak** „während er pfeift"; **çayını içerek** „während er seinen Tee trinkt". Das Suffix **-erek/-arak** drückt die Gleichzeitigkeit bzw. die Art und Weise einer Handlung aus: **kalp krizi geçirerek öldü** („er starb, während er einen Herzanfall hatte") „er starb an einem Herzanfall".

⑧ **karayolu** „Fernstraße" ist wie **radyoevi** und **gökyüzü** ein zusammengesetztes Substantiv: **kara** „Festland", **yol** „Weg".

⑨ **ölü** „tot", „der Tote" kommt von **ölmek** „sterben".

6 Çayını içerek: ⑦
Yazık yine trafik kazası olmuş. Çok hızlı gidiyorlar, uykusuz yola çıkıyorlar ondan. ③

7 „Dün geçe bir bankayı soyup 150 milyonla kaçtılar."

8 Ekmeğine yağ ve reçel sürüyor: Yine banka soymuşlar. Bunlara çok iyi bir ceza vermeli. ③

9 „Silahlı iki kişi bir uçağı kaçırıp, yolcuları rehin aldılar. Rehinelerden biri kalp krizi geçirerek öldü." ⑦

10 Kendine bir çay daha koyuyor: Yine uçak kaçırmışlar ha? Zavallı insanlar. İyi ki ben yoktum içlerinde! ③⑩

11 „Güney Amerika'da deprem. 15000 kişi evsiz kaldı. Yüzlerce yaralı var."

12 Vah, vah, deprem olmuş, evler yıkılmış. Ne yazık. Ama ne yapalım, hayat bu. ③⑪

13 Spor sayfasına gelince Nejat Bey'in bütün neşesi kaçıyor. ①

14 „Dünkü maçta Galatasaray Fenerbahçe'yi 1-0 yendi." ⑫⑬

15 Nejat Bey birdenbire midesine bir yumruk yemiş gibi oluyor. ③

ANMERKUNGEN

⑩ **kaç-ır-mak** hat viele Bedeutungen. Es ist die kausative Form von **kaçmak** „fliehen", bedeutet aber auch „verpassen": **Uçağınız kaçırdınız**. „Sie haben Ihr Flugzeug verpasst."; **bu fırsatı kaçırmamalı** „diese Gelegenheit darf nicht verpasst werden". Es kann auch „entführen" heißen: **iki kişi bir uçağı kaçırdılar** „zwei Personen haben ein Flugzeug entführt".

⑪ **Vah, vah** „ach", „oh weh" (Ausruf) drückt Bedauern oder Verzweiflung aus. (Vgl. **eyvah** aus Lektion 12.)

⑫ **yen-mek** „siegen". Das unbestimmte Präsens ist **yen-er**, das nicht mit **yenir**, dem Passiv von **yemek** „essen", verwechselt werden darf. Das Passiv von **yenmek** lautet **yen-il-mek** „besiegt werden".

6 Beim Teetrinken [sagt er]: Welch ein Jammer! Wieder ein Verkehrsunfall (ist geschehen). Sie fahren zu schnell und machen sich auf den Weg (auf die Straße ausgehen), ohne genug geschlafen zu haben. Daher kommt das.

7 „Letzte Nacht (gestern Nacht) hat man eine Bank überfallen und 150 Millionen geraubt (mit 150 Millionen geflohen)."

8 Er schmiert Butter und Marmelade aufs Brot: Es ist schon wieder eine Bank überfallen worden. Denen sollte man eine schwere Strafe auferlegen.

9 „Zwei bewaffnete Personen haben ein Flugzeug entführt und Passagiere als Geiseln genommen. Eine der Geiseln ist an einem Herzanfall gestorben (einen Herzanfall erleidend)."

10 Er gießt sich noch einen Tee ein: Ach! Man hat schon wieder ein Flugzeug entführt! Arme Leute. Zum Glück war ich nicht dabei (in ihrem Inneren = unter ihnen)!

11 „Erdbeben in Südamerika. 15.000 Personen sind obdachlos (geblieben). Es gibt Hunderte von Verletzten."

12 Oh weh, es gab ein Erdbeben, die Häuser sind eingestürzt. Welch ein Unglück! Aber was kann man dagegen tun? So ist das Leben.

13 Als Herr Nejat zur Sportseite kommt, verlässt ihn die gute Laune:

14 „Im gestrigen Spiel hat Galatasaray gegen Fenerbahçe 1-0 gewonnen."

15 Plötzlich spürt Herr Nejat etwas wie einen Faustschlag in seinem Magen (Magen-sein ein Faustschlag gegessen-habend wie wird-er).

⑬ **futbol** „der Fußball", sehr populär in der Türkei. Internationale und nationale Spiele werden von den Anhängern der großen Fußballvereine, den **Galatasaraylı**, **Fenerbahçeli** oder **Beşiktaşlı** begeistert verfolgt.

1. BU CÜMLELERİ ANLIYOR MUSUNUZ?

❶ Sabahleyin Nejat Bey kalkınca, pencereden dışarıya bir göz atıyor. ❷ Kapıyı açıyor. Kapıcı gazetesini bırakmış. ❸ Çayını içerken, spor sayfasına bir göz atıyor. ❹ Bir trafik kazası olmuş. Birkaç yaralı varmış. ❺ Ekmeğine yağ sürerek, gazetenin başlıklarını okuyor. ❻ Amerika'daki depremde binlerce kişi evsiz kalmış. Yüzlerce de ölü varmış.

2. BOŞLUKLARI DOLDURUNUZ.

❶ Am Samstag schläft Herr Nejat lange.

Nejat Bey . . . . geç . . . . kadar uyur.

❷ Der Regen hat aufgehört, der Himmel ist ganz klar (rein).

Yağmur . . . . . . , gökyüzü . . . .

❸ Pfeifend setzt er den Tee aufs Feuer.

Islık . . . . çayı . . . . . koyuyor.

❹ Gestern in der Nacht hat man eine Bank überfallen und 150 Millionen geraubt (mit ... geflohen).

. . . gece bir . . . . soyup . . . . milyonla . . . .

❺ Eine von den Geiseln hat einen Herzanfall gehabt (indem sie ...) und ist gestorben.

. . . . kalp krizi . . . . öldü.

❻ Zum Glück waren wir nicht dabei.

. . . . . . biz . . . . . . içlerinde.

❼ Als Herr Nejat zur Fußballseite kommt, spürt er (etwas) wie einen Faustschlag im Magen.

Futbol . . . . Nejat Bey . . . . bir yumruk . . . . oluyor.

1. ŞİMDİ ANLADINIZ MI?

❶ Wenn Herr Nejat morgens aufsteht, wirft er einen Blick durch das (aus dem) Fenster. ❷ Er öffnet die Tür. [Ach], der Hauswart hat die Zeitung hingelegt (gelassen). ❸ Als er seinen Tee trinkt, wirft er einen Blick auf die Sportseite. ❹ Es hat (anscheinend) einen Verkehrsunfall gegeben. Es gibt mehrere Verletzte. ❺ Während er Butter auf sein Brot schmiert, liest er die Überschriften der Zeitung. ❻ Beim Erdbeben in Amerika sind anscheinend Tausende von Menschen obdachlos geworden (geblieben). Und es gibt auch Hunderte von Toten. (Hunderte-zu auch Toter gibt-es.)

*Lesen Sie den Lektionstext noch mehrmals laut durch. Achten Sie besonders auf die Verben mit -**miş** und die Tempussuffixe. In den beiden folgenden Lektionen werden diese Dinge noch einmal etwas vertieft. Sie haben so die Gelegenheit, die Fälle und die Endungen noch einmal zu üben.*

2. BOŞLUKLARA GELEN SÖZCÜKLER.

❶ cumartesi günleri - saatlere ❷ dinmiş - pırıl pırıl ❸ çalarak - ateşe ❹ Dün - bankayı - yüz elli - kaçtılar ❺ Rehinelerden biri - geçirerek ❻ İyi ki - yoktuk ❼ sayfasına gelince - midesine - yemiş gibi.

Nun, wie klappt es mit der „Zweiten Welle"? Lassen Sie sich durch Fehler nicht entmutigen. Gerade sie zeigen Ihnen ja, was Sie sich nochmals anschauen sollten.

Zweite Welle: Aktivieren Sie heute Lektion 4!

▶ KIRKINCI DERS

KISKANÇ KOCA

1 Orhan Bey bir iş seyahatindeydi. Karısı onu gece yarısına doğru bekliyordu. ①

2 Ama Orhan Bey'in işi erken bitti ve eve akşam, hava kararırken döndü. Evde ışık yoktu.

3 „Demek karım evde değil. Acaba nerede? Annesinde mi?", diye düşündü merakla, „yoksa ... bir sevgilisi mi var?" ②

4 Kapının önünde karısının yeşilli, pembeli eşarbını gördü: ③

5 „En güzel elbisesini giyip sevgilisine gitmiş. Aceleden eşarbını da düşürmüş", dedi kendi kendine. ②④

6 Kapı kilitli değildi. „İnsan aşık olunca böyle şeyleri unutur" diye düşündü. ③

7 Eve girince ışığı yaktı. „Dantel masa örtüsü, kristal bardaklar ve çiçeklerle sofrayı hazırlamış. ⑤

ANMERKUNGEN

① **gece yarısı** („Mitte der Nacht") „Mitternacht". Verwechseln Sie **yarı** nicht mit **yarın** „morgen" oder **yarım** „halb".

② **Demek** „sagen" wird bei Zitaten verwendet, wie z. B. im Satz: **biraz uyuyayım dedim** „ich habe mir gesagt ...". Es wird auch in der Form **diye** „sagend" benutzt und begleitet dann eine wörtliche Rede, wobei ihm Verben wie **sormak** „fragen", **cevap vermek** „antworten", **düşünmek** „meinen" folgen.

40. LEKTION

DER EIFERSÜCHTIGE EHEMANN

1 Herr Orhan war auf Geschäftsreise. Seine Frau erwartete ihn um Mitternacht (um die Hälfte der Nacht).

2 Aber die Geschäfte von Herrn Orhan waren früh beendet und er kehrte abends bei Einbruch der Nacht zurück (als die Luft/das Wetter dunkel wurde). Im Haus war kein Licht.

3 „Das heißt, dass meine Frau nicht zu Hause ist. Wo kann Sie wohl sein? Bei ihrer Mutter?", wunderte er sich (sagend dachte er mit Erstaunen), „oder ... hat sie einen Geliebten?"

4 Vor der Tür sah er den grünrosafarbenen Schal (mit Grün und Rosarot) seiner Frau:

5 „Sie hat ihr schönstes Kleid angezogen und ist zu ihrem Geliebten gegangen. In ihrer Eile (wegen ...) hat sie ihren Schal fallen lassen", sagte er sich (selber zu sich selbst).

6 Die Tür war nicht zugeschlossen. „Wenn man verliebt ist, vergisst man solche Sachen" (sagend), dachte er.

7 Als er das Haus betrat, machte (brannte) er das Licht an. „Sie hat den Tisch mit einem Spitzentischtuch, Kristallgläsern und Blumen gedeckt.

③ In dieser Lektion finden Sie wieder Genitivkonstruktionen wie **Orhan Bey'in işi** „Herrn Orhans Geschäfte" und Konstruktionen mit **ön** und **üst** (die wir mit Präpositionen übersetzen): **Kapının önünde** „vor d(ies)er Tür", **yatağın üstünde** „auf d(ies)em Bett". In **karı-sı-n-ın eşarbı** „der Schal d(ies)er Frau" finden Sie wieder die Possessivendung der 3. Person Singular und die des Genitivs mit Verbindungs-**n**. Es geht in diesen Beispielen immer um bestimmte Personen oder Objekte. Vergleichen Sie mit: **ağaçlar içinde** „zwischen Bäumen" und **ayaklar altında** „unter den Füßen", wo Bäume und Füße unbestimmt (ganz allgemein) sind.

④ **gitmiş**, **düşürmüş** und **hazırlamış** bezeichnen eine abgeschlossene Handlung und drücken gleichzeitig eine Vermutung aus.

8 Demek onu buraya çağırmış. Ne cesaret! Hemen boşanacağız“ dedi öfkeyle. ④

9 Başka ipuçları bulmak üzere yatak odasına girdi... A, karısı uyuyordu. Yeşil ipek elbisesi yatağın üstündeydi. ⑤

10 Uykulu mırıldandı:

11 – Sen mi geldin kocacığım? Seni beklerken biraz uyuyayım dedim de... ②⑥⑦

12 – Öyle mi? Peki sofrayı kimin için hazırladın? ⑨

13 – İkimiz için: bugün bizim evlilik yıldönümümüz unuttun mu?

14 – Sen bir tanesin karıcığım, dedi utanarak. Haydi güzelce giyin, şöyle karşıma gel. Bir şampanya açalım. ⑥⑨⑩

ANMERKUNGEN

⑤ **ipuçları**: Plural von **ipucu** „Anhaltspunkt“ aus **ip** „Schnur“ und **uç** „Ende“. Der Ursprung dieses Wortes ist vermutlich der Faden de Ariane, der Theseus zum Ausgang des Labyrinths führte.

8 Das heißt, dass sie ihn hierher eingeladen (gerufen) hat. Unverschämt! Wir werden uns sofort scheiden lassen!", sagte er wütend (mit Wut).

9 Auf der Suche nach weiteren Anhaltspunkten trat er ins Schlafzimmer (Bettzimmer) ... Ach! Seine Frau schlief. Ihr Kleid aus grüner Seide lag auf dem Bett.

10 Noch im Schlaf murmelte sie:

11 – Bist du es, mein Schätzchen (Ehemann-kleiner-mein)? Nun (auch), während ich auf dich wartete, habe ich [mir] gesagt, dass ich ein bisschen schlafen würde ...

12 – Wirklich? Also dann, für wen hast du den Tisch gedeckt?

13 – Für uns beide: Heute ist unser Hochzeitstag, hast du das vergessen?

14 – Du bist einzigartig (ein mal-seine), meine kleine Frau, sagte er, während er sich schämte (schamhaft fühlte). Komm, zieh dich schön an, setz dich mir gegenüber (gegenüber-zu komm). Machen wir eine Flasche Champagner auf.

⑥ **kocacığım** „mein lieber Ehemann", **karıcığım** „meine liebe Ehefrau". **-cık** ist ein Diminutiv und entspricht der deutschen Endung „-chen".

⑦ **uyu-y-ayım** „dass ich schlafe".

⑧ **kim-in için** „für wen". Mit **için** stehen Fragepronomen (**kim**), Personalpronomen (**sen**, **siz**) und Demonstrativpronomen (**bu**, **şu**, **o**) immer im Genitiv.

⑨ **utan-arak** „während er sich schämte" kommt von **utanmak**. Die Endung **-erek**/**-arak** drückt die Gleichzeitigkeit oder die Art und Weise aus.

⑩ **giyin** „zieh dich an", Befehlsform der 2. Person Singular von **giyinmek** oder 2. Person Plural des Verbs **giymek** „tragen (Kleidung)": „tragt/tragen Sie".

1. BU CÜMLELERİ ANLIYOR MUSUNUZ?

❶ Karısı Orhan Bey'i gece yarısına kadar beklemek istedi, ama uykusu geldi. ❷ Onu beklemeden, odasına gidip yattı. ❸ Orhan Bey'in işi bitince, hava kararmadan eve dondü. ❹ Karısının ipek eşarbını görünce, kıskanç koca düşünmeye başladı. ❺ Her halde sevgilisi için o kadar güzel giyinmiş. Giderken de eşarbını düşürmüş. ❻ Eve girince, çok güzel hazırlanmış sofrayı gördü. ❼ Evlilik yıldönümümüz için güzel sofra hazırlayarak, seni düşündüm, kocacığım. ❽ Bir şampanya açmak üzere, masaya doğru gitti.

2. BOŞLUKLARI DOLDURUNUZ.

❶ Das heißt, dass sie ihren Geliebten hierhier eingeladen (gerufen) hat. Was für eine Unverschämtheit!

. . . . . ki . . . . buraya . . . .
Ne . . . . !

❷ Für wen hast du den Tisch (das Tischtuch) gedeckt?

Sofrayı . . . . hazırladın?

❸ Während ich auf dich wartete, habe ich mir gesagt, dass ich ein bisschen schlafen würde.

Seni . . . . biraz . . . . dedim de.

❹ Du bist einzigartig, meine kleine Frau.

Sen . . . . karıcığım.

❺ Herr Orhan war auf Geschäftsreise.

Orhan Bey bir . . . .

❻ Seine Frau erwartete ihn gegen Mitternacht.

. . . . onu . . . . doğru
. . . .

1. ŞİMDİ ANLADINIZ MI?

❶ Herrn Orhans Frau hat bis Mitternacht auf ihn warten wollen (seine Frau hat auf Herrn Orhan warten wollen), aber sie ist müde geworden. ❷ Ohne auf ihn zu warten, ist sie in ihr Zimmer gegangen und hat sich zum Schlafen hingelegt. ❸ Als Herrn Orhans Geschäfte erledigt waren, ist er vor Einbruch der Nacht zurückgekehrt. ❹ Als er den Seidenschal seiner Frau sah, fing der eifersüchtige Ehemann an, nachzudenken. ❺ Vermutlich hatte sie sich für ihren Geliebten so schön angezogen. Und beim Weggehen hatte sie ihren Schal fallen lassen. ❻ Als er das Haus betrat, sah er den schön gedeckten Tisch. ❼ Während ich den Tisch für unseren Hochzeitstag schön deckte, habe ich an dich gedacht, mein lieber Mann. ❽ Mit der Absicht, eine Flasche Champagner (einen Champagner) zu öffnen, ging er zum Tisch.

❼ Wenn man verliebt ist, vergisst man solche Sachen.

. . . . . aşık . . . . , böyle . . . . unutur.

2. BOŞLUKLARA GELEN SÖZCÜKLER.

❶ Demek - sevgilisini - çağırmış - cesaret ❷ kimin için ❸ beklerken - uyuyayım ❹ bir tanesin ❺ iş seyahatindeydi ❻ Karısı - gece yarısına - bekliyordu ❼ İnsan - olunca - şeyleri.

Vergessen Sie nicht, die Übung zur „Zweiten Welle“ zu absolvieren, wenn Sie wollen, auch schriftlich. Die „Zweite Welle“ ist ein wichtiger Schritt zur Aktivierung Ihrer passiv erworbenen Kenntnisse und sie zeigt Ihnen auf, woran Sie noch arbeiten müssen.

Zweite Welle: Aktivieren Sie heute Lektion 5!

▶ KIRK BİRİNCİ DERS

TANRI'NIN EVİ ①

1 Bir gün, yoksul bir adam Hoca'nın kapısını çalıp: ②③

2 – Ben Tanrı misafiriyim ne olur beni al, diye yalvarır. ①

3 Hoca, karşıdaki camiyi göstererek:

4 – Yanlış geldin, Tanrı'nın evi şu karşıdaki... der.

EVLENME CÜZDANI ④

6 Karı koca ellerinde bavullarla, otele girerler. ⑤

7 Otelci evlenme cüzdanlarını isteyince, adam ceketinin ceplerini karıştırır, bulamaz. ⑥⑦

8 Karısına sorar:

9 – Cüzdanı sen mi aldın?

10 – Neden ben alayım? ⑧

ANMERKUNGEN

① **Tanrı'nın evi** ist ein bestimmter Genitiv, **Tanrı misafiri** ein unbestimmter. Bei Letzterem zeigt das Bestimmungswort kein Genitivsuffix.

② **yoksul** „arm" ist eine Ableitung von **yok**. **fakir** ist arabischer Herkunft und hat die gleiche Bedeutung.

③ **adam** „Mann, Mensch" kommt vom Namen **Adem** „Adam (aus der Bibel)". Für „Mensch" kennen wir bereits das Wort **insan**, das auch als das unpersönliche „man" verwendet wird. „Mann, männlich" kann man auch mit **erkek** ausdrücken.

④ **evlenmek** „heiraten" kommt von **ev** „Haus". **cüzdan** „Brieftasche, Geldtasche", bei Ausweisen „Heft, Buch, Karte". **nüfus cüzdanı** „Personalausweis". **nüfus** „Bevölkerung", aber auch „Person". Auf vielen Ortseingangsschildern steht **nüfus**, gefolgt von der Einwohnerzahl (und außerdem der Höhe über N.N.: **rakım**).

41. LEKTION

DAS HAUS GOTTES

1 Eines Tages klopft ein armer Mann an Nasreddin Hodschas Tür:
2 – Ich bin ein Gast Gottes, nimm mich [zu dir], bittet er inständig.
3 [Nasreddin] Hodscha [sagt], indem er [auf] die Moschee gegenüber zeigt:
4 – Du irrst dich (du kamst falsch), das Haus Gottes ist das gegenüber.

DAS STAMMBUCH (HEIRATSBUCH)

6 Ein Ehepaar tritt (Ehefrau Ehemann treten) mit Koffern in den Händen in ein Hotel ein.
7 Als der Hotelbesitzer ihr Stammbuch verlangt, kramt der Mann in der Tasche seiner Jacke herum, findet es [aber] nicht.
8 Er fragt seine Frau:
9 – Hast du das Buch genommen?
10 – Warum hätte ich es nehmen sollen?

⑤ Hier handelt es sich nicht um einen objektiven Bericht, sondern um eine Geschichte, die man weitererzählt, daher das unbestimmte Präsens.

⑥ Früher mussten verheiratete Paare, die ein Hotelzimmer beziehen wollten, ihr Familienstammbuch vorzeigen. Heute ist dies nicht mehr so.

⑦ **bul-a-maz** „er kann nicht finden". Die Unmöglichkeit wird im unbestimmten Präsens mit **-emez/-amaz** ausgedrückt.

⑧ **Neden alayım?** „warum hätte ich es genommen?" bzw. „warum hätte ich es denn nehmen sollen?". Sie kennen auch: **nereye gidelim?** „wohin könnten wir denn fahren?"

11 Senin eşyalarının arasındaydı, televizyonun yanındaki rafta...
12 – Akıl edip alırsın, sandım.
13 – Sen bana akılsız mı demek istiyorsun? ⑨
14 – Öylesin, yalan mı?
15 Tartışmalarını gören otelci:
16 – Buyurun odanızın anahtarını. Evlenme cüzdanınıza gerek kalmadı. ⑩⑪

BEKÂRLIK SULTANLIKTIR

18 Gömleğinin yakası, düğmeleri sökülmüş. Pantalonunun paçası, ceketinin kolu yırtılmış.
19 Pencerelerin camları öyle kirlenmiş ki, dışarısı görünmüyor. ⑫
20 Sobanın boruları tıkanmış, tütüyor. ⑬
21 Gazeteler, dergiler salonun dört bir yanına dağılmış.
22 Çorabının bir teki karyolanın altında, öbür teki buz dolabının üstünde. ⑭
23 Tabakların, bardakların hepsi bulaşık...
24 Yine de keyfi yerinde. ⑮

ANMERKUNGEN

⑨ **akıl** (**aklı**) bedeutet „Vernunft, Gedanke", daher **akıllı** „intelligent", **akılsız** „dumm". **akıl etmek** („Gedanke machen") bedeutet „daran denken". Das Verb „denken" ist aber **düşünmek**.

⑩ **Buyurun odanızın anahtarını** „So [nehmen Sie] den Schlüssel Ihres Zimmers". **anahtar** steht hier im Akkusativ, denn **buyurun** steht für „nehmen Sie".

⑪ **gerek** „Notwendigkeit" von **gerekmek** „notwendig sein".

⑫ **dışarı-sı** „sein Äußeres".

⑬ In diesem Text gelten die **-miş**-Formen als Partizipien, die das Ergebnis einer abgeschlossenen Handlung beschreiben: **sobanın boruları tıkanmış** „die Ofenrohre sind verstopft und nun qualmen sie".

11 Es lag unter deinen Sachen auf dem Regal neben dem Fernseher.
12 – Ich habe geglaubt, dass du daran denken und es mitnehmen würdest (du wirst Gedanke machen und mitnehmen, glaubte ich).
13 – Willst du sagen, dass ich dumm bin (du mir gedankenlos willst du sagen)?
14 – Das bist du, stimmt es nicht (Lüge-?)?
15 Der Hotelbesitzer angesichts dieser Unterhaltung:
16 – Hier ist Ihr Schlüssel. In Ihr Stammbuch [zu schauen] ist nicht mehr nötig (Notwendigkeit nicht geblieben ist).

DIE EHELOSIGKEIT IST EIN SULTANAT

18 Der Kragen seines Hemdes ist aufgetrennt, die Knöpfe sind verschwunden (entfernt). Der untere Teil der Hose, die Ärmel seiner Jacke sind zerrissen.
19 Die Fensterscheiben sind so schmutzig, dass man nicht hindurchsieht (sein Äußeres nicht sieht).
20 Die Ofenrohre sind verstopft und qualmen.
21 Die Zeitungen, die Zeitschriften liegen in den vier Ecken des Wohnzimmers.
22 Die eine Socke liegt unter dem Bett, die andere auf dem Kühlschrank.
23 Die Teller und Gläser sind alle ungespült (zu spülen) ...
24 Trotz allem ist er glücklich. (wiederum ist sein Glück am richtigen Platz.)

⑭ Sie erinnern sich, dass **tek** „einfach“ bedeutet. Um „das eine ... das andere“ auszudrücken, kann man **bir teki** bzw. **biri** und **öbür teki** bzw. **öbürü** sagen.

⑮ **keyif** (**keyf-i**) ist schwer übersetzbar. Im Wörterbuch finden Sie „Wohlbehagen, gute Laune“, es steht eigentlich für die Kunst, im Orient das Leben zu genießen ... Wie Sie diesem Text entnehmen können, hat es nichts mit Reichtum zu tun. Wir hoffen, dass Sie selbst bald in der Lage sein werden, **keyfim yerinde** sagen zu können.

BİR ATASÖZÜ ⑯

26 Zenginin malı züğürdün çenesini yorar. ⑰⑱

1. BU CÜMLELERİ ANLIYOR MUSUNUZ?

❶ Yoksul bir adam yalvararak Hoca'nın evine girmek istedi. ❷ Otele gelince, müşteri hüviyetini göstermeli, yoksa giremez. ❸ Otelci tartışmalarını görünce, evlenme cüzdanlarını istemeden, odanın anahtarını verdi. ❹ Kadın akıl edip, evlenme cüzdanlarını yanına almalı. ❺ Çorapların evin dört bir yanına dağılmış. Bir teki masanın üstünde, öbür teki sobanın altında, öbürleri de dergilerin arasında.

2. BOŞLUKLARI DOLDURUNUZ.

❶ Du irrst dich (falsch bist-gekommen), das Haus Gottes steht gegenüber.

. . . . . . geldin, ... ' . . . . şu
. . . .

❷ Ihr Stammbuch ist nicht mehr notwendig (Notwendigkeit ist nicht geblieben).

Evlenme . . . . gerek . . . .

EIN SPRICHWORT

26 Die Güter des Reichen geben den Armen etwas zu reden (ermüden die Kiefer der Armen).

ANMERKUNGEN

⑯ **atasözü** („Worte der Vorfahren") „Sprichwort".

⑰ **mal** (**malı**) „Güter, Besitz, Vermögen". „Landvermögen" heißt **mülk**. **Bu adamın çok malı mülkü var** „Dieser Mann besitzt viele Güter und Ländereien". **mal sahibi** bezeichnet den „Besitzer" im Allgemeinen.

⑱ Im Türkischen ermüdet bei jemandem, der viel redet, zuerst der (Unter-)Kiefer. Eine Person, die sehr geschwätzig ist, wird auch als Person mit **çenesi düşük** „hängendem Unterkiefer" bezeichnet.

1. ŞİMDİ ANLADINIZ MI?

❶ Ein armer Mann bat (wollte) inständig darum, beim Hodscha einzutreten. ❷ Wenn er im Hotel ankommt, muss der Kunde seinen Personalausweis vorzeigen; sonst kann er nicht hinein. ❸ Als er ihr Streitgespräch hörte (sah), gab der Hotelbesitzer ihnen den Zimmerschlüssel, ohne das Stammbuch zu verlangen. ❹ Die Frau soll [daran] denken und (an ihrer Seite) ihr (Plural) Stammbuch mitnehmen. ❺ Deine Socken liegen in den vier (einen) Ecken des Hauses. Die eine liegt auf dem Tisch, die andere unter dem Ofen; und die restlichen (anderen) zwischen den Zeitschriften.

❸ Willst du sagen, dass ich dumm bin (willst du mich dumm sagen)?

Sen bana . . . . demek . . . . ?

❹ Die Ehelosigkeit ist ein Paschaleben (ein Sultanat).

. . . .

2. BOŞLUKLARI DOLDURUNUZ.

5 Im Hause des Ledigen ist alles in Unordnung. Trotz allem ist er glücklich (sein Glück steht am richtigen Platz).

. . . . evinde her şey dağınık. . . . . de . . . .

6 Die Fensterscheiben sind so schmutzig (verschmutzt), dass man nicht hindurchsehen kann (dass das Äußere (sein Äußeres) nicht gesehen wird).

. . . . camları öyle . . . . ki . . . . görünmüyor.

7 Die Zeitschriften, die Zeitungen liegen in den vier Ecken des Wohnzimmers.

. . . . , gazeteler . . . . dört bir . . . . . . dağılmış.

KIRK İKİNCİ DERS

WIEDERHOLUNG UND ANMERKUNGEN

Wie zuvor erwähnt, haben Sie mittlerweile den größten Teil der türkischen Grammatik kennengelernt, und auch Ihr Wortschatz ist nicht zu verachten! Wichtig ist, dass Sie Ihre Kenntnisse regelmäßig überprüfen und vertiefen. Dies wollen wir in der nun folgenden Lektion tun.

1. Genitiv

Er ist im Türkischen ein wichtiger Fall; die Possessivendungen finden Sie fast in jedem Satz.

a) **Genitivbildung**
Er wird mit den Suffixen **-in**, **-ün**, **-ın**, **-un** gebildet. Bei vokalisch auslautenden Substantiven (**kapı-n-ın**) und bei solchen, die

2. BOŞLUKLARA GELEN SÖZCÜKLER.

❶ Yanlış - Tanrı'nın evi - karşıdaki ❷ cüzdanınıza - kalmadı ❸ akılsız mı - istiyorsun ❹ Bekârlık sultanlıktır ❺ Bekârın - Yine - keyfi yerinde ❻ Pencerelerin - kirlenmiş - dışarısı ❼ Dergiler - salonun - yanına.

In dieser Lektion gab es – mit Ausnahme einiger Anmerkungen zum Wortschatz – nur wenig Neues. Sie haben gemerkt, dass hier noch einmal die Genitivobjekte und die Genitivkonstruktionen wiederholt wurden, außerdem die möglichen Kombinationen von Possessiv- und Kasussuffixen. Es ist nicht schlimm, wenn Sie die Struktur der Wörter im Moment nicht völlig analysieren können; assimilieren Sie sie weiterhin als Einheiten. Mit der Zeit und mit zunehmender Praxis werden Sie hinter den momentan noch so schwierig erscheinenden Aufbau kommen. Sie können trotzdem stolz sein: Sie haben jetzt schon fast alle Mechanismen der türkischen Sprache kennengelernt!

Zweite Welle: Aktivieren Sie heute Lektion 6!

42. LEKTION

bereits über eine Possessivendung der 3. Person Singular verfügen (**evi-n-in**), wird zuvor ein -**n**- eingeschoben.

b) **Drei Unregelmäßigkeiten** bei der Genitivbildung:

b.1) Wörter wie **akıl**, **resim**, **oğul** verlieren einen Vokal vor dem Genitivsuffix sowie im Akkusativ, im Dativ und mit Possessivendungen: **akl-ın**, **resm-in**, **oğl-un**.

b.2) Beim Wort **su** „Wasser" ersetzt ein -**y**- das normalerweise gebräuchliche Verbindungs-**n** vor der Genitivendung: **su-y-un**. Dieses -**y**- erscheint auch vor den Possessivendungen:

su-y-um „mein Wasser".

Die folgende Tabelle vergleicht die Deklination von **su** mit de von **kutu**. Die beiden linken Spalten zeigen die Genitivbildung die beiden rechten Spalten die Bildung mit Possessivendungen

	+ Genitiv		+ Possessiv	
Nom.	su	kutu	su-y-um	kutu-m
Akk.	su-y-u	kutu-y-u	su-y-un	kutu-n
Gen.	su-y-un*	kutu-n-un	su-y-u	kutu-su
Dat.	su-y-a	kutu-y-a	su-y-umuz	kutu-muz
Lok.	su-da	kutu-da	su-y-unuz	kutu-nuz
Abl.	su-dan	kutu-dan	su-ları**	kutu-ları

* Der einzige Fall, in dem sich die beiden Formen unterscheiden.
** Die einzige Possessivform, in der sich die beiden Formen ähneln.

b.3) Unregelmäßige Personalpronomen: **ben-im**, **biz-im**

benimle „mit mir" (Lektion 20);
bizim köy „unser Dorf" (Lektion 13);
(**bizim köy** ist etwas persönlicher als **köyümüz**).

Die anderen, **sen-in**, **o-n-un**, **siz-in**, **onlar-ın**, sind regelmäßig Diese kennen Sie schon mit der Postposition **için**, dem Suffix **-le** oder als Possessiv:

sizin için „für Sie/euch" (Lektion 15);
sizin evde „in Ihrem/eurem Haus" (Lektion 13).

c) **Besitzverhältnis**
Pronomen im Genitiv, die alleine stehen, dienen dazu, ein Besitzverhältnis auszudrücken:

Bu benim. „Das ist meins."
Araba bizim. „Das Auto gehört uns."
Ev onun. „Das Haus gehört ihm."
Ev Yusuf'un. „Das Haus gehört Yusuf."
Bu kimin? „Wem gehört das?"
Bu yalı kimin? „Wem gehört diese Strandvilla?"

Der Besitzer wird in diesen Fällen durch die Genitivendung bezeichnet.

2. Genitivformen

a) **Unbestimmter Genitiv**
Eine Genitivkonstruktion besteht aus zwei Wörtern. Das erste wird nicht genau bestimmt und bleibt im Nominativ, das zweite trägt die Genitivendung in der 3. Person Singular:

ruh sağlığı „geistige Gesundheit“ (L. 38);
spor sayfası „Sportseite“ (L. 39);
iş seyahati „Geschäftsreise“ (L. 40);
evlenme cüzdanı „Stammbuch“ (L. 41);
Cömert apartmanı „Haus Cömert“ (L. 32);
Cihangir sokağı „Cihangir-Straße“ (L. 35).

Hier einige weitere Beispiele mit Zusammensetzungen:

radyoevi „Rundfunkhaus“ (L. 38);
havaalanı „Flughafen“ (L. 38);
gökyüzü „Himmel“ (L. 39);
karayolu „Fernstraße“ (L. 39).

b) **Bestimmter Genitiv**

Die zweite Genitivkonstruktion besteht aus zwei durch den Kontext näher bestimmten Wörtern. In diesem Fall steht der Besitzer im Genitiv:

Yusuf Bey'in kemikleri „Herrn Yusufs Knochen“ (L. 36);
Hoca'nın kapısı „die Tür des Hodscha“ (L. 41);
Evin kapısı „die Tür d(ies)es Hauses“

Beim letzten Beispiel handelt es sich um die Tür eines bestimmten Hauses; vergleichen Sie **ev kapısı** „die Haustür“. In **evimin pencereleri** „die Fenster meines Hauses“ wird die Genitivendung einem Substantiv hinzugefügt, das bereits mit einer Personalendung versehen ist.

c) **Genitivendungen und Prä-/Postpositionen**

In einer Genitivkonstruktion können auch Ortsbezeichnungen vorkommen: **ön** „vorne“, **iç** „innen“ usw. Diese Ortsbezeichnungen, zusammen mit der Lokativ- oder Ablativendung, ergeben eine Prä- bzw. Postposition:

evin önü „das Vordere des Hauses“;
evin önünde „vor dem Haus“.

Je nachdem, ob der Besitzer bestimmt oder unbestimmt ist, steht das erste Wort im Nominativ oder im Genitiv.

ağaçlar içinde „zwischen (in) den Bäumen“ (L. 30);
bir bahçe içinde „in einem Garten“ (L. 29);
aber: **bahçenin içinde** „in dem Garten“.

Die folgende Liste umfasst die Wörter, die auf diese Weise verwendet und im Deutschen als Präposition wiedergegeben werden:

üst „Oberseite, oberer Teil" > **üstünde** (L. 40) „über, auf, oben"
alt „Unterseite, unterer Teil" > **altında** (L. 42) „unter"
ön „Vorderseite, vorderer Teil" > **önünde** (L. 40) „vor"
arka „Hinterseite, hinterer Teil" > **arkasında** (L.34) „hinter"
karşı „Gegenseite" > **karşısında** (L. 32) „gegenüber"
ara „Zwischenraum" > **arasında** (L. 41) „zwischen"
iç „Inneres" > **içinde** (L. 30) „innen, in"
dış „Äußeres" > **dışında** „außerhalb, draußen
yan „Seite" > **yanında** „neben"
yakın „Nähe" > **yakınında** „nah"

d) **Kombination mit anderen Fällen**
Alle Wörter, die ein Substantiv näher bestimmen, können (o mit oder ohne Genitivendung) mit Possessivendungen un anderen Fällen kombiniert werden:

ruh sağlığınız „Ihre/eure geistige Gesundheit";
odanızın anahtarı „der Schlüssel Ihres/eures Zimmers";
eşyalarının arasında „unter deinen Sachen".

Letzteres könnte auch „unter ihren Sachen" heißen. Verglei chen Sie:

eşya-lar-ın-ın arasında „unter deinen Sachen";
eşya-ları-n-ın arasında „unter ihren Sachen".

Sehen Sie sich zu diesem Thema noch einmal die Lektion 41 an.

3. Possessivendung der 3. Person

Sie findet man auch in vielen Redewendungen:

başka mit der Bedeutung „ein anderer/eine andere"
in Bezug auf eine bereits genannte Person/Sache;

dışarısı „das Äußere (außerhalb)"
im Gegensatz zum Inneren eines Gegenstands.

4. Vergangenheit mit -miş

Diese neue Zeit haben Sie in den letzten Lektionen kennenge lernt. An **-miş** werden die Personalendungen angehängt. Dies Form kann:

a) **Ereignisse beschreiben**, die der Sprecher selbst nicht mit erlebt hat: **kaza yapmış** „er hat (anscheinend) einen Unfa gehabt".

b) **auf abgeschlossene Handlungen hinweisen**, deren Ergebnis konstatiert wird: **kapıcı gazetesini kapıya bırakmış** „der Hausmeister hat die Zeitung an der Tür gelassen“.

c) **Partizip der Vergangenheit** sein (mit einem aktiven Sinn): **yumruk yemiş** „einen Faustschlag bekommen (gegessen) habend“, **uzanmış** „sich gelegt habend, liegend“. Sehen Sie sich hierzu noch einmal im Detail die Lektionen 37 und 39 an.

5. Suffixe -ken, -(y)ince, -(y)erek, -meden

Sie können einem Verb hinzugefügt werden und bilden dann eine Art Nebensatz, der die Zeit und/oder die Art und Weise einer Handlung ausdrückt. Ihre Verwendung ist einfach: Sie sind unveränderlich und tragen keine Personalendungen.

a) -**ken** „während, als“ wird der Grundform des unbestimmten Präsens hinzugefügt und kann dasselbe Subjekt wie der Hauptsatz, aber auch ein eigenes Subjekt haben:

Hava kararırken döndü.
„Er kam zurück, als die Nacht anbrach“ (L. 40);

Seni beklerken biraz uyuyayım dedim de.
„Ich habe mir gesagt, dass ich ein bisschen schlafen würde, während ich auf dich warte“ (L. 40).

b) -**ince bzw.** -**ünce**, -**ınca**, -**unca** „sobald, im Moment als“ wird dem Verbstamm (ggf. mit einem Verbindungs-**y**) hinzugefügt. Auch hier können beide Teilsätze ihr eigenes Subjekt haben:

Eve girince ışığı yaktı.
„Als er ins Haus trat, machte er das Licht an“ (L. 40);

Spor sayfasına gelince, Nejat Bey’in bütün neşesi kaçıyor. „Als er zur Sportseite kommt, verlässt ihn die gute Laune“ (L. 39).

c) -**erek** bzw. -**arak** „indem“ wird ebenfalls dem Verbstamm hinzugefügt. Die beiden Verben haben hier immer dasselbe Subjekt:

Islık çalarak mutfağa gidiyor.
„Während er pfeift (pfeifend), geht er in die Küche“.

d) -**meden** bzw. -**madan** „ohne ... zu“ oder „ohne, dass ...“ wird an den Verbstamm angehängt und kann sein eigenes Subjekt haben:

Nasreddin Hoca bahşiş vermeden çıkar. „Nasreddin Hodscha ging weg, ohne Trinkgeld zu geben“ (L. 36);

Kimse duymadan hırsız evimize girdi. „Der Dieb ist bei uns eingebrochen, ohne dass ihn jemand hörte“.

6. Verneinung des unbestimmten Präsens

Sie unterscheidet sich stark von der Verneinung der anderen Tempora. Dem Stamm wird die Endung -**mez** bzw. -**maz** angehängt:

Hiçbir şeye üzülmeye değmez. „Nichts ist Sorgen wert“ (L. 38);

Bu kadar bencillik olmaz. „Ein solcher Egoismus ist nicht möglich.

Um im verneinten unbestimmten Präsens die Unmöglichkeit auszudrücken, fügt man ein -**e** bzw. -**a** hinzu (-**emez**/-**amaz**): **Damsız giremez.** „Der [Herr] ohne Dame kann nicht hinein“ steht z.B. oft an der Tür von Tanzcafés. Die korrekte Form würde jedoch lauten **damsız girilmez** „man tritt ohne Dame nicht ein“ bzw. „Eintritt ohne Dame verboten“.

Adam evlenme cüzdanını arar, bulamaz. „Der Mann sucht sein Stammbuch [und] kann [es] nicht finden“.

7. Bedingungssätze

Sie können jetzt Bedingungssätze erkennen, jedoch nur in der 3. Person. Durch Anfügen der Endung -**se**, -**sa** an das Verb im unbestimmten Präsens werden Bedingungssätze gebildet:

Çocuk sınıfta kalırsa, gelecek sene daha iyi notlar alır. „Wenn das Kind (in der Klasse) sitzen bleibt, wird es nächstes Jahr bessere Zensuren bekommen (nimmt er)“.

Die Bedingung wird durch **eğer** am Anfang des Satzes betont, oft genügt aber das Verb + -**se**/-**sa**. Wird nach einer solchen Verbform die Befehlsform verwendet, hat dieser Teilsatz in etwa folgende Bedeutung: „na wenn schon“, „was soll's?“, „na, und?“, „soll er doch!“:

Sevgiliniz sizi bırakırsa, bıraksın. „Wenn Ihr Geliebter Sie verlässt, dann soll er Sie (doch) verlassen“ (L. 38).

Bedingungen können Sie auch weiterhin mit **varsa** „wenn es gibt“, **mümkünse** „wenn es möglich ist“ einleiten.

8. Diminutive

Verkleinerungen bzw. Verniedlichungen werden mit -**cik** bzw. -**cük**, -**cık**, -**cuk** „-chen“ gebildet:

biraz-cık „ein kleines bisschen“;
adam-cık* „Männchen“ (* eher **adam-cağız**);
anne-ciğ-im „mein Mütterchen“;
karı-cığ-ım „meine kleine Frau“;
koca-cığ-ım „mein kleiner Ehemann“;
ince-cik „ganz dünn“;
küçü-cük** „ganz klein“;
mini-cik** „winzig“ (** das -**k** am Ende von **küçük** bzw. **minik** entfällt).

9. Einige wichtige Ausdrücke und Redewendungen

demek/demek ki „das heißt ...“;
diyelim ki „sagen wir, dass ...“;
ne yazık „wie schade“;
yazık ki „schade, dass ...“;
iyi ki „zum Glück“;
neyse ki „sowieso“;
çok şükür „Gott sei Dank“;
o kadar önemli değil „so wichtig ist es nicht“;
Ne yapalım? Hayat bu. „Was soll man da machen? So ist das Leben“;
Ne cesaret! „Welch eine Unverschämtheit!“.

10. Lernhinweise

Die hier beschriebenen Genitivkonstruktionen bieten Ihnen die Möglichkeit, viele neue Ausdrücke zu verstehen. Es ist nicht schlimm, wenn Sie noch nicht in der Lage sind, sie selber zu bilden. Sie werden in den nächsten Lektionen noch viele Gelegenheiten haben, sie zu treffen und zu wiederholen. Erst wenn Sie im Zuge der „Zweiten Welle“ an diese Stelle kommen, werden Sie aufgefordert, türkische Sätze mit Genitivkonstruktionen allein zu bilden bzw. auf Türkisch zu formulieren.

> ***Lerntipp:*** *Sie können die „Zweite Welle“ selbstverständlich auch schriftlich absolvieren.*

Zweite Welle: Aktivieren Sie heute Lektion 7!

▶ KIRK ÜÇÜNCÜ DERS

ADALARA GİDERKEN ①

1 Bu sabah Eminönü her zamanki gibi hareketli. ②
2 İnsanlar vapurlardan iner inmez otobüslere koşuyorlar. Duraklarda uzun kuyruklar var. ③
3 Otobüs bileti, vapur jetonu satanlar bağırışıyor. ④⑤
4 Deniz kıyısındaki sandallarda balıkçılar balık pişirip yarım ekmek arasında satıyorlar.
5 Ne canlı bir yer! Durmadan değişen bir tabloya benziyor. ⑥

ANMERKUNGEN

① **Prens Adalar** „die Prinzeninseln" oder **Kızıl Adalar** „die roten Inseln" werden auch einfach **Adalar** genannt. Es sind neun Inseln im Marmarameer südwestlich von Istanbul. Für die Istanbuler sind diese Inseln ein beliebter Erholungsort (dort gibt es zahlreiche Sommerhäuser) fern ab vom Lärm und Schmutz der Großstadt, denn es sind keine Autos erlaubt. Es fahren nur Pferdekutschen. Die größte und meistbesuchte ist, wie der Name es verrät - **Büyük(ada)**. Sie und die drei anderen im Text erwähnten Inseln sind leicht mit dem Schiff zu erreichen. Auf den Gipfeln ihrer Hügel befinden sich mehrere Klöster, einige aus byzantinischer Zeit.

43. LEKTION

AUF DEM WEG ZU DEN (PRINZEN-)INSELN

1 Heute Morgen ist Eminönü [so] lebendig wie immer.
2 Sobald die Leute aus den Dampfern aussteigen, laufen sie zu den Bussen. An den Haltestellen gibt es lange Schlangen (Reihen).
3 Die, die Busfahrkarten und Schiffsfahrkarten (Jeton/Münze) verkaufen, rufen um die Wette.
4 In Kähnen am Kai (die am Meeresufer sind) braten Fischer Fisch und verkaufen ihn in aufgeschnittenem Halbbrot (zwischen einem halben Brot).
5 Welch ein lebendiger Ort! Er ähnelt einem sich ständig (ohne aufzuhören) ändernden Gemälde.

② Direkt am Goldenen Horn liegt **Eminönü**, ein Knotenpunkt für Taxis und Busse, von dem auch die meisten Dampfer zu den Bosporusorten und den asiatischen Vierteln abfahren. Hier bieten zahlreiche Händler ihre Waren an, darunter auch vieles für das leibliche Wohl.

③ **in-er in-mez** (wörtlich „aussteigt, nicht aussteigt") heißt „kaum ausgestiegen", „noch nicht mal ausgestiegen". Diese Konstruktion ist unveränderlich, deshalb: **Ben eve döner dönmez, akşam yemeğimi yiyorum** „Kaum zu Hause angekommen, esse ich zu Abend".

④ „Busfahrkarten" und „Schiffsfahrkarten" sind hier Sammelbegriffe und stehen daher im Singular. Auf Fahrplänen steht der Buchstabe **K** für **kalkış** „Abfahrt" und **V** für **varış** „Ankunft".

⑤ **bağır-ış-mak** „um die Wette schreien" von **bağırmak** „schreien, rufen"; die Partikel -**iş**- bzw. -**ş**- deutet auf eine Tätigkeit hin, die von mehreren Personen ausgeführt wird. Ebenso: **selamla-ş-mak** „sich (gegenseitig be)grüßen", **görüşmek** „sich sehen, sich treffen".

⑥ **Dur-madan** „ohne aufzuhören". Die Partikel **-meden/-madan** bedeutet „ohne zu" oder „ohne, dass ..." und **durmak** „(stehen) bleiben, liegen (Gegenstand)" oder „anhalten" (**DUR** „STOPP"). **Kitabını balkonda bıraktın; orada duruyor** „Du hast das Buch auf dem Balkon gelassen; es liegt (noch) dort". **Dik duramıyorum** „Ich kann mich nicht gerade halten".

6 Zeynep'le Nuri Sirkeci'deki Adalar vapur iskelesine kadar yürüyorlar. Jeton alıp vapura biniyorlar. ⑦⑧

7 Hafta sonları Adalar'a giden vapurlarda yer bulunmaz. Onun için iki arkadaş bu geziyi hafta içinde yapmayı tercih ettiler. ⑨⑩

8 Güvertede güzel bir yer bulup oturuyorlar.

9 Sonra vapurun büfesinden birer simitle çay alıyor, denizi ve martıları seyrederek çaylarını içiyorlar. ⑪

10 Vapur sırayla Kınalı, Burgaz, Heybeli adalarından geçiyor. ⑫

11 Kıyılarda, büyük şehirlerin gürültüsünden uzak, kahvelerde, çardak altlarında oturanları görüyorlar. ⑬

12 Buraları başka bir dünya sanki... ⑭⑮

ANMERKUNGEN

⑦ Die Dampfer sind ein wichtiges Element des Istanbuler Lebens. Zu den Stoßzeiten sind sie heillos überfüllt. Da viele Istanbuler täglich einen großen Teil ihrer Zeit dort verbringen, gibt es auf ihnen zahlreiche fliegende Händler, Schuhputzer, Zeitungsverkäufer usw.

⑧ Hinter **Eminönü** liegt das Viertel **Sirkeci**, von wo die Dampfer zu den Inseln und anderen Küstenstädten wie Izmir usw. abfahren. **iskele** „Anlegestelle" für Dampfer: **Üsküdar'a giden vapurlar ya Beşiktaş iskelesinden kalkar, ya da Kabataş'tan** „Die Dampfer nach Üsküdar fahren entweder von den Anlegestellen in Beşiktaş oder von denen in Kabataş ab".

⑨ **Hafta sonları** „die Wochenenden" steht wie **akşamları** „abends" im Nominativ.

⑩ **bul-un-maz** „man findet nicht". **bul-un-mak** ist die Passivform von **bulmak**. Nach einem auf **-l** ausgehenden Verbstamm lautet das Suffix **-(i)n** anstelle von **-(i)l**.

6 Zeynep und Nuri gehen bis zur Landungsbrücke für die Inseln, die sich in Sirkeci befindet. Sie kaufen Fahrkarten und besteigen den Dampfer.

7 An den Wochenenden findet man keinen Platz auf den Dampfern zu den Inseln. Daher haben die zwei Freunde es vorgezogen, diesen Ausflug während (innerhalb) der Woche zu machen.

8 Sie finden einen guten Platz auf dem Deck und setzen sich.

9 Dann nehmen sie (jeder) einen Sesamkringel und einen Tee am Büffet des Dampfers und trinken ihren Tee, während sie das Meer und die Möwen betrachten.

10 Der Dampfer fährt nacheinander (mit Reihenfolge) an den Inseln Kınalı, Burgaz und Heybeli vorbei.

11 An den Ufern sehen sie, wie die Leute in den Teehäusern unter (den) Weinspalieren weit vom Lärm der großen Stadt sitzen.

12 Hier glaubt man sich (wie) [in] einer anderen Welt ...

⑪ **vapurun büfesinden** „vom/am Büffet des Dampfers". Für Ortsangaben benutzt das Türkische den Ablativ. **simit**, schmackhafte, mit Sesam bestreute Weizenteigkringel, werden gerne zum Tee gegessen. Die Verkäufer tragen sie auf einem langen Stock oder einer Platte auf dem Kopf.

⑫ **sırayla** („mit Reihenfolge") „der Reihe nach" von **sıra** „Reihe". Merken Sie sich auch **o sırada** „gerade, als", **sırasında** „im geeigneten Moment" und **sıra sende** „du bist dran".

⑬ **çardak** „Pergola, Laubengang", Holzgerüst mit Kletterpflanzen, das man oft vor Tee- oder Kaffeehäusern sieht.

⑭ **sanki** von **sanmak** „glauben, meinen" und **ki** „dass, wie".

⑮ Weiterer Wortschatz: **kalkmak** „abfahren"; **varmak** „ankommen": **Vapur, saat kaçta kalkıyor?** „Wann fährt der Dampfer ab?"; **Beşiktaş'a kaçta varıyor?** „Wann kommt er in Beşiktaş an?". „Abfahren" heißt auch **hareket etmek**, und **-e uğramak** bedeutet „an ... vorbeifahren" bzw. „in ... anhalten": **Bu vapur Ortaköy'e uğramadan Bebek'e gidiyor** „Dieser Dampfer fährt nach Bebek, ohne in Ortaköy anzuhalten". (Sprechen Sie **Bebek'e** wie „bebeğe".)

1. BU CÜMLELERİ ANLIYOR MUSUNUZ?

❶ Şu yolcular jeton almadan vapura binmek istediler, ama kimse jetonsuz geçemez. ❷ Vapur hareket eder etmez, yolculara çay getiriyorlar. ❸ Hafta sonları, iki arkadaş işten çıkar çıkmaz adalara dönüyorlar. ❹ Çocuklar bağırarak otobüs bileti satıyorlar. ❺ Ben Adalara hafta içinde gitmeyi tercih ediyorum. Hafta sonları çok kalabalık oluyor. ❻ Otobüs duraklarında yolcular uzun kuyruklar yapıyorlar. ❼ Vapur iskelesinin önünde, jeton satılıyor. ❽ Adaların önünden geçerken, kıyılardaki çardaklı kahveleri görüyorlar.

2. BOŞLUKLARI DOLDURUNUZ.

❶ Heute ist Eminönü wie immer sehr lebendig.

. . . . . Eminönü . . . . gibi çok . . . .

❷ In Kähnen, die am Kai (am Meeresufer) liegen, grillt man Fisch und verkauft ihn.

Deniz . . . . sandallarda balık . . . . satılıyor.

❸ Dieser Ort ist wie ein sich ständig änderndes Bild.

Bu yer . . . . bir tablo . . . . .

❹ An den Wochenenden findet man keinen Platz auf den Dampfern.

Hafta . . . . , vapurlarda . . . .

❺ Am Büffet des Dampfers haben sie jeder einen Tee und einen Sesamkringel genommen.

Vapurun . . . . simitle . . . aldılar.

1. ŞİMDİ ANLADINIZ MI?

❶ Diese Passagiere wollten ohne Fahrkarte in den Dampfer einsteigen, aber niemand (**kimse**) kann ohne Karte (Marke) durchkommen. ❷ Sobald der Dampfer abfährt, bringt man (bringen sie) den Passagieren Tee. ❸ An den Wochenenden fahren die zwei Freunde wieder zu den Inseln, sobald sie von der Arbeit kommen. ❹ Schreiend verkaufen die Kinder Busfahrkarten. ❺ Ich ziehe es vor, während (innerhalb) der Woche zu den Inseln zu fahren. An den Wochenenden gibt es viele Leute. ❻ An den Bushaltestellen stehen die Passagiere in langen Schlangen (machen lange Reihen). ❼ Vor der (den) Dampferlandungsbrücke(n) werden Schiffsfahrkarten verkauft. ❽ Wenn sie an den Inseln (vor den Inseln) vorbeifahren, sehen sie die Teehäuser mit Laubengang an dem (den) Ufer(n).

❻ Hier glaubt man sich in einer anderen Welt (diese Orte eine andere Welt würde man glauben).

. . . . başka bir dünya . . . . . .

2. BOŞLUKLARA GELEN SÖZCÜKLER.

❶ Bugün - her zamanki - hareketli ❷ kıyısındaki - pişirilip ❸ durmadan değişen - gibi ❹ sonları - yer bulunmaz ❺ büfesinden birer - çay ❻ Buraları - sanki.

Wenn Sie die „Zweite Welle" wie vorgesehen ab Lektion 36 begonnen haben, werden Sie mit dem Formulieren der aus den ersten Lektionen stammenden Sätze wahrscheinlich keine großen Probleme gehabt haben. Den Stoff dieser Lektionen haben Sie schon vor langer Zeit assimiliert und inzwischen viele Male wiederholt. Und da Sie nun schon ein bisschen fortgeschritten sind, kommt der Hinweis auf die „Zweite Welle" ab jetzt auf Türkisch:

İkinci Aşama: Bugün 8. derse dönüp üzerinde yeniden çalışınız.

KIRK DÖRDÜNCÜ DERS

BÜYÜKADA'DA BİR GEZİNTİ ①

1 Vapur Büyükada'ya yanaşınca Zeynep ve Nuri vapurdan indiler. Küçük meydandan geçip biraz çarşıyı gezdiler. ②

2 "Burası ne kadar sakin ve temiz bir yer! Araba yok, egzos yok. İnsan rahat rahat gezebilir", dediler. ③

3 Tam o sırada yanlarından hızla bir fayton geçti. Az kaldı eziliyorlardı!

4 Demek ki burada da dikkat etmek gerekiyor, araba yok ama faytonlar var, diye düşündüler.

5 Sonra bir ada turu yapmak üzere bir faytona bindiler.

6 Araba ana caddeden geçerek tepelere doğru yol aldı. ④

7 Yol boyunca eski ahşap köşkleri hayranlıkla seyredip, Ada'nın eski günlerini kafalarında canlandırmaya çalıştılar. ⑤⑥⑦

ANMERKUNGEN

① **gezinti** und **gezi** von **gezmek** „spazieren gehen/besichtigen" haben ungefähr dieselbe Bedeutung: „Ausflug" bzw. „Spaziergang".

② **Zeynep** ist einer der beliebtesten Frauennamen in der Türkei. Weitere beliebte Vornamen sind **Ayşe**, **Emine**, **Hatice**. Bei den Männern kommt der Vorname **Mehmet** an erster Stelle, gefolgt von **Mustafa**, **Ahmet**, **Ali** und **Hüseyin**.

③ **İnsan** mit einem Verb in der 3. Person Singular drückt das unpersönliche „man" aus.

④ **ana** (oder **anne**) „Mutter" heißt auch „Haupt-": **ana cadde** „Hauptstraße", **ana yol** „Fernverkehrsstraße". Weiterhin: **anavatan** oder **anayurt** „Heimat", **ana dil** „Muttersprache".

44. LEKTION

EIN AUSFLUG NACH BÜYÜKADA

1 Als der Dampfer in Büyükada anlegte, stiegen Zeynep und Nuri (aus dem Dampfer) aus. Sie gingen über den kleinen Platz und spazierten ein bisschen auf dem Markt umher.

2 „Wie ruhig und sauber dieser Ort hier ist. Es gibt keine Autos und keine Auspuff[gase]. Man kann ganz ruhig spazieren gehen“, sagten sie [sich].

3 Gerade in diesem Augenblick raste eine Kutsche (mit hoher Geschwindigkeit) an ihnen vorbei. Beinahe wären (wenig fehlte) sie überfahren worden!

4 „Das heißt, dass man hier auch aufpassen muss; es gibt keine Autos, aber Kutschen“, (sagend) dachten sie.

5 Dann stiegen sie in eine Kutsche ein, um eine Inselrundfahrt zu machen.

6 Über die Hauptstraße (hinweg) machte sich die Kutsche auf den Weg zu den Hügeln.

7 Unterwegs bewunderten sie die alten Holzhäuser und versuchten (arbeiteten daran) in Gedanken (in ihren Köpfen) die früheren Zeiten (Tage) der Insel wachzurufen.

⑤ **boyunca**, Adverb von **boy** „Länge, Höhe“, bedeutet nach einem Substantiv „lang, entlang, hindurch“: **ömür boyunca** „das ganze Leben lang“.

⑥ **köşk** stammt aus dem Persischen (Ursprung des Wortes „Kiosk“) und war früher ein kleines Holzhaus inmitten von Gärten. Heute bezeichnet es z.B. auch eine Strandvilla. **konak** ist eine „Residenz“, **saray** ein „Palast“.

⑦ **canlandırmaya çalıştılar** „sie versuchten wiederzubeleben, wachzurufen“. **çalışmak** „arbeiten“ bedeutet auch „sich bemühen/versuchen“.

8 Yukarıdaki meydana gelince arabadan inip, eşeklerle tepedeki manastıra çıktılar. ⑧⑨

9 Yolda çalıların dallarına bağlanmış kâğıt kurdeleler dikkatlerini çekti.

10 Zeynep de içinden bir dilek tutup, bir kurdele bağladı. Acaba Nuri de aynı şeyi diliyor muydu? ⑩

11 Manastırı gezdikten sonra, oradaki kır lokantasında denizi ve öbür adaları seyrederek, bir şeyler yiyip şarap içtiler. ⑪

12 Güneşin batışını görmeden dönmek istemediler, onun için biraz geciktiler. ⑫

13 Dönüşte iskeleye kadar yürümek zorunda kaldılar. Ama gene de son vapura yetişebildiler. ⑫⑬⑭

14 Vapurda Adalar'ın ışıklarını seyrederek hayal kurdular.

ANMERKUNGEN

⑧ **eşek** „Esel" kann wie bei uns auch ein Schimpfwort sein.

⑨ **manastır** „Kloster". Hier ist St. Georg mit seiner orthodoxen Kirche gemeint. Von hier aus hat man eine herrliche Aussicht über die Inseln und das Ufer des asiatischen Teils Istanbuls. Das Kloster ist auch ein Pilgerort, an dem **papaz** „die Geistlichen" aufgesucht werden.

⑩ **tutmak** „nehmen, (be-)halten". **dilek tutmak** „einen Wunsch haben/hegen" (**dilemek** „wünschen"); **hepinize mutluluklar dilerim** „ich wünsche euch allen Glück"; **özür dilerim** „ich bitte um Entschuldigung".

8 Als sie an der Stelle oben ankamen, stiegen sie aus dem Wagen aus und ritten auf (mit) Eseln bis zum Kloster auf dem Gipfel des Hügels.

9 Unterwegs erregten Papierknoten, die an den Zweigen der Sträucher angebunden waren, ihre Aufmerksamkeit.

10 Auch Zeynep hegte innerlich einen Wunsch und befestigte einen Knoten [an den Zweigen]. Hegte Nuri wohl denselben Wunsch (wünschte dieselbe Sache)?

11 Nachdem sie das Kloster besichtigt hatten, aßen sie und tranken Wein in dem ländlichen Restaurant, das sich oben befand, während sie das Meer und die anderen Inseln betrachteten.

12 Sie wollten aber nicht zurückkehren, bevor sie den Sonnenuntergang gesehen hatten, daher verspäteten sie sich ein bisschen.

13 Auf dem Rückweg mussten sie bis zur Landungsbrücke zu Fuß gehen. Sie konnten aber den letzten Dampfer rechtzeitig erreichen.

14 Auf dem Schiff bauten sie Fantasieschlösser, während sie die Lichter der Inseln betrachteten.

⑪ **Manastırı gez-dik-ten sonra** „nachdem sie das Kloster besichtigt hatten". Die Endungen lauten -**dikten**, -**dükten**, -**dıktan** und -**duktan**.

⑫ **Güneşin batışı** „Sonnenuntergang", **batış** ist die substantivierte Form von **batmak** „sinken", gebildet mit dem Suffix -**ış** (-**iş**, -**üş**, -**uş**). Vgl. **dön-üş** „Rückweg", **kalkış** „Abfahrt", **varış** „Ankunft": **gidiş dönüş bileti** „Hin- und Rückfahrkarte".

⑬ **yürümek zorunda kaldılar** („zu Fuß zu gehen notwendig übrig bleiben") „sie hatten dann noch zu Fuß zu gehen". Die Form Infinitiv + **zorunda** + **kalmak** weist auf die Konsequenz einer Handlung hin. Mit dem Verb „sein" anstelle von **kalmak** würde eine Verpflichtung eingeleitet: **gitmek zorundaydılar** „sie mussten (hatten keine andere Wahl, als zu) gehen" (L. 36).

⑭ Die Form -**ebil-di**, -**abil-di** ist die Möglichkeitsform der Vergangenheit.

1. BU CÜMLELERİ ANLIYOR MUSUNUZ?

❶ Adalara bir gezinti yapmak üzere, Sirkeci iskelesine gidip vapura bindiler. ❷ Yukarıdaki meydanda faytondan iner inmez, tepedeki manastıra doğru yürümeye başladılar. ❸ Tepeye varınca, manastırı gezmeye gittiler. ❹ Tepedeki lokantada şarap içip yemek yedikten sonra, yürüyerek iskeleye döndüler. ❺ Acele edelim. İskeleye dönüp son vapura yetişmeye çalışacağız. Yoksa geceyi adada geçirmek zorunda kalırız. ❻ Az kaldı son vapuru kaçırıyorduk! ❼ Biz durmadan iskeleye kadar yürüdük. Son vapura yetişebildik.

2. BOŞLUKLARI DOLDURUNUZ.

❶ Wenn der Dampfer in Büyükada landen wird, werden die zwei Jugendlichen aussteigen und spazieren gehen.

Vapur Büyükada'. . . . . iki genç . . . .

❷ Beinahe wären sie überfahren worden.

. . . . eziliyorlardı.

❸ Sie versuchten, in Gedanken die früheren Tage der Insel wachzurufen.

. . . ' . . . eski . . . . kafalarında . . . . çalıştılar.

❹ Wünschte sich Nuri wohl auch dieselbe Sache?

. . . . . Nuri de . . . . şeyi diliyor . . . . . ?

❺ Nachdem sie die Insel besichtigt hatten, liefen sie zur Landungsbrücke zurück.

Adayı . . . . , ... iskeleye döndüler.

1. ŞİMDİ ANLADINIZ MI?

➊ Sie gingen zur Landungsbrücke in Sirkeci und stiegen in den Dampfer ein, um einen Spaziergang auf den Inseln zu machen. ➋ Sobald sie oben aus der Kutsche ausstiegen, fingen sie an, in Richtung des Klosters auf den Gipfel zu steigen. ➌ Als sie den Gipfel erreichten, gingen sie das Kloster besichtigen. ➍ Nachdem sie im Restaurant oben auf dem Hügel gegessen und Wein getrunken hatten, gingen sie zu Fuß zur Landungsbrücke zurück. ➎ Beeilen wir uns. Wir werden zur Landungsbrücke zurückgehen und versuchen, rechtzeitig den letzten Dampfer zu erreichen. Sonst werden wir die Nacht hier verbringen müssen (notwendig übrig bleiben). ➏ Beinahe hätten wir den letzten Dampfer verpasst! ➐ Wir sind zur Landungsbrücke gelaufen, ohne anzuhalten. Wir haben den letzten Dampfer rechtzeitig erreichen können.

➏ Sie wollten nicht zurückkommen, bevor sie den Sonnenuntergang gesehen hatten.

. . . . batışını . . . . dönmek . . . .

➐ Die zwei Jugendlichen träumen (errichten Fantasieschlösser), während sie die Landschaft betrachten.

Manzarayı . . . . , iki genç . . . .

2. BOŞLUKLARA GELEN SÖZCÜKLER.

➊ ya yanaşınca - inip gezecekler ➋ Az kaldı ➌ Ada'nın - günlerini - canlandırmaya ➍ Acaba - aynı - muydu ➎ gezdikten sonra yürüyerek ➏ Güneşin - görmeden - istemediler ➐ seyrederek - hayal kuruyorlar.

İkinci Aşama: Bugün 9. derse dönüp üzerinde yeniden çalışınız.

KIRK BEŞİNCİ DERS

LEYLA HANIM HAZIRLANIRKEN

1 Leyla Hanım biraz sonra çıkmak üzere hazırlanıyor. ①

2 Telefon çalıyor:

3 – Merhaba Filiz. Sahi mi? Metin seni bırakıp gitti mi? Üzülme, yine gelir. Kusura bakma, uzun konuşamayacağım.

4 Acelem var. Yirmi dakikaya kadar çıkmam gerekiyor. Ben seni sonra ararım. ②③

5 Leyla Hanım telefonu kapatır kapatmaz, banyoya gidiyor. Diş macununu fırçasına sıkıyor. ④

6 – Bıktım şunun aşk hikayelerinden... ⑤

7 Dişlerini fırçalarken telefon bir daha çalıyor. Hemen ağzını çalkalayıp koşuyor:

8 – Alo, Gönül, sen misin? Canın mı sıkılıyor? Tabii, biraz gevezelik etmek iyi gelirdi, ama şu anda mümkün değil. ⑥⑦

ANMERKUNGEN

① **çıkmak üzere** „um auszugehen". **üzere** hat auch die Bedeutung „im Begriff sein, zu ...".

② **Yirmi dakikaya kadar** „in (spätestens) 20 Minuten"; **kadar** heißt „(von jetzt an) in maximal ...". **sonra** heißt „in (frühestens), nach (Ablauf von)": **Yarım saat sonra onu arayın** „Rufen Sie ihn in einer halben Stunde an".

③ **çıkma-m gerekiyor** („mein Ausgehen ist notwendig") „ich muss ausgehen". **çıkma** (substantivierte Form von **çıkmak** „ausgehen") ist hier Subjekt des folgenden Verbs.

④ **kapatır kapatmaz** „sobald sie den Hörer auflegt". Diese (unveränderliche) Form kennen wir schon (L. 43). Merken Sie sich: „den Hörer abnehmen" heißt **açmak** („öffnen, aufklappen"), „den Hörer auflegen" **kapatmak** („schließen, zuklappen").

45. LEKTION

FRAU LEYLA BEREITET SICH [ZUM AUSGEHEN] VOR
(Frau Leyla vorbereitet-sich-dabei)

1 Frau Leyla macht sich fertig, um etwas später auszugehen.
2 Das Telefon klingelt:
3 – Guten Tag, Filiz. Ehrlich? Metin hat dich verlassen (gelassen und ist gegangen)? Mach dir keine Sorgen, er kommt wieder. Entschuldige, ich werde nicht lange sprechen können.
4 Ich bin in Eile. In zwanzig Minuten muss ich gehen. Ich werde dich später anrufen.
5 Sobald Frau Leyla den Hörer aufgelegt (geschlossen) hat, geht sie ins Badezimmer. Sie drückt Zahnpasta auf ihre [Zahn]bürste.
6 – Ich habe deren Liebesgeschichten satt ...
7 Während sie sich die (ihre) Zähne putzt, klingelt wieder das Telefon. Sofort spült sie ihren Mund aus und läuft hin:
8 – Hallo, Gönül, du bist es? Du langweilst dich? Natürlich wäre es gut gewesen, ein bisschen zu plaudern (plaudern kam gut), aber zurzeit ist es nicht möglich.

⑤ **bir şeyden bıkmak** „etwas satt haben/müde sein“. Dieser familiäre Ausdruck steht in der Vergangenheit: **bıktım** („ich habe es satt gehabt“) „ich habe es satt“, ähnlich wie **geldi** „er kommt (gerade)“ und **susadım** „ich bin durstig“.

⑥ **Can-ın sıkılıyor** („deine Seele langweilt sich“). Sie kennen diese Konstruktion: **canım istiyor...**

⑦ **biraz gevezelik etmek iyi gelirdi** „ein bisschen zu plaudern, wäre gut gewesen (war gut willkommen)“. Sie kennen schon **iyi gelmek**: **çok iyi geldi** „es tat mir gut“ (L. 31). **gel-ir-di** ist ein unbestimmtes Präsens mit dem Verb „sein“ in der Vergangenheit und kennzeichnet hier eine nicht ausgeführte Handlung oder eine Bedingungsform (Konditionalform).

9 Şimdi çıkmak zorundayım. Görüşmek üzere ... Çok şükür, bu gevezeden de kurtuldum.

10 Makyajını yaparken, yine telefonun zili ... Yine koşup açıyor.

11 – Hayır efendim, her halde yanlış numara çevirdiniz. Burası ev. Doğumevi değil. Rica ederim. ⑧⑨

12 ... Gecikeceğim. Kemerim nerede? Kolyemi bulamıyorum.

13 Tam çıkarken, yine telefon...

14 Açayım mı, açmayayım mı? derken, açıyor. Telefondaki ses: ⑩

15 – Alo, Leyla hanım, affedersiniz. Bugün Mesut Bey'lerin bir akrabası vefat etmiş. Onun için yemeği iptal etmek zorunda kaldılar.

16 Bütün davetlileri arayıp haber veriyoruz...

17 Biraz sonra Leyla Hanım:

18 – Gönül, hadi bana gel de biraz gevezelik edelim.

ANMERKUNGEN

⑧ **Bura-sı** „dieser Ort hier" (vgl. Sie mit **burada** „an diesem Ort") hat die Possessivendung der 3. Person Singular. **Burası neresi? Arnavutköy mü, Bebek mi?** „Was ist das hier? Arnavutköy oder Bebek?". Oder: **Burası çok güzel** „Hier ist es sehr schön".

9 Ich muss jetzt gehen. Bis bald ... Gott sei Dank, ich bin dieser Klatschbase entkommen (vor ihr gerettet).

10 Während sie sich schminkt (ihr Schminken macht), klingelt erneut das Telefon ... Wieder läuft sie hin und nimmt ab (öffnet).

11 – Nein, mein Herr, Sie haben wohl eine falsche Nummer gewählt (wahrscheinlich haben Sie ... gedreht). Hier ist eine Privatnummer (hier Haus). Es ist nicht das Entbindungsheim. Bitte.

12 ... Ich werde zu spät sein. Wo ist mein Gürtel? Ich kann meine Halskette nicht (wieder)finden.

13 Gerade, als sie das Haus verlässt, klingelt noch einmal das Telefon ...

14 Sie fragt sich, ob sie abnehmen soll oder nicht, sie nimmt doch sofort ab (ob ich abnehme, ob ich nicht abnehme, sagend, nimmt sie ab). Eine Stimme am Telefon:

15 – Hallo, Frau Leyla, entschuldigen Sie uns. Ein Verwandter von Herrn Mesut (von den Mesuts) ist heute gestorben. Daher müssen sie das Abendessen absagen.

16 Wir rufen alle Gäste an, um ihnen Bescheid zu sagen (und sagen ihnen Bescheid) ...

17 Frau Leyla etwas später:

18 – Gönül, komm doch zu mir, dass wir ein bisschen plaudern.

⑨ **Doğum-ev-i** („Geburtshaus") „Entbindungsheim", **doğmak** „geboren sein"; **doğurmak** „gebären"; **doğum günü** ist der „Geburtstag". Man kann aber auch **doğum yıldönümü** („Geburts-/Jahrestag") sagen. Ebenso: **evlilik yıldönümü** „Hochzeitstag"; **Atatürk'ün 100 (yüzüncü) doğum yıldönümü** „100. Jahrestag der Geburt Atatürks". Die Sonne wird jeden Tag neu geboren: **güneşin doğuşu** „Sonnenaufgang".

⑩ **aç-ayım mı, aç-ma-y-ayım mı?** „ob ich [das Telefon] abnehme, ob ich nicht abnehme". Mit der Partikel **-me** bzw. **-ma** (in diesem Fall [*mi*] bzw. [*më*] ausgesprochen) wird die Verneinung der Wunschform (auch Optativ genannt) gebildet (L. 35).

1. BU CÜMLELERİ ANLIYOR MUSUNUZ?

❶ Şu anda, seninle konuşamıyorum, çünkü yarım saate kadar, hazır olmam gerekiyor. ❷ Telefon çalar çalmaz, Leyla Hanım açmaya koşuyor. ❸ Sana bu sabah gelirdim, ama evden çıkamadım: televizyon tamircisini bekliyordum. ❹ Bu gevezelerden bıktım. Acelem var. Gecikeceğim. ❺ Bu gevezeyle konuşayım mı, konuşmayayım mı? ... Hayır, vaktim yok. ❻ Canın sıkılırsa, bana gel, gevezelik edelim. ❼ Seninle görüşmem lazım, ama şu anda evde olmak zorundayım.

2. BOŞLUKLARI DOLDURUNUZ.

❶ Sobald Frau Leyla den Hörer (das Telefon) aufgelegt hat, klingelt das Telefon wieder.

Leyla Hanım . . . . kapatır . . . . yine . . . .

❷ Es wäre gut gewesen, ein bisschen zu plaudern, aber in diesem Moment ist es nicht möglich.

Biraz . . . . etmek . . . . , ama şu anda . . . .

❸ Gott sei Dank, ich bin dieser Klatschbase entkommen.

Çok . . . . . , bu . . . . kurtuldum.

❹ Nein, mein Herr, hier ist nicht das Entbindungsheim. Sie haben [sich] wahrscheinlich verwählt.

Hayır . . . . , ... doğumevi değil. Her halde . . . . . . numara . . . .

❺ Ich habe ihre Liebesgeschichten satt.

. . . . . . şunun . . . .

❻ Ein Verwandter von (den) Herrn Mesut (Mesuts) ist gestorben.

Mesut . . . ' . . . . . bir . . . . vefat etmiş.

1. ŞİMDİ ANLADINIZ MI?

❶ Im Augenblick kann ich nicht mir dir sprechen, denn ich muss in einer halben Stunde bereit sein. ❷ Sobald das Telefon klingelt, läuft Frau Leyla hin, um den Hörer abzunehmen. ❸ Heute Morgen wäre ich zu dir gekommen, aber ich habe nicht aus dem Hause gehen können: Ich wartete auf den Fernsehmechaniker. ❹ Ich habe diese Klatschbasen satt. Ich habe es eilig. Ich werde mich verspäten. ❺ Spreche ich mit dieser Klatschbase oder nicht? ... Nein, ich habe keine Zeit. ❻ Wenn du dich langweilst, komm zu mir, [und] wir plaudern. ❼ Ich muss dich sehen, aber im Augenblick muss (Verpflichtung) ich zu Hause zu bleiben (sein).

❼ Daher waren sie verpflichtet, das Essen abzusagen.

. . . . için yemeği . . . . . etmek . . . .
. . . .

2. BOŞLUKLARA GELEN SÖZCÜKLER.

❶ telefonu - kapatmaz - çalıyor ❷ gevezelik - iyi gelirdi - mümkün değil ❸ şükür - gevezeden ❹ efendim burası - yanlış - çevirdiniz ❺ Bıktım - aşk hikâyelerinden ❻ Bey'lerin - akrabası ❼ Onun - iptal - zorunda kaldılar.

Diese Lektion enthält eine ganze Reihe von alltäglichen Redewendungen. Lesen Sie diesen Text mehrfach laut und prägen Sie sich die Wendungen gut ein.

İkinci Aşama: Bugün 10. derse dönüp üzerinde yeniden çalışınız.

KIRK ALTINCI DERS

KOYUNCULAR YALILARINI YENİLİYORLAR

1 Serap Hanım kocasıyla konuşuyor:
2 – Evimizi biraz yenileyelim. Üç yıldır her şey aynı.
3 – Peki yavrum, istersen hemen ustaları çağırayım. Ama başlamadan önce bana söyle. Ne gibi değişiklikler istiyorsun? ①②③
4 – İlk olarak evin cephesini pembeye boyatalım. Bu yıl pastel renkler moda. ④
5 Sonra rıhtıma demir parmaklık koyduralım da sarhoş olan misafirlerimiz bir daha denize düşmesinler. ⑤⑥
6 – Peki hayatım, sen ne dersen öyle olsun. ⑦
7 – Bir de havuzu büyütelim. Bahçeyi birkaç çıplak kadın heykeliyle süsleyelim.

ANMERKUNGEN

① **ister-s-en** „wenn du willst“. Ebenso: **yapar-sa** „wenn er macht“ **yaparsan** „wenn du machst“.

② **usta** „Meister, Fachmann“ ist ein Handwerker, der einen Laden oder eine Werkstatt besitzt.

③ **başlamadan önce** („ohne anzufangen vor“) „bevor man beginnt“ **-meden** bzw. **-madan** allein heißt „ohne zu“.

46. LEKTION

DIE KOYUNCUS RENOVIEREN IHRE STRANDVILLA

1 Frau Serap spricht mit ihrem Mann:

2 – Renovieren wir etwas unser Haus. Seit drei Jahren ist alles unverändert.

3 – Einverstanden, mein Liebling (meine Kleine); wenn du willst, rufe ich sofort die Handwerker. Aber, vorher (anfangen), sag mir: Was für Renovierungen wünschst du?

4 – Zuerst (erstes seiend) lassen wir die Hausfassade rosarot anstreichen (färben). Dieses Jahr sind Pastellfarben in Mode.

5 Dann lassen wir am Rand (an) der Terrasse ein eisernes Geländer anbringen, damit unsere betrunkenen Gäste nicht mehr ins Meer fallen.

6 – Gut, mein Schatz (mein Leben), es soll sein, wie du es sagst (du was du sagst so soll sein).

7 – Und dann lassen wir das Schwimmbad vergrößern. Verzieren wir den Garten mit Skulpturen von nackten Frauen.

④ **İlk olarak** („Anfang/Erst seiend") also „zuerst/vor allem". **ilk** hat eine andere Bedeutung als **birinci** „der/die/das Erste (einer Serie)": **ilkokul** „Grundschule", **ilk insan** „der erste Mensch".

⑤ **rıhtım** „Kai" ist auch eine offene Terrasse am Wasser vor einer Strandvilla, die manchmal als Anlegesteg dient. **parmaklık** „Gitter, Geländer" von **parmak** „Finger".

⑥ **düş-me-sinler** „dass sie nicht hinfallen": Verneinung der Befehlsform **düş-sünler**. Durch Einfügen von **-me**/**-ma** ändert sich nach der Regel der Vokalharmonie der Vokal der Endsilbe: **-mesinler** und **-masınlar**.

⑦ **Ne dersen/derseniz öyle olsun** „So wie du/ihr es sagst/sagt, so wird es sein". Merken Sie sich diese Redewendung, bei der **ne** einfach mit einem Verb mit **-se**-Endung kombiniert wird (dann folgt ein Konjunktiv). Einen ähnlichen Sinn hat **nasıl olsa** „wie dem auch sein mag".

8 Şimdi nasıl olsa Güney'deki plajlarda üstsüz dolaşıyorlar. Onun için hiçbir sakıncası yok. ⑦⑧

9 – Evin içinde nasıl bir düzenleme arzu ediyorsun?

10 – Alt katın duvarlarını fildişi badana yaptıralım. Tavanlar yaldızlı olsun, seçkin evlerdeki gibi.

11 Salona yeni mobilyalar almamız lazım. ⑨

12 Ayrıca mutfakla yemek odasının arasındaki duvarı yıktırıp bir servis penceresi açtıralım, daha modern olsun diye. ⑩⑪

13 Üst kata gelince... Misafir yatak odalarının duvar kâğıtlarıyla yer döşemelerini yenileyelim. ⑫

14 Bizimkini duvardan duvara halıyla kaplatalım. Karyolayı ve yatağı değiştirelim. Yuvarlak olsun. Şimdi modaymış... ⑬

15 – Peki kuzum, bende de herhangi bir değişiklik istiyor musun bakayım?

16 – Tabii, sen de bıyıklarını kesip, göbeğini eriteceksin. ⑭

ANMERKUNGEN

⑧ **sakınca-sı yok** („Problem-sein gibt es nicht") „damit gibt es kein Problem". Die Genitivendung kann man nicht weglassen, weil sie auf etwas Bestimmtes hinweist. Vgl. Sie mit den deutschen Sätzen: „Habt ihr die Suppe probiert? – Ja, wir haben davon gegessen." Wenn Sie „davon" weglassen, ist die Antwort nicht mehr korrekt.

⑨ **almamız lazım** „wir sollen/müssen kaufen". Vgl. **çıkma-m gerekiyor** „ich muss gehen" (L. 45).

⑩ **Ayrı-ca** „nebenbei/außerdem" von **ayrı** „verschieden, anders, getrennt sein"; **ayrılmak** „sich trennen, sich scheiden lassen".

⑪ **daha modern olsun diye bir servis penceresi açtıralım** „Lassen wir eine Anrichte einbauen, damit (sagend) es moderner wird". **diye** ist eine einfache Form, um einen Wunsch in der direkten Rede einzuführen, indem auf den Zweck hingewiesen wird. Man kann es mit „damit" oder „um (etwas) zu" übersetzen.

⑫ **Üst kata gelince** „wenn wir am oberen Stock ankommen". Hier hat **gelmek** die übertragene Bedeutung „erreichen (als Ziel)".

8 Sowieso (wie es ist) spaziert man jetzt an den Stränden im Süden oben ohne. Daher gibt es kein Problem damit.

9 – Welche neue Einrichtung wünschst du (dir) innerhalb des Hauses?

10 – Lassen wir das untere Stockwerk elfenbeinfarbig streichen (Elfenbeinzahn Tünche machen). Die Decken sollen wie (diejenigen) in den besten Häusern vergoldet werden.

11 Für das Wohnzimmer sollten wir neue Möbel kaufen (unser Kaufen notwendig).

12 Außerdem lassen wir die Wand zwischen der Küche und dem Esszimmer einreißen und eine Anrichte einbauen, damit es moderner wird („es soll moderner sein" sagend).

13 Was die obere Etage betrifft ... (in der ... ankommend), erneuern wir in den Gästezimmern die Tapeten und den Bodenbelag.

14 Bedecken wir unser Zimmer ganz (unseres von Wand zu Wand) mit Teppichen. Erneuern wir das Bett und die Matratze. Sie sollen rund sein. Scheinbar ist das jetzt die Mode ...

15 – Sehr gut, mein Lämmchen, und bei mir, möchtest du auch irgendwelche Veränderungen, sag mal (dass ich sehe)?

16 – Natürlich, du wirst deinen Schnurrbart abrasieren und an dem (deinem) Bauch abnehmen (schmelzen lassen).

⑬ Der Form **bizim-ki-n-i** („jenes, das uns gehört") folgt ein Substantiv mit Akkusativendung. Das Verbindungs-**y** wird hier ausnahmsweise zu -**n**-. Mit **ki** gebildete Wörter verhalten sich wie Substantive und erhalten Kasus- und Pluralsuffixe: **zemin kattakiler** „jene [Zimmer] im Erdgeschoss".

⑭ **bıyıklarını kesip** (=**keseceksin**) „du wirst deinen Schnurrbart abrasieren". Damit fordert die Frau von ihrem Mann ein großes Opfer, denn der Schnurrbart ist in der Türkei ein Zeichen der Männlichkeit.

1. BU CÜMLELERİ ANLIYOR MUSUNUZ?

❶ Üç yıldır evimizde hiçbir şey değiştirmedik. İlk olarak burayı boyatalım. ❷ Yatak odamızda ne gibi değişiklikler istiyorsun? ❸ Üst kattaki odaların duvar kağıtlarını değiştirmemiz lazım. ❹ Usta mutfağın duvarlarını pembe badana yapmasın! ❺ Bahçeyi heykellerle süslemek istersen, öyle olsun. Heykeller mermerden olsunlar. ❻ Bu sene yuvarlak yataklar modaymış. ❼ Salondaki duvarı yıktıralım, daha büyük olsun diye. ❽ Rıhtıma gelince, onu denize doğru biraz büyütelim. Nasıl olsa deniz kenarındaki lokantalar da öyle yapıyorlar.

2. BOŞLUKLARI DOLDURUNUZ.

❶ Wenn du willst, rufen wir (dass ich rufe) sofort die Handwerker.

. . . . , hemen . . . .

❷ Was für Renovierungen willst du?

. . . . . . değişiklikler . . . . ?

❸ Dieses Jahr sind Pastellfarben in Mode.

Bu . . . pastel renkler . . . . .

❹ Mein Lämmchen, es soll so sein, wie du es willst.

. . . . . , sen . . . . öyle . . . . . .

❺ Es gibt dabei kein Problem. Wir können den Garten mit Skulpturen von nackten Frauen verzieren.

Hiçbir . . . . yok. Bahçeyi . . . . . .
kadın . . . .

❻ Was für Renovierungen wünschst du?

. . . . . bir . . . . ediyorsun?

❼ Die Decken sollen vergoldet werden.

Tavanlar . . . .

1. ŞİMDİ ANLADINIZ MI?

❶ Schon seit drei Jahren haben wir nichts in unserem Haus verändert. Zuerst lassen wir es (hier) neu anstreichen. ❷ Was für Veränderungen willst du in unserem Schlafzimmer? ❸ Wir sollten die Tapeten (das Papier der Wände) der Zimmer im oberen Stock (der Etage oben) austauschen. ❹ Dass der Maler(-Meister) die Wände der Küche nicht rosarot anstreicht (nicht macht rosarote Tünche die Wände der Küche)! ❺ Wenn du den Garten mit Skulpturen verzieren willst, so soll es sein. Die Statuen sollen aus Marmor sein. ❻ Dieses Jahr sind runde Betten anscheinend in Mode. ❼ Lassen wir die Wand im Wohnzimmer einreißen, damit dieses (es) größer wird („dass es größer wird" sagend). ❽ Was die Terrasse (Kai) betrifft, vergrößern wir sie etwas zum Meer hin. Die Restaurants am Meeresufer tun sowieso das gleiche.

❽ Du wirst (auch) deinen Schnurrbart abrasieren und am Bauch abnehmen (deinen Bauch schmelzen lassen).

Sen de . . . . kesip, ... erite-ceksin.

2. BOŞLUKLARA GELEN SÖZCÜKLER.

❶ İstersen - ustaları çağırayım ❷ Ne gibi - istiyorsun ❸ yıl - moda ❹ Kuzum - ne dersen - olsun ❺ sakıncası - çıplak - heykelleriyle süsleyebiliriz ❻ Nasıl - düzenleme arzu ❼ yaldızlı olsun ❽ bıyıklarını göbeğini.

İkinci Aşama: Bugün 11 derse dönüp üzerinde yeniden çalışınız.

KIRK YEDİNCİ DERS

POSTANEDE ①

1 – Buyurun efendim.
2 – Bu mektubu yurt dışına özel ulakla göndermek istiyorum. ②③
3 – Epeyce ağırmış, tartalım... ④
4 – Aynı zamanda taahhütlü olacak.
5 – Öyleyse şu kartı doldurmanız gerekiyor. ⑤
6 – Teşekkür ederim. Ayrıca bunlar da yurt dışına normal olarak gidecek.
7 – Buyurun, bu pulları yapıştırıp, karşıdaki kutuya atın.
8 – Bir de havale göndermek istiyorum, ama havale gişesi kapalı.
9 – Yarım saat sonra açılır, efendim.
10 Beklerken, kuyruğa girip telefon faturasını ödüyor ve gişe açılınca havalesini gönderiyor. ⑥

ANMERKUNGEN

① **postane** „Postamt, Post“ vom französischen **poste** und dem persischen **hane** „Haus“. **(h)ane** erkennt man u.a. auch in **hastane** „Krankenhaus“ (**hasta** „krank“). Das Postwesen wurde von den Osmanen gegründet, andere, vorwiegend technische Einrichtungen wie Wasser, Strom und Telefon wurden um 1900 von ausländischen Gesellschaften eingeführt.

② **mektup, mektubu** verhält sich wie **kitap**, **kitabı**. „Briefkasten“ heißt **mektup kutusu**. Weitere Begriffe zum Thema Briefwechsel: **gönderen** „Absender“ von **göndermek** „senden“ und **alıcı** „Empfänger“ von **almak** „erhalten“.

③ Das Wort **yurt** „Land, Heimat“ stammt ursprünglich vom Namen des großen runden Wohnzeltes der Türken in Mittelasien. Der Ausspruch Atatürks **Yurtta sulh, cihanda sulh** „Friede im Land, Friede in der Welt“ ist heute noch die Devise der Türken. **sulh** ist das arabische Wort für „Frieden“, das türkische lautet **barış**.

47. LEKTION

AUF DER POST

1 – Ja, mein Herr?
2 – Ich möchte diesen Brief per Express (mit besonderer Post) ins Ausland (außerhalb des Landes) schicken.
3 – Er scheint ziemlich schwer, wiegen wir ihn ab ...
4 – Er soll gleichzeitig per Einschreiben geschickt werden.
5 – In diesem Fall müssen Sie diesen Zettel (diese Karte) ausfüllen.
6 – Ich danke Ihnen. Außerdem sind auch diese (Briefe) fürs Ausland, aber mit normalem Tarif (ins Ausland werden als normal gehen).
7 – Also kleben Sie diese Briefmarken auf und werfen Sie [sie] in den Kasten gegenüber.
8 – Außerdem möchte ich eine Geldüberweisung machen (senden), aber der Schalter für die Überweisungen ist geschlossen.
9 – Er öffnet in einer halben Stunde, mein Herr.
10 Während er wartet, stellt er sich in einer Schlange an, um seine Telefonrechnung zu bezahlen. Als der Schalter öffnet, schickt er seine Geldüberweisung.

④ **Epeyce ağırmış**. Um das Resultat einer abgeschlossenen Handlung bzw. die Feststellung eines neu eingetretenen Zustandes auszudrücken (entgegen aller Erwartung ist der Brief relativ schwer), benutzt man die Endung **-mış**. Ebenso beim Eintreten in ein neu renoviertes Zimmer: **Güzelmiş!** oder **Çok güzel olmuş!** „Das ist aber schön (geworden)!“

⑤ **doldurma-nız gerekiyor** „Sie müssen (etwas) ausfüllen“. Der substantivierte Infinitiv + **lazım** oder **gerekmek** gibt eine Verpflichtung wieder. Ebenso: **bekleme-niz gerekecek** „Sie werden warten müssen“, **çıkma-m gerekiyor** „ich muss ausgehen“ (L. 45).

⑥ Man könnte auch sagen **telefon parasını yatırmak**: **yatırmak** („(Geld) hinlegen/einlegen“) „(ein-)zahlen“ bzw. „investieren“: **kirayı yatırmak** „Miete zahlen“.

11 Daha sonra, telefonla ilgili memura: ⑦

12 – Boston'la bir telefon görüşmesi yapmak istiyorum.

13 – Şu anda Amerika'yla bağlantı kurulamıyor. Hatlar meşgul. Ama isterseniz, jetonla konuşabilirsiniz. ⑧⑨

14 – Jetonla birkaç defa aradım, fakat hat düşmüyor. ⑩

15 – O zaman numaranızı verin, hatlar açılır açılmaz bağlamaya çalışacağım. Yalnız beklemeniz gerekecek. ⑤⑪⑫

16 – Olsun, beklerim.

17 Bir süre sonra memur sesleniyor:

18 – 3 numaralı kabin Boston'la görüşebilir. Buyurun ... Bağlanamadı mı? Ayrılmayın ... Tamam. Şimdi konuşabilirsiniz.

ANMERKUNGEN

⑦ **ilgi** „Beziehung", auch „Interesse". **-le ilgili** „der für ... zuständig ist".

⑧ **bağlantı kurulamıyor** „die Verbindung kann nicht hergestellt werden". **kurmak** „errichten" kennen Sie schon aus **hayal kurmak** „Fantasieschlösser bauen". **bağlantı** kommt vom Verb **bağlamak** „(ver)binden" (Passivform **bağlanmak**). **bağ** heißt eigentlich „Band, Binde", wird aber für alles, was zum Binden bzw. Festmachen dient, benutzt. Das Adjektiv **bağlı** bedeutet „in Verbindung mit" bzw. „abhängig (von)": **bu gezinti havaya bağlı** „dieser Ausflug hängt vom Wetter ab".

11 Danach [sagt er] zu dem Beamten, der für das Telefon zuständig ist:

12 – Ich möchte ein Telefongespräch mit Boston führen.

13 – Zurzeit kann man keine Verbindung mit Amerika herstellen. Die Leitungen sind belegt. Aber wenn Sie wollen, können Sie mit Telefonmünzen telefonieren (sprechen).

14 – Ich habe es mehrmals mit Münzen versucht, aber ich bekomme keine Leitung (Leitung fällt-nicht).

15 – Dann geben Sie mir Ihre Nummer, sobald Leitungen frei werden, werde ich versuchen, die Verbindung einzurichten (zu verbinden). Allerdings werden Sie warten müssen (Ihr Warten ist notwendig).

16 – Einverstanden, ich warte.

17 Kurz danach ruft der Beamte:

18 – Zelle Nr. 3! Sie können mit Boston sprechen (die Zelle 3 kann mit ...) Bitte! ... Die Verbindung ist nicht da (konnte nicht verbunden werden)? Bleiben Sie am Apparat ... So ist es gut. Jetzt können Sie sprechen.

⑨ Das Gegenteil von **meşgul** „beschäftigt/besetzt" ist **boş** „leer/frei". Diese Begriffe werden nicht nur beim Telefonieren, sondern auch für Toiletten und vieles mehr verwendet: **Bugün meşgulüm** „Heute bin ich beschäftigt"; **Bu akşam boş musun?** „Bist du heute Abend frei?"; **Bu otelde boş odalar var mı?** „Gibt es in diesem Hotel freie Zimmer?"

⑩ **hat düşmüyor** („die Verbindung fällt nicht") „man bekommt keine Verbindung" ... ähnlich wie in einer Telefonzelle, wo die Münze nicht richtig „fällt" (**jeton düşmüyor**) und so die Freischaltung der Leitung blockiert ... Haben Sie jetzt verstanden? Dann sagen Sie einfach **Jeton düştü!**, denn Türkischsprecher benutzen diese Redewendung, wenn „der Groschen gefallen ist".

⑪ **açılır açılmaz** „sobald er/sie/es geöffnet wird".

⑫ **bağlamaya çalışacağım** „ich werde versuchen (mich bemühen), die Verbindung herzustellen".

19 – Alo? Merhaba Mehmet. Nasılsın?... Biz iyiyiz. Merak edecek bir şey yok. İnan, herkes iyi... ⑬
20 Seni uykudan mı kaldırdım? A! Sahi! Saat farkını unuttum! Çok özür dilerim, affedersin.

> *Nicht jede türkische Redewendung hat ihr direktes Pendant auf Deutsch. Der Satz aus der letzten Anmerkung zeigt aber, wie Sie versuchen können, den Satzbau zu analysieren, um den ursprünglichen Sinn auf Türkisch besser verstehen zu können. Sie werden mit der Zeit einen Automatismus hierfür entwickeln.*

1. BU CÜMLELERİ ANLIYOR MUSUNUZ?

❶ Postaneye gidip taahhütlü bir mektup göndermem lazım. ❷ Lütfen bu mektubu tartar mısınız? Eğer ağırsa birkaç pul daha yapıştıracağım. ❸ Bu mektubu yurt dışına özel ulakla göndermek isterseniz, postaneye gitmeniz gerekir. ❹ Bunları normal olarak gönderelim. ❺ Havale gişesi kapanınca, bekleyenler telefon faturalarını ödemek üzere yandaki kuyruğa girdiler. ❻ Jetonu koyduktan sonra, numarayı çevireceksiniz. Jeton düşünce konuşabilirsiniz. ❼ Bu pulları yapıştırmanız lazım. Sonra kutuya atacaksınız. ❽ Şu kartı doldurduktan sonra, havale gişesine gitmeniz lazım. On beş dakika sonra açılır.

2. BOŞLUKLARI DOLDURUNUZ.

❶ Ich möchte ein Gespräch mit Boston führen.

. . . . . . ' . . bir telefon . . . . yapmak istiyorum.

19 – Hallo? Guten Tag, Mehmet. Wie geht es dir? ... Uns geht es gut. Es gibt keinen Anlass, sich Sorgen zu machen. Glaube mir, es geht allen gut ...

20 Ich habe dich geweckt (aus dem Schlaf aufstehen lassen)? Ach! Es stimmt, ich habe die Zeitverschiebung vergessen! Entschuldige, Verzeihung.

ANMERKUNGEN

⑬ **merak edecek ...**: Futurform von **merak etmek ...** „sich um (etwas) Sorgen machen". **... bir şey yok** („eine Sache gibt es nicht") „Es gibt keine Sache". Wenn man die Redewendung so trennt, versteht man sie am Ende leichter, oder?: „Man wird sich um eine Sache Sorgen machen, die es nicht gibt."

1. ŞİMDİ ANLADINIZ MI?

❶ Ich muss auf die Post gehen, um einen eingeschriebenen Brief zu senden. ❷ Bitte, würden Sie diesen Brief abwiegen? Wenn (**eğer**) er zu schwer ist, werde ich einige Briefmarken zusätzlich aufkleben. ❸ Wenn Sie diesen Brief per Express (mit besonderer Post) schicken wollen, müssen Sie auf die Post gehen. ❹ Schicken wir diese da als normale Post. ❺ Als der Überweisungsschalter zumachte, haben sich die Leute, die warteten, in der Schlange daneben angestellt (sind eingetreten), um ihre Telefonrechnungen zu bezahlen. ❻ Nachdem Sie die Münze eingeworfen haben, wählen (drehen) Sie die Nummer. Wenn die Münze fällt, können Sie sprechen. ❼ Sie müssen diese Briefmarken aufkleben. Dann werden Sie [sie] (die Briefe) in den Kasten werfen. ❽ Nachdem Sie diesen Zettel ausgefüllt haben, müssen Sie zum Überweisungsschalter gehen. Er öffnet in 15 Minuten.

❷ Die Leitungen sind besetzt. Wenn Sie wollen, können Sie mit Münzen telefonieren (sprechen).

Hatlar . . . . jetonla

. . . .

❸ Ich habe mehrmals mit einer Münze telefoniert (angerufen), aber ich bekomme kein Freizeichen (die Leitung fällt nicht).

. . . . birkaç defa . . . . . . , fakat hat

. . . .

❹ Sobald die Leitungen frei sein (sich öffnen) werden, werde ich versuchen, Ihre Nummer zu verbinden.

Hatlar . . . . , numaranızı

. . . .

❺ Dem für das Telefon zuständigen Beamten gelingt es nicht, die Verbindung mit Amerika herzustellen.

Telefonla . . . . Amerika'yla bağlantı

. . . .

KIRK SEKİZİNCİ DERS

GÖSTERİLER, KÜLTÜR ETKİNLİKLERİ ①

1 – Ayten, bu akşamki Rus balesine iki biletim var. Gelmek ister misin?

2 – Ben sinemaya gitmeyi düşünüyordum, ama tabii baleyi tercih edeceğim. Bu fırsat her zaman elime geçmez.

⑥ Allerdings werden Sie warten müssen. – Einverstanden, ich werde warten.

Yalnız . . . . gerekecek. – Olsun, ...

2. BOŞLUKLARA GELEN SÖZCÜKLER.

① Boston'la - görüşmesi ② meşgul - İsterseniz - konuşabilirsiniz ③ Jetonla - aradım - düşmüyor ④ açılır açılmaz - bağlamaya çalışacağım ⑤ ilgili memur - kuramıyor ⑥ beklemeniz - beklerim.

*Sie können nicht nur Wunsch, Möglichkeit und Unmöglichkeit, sondern auch die persönliche und unpersönliche Verpflichtung ausdrücken. Weiterhin bieten Ihnen die substantivierten Infinitive auf **-me/-ma** mit Kasussuffixen und Personalendungen sowie die Endung **-dik** zahlreiche Ausdrucksmöglichkeiten. Sie sehen: Sie haben sich schon viel erarbeitet. Weiter so!*

İkinci Aşama: Bugün 12. derse dönüp üzerinde yeniden çalışınız.

48. LEKTION

SCHAUSPIELE UND KULTURVERANSTALTUNGEN

1 – Ayten, ich habe zwei Eintrittskarten für das russische Ballett heute Abend (das heute Abend ist). Willst du mitkommen?

2 – Ich hatte vor, ins Kino zu gehen, aber sicher werde ich das Ballett vorziehen. Ich habe nicht oft eine solche Gelegenheit. (Diese Gelegenheit jede Zeit Hand-meine-zu geht-nicht-vorbei.)

ANMERKUNGEN

① **Gösteri** „Schauspiel" (**göstermek** „zeigen"); **film/dia gösterisi** „Film-/Diavorführung"; **gösteri yürüşü** „Demonstration". Aber: **gösteriş** „prahlen". **etkinlik** „Tätigkeit/Aktivität" von **etki** „Wirkung": **kültür etkinliklerini izlemek** „an einer Kulturveranstaltung teilnehmen".

3 – Çok yetenekli bir dans grubuymuş, görenler çok beğenmişler. İki ay önce Açık Hava Tiyatrosu'ndaki şu „Modern Bale“ gibi değildir, inşallah. ②

4 Konusu, figürleri ne kadar yapay, sahne düzeni de ne kadar kötüydü, hatırlıyor musun?

5 – Bu gösteri çok farklı olacak, eminim. Gazetelerde olumlu eleştiriler çıktı. ③

6 Ben de seni Victor Hugo'nun Doksan Üç adlı oyununa davet ediyorum. Şu anda Devlet Tiyatrosu'nda oynuyor. ②

7 – Ben o oyunu geçen sene Fransa'da gördüm ama buradakini de gördükten sonra bir karşılaştırma yapabilirim. ④⑤

8 – Yarın gidip biletlerimizi alayım. Senin için hangi gün uygun?

9 – Mümkünse haftaya salı olsun. Biliyorsun çarşamba günleri dersim yok, o sabah erken kalkmam gerekmiyor.

10 – Unutmadan söyleyeyim: haftaya salı günü, Selim'in sergisinin açılışına da gitmemiz lazım. ⑥

11 – Tabii, gideriz. Bu sıralarda günlerimiz kültür etkinlikleriyle dolu olacak.

ANMERKUNGEN

② **Açık Hava Tiyatrosu**, **Devlet Tiyatrosu** und das modernere **Atatürk Kültür Merkezi** sind bedeutende Nationaltheater in Istanbul. Hier finden jährlich im Rahmen des Internationalen Istanbuler Festivals zahlreiche Veranstaltungen statt.

③ **eleştiri** „Kritik“ von **eleştirmek**. **olumlu** bedeutet „positiv“, **olumsuz** „negativ“.

3 – Es ist, scheint es, eine sehr gute (fähige) Tanzgruppe; die, die sie gesehen haben, haben sie scheinbar sehr gemocht. Hoffentlich ist es nicht wie dieses „moderne Ballett“ im Freilufttheater vor zwei Monaten.

4 Wie künstlich waren Thema und Figuren, wie schlecht die Inszenierung, erinnerst du dich?

5 – Dieses Schauspiel wird ganz anders sein, ich bin sicher. In den Zeitungen gab es (kamen heraus) positive Kritiken.

6 Was mich betrifft, ich lade dich zu einem Theaterstück von Victor Hugo ein, es heißt „93“. Zurzeit wird es im Staatstheater aufgeführt.

7 – Ich habe das Stück letztes Jahr in Frankreich gesehen, aber nachdem ich das Stück hier gesehen haben werde, werde ich einen Vergleich ziehen können.

8 – Morgen gehe ich unsere Eintrittskarten kaufen. Welcher Tag ist für dich günstig?

9 – Wenn möglich, soll es der Dienstag in einer Woche sein. Du weißt doch, am Mittwoch habe ich keinen Unterricht, an dem Morgen brauche ich nicht früh aufzustehen.

10 – Ach, ehe ich es vergesse (dass ich dir sage, ohne zu vergessen): Wir müssen nächste Woche Dienstag zur Eröffnung von Selims Ausstellung gehen.

11 – Sicher gehen wir hin. In diesen Zeiten werden unsere Tage voll von Kulturereignissen sein.

ANMERKUNGEN

④ **bura-da-ki-n-i ...** „... das, das hier aufgeführt wird“: **buradaki** steht hier im Akkusativ, wie **bizimkini** in Lektion 46.

⑤ **... gör-dükten sonra**: Mit dem Suffix **-dik** + **sonra** bildet man einen mit „nachdem“ eingeleiteten Nebensatz. Die Form selbst ist bis auf die Vokalharmonie unveränderlich: **... manastırı gezdikten sonra** „nachdem sie das Kloster besichtigt hatten“.

⑥ **Unut-madan söyleyeyim** „dass ich nicht vergesse, dir zu sagen“: eine Redewendung, die in der Umgangssprache häufig benutzt wird.

12 Haydi hoşça kal, akşam sekize çeyrek kala Atatürk Kültür Merkezi'nin kapısında buluşmak üzere... ⑦⑧

1. BU CÜMLELERİ ANLIYOR MUSUNUZ?

❶ Bügün Rus balesine gitmeyi tercih edersen, sinemaya yarın gideriz. ❷ Bu fırsatı kaçırmak istemiyoruz; her zaman elimize geçmez. ❸ Tiyatroya gitmek için hangi gün size uygun? ❹ İsterseniz, haftaya çarşamba için bilet alabilirim. ❺ Bu baleyi görenler hiç beğenmemişler, çünkü sahne düzeni çok kötü, figürleri de çok yapaymış. ❻ Bu hafta birkaç gösteriye ve bir sergi açılışına gitmemiz lazım. Çok meşgul olacağız. ❼ Bu yıl, bütün kültür etkinliklerine gitmek istiyorum, çünkü gazetelerde eleştiriler yapmam gerekiyor.

2. BOŞLUKLARI DOLDURUNUZ.

❶ Willst du zum russischen Ballett kommen, das heute Abend [aufgeführt wird]?

Bu . . . . Rus . . . . gelmek . . . . ?

12 Also, auf bald; wir treffen uns (uns wiederzusehen) heute Abend um Viertel vor acht vor der Tür des Atatürk Kulturzentrums ...

ANMERKUNGEN

⑦ **sekize çeyrek kala** „um Viertel vor acht“. „Es ist Viertel vor acht“ hieße **Sekize çeyrek var**. Sie erinnern sich an **sekizi çeyrek geçiyor** „es ist Viertel nach acht“ und **sekizi çeyrek geçe** „um Viertel nach acht“ (L. 31).

⑧ **bul-uş-mak** („finden gemeinsam/gegenseitig“), „sich treffen/wiedersehen“.

1. ŞİMDİ ANLADINIZ MI?

❶ Wenn du es vorziehst, heute zum russischen Ballett zu gehen, gehen wir morgen ins Kino. ❷ Wir wollen diese Gelegenheit nicht verpassen; sie ist nicht oft vorhanden (jede Zeit Hand-unsere-zu geht-nicht-vorbei.) ❸ Welcher Tag ist Ihnen recht (geeignet), um ins Theater zu gehen? ❹ Wenn Sie wollen, kann ich Eintrittskarten für Mittwoch in einer Woche besorgen (nehmen). ❺ Diejenigen, die dieses Ballett gesehen haben, haben [es] überhaupt nicht gemocht, denn die Inszenierung war anscheinend sehr schlecht und die (seine) Figuren sehr künstlich. ❻ Diese Woche müssen wir zu mehreren Schauspielen und der Eröffnung einer Ausstellung gehen. Wir werden sehr beschäftigt sein. ❼ Dieses Jahr will ich zu allen Kulturveranstaltungen gehen, denn ich habe in Zeitungen Kritiken zu schreiben.

❷ Eine solche Gelegenheit bietet sich nicht immer.

Bu fırsat . . . . . her zaman . . . .

❸ Das heutige Schauspiel wird von dem vorigen (Schauspiel) sehr verschieden sein, ich bin sicher.

. . . . gösteri . . . . çok . . . . . . olacak, ...

④ Ach, dass ich es nicht vergesse, dir zu sagen (dass ich dir sage, ohne zu vergessen): Im Moment wird ein sehr gutes Stück im Staatstheater aufgeführt.

. . . . söyleyeyim: şu anda . . . . . .
. . . .'. . . çok güzel . . . .

⑤ In den Zeitungen gibt es gute Kritiken.

Gazetelerde . . . . . . eleştiriler . . . . . .

⑥ Wir treffen uns (uns wieder zu treffen) heute Abend um Viertel vor sieben vor der Tür des Staatstheaters.

Akşam . . . . . . çeyrek . . . . Devlet
. . . .'. . . kapısında . . . . üzere.

KIRK DOKUZUNCU DERS

WIEDERHOLUNG UND ANMERKUNGEN

In den letzten sechs Lektionen haben Sie weniger neue Grammatik und mehr Redewendungen angetroffen. Auf die wichtigsten grammatikalischen Themen wollen wir nun wie gewohnt noch einmal ausführlicher eingehen.

1. Verbformen für temporale Nebensätze

Es gibt bestimmte Verbformen, die im Deutschen mit einem zeitlichen Nebensatz übersetzt werden. Einige kennen Sie bereits aus den Lektionen 36-42. Neu sind:

a) „sobald“, „kaum, dass ...“
Diese Wendung wird durch die Endungen **-(e)r/-mez**, **-(a)r/-maz** wiedergegeben. Das heißt: Das unbestimmte Präsens wird einmal in der bejahten und einmal in der verneinten Form genannt. Diese Form trägt weder Tempus- noch Personalendungen:

2. BOŞLUKLARA GELEN SÖZCÜKLER.

❶ akşamki - balesine - ister misin ❷ elime - geçmez ❸ Bugünkü - geçen gösteriden - farklı - eminim ❹ Unutmadan - Devlet Tiyatrosu'nda - oyun oynuyor ❺ olumlu - çıktı ❻ yediye - kala - Tiyatrosu'nun - buluşmak.

Das Wesentlichste der Basisgrammatik haben Sie sich bereits erarbeitet. Seit Lektion 36 geht es vor allem darum, das Gelernte zu festigen und Ihre Türkischkenntnisse weiter in die Praxis umzusetzen. Ein Grund mehr, die „Zweite Welle" nicht zu vernachlässigen!

İkinci Aşama: Bugün 13. derse dönüp üzerinde yeniden çalışınız.

49. LEKTION

İnsanlar vapurlardan iner inmez, otobüslere koşuyorlar. „Sobald sie aus dem Dampfer ausgestiegen sind, laufen die Leute zu den Bussen" (L. 43).

Telefonu kapatır kapatmaz, banyoya gidiyor. „Sobald sie den Hörer aufgelegt hat, geht sie ins Badezimmer" (L.45).

Hatlar açılır açılmaz, bağlamaya çalışacağım. „Sobald die Leitungen frei werden, werde ich versuchen, die Verbindung herzustellen" (L. 47).

Die beiden Satzteile können unterschiedliche Subjekte haben.

b) **-dikten sonra** „nachdem"
Die Endung **-dik** hat zahlreiche Bedeutungen und Verwendungsformen; wir wollen hier jedoch nur auf diese eine eingehen (in diesen vier Beispielen ist keine Person erkennbar!):

gez-dikten sonra
„nachdem ... spazieren gegangen bin/bist/ist ...“;

gör-dükten sonra
„nachdem ... gesehen habe/hast/hat ...“;

çık-tıktan sonra
„nachdem ... ausgegangen bin/bist/ist ...“;

bul-duktan sonra
„nachdem ... gefunden habe/hast/hat ...“.

Manastırı gezdikten sonra, lokantada şarap içtiler.
„Nachdem sie das Kloster besichtigt hatten, tranken sie Wein im Restaurant“.

Die beiden Satzteile können hier auch unterschiedliche Subjekte haben:

Ben telefon ettikten sonra, o annesini aradı. „Nachdem ich telefoniert hatte, hat er seine Mutter angerufen“;

Sen gittikten sonra, ben ders çalışacağım. „Nachdem du gegangen bist, werde ich meine Lektion lernen“.

c) **-meden/-madan önce** „bevor“
Auch hier können die beiden Satzteile zwei verschiedene Subjekte haben:

Ben gitmeden önce, pencereleri kapatacağım. „Bevor ich weggehe, werde ich die Fenster schließen“;

Ama başlamadan önce, bana söyle... „Aber bevor du anfängst (wir anfangen), sag mir ...“.

2. Substantivierte Infinitivformen

a) Substantiv **+ -me/-ma**
Die Form mit **-me** bzw. **-ma** war schon bekannt. Mit einer zusätzlichen Possessivendung kann sie eine persönliche Verpflichtung ausdrücken:

Çıkma-m gerekiyor. „Ich muss ausgehen“;

Kalkma-m gerekmiyor. „Ich muss nicht aufstehen“;

Yeni mobilya alma-mız lazım. „Wir müssen neue Möbel kaufen“;

Selim'in sergisinin açılışına gitmemiz lazım. „Wir müssen zur Eröffnung von Selims Ausstellung gehen“;

Bekleme-niz gerekecek. „Sie werden warten müssen";

Şu kartı doldurma-nız gerekiyor „Sie müssen diesen Zettel ausfüllen".

Natürlich können Sie auch das Possessiv in der 2. und 3. Person verwenden: Für **çıkma** heißt es **çıkma-n**, **çıkma-sı**, **çıkma-ları**. Die unpersönliche Verpflichtung wird anders ausgedrückt: entweder mit **lazım** oder **gerekiyor**:

Çıkmak lazım/gerekiyor. „(Man) muss ausgehen".

b) Substantiv **+ -iş**
Mit dieser Konstruktion und ihren Varianten wird nicht nur die Handlung selbst, sondern auch oft die Art und Weise ihrer Ausführung ausgedrückt. So wird aus dem Verb **yürümek** „gehen" das Wort **yürüyüş** „die Gangart" gebildet; aus **bakmak** „ansehen" **bakış** „der Blick" („die Art des Anschauens").
Weitere Beispiele:

açılış „Eröffnung, Beginn"
von **açmak** „öffnen, aufmachen";
batış „(Sonnen-)Untergang"
von **batmak** „sinken/untergehen";
giriş „Eingang"
von **girmek** „eintreten";
alış „Entnahme"
von **almak** „nehmen, entnehmen";
veriş „Tausch"/**vermek** „geben"
= alış veriş „das Einkaufen".
gidiş „Hinfahrt, (Fort-)Gehen"
von **gitmek** „wegfahren/-gehen";
dönüş „Rückfahrt, Kehrtwende"/**dönmek** „kreisen/umdrehen"
= gidiş dönüş „Hin- und Zurück, Rückfahr(-karte)".

3. ise „wenn, falls" als Suffix **-se**, **-sa**

Um eine Vorbedingung zu einer Handlung (im Deutschen meistens mit „wenn" oder „falls" eingeleitet) auszudrücken, wird an ein Wort (Substantiv, Adjektiv, Adverb, Verb), ggf. mit Verbindungs-**y**, **-se** bzw. **-sa** + Konjugation angehängt.
Die Personalendungen (Konjugation) dieser Form ähneln denen des mit **-di** gebildeten Perfekts (**-m**, **-n**, **-k**, **-niz**, **-ler**). Die vollständige Verbform lautet **ise**, konjugiert **isem**, **isen** usw. Angehängt an ein Verb, wird sie automatisch zum Suffix **-se**, **-sa**.

Das unbestimmte Präsens + **-se**/**-sa** + Personalendung drückt eine Annahme („falls") aus:

gider-se-m	„falls ich gehe"/„falls ich gehen sollte";
gider-se-n	„falls du gehst"/„falls du gehen solltest";
gider-se	usw.
gider-se-k	
gider-se-niz	
gider-ler-se	

yapar-sa-m	„falls ich mache"/„falls ich machen sollte";
yapar-sa-n	„falls du machst/„falls du machen solltest";
yapar-sa	usw.
yapar-sa-k	
yapar-sa-nız	
yapar-lar-sa	

boş-sa-m	„wenn ich frei bin";
iyi-y-se-n	„wenn du gut bist";
mümkün-se	„wenn es möglich ist";
var-sa	„wenn es gibt", „wenn ... da ist";
öyle-y-se	„wenn es so ist";
yalnız-sa-k	„wenn wir allein sind";
doktor-sa-nız	„wenn Sie Arzt sind";
yorgun-sa-(lar)	„wenn sie müde sind".

Zusammenfassend seien nun noch einige Beispiele aufgeführt:

Yer varsa, biz oraya gideriz. „Wenn es Platz gibt, gehen wir hin";

Mümkünse, biz de yemek yeriz. „Wenn es möglich ist, werden wir auch essen";

Öyleyse, şu kartı doldurmanız gerekiyor. „Wenn das so ist, müssen Sie diesen Zettel ausfüllen";

İstersen, hemen ustaları çağırayım. „Wenn du willst, rufe ich sofort die Handwerker an" (L. 46);

İsterseniz, jetonla konuşabilirsiniz. „Wenn Sie wollen, können Sie mit Münzen telefonieren" (L. 47);

Sevgiliniz sizi bırakırsa, ağlamaya değmez. „Wenn Ihr Geliebter Sie verlässt, lohnt es sich nicht, zu weinen" (L. 38);

Bir hırsız eşyalarınızı çalarsa, daha iyilerini alırsınız. „Wenn ein Dieb Ihre Sachen stiehlt, werden Sie noch schönere (bessere) kaufen" (L. 38).

Diese Beispiele zeigen, dass das Tempus des Nebensatzes bei einer Bedingung mit dem Verb „sein“ variieren kann: aktuelles oder unbestimmtes Präsens, Futur oder Wunschform. Wird die Bedingung durch ein Verb in der Konditionalform („könnte, wäre, würde“, ...) ausgedrückt, steht der Nebensatz meistens im unbestimmten Präsens oder in der Wunschform.

4. Endung -di

An bestimmten Verbformen kann **-di** das Tempus variieren:

a) **-ebil-di** drückt die Möglichkeit im Perfekt aus:

> **Son vapura yetişebildiler.** „Sie haben den letzten Dampfer rechtzeitig erreichen können“.

b) **-ir-di** ist das Imperfekt, das dem unbestimmten Präsens entspricht, so wie **(i)-yor-du** dem aktuellen Präsens entspricht. Hiermit wird oft eine gewohnheitsmäßige Handlung in der Vergangenheit ausgedrückt:

> **Her ay yurt dışına giderim.** „Ich ging jeden Monat ins Ausland“.

Sie haben diese Form vor allem als Konditional der Vergangenheit kennengelernt:

> **Biraz gevezelik etmek iyi gelirdi, ama şu anda mümkün değil.** „Etwas Plaudern wäre gut gewesen, aber in diesem Moment ist es nicht möglich“.

5. Verneinung

Wir erinnern an zwei Tempora, die Sie in den letzten Lektionen nur in der verneinten Form gesehen haben: die Wunschform in der 1. Person und die Befehlsform in der 3. Person:

> **Aç-ayım mı, aç-ma-y-ayım mı?** „Nehme ich den Hörer ab oder nicht?“ (umgangssprachlich: **aç-mı-y-ayım?**);

> **Ver-eyim mi, ver-me-y-eyim mi?**
> „Gebe ich oder gebe ich nicht?“

Die 3. Person der Befehlsform hat normalerweise vier Varianten, die Verneinungsform nur zwei:

gir-sin	**gir-**	**mesin**	**bak-sın**	**bak-**	**masın**
düş-sün	**düş-**		**koş-sun**	**koş-**	

6. demek

Die Grundbedeutung von **demek** ist „sagen". Es hat jedoch noch viele andere Bedeutungen. Die folgende Aufstellung erwähnt die wichtigsten:

a) **demek** oder **demek ki** bedeutet „das heißt", „das bedeutet, dass ...":

> **Demek her şeyim var.** „Das bedeutet, ich habe alles";
>
> **Ev sahibiniz, demek ki, çok cimri.** „Das heißt, dass euer Hausbesitzer sehr geizig ist";
>
> **Evde ışık yoktu ... – Demek karım evde değil.** „Im Haus brennt kein Licht ... – Das bedeutet, dass meine Frau nicht zu Hause ist".

Das Wort **ki**, das manchmal auch fehlt, ist nur ein Stilelement. **Ne demek?** heißt „Was soll das bedeuten?" und auch „Wie sagt man das?":

> **„Vetter" Türkçe ne demek?** „Wie sagt man / Was heißt „Vetter" auf Türkisch?";
>
> **„Yeğen" demek!** „Es heißt „yeğen"!"
>
> **İpucu, Almanca ne demek?** „Wie sagt man „ipucu" auf Deutsch?"

Sie können statt **... ne demek?** ebenfalls die Wendung **... nasıl deniyor?** oder **... nasıl söyleniyor?** verwenden:

> **„Seni özledim" Almanca nasıl deniyor/söyleniyor?** „Wie sagt man „Ich bedauere dich" auf Deutsch?"

b) **diyelim ki** „sagen wir, dass ...", „nehmen wie also an, dass ....":

> **Diyelim ki uçağınızı kaçırdınız.** „Nehmen wir mal an, dass Sie Ihr Flugzeug verpasst haben".

c) **demek** hat auch manchmal die Bedeutung „meinen":

> **Buna ne diyorsunuz?** „Was meinen Sie dazu?".

d) **demek** wird auch für die Einführung der direkten und indirekten Rede verwendet:

> **Dedi ki, yorgunum.** „Er hat gesagt: ‚Ich bin müde' ";
>
> **Yorgunum, dedi.** „‚Ich bin müde', hat er gesagt" bzw. „Er hat gesagt, dass er müde sei".

e) **diye** ist ein Partizip, auch Gerundium genannt, von **demek** in der Bedeutung „sagend". Es wird mit Verben wie „meinen, antworten, fragen" usw. kombiniert:

Sinemaya gidelim mi diye soruyorlar. „‚Gehen wir ins Kino', fragen sie" oder „Sie fragen, ob sie ins Kino gehen sollen".

Hayır, mümkün değil diye cevap verdi. „‚Nein, es ist nicht möglich', hat er mir geantwortet" oder „Er hat mir geantwortet, dass es nicht möglich sei".

Acaba nerede? Annesinde mi? diye düşündü merakla. „‚Wo ist sie wohl? Bei ihrer Mutter?' fragte er sich beunruhigt" oder „Beunruhigt fragte er sich, wo sie sein könnte, ob sie wohl bei ihrer Mutter sei".

Beni al, diye yalvarır. „‚Nimm mich [zu dir]' bittet er demütig" oder „Er bittet demütig, ihn zu sich zu nehmen".

Darüber hinaus gilt die Befehlsform + **diye** im Deutschen als Nebensatz mit „damit":

Bir servis penceresi açtıralım, daha modern olsun diye. „Lassen wir eine Anrichte einbauen, damit es moderner wird".

f) **demek** bedeutet auch oft „sich (selbst) sagen", „zu sich sagen":

Biraz uyayım dedim. „Ich habe mir gesagt, dass ich ein bisschen schlafen würde".

Dies kann auch explizit durch **kendi kendine** ausgedrückt werden:

Acaleden eşarbını düşürmüş, dedi kendi kendine. „Er sagte sich, dass sie in der Eile den Schal fallen ließ".

g) In Redewendungen haben Sie **demek** ebenfalls angetroffen:

Ne dersin? „Was sagst du (dazu)?";
Ne dersen, öyle olsun. „Es soll so sein, wie du es sagst".

7. Suffix -ki

Dieses Suffix, dessen Vokal unveränderlich ist, ist Ihnen jetzt vertraut, und Sie kennen all seine Bedeutungen:

a) Mit einem Lokativ oder Ablativ entspricht es einem Relativsatz, der mit „der/die/das ..." eingeleitet wird:

tepedeki manastır „das Kloster, das auf dem Hügel steht";

deniz kıyısındaki sandallar „die Kähne, die am Meeresufer liegen".

Als Übersetzung kommen infrage:

oradaki vapur „der dortige Dampfer";
yarınki hayat „das Leben von morgen".

b) Mit -**ki** kann auch ein Pronomen gebildet werden:
Mit einem Lokativ oder mit einem Adverb „derjenige, der ...", „diejenige, die ...":

Beşiktaş'taki lokanta çok güzel, ama karşıdaki daha ucuz. „Das Restaurant, das in Beşiktaş ist, ist sehr gut, aber das gegenüber ist billiger".

Bugünkü iş zor, yarınki daha kolay. „Die heutige Arbeit ist schwer, die von morgen [wird] leichter [sein]".

Mit dem Genitiv „der/die/das, der/die/das... gehört", „meiner, deiner" usw.:

Sizin ev yeni, bizimki eski. „Euer/Ihr Haus ist neu, unseres ist alt".

Solche Wörter gelten als Substantive und können Kasus- und Pluralendungen bekommen:

zemin kattakiler „die (Zimmer), die im Erdgeschoss liegen";

buradakini gördükten sonra „nachdem (ich) das Stück gesehen haben werde, das hier aufgeführt wird";

bizimkini halıyla kaplatalım „bedecken wir unseres (unser Zimmer) mit Teppichen".

Nach -**ki** wird ausnahmsweise vor den Kasussuffixen ein **n** eingefügt, wobei dieses **n** normalerweise nur vor dem Genitiv erscheint. Bei Akkusativ und Dativ erscheint normalerweise ein **y**: **bizim-ki-n-i**: **n** anstatt **y** vor Akkusativ. Dasselbe **n** wird zwischen Possessivendung und Kasussuffix eingefügt:

valizleri-n-i „seine Koffer" (Akkusativ).

kendi folgt der gleichen Regel. Wir zeigen Ihnen hier noch einmal die Deklination von **buradaki** und **kendi**:

buradaki	**kendi**
buradaki-n-i	**kendi-n-i**
buradaki-n-in	**kendi-n-in**
buradaki-n-e	**kendi-n-e**
buradaki-n-de	**kendi-n-de**
buradaki-n-den	**kendi-n-den**

Wie Sie hier sehen können, folgt die Partikel -**ki** nicht der Vokalharmonie.
Ausnahmen:

dünkü ... „der, die, das gestrige ...";
bugünkü ... „der, die, das heutige ...".

8. Uhrzeiten

Zum Schluss wollen wir ein wenig auf die Uhrzeiten eingehen. Sehen Sie sich die folgende Aufstellung gut an und üben Sie dann die Uhrzeiten mit anderen Zahlen (denken Sie an den Unterschied zwischen „es ist ..." und „um ..."!):

	Es ist ...	**Um ...**
zwei Uhr	saat iki	saat ikide
zwei Uhr 30	saat iki buçuk	saat iki buçukta
20 vor zwei	saat iki-y-e yirmi var	saat iki-y-e yirmi kala
Viertel vor zwei	saat iki-y-e çeyrek var	saat iki-y-e çeyrek kala
20 nach zwei	saat iki-y-i yirmi geçiyor	saat iki-y-i yirmi geçe
Viertel nach zwei	saat iki-y-i çeyrek geçiyor	saat iki-y-i çeyrek geçe

İkinci Aşama: Bugün 14. derse dönüp üzerinde yeniden çalışınız.

ELLİNCİ DERS

TAHTAKALE'DE ①

1 Galata Köprüsü'nde iki arkadaş karşılaşıyor: ②③

2 – Merhaba, Filiz. Nereye böyle?

3 – Tahtakale'ye. Perdeler için tahta çubuk ve halkaya ihtiyacım var. İstersen sen de gel benimle. ④

4 Büyük caddeden karşıya geçtikten sonra sağa doğru yürüyeceğiz. İşte şu küçük cami Rüstempaşa camisi. ⑤⑥

5 – Girip gezelim mi?

6 – Şu anda gezilemez, namaz kılıyorlar. Sağa dönelim. ⑦

7 Mısır Çarşısı'na giden bu sokak, semtin en işlek yerlerinden biri. ⑧

8 Burada her türlü tahta işleri yapılıyor, mesela fırınlarda kullanılan tahta kürekler, sonra tahta merdivenler, raflar yapıyorlar. ⑨

ANMERKUNGEN

① **Tahtakale** („Holzburg") ist ein altes Viertel Istanbuls, in dem in erster Linie holz- und zinkverarbeitende Handwerksbetriebe sowie Korbmacher angesiedelt sind. Dort findet man **mangal**, die „Grillplatte", auf der **şiş kebap** „Fleischspieße" oder Fische zubereitet werden.

② Die Galatabrücke, die auch **Karaköybrücke** genannt wird, verbindet die beiden Ufer des Goldenen Horns, d. h. die Stadtviertel **Eminönü** und **Karaköy**.

③ **karşı-la-ş-mak** „sich treffen", „entgegenkommen" von **karşı** „Gesicht": Mit dem Infix **-la-** wird aus einem Substantiv ein Verb gebildet. Beispiele: **hazır-la-mak** „bereiten". **-(i)ş** drückt eine Tätigkeit aus, die von mehreren Personen ausgeführt wird: **bağır-ış-mak** „um die Wette schreien" und **bul-uş-mak** „sich wiedertreffen".

④ **halka-y-a ihtiyac-ım var** „ich brauche Ringe". Merken Sie sich **ihtiyaç** „die Notwendigkeit, das Bedürfnis".

50. LEKTION

IN TAHTAKALE

1 Zwei Freundinnen treffen sich auf der Galatabrücke:
2 – Guten Tag, Filiz, wohin [gehst du] so?
3 – Nach Tahtakale. Ich brauche Stangen und Holzringe für Gardinen. Wenn du willst, komm doch (auch) mit mir.
4 Nachdem wir über die größere Straße (gegenüber) gegangen sein werden, werden wir nach rechts gehen. Guck, diese kleine Moschee ist die Moschee von Rüstempascha.
5 – Und wenn wir hineingingen, um sie zu besichtigen?
6 – Im Moment kann man nicht hinein, das Gebet wird verrichtet. Biegen wir rechts ab.
7 Diese Straße zum Ägyptischen Basar ist einer der lebendigsten Orte des Viertels.
8 Hier werden alle möglichen Holzgegenstände hergestellt: zum Beispiel [solche] Holzschaufeln, die benutzt werden, um das Brot in den Backofen zu schieben, dann Holzfußbänke, Regale.

⑤ **geçmek** + Ablativ „über eine Straße, Brücke usw. gehen“.

⑥ Die Moschee von Rüstempascha, **Rüstempaşa camisi**, steht mitten in Tahtakale. Die Händler und Handwerker besuchen sie regelmäßig, bis zu fünf Mal am Tag. Das Wort **cami** kommt aus dem Arabischen und hatte ursprünglich einen Endkonsonanten. Die korrekte Form müsste deshalb **camii** lauten, jedoch wird **camisi** vorgezogen.

⑦ **namaz kılmak** „sein Gebet verrichten“; **kılmak** heißt „tun, vollziehen“ und wird vor allem in dieser Wendung benutzt.

⑧ **Mısır Çarşısı** „Ägyptischer Basar“: Markt, auf dem man vor allem Kräuter und Gewürze findet. Früher kamen diese Waren aus Ägypten, **mısır** „Mais“ bedeutet deshalb auch „Ägypten“.

⑨ **fırın** „Ofen“ im Allgemeinen, steht aber oft für den „Backofen“ bzw. die „Bäckerei“.

9 Bir dükkâna giriyorlar.
10 – Oğlum, perde çubuğu ve halkası var mı? ⑩
11 – Var efendim, ama usta camiye gitti. Geldiği zaman, ölçünüze göre kesip verir. ⑪
12 – Peki, o zaman biz bir dolaşıp gelelim.
13 Ustayı beklerken, çarşıyı gezip bir mangal alıyorlar ve aynı dükkâna dönüyorlar.
14 – Buyurun efendim. Perde çubuğu istemişsiniz. Ölçünüzü verin bana. Bir çay alır mısınız? ⑫
15 – Evet, teşekkür ederiz... Siz içmiyor musunuz?
16 – Ben oruçluyum da. ⑬
17 – Sahi, Ramazan... Bayrama az kaldı. Zaten perdeleri de bayram için hazırlıyorum. ⑬
18 – Güle güle kullanın. ⑭

ANMERKUNGEN

⑩ **Oğlum** „mein Sohn/mein Junge“. Diese geläufige Anrede wird auch für unbekannte Personen verwendet. Weitere Anreden sind je nach Alter **evladım** „mein Kind“, **kızım** „meine Tochter“, **abi** „großer Bruder“, **abla** „große Schwester“; **amca** „Onkel“, **teyze** „Tante“, **dede** „Großvater“. In normalen Unterhaltungen hört man auch oft **kardeş** „Bruder, Schwester“ oder **canım** („meine Seele“) „mein Schatz“.

⑪ **Gel-diği zaman** „wenn er kommt/gekommen ist/kommen wird“ ist eine neue Verbform, gebildet mit **-diği zaman** (3. Person Singular). **Usta dükkâna geldiği zaman** „als/wenn der Meister in den Laden gekommen ist“; **camiye gittiği zaman** „als/wenn er zur Moschee gegangen ist“.

⑫ **iste-miş-siniz** „Sie haben, ihr habt anscheinend ... gewollt/gefragt“. **-miş** (hier in der 2. Person Plural) deutet auf eine Handlung hin, die man selbst nicht miterlebt hat.

9 Sie gehen in einen Laden hinein.
10 – Mein Sohn, gibt es Stangen und Ringe für Gardinen?
11 – Ja, meine Dame, das haben wir (es gibt), aber der Meister ist zur Moschee gegangen. Wenn er zurückkommt, wird er sie nach Ihren Maßen schneiden und sie Ihnen geben.
12 – Gut. Wir machen also einen kleinen Spaziergang und kommen wieder zurück.
13 Während sie auf den Händler (Meister) warten, spazieren sie durch die umliegenden Geschäftsstraßen, kaufen ein freistehendes Kohlebecken und kehren zum selben Laden zurück.
14 – Bitte, meine Damen. Sie haben nach Gardinenstangen gefragt? Geben Sie mir die Maße. Trinken Sie einen Tee?
15 – Gerne, danke schön ... Sie selbst trinken keinen?
16 – Ich, ich faste (ich bin fastend).
17 – Ach ja, stimmt, es ist Ramadan ... Bis zum Bayram dauert es nicht lange (es ist wenig geblieben). Gerade für dieses Fest möchte (bereite) ich die Gardinen.
18 – Also, Glückwunsch für Ihre neuen Gardinen (lächelnd lächelnd verwenden Sie sie).

⑬ **oruçlu** „fastend, der Fastende". Gläubige Moslems fasten im Ramadan von Sonnenauf- bis Sonnenuntergang, was besonders im Sommer sehr anstrengend ist. Daher läuft während des Ramadan das gesamte Leben sozusagen „auf Sparflamme". Da der islamische Kalender nicht mit unserem identisch ist, verschiebt sich der Ramadan jedes Jahr um einige Tage. Am Ende der Fastenzeit wird drei Tage lang **Şeker Bayramı** „das Zuckerfest" gefeiert.

⑭ **Güle güle kullanın** „lächelnd lächelnd verwenden Sie (diese Sache)" hört man oft von einem Händler, bei dem man etwas erstanden hat. Bei Kleidungsstücken wird er sagen: **güle güle giyin** „lächelnd lächelnd ziehen Sie es an". Beim Einzug in eine neue Wohnung wird man hören: **güle güle oturun** usw. Bei Reisen lautet der Wunsch: **güle güle git güle güle gel** „geh lächelnd und komm lächelnd zurück".

1. BU CÜMLELERİ ANLIYOR MUSUNUZ?

❶ Usta camiden döndükten sonra, müşterinin ölçüsüne göre çubuk kesti. ❷ Yeni perdelere ihtiyacım var. Eskileri de çok kötü bir halde. ❸ Tahtekale İstanbul'un en işlek çarşılarından biri. ❹ Usta gittiği zaman, çocuk dükkâna bakıyor. ❺ Rüstempaşa camisi semtin en güzel camisidir. ❻ Filiz Hanım çarşıyı gezdiği zaman, güzel bir mangal görüp aldı. ❼ Sağa dönüp camiye giden sokaktan geçelim.

2. BOŞLUKLARI DOLDURUNUZ.

❶ Nachdem sie hinübergegangen waren, sind sie nach rechts abgebogen.

Karşıya . . . . sonra, ... doğru . . . .

❷ Auf diesem Markt stellt man allerlei Gegenstände (Arbeiten) aus Holz her, zum Beispiel Regale.

Bu çarşıda . . . . tahta . . . . . . yapılıyor, ... raflar.

❸ Wenn der Meister kommen wird, wird er die Stangen nach Ihren Maßen schneiden und [sie] Ihnen geben.

Usta . . . . , ölçünüze . . . . çubuk . . . .

❹ Es ist bald [Ramadan-]Fest. (Fest-zu wenig geblieben.)

. . . . az . . . .

❺ Während wir auf den Meister warten, können wir einen kleinen Spaziergang auf dem Markt machen (den Markt besichtigen).

Ustayı . . . . , çarşıyı . . . .

❻ Nachdem sie einen kleinen Spaziergang auf dem Markt gemacht hatten, sind sie zum selben Laden zurückgekommen.

Çarşıyı . . . . , ... dükkâna . . . .

1. ŞİMDİ ANLADINIZ MI?

❶ Als (nachdem) der Meister aus der Moschee zurückgekommen ist, hat er die Stangen nach den Maßen des Kunden geschnitten. ❷ Ich brauche neue Gardinen. Die alten (auch) sind in einem sehr schlechten Zustand. ❸ Tahtakale ist eines der lebendigsten Geschäftsviertel Istanbuls. ❹ Wenn der Meister weggegangen ist, überwacht (sieht zu) der Lehrling (das Kind) den Laden. ❺ Die Moschee von Rüstempascha ist die schönste Moschee des Viertels. ❻ Als Frau Filiz einen kleinen Spaziergang über den Markt machte, hat sie ein schönes Kohlebecken gesehen und es gekauft. ❼ Biegen wir rechts ab und gehen wir durch die Straße, die zur Moschee führt.

❼ Wenn das Gebet verrichtet wird, besichtigt man die Moschee nicht.

Namaz . . . . , cami . . . .

❽ Die zwei Freundinnen haben sich auf der Brücke getroffen.

İki . . . . köprüde . . . .

2. BOŞLUKLARA GELEN SÖZCÜKLER.

❶ geçtikten - sağa - yürüdüler ❷ her türlü - işleri - mesela ❸ geldiği zaman - göre - kesip verir ❹ Bayrama - kaldı ❺ beklerken - gezebiliriz ❻ gezdikten sonra - aynı - döndüler ❼ kılındığı zaman - gezilmez ❽ arkadaş - karşılaştılar.

İkinci Aşama: Bugün 15. derse dönüp üzerinde yeniden çalışınız.

▶ ELLİ BİRİNCİ DERS

BAYRAMLAR ①

1 Bugün Şeker Bayramı. Sokaklarda insanlar, çoluk çocuk yepyeni, tertemiz giysileriyle, akrabalarını ziyaret etmeye gidiyorlar. ②③④

2 Türk geleneğine göre bayramlarda büyüklerin eli öpülür. Oğul annesinin, kardeş ağabeyinin elini öper.

3 Büyükler evlerinde çocuklarını, gelin ve damatlarını, torunlarını beklerler. ④

4 Komşular birbiriyle bayramlaşır. Uzaktaki dostlara tebrik kartları gönderilir: „Bayramınız kutlu olsun" denir. ⑤⑥⑦

ANMERKUNGEN

① **Bayram** ist ein religiöses Fest, der Begriff wird aber allgemein für jedes Fest benutzt. Die wichtigsten Feste bzw. Feiertage des Islam sind **Şeker Bayramı** („Zuckerfest"), das Ende der Fastenzeit, bei dem Süßigkeiten verschenkt werden und das zehn Wochen danach stattfindende **Kurban Bayramı** („Opferfest"), bei dem ein Schlachtopfer dargebracht wird (sofern man es sich leisten kann) und unter den Bedürftigen verteilt wird. Weiterhin gibt es am 23. April das **Çocuk Bayramı** („Kinderfest"), am 30. August **Zafer Bayramı** „Siegesfest" und am 29. Oktober **Cumhuriyet Bayramı** „Fest der Republik".

51. LEKTION

DIE FEIERTAGE

1 Heute ist das Zuckerfest. In [ganz] neuen Kleidern und mit der ganzen Familie begeben sich die Leute zu den Verwandten, um ihnen einen Besuch abzustatten.

2 Der türkischen Tradition nach küsst man am Feiertag die Hände der Älteren. Der Sohn küsst die Hand seiner Mutter, der Bruder jene des älteren Bruders.

3 Die älteren Personen empfangen (erwarten) ihre Kinder, Schwiegertöchter und Schwiegersöhne und Enkel zu Hause.

4 Die Nachbarn wünschen sich gegenseitig ein frohes Fest. An Freunde in der Ferne schickt man Glückwunschkarten, auf denen man schreibt (sagt): „Frohes Fest“ (Euer Fest sei gesegnet).

② **çoluk çocuk** „Kinder, Familie“.

③ **yep-yeni**, **ter-temiz**, **bom-bo-ş** sind Adjektive, die durch die Wiederholung des Wortanfangs verstärkt werden, wobei ein mit dem Anfangsbuchstaben harmonisierender Konsonant hinzugefügt wird. Hier ein paar weitere Beispiele: **bam-başka** „ganz anders“, **sapsa-rı** „ganz gelb“, **sim-siyah** „ganz schwarz“, **mas-mavi** „ganz blau“, **kıp-kırmızı** „ganz rot“, **yem-yeşil** „ganz grün“, **bem-beyaz** „ganz weiß“ usw. Im Deutschen wird dies meist mit „ganz, sehr“ wiedergegeben. Solche Adjektive können nach Belieben gebildet werden. Sie werden schnell ein Gefühl dafür entwickeln, welchen „Zusatz“-Konsonanten Sie verwenden müssen.

④ **akraba** „Verwandter“. „Eltern“ heißt **anababa** oder **ebeveyn**. **gelin** ist die „Braut“ und die „Schwiegertochter“.

⑤ **Bayram-la-ş-mak** „sich gegenseitig ein frohes Fest wünschen“.

⑥ **tebrik** „Gratulation“, **tebrik etmek** „gratulieren“, **tebrik kartları** „Glückwunschkarten“.

⑦ **de-n-ir** „man sagt“: Passivform von **demek**.

5 Gelenlere şeker ve tatlı ikram edilir. Çocukları sevindirmek için bayram harçlığı verilir. ⑧

6 Onlar da harçlıklarını alır almaz bayram yerlerine gidip, salıncaklara, dönme dolaplara binerler. ⑨⑩

7 Bazıları paralarını biriktirerek defter, kalem alırlar.

8 Son yıllarda, özellikle büyük şehirlerde yaşayanlar, bayramlarda şehirlerden kaçıp dinlenmeyi tercih ediyorlar.

9 Bu bayram da herkes İstanbul dışına çıktığı için caddeler neredeyde bomboş. ③⑪

10 Trafik yok, otuz kırk sene öncesi gibi... Ah, keşke hep böyle olsa... ⑫⑬

11 Bayram tatili bitince insanlar, iki ay sonraki Kurban Bayramı'nı düşünerek işlerine dönecekler.

ANMERKUNGEN

⑧ **şeker** „Zucker, Süßigkeiten". **tatlı** „süß" (heißt auch „Kuchen") wird auch für eine Person verwendet: „nett, süß".

⑨ **harçlık** von **harç** „Ausgaben" oder „Taschengeld". **bayram harçlığı** ist das Geld, das die Kinder speziell zu diesem Fest erhalten. **harcamak** bedeutet „ausgeben".

5 Denjenigen, die kommen (besuchen), werden Süßigkeiten (Zucker) und Kuchen angeboten. Um den Kindern eine Freude zu machen, gibt man [ihnen] Bayram-Taschengeld.

6 Sobald sie dieses Geld bekommen (nehmen), gehen sie zu den Festplätzen und steigen auf die Schaukel oder auf das Riesenrad.

7 Einige von ihnen, die ihr Geld sparen, kaufen Hefte und Bleistifte.

8 In den letzten Jahren ziehen vor allem die, die in großen Städten wohnen, es vor, während der Feiern aus der Stadt zu fliehen und sich (weit von dort) auszuruhen.

9 Und da jeder zu diesem Fest aus Istanbul weggefahren ist, sind die großen Straßen fast ganz leer.

10 Es gibt keinen Verkehr, [es ist] wie vor 30 oder 40 Jahren ... Ach, wenn es doch immer so sein könnte ...

11 Am Ende des Festes (Festurlaubs) werden die Leute an die Arbeit zurückkehren, und dabei denken sie [schon] an das Opferfest in zwei Monaten.

⑩ **dönme dolaplar** „Riesenrad", aus **dönme** „sich drehend", substantivierter Infinitiv als Adjektiv und **dolap** (wörtlich bzw. früher „Drehschrank") „Schrank". **dolap** allein kann auch „Karussell" bedeuten.

⑪ **herkes çıktığı için** „weil jeder weggefahren ist" ähnelt **gel-diği zaman** „wenn er kommt". Verwenden Sie also ein Subjekt in der 3. Person Singular + **-diği için** bzw. **-diği zaman**.

⑫ **önce-si** heißt „vorher".

⑬ **keşke** + Verb der Vermutung drückt Bedauern aus. **olsa** kennen Sie von **nasıl olsa** „was auch geschieht". Die Konstruktion Verbstamm + **-sa** drückt eine Hypothese aus, deren Tempus je nach Kontext variiert. Im Deutschen wird diese Form nach **keşke** mit einem Konditionalsatz wiedergegeben: **Keşke hep böyle olsa!** „Wenn dies doch immer so wäre!", **Keşke bu iş bugün bitse!** „Wenn diese Arbeit doch heute fertig wäre!"

1. BU CÜMLELERİ ANLIYOR MUSUNUZ?

❶ Bugün bayram olduğu için, herkes tertemiz giysisiyle sokaklarda dolaşıyor. ❷ Ahmet, akrabalarını ziyaret ettiğ zaman, büyüklerinin elini öpüyor. ❸ Bu çocuk bir anda bütün harçlığını harcadığı için, defter kalem alamayacak ❹ Bayramlarda, bazıları İstanbul'dan kaçmayı tercih ediyorlar. ❺ Komşular, bayramlaştıktan sonra, sohbet ederek birbirine şeker ikram ediyorlar. ❻ Evin hanımı ziyaret edenlere şeker ve tatlı ikram eder.

2. BOŞLUKLARI DOLDURUNUZ.

❶ Wenn das Fest (der Festurlaub) zu Ende sein wird, werden die Leute zur Arbeit zurückkommen.

Bayram . . . . , insanlar . . . . dönecekler.

❷ Weil jeder aus Istanbul weggefahren ist, sind die Straßen fast ganz leer.

. . . . . . İstanbul dışına . . . . ,
caddeler . . . .

❸ Ach, wenn dies immer so wäre!

Ah, ... hep böyle . . . . !

❹ Man schickt Glückwunschkarten; man sagt: „Frohes Fest" (Euer Fest sei froh).

. . . . . . kartları . . . . ; Bayramınız
. . . . denir.

❺ Sobald die Kinder ihr Taschengeld bekommen (nehmen), gehen sie Bonbons kaufen.

Çocuklar . . . . alır . . . . . , şeker
. . . . . . giderler.

1. ŞİMDİ ANLADINIZ MI?

❶ Weil heute Feiertag ist, spaziert jeder auf den Straßen mit ganz sauberen Kleidern umher. ❷ Wenn Ahmet seine Verwandten besucht, küsst er die Hand der älteren Personen. ❸ Weil dieses Kind auf einmal (in einem Moment) all sein Taschengeld ausgegeben hat, wird es keine Hefte und Bleistifte kaufen können. ❹ Während der Feiertage ziehen einige es vor, aus Istanbul zu fliehen. ❺ Nachdem sie sich gegenseitig ein frohes Fest gewünscht haben, bieten sich (einer einem) die Nachbarn gegenseitig Süßigkeiten an, während sie sich unterhalten. ❻ Die Hausfrau bietet denen, die zu Besuch sind, Süßigkeiten und Kuchen an.

❻ Der türkischen Tradition zufolge bietet man zum Fest denen, die zu Besuch sind, Süßigkeiten an.

Bayramlarda, Türk . . . . göre,
. . . . şeker . . . .

2. BOŞLUKLARA GELEN SÖZCÜKLER.

❶ tatili bitince - işlerine ❷ Herkes - çıktığı için - neredeyse bomboş ❸ keşke - olsa ❹ Tebrik - gönderilir - kutlu olsun ❺ harçlıklarını - almaz - almaya ❻ geleneğine - gelenlere - ikram edilir.

İkinci Aşama: Bugün 16. derse dönüp üzerinde yeniden çalışınız.

ELLİ İKİNCİ DERS

BİR GEZİ TASARISI

1 İki emekli, kahvede oturmuş, sohbet ediyorlar: ①

2 – Ben yıllardır devamlı çalıştığım için İstanbul dışına pek çıkmadım. Şimdi emekliyim. Bol bol vaktim var. ②

3 Memleketimi gezip görmek istiyorum. İlk olarak Doğu'ya gitmeyi düşündüm. Fakat neyle gidebilirim?

4 Trenle gidersem, yol uzun sürecek, ama küçük kasabaların istasyonlarından geçeceğiz, çok ilginç olmalı. ③

5 Otobüs yolculuğu yaparsam, saatlerce hareketsiz durmak zor gelecek. ③④

6 Uçağa gelince... Hem korkuyorum, hem de çok pahalı, ayrıca havalimanlarında indikten sonra otele taksiyle gitmek gerekecek.

7 Fazla masrafa girmek istemiyorum. Bir karar vermeden önce fikrinizi alacağım. Siz bana ne tavsiye edersiniz? ⑤⑥⑦

ANMERKUNGEN

① **emekli** „pensioniert" von **emek** „Arbeit, Mühe, Fleiß". **bir şeye emek vermek** „sich mit etwas Mühe geben".

② **çalışt-ığı-m için** „da ich gearbeitet habe": **-ığı-** steht für **-dik** + Personalendung **-i**. Diese Form, kombiniert mit **için**, entspricht der deutschen Konstruktion mit „Weil ...", „Da ...". Ebenso weiter unten: **kalabalık ol-duğ-u için**. **-dik** + Personalendung + **zaman** entspricht einem mit „als, wenn" eingeleiteten Nebensatz: **emekli ol-duğ-um zaman** „als ich pensioniert wurde".

52. LEKTION

EIN REISEPROJEKT

1 Zwei Pensionäre sitzen in einem Café und unterhalten sich:

2 – Da ich jahrelang (es gibt Jahre) ununterbrochen gearbeitet habe, bin ich selten außerhalb Istanbuls gewesen. Nun bin ich pensioniert und habe viel Zeit für mich.

3 Ich möchte mein Land bereisen und es besichtigen. Zuerst habe ich daran gedacht, in den Osten zu fahren. Aber wie (womit) kann ich dorthin fahren?

4 Wenn ich per Zug reise, wird die Reise lange dauern; wir werden aber an den Bahnhöfen kleiner Städte vorbeikommen; dies soll sehr interessant sein.

5 Wenn ich mit dem Bus fahre, wird es schwierig sein, stundenlang bewegungslos zu sitzen (zu bleiben).

6 Was das Flugzeug angeht ... Erstens habe ich Angst, außerdem ist es sehr teuer; nachdem man an den Flugplätzen gelandet (hinuntergekommen) ist, muss man dazu mit dem Taxi ins Hotel fahren.

7 Ich wollte nicht zu viel Geld ausgeben. Bevor ich einen Entschluss fasse, will ich gerne Ihre Meinung hören (nehmen). Was würden Sie mir raten?

③ **gider-sem** „wenn ich gehe", **yapar-sam** „wenn ich tue", **alır-sa-nız** „wenn Sie nehmen/ihr nehmt".

④ **saat-ler-ce** „stundenlang". **saat** ist arabischen Ursprungs, daher die unregelmäßige Pluralform.

⑤ Eine wichtige Redewendung: **masrafa girmek** „Geld ausgeben".

⑥ **Bir karar vermeden önce** „bevor ich einen Entschluss fasse". Ebenso **başlamadan önce** „bevor ich beginne".

⑦ **fikir** (**fikr-i**) „Gedanke, Meinung, Ansicht".

8 – Ben dört sene önce emekli olduğum zaman, bizim hanımla Karadeniz'e gittik. ②⑧

9 Artık Güney çok kalabalık olduğu için, herkes Karadeniz'i tercih ediyor. ②

10 Siz de önce vapurla yemyeşil kıyılardan geçerek Trabzon'a kadar gidebilirsiniz. ⑨

11 Gemi birkaç limana uğruyor. Trabzon'da Sumela manastırını gezersiniz. Sonra Doğu'ya geçebilirsiniz. ⑩

12 Şimdi Demiryollarıyla indirimli yolculuklar yapılabiliyor. Biletinizi yataklı alırsanız, hem otel derdinden kurtulursunuz, hem de rahat ve güvenli bir yolculuk yaparsınız. ③⑪⑫⑬

13 Trenle Akdeniz'e kadar inmek mümkün. Oradan tekrar vapurla İstanbul'a dönebilirsiniz.

14 Size şimdiden iyi yolculuklar...

ANMERKUNGEN

⑧ **bizim hanımla** „mit unserer bzw. meiner Frau". Der Mann versteht sich im Plural (Pluralis Majestatis), wenn er von seiner Frau spricht.

⑨ **yemyeşil** „sehr grün". Vgl. Lektion 51.

8 – Ich, als ich vor vier Jahren pensioniert wurde, sind wir, meine Frau und ich, ans Schwarze Meer gefahren.
9 Da der Süden jetzt überlaufen (Menschenmasse) ist, ziehen alle das Schwarze Meer vor.
10 Sie können auch bis Trabzon reisen, indem Sie zuerst mit dem Dampfer die sehr grünen Küsten entlangfahren.
11 Das Schiff legt in mehreren Häfen an. In Trabzon besichtigen Sie das Kloster von Sumela. Dann können Sie bis in den Osten weiterfahren.
12 Jetzt ist es möglich, mit der Eisenbahn Reisen zu ermäßigten Preisen zu machen. Wenn Sie eine (Ihre) Fahrkarte gleich mit Schlafwagen nehmen, so ersparen Sie sich das Hotel (Problem des Hotels), und Sie machen eine ruhige und sichere Reise.
13 Es ist möglich, mit dem Zug bis zum Mittelmeer zu fahren. Von dort aus können Sie wiederum mit dem Dampfer nach Istanbul zurückfahren.
14 [Ich wünsche] Ihnen schon jetzt eine schöne Reise ...

⑩ In der Nähe von Trabzon liegt in den Bergen das Kloster Sumela mit seinen schönen Wandmalereien. „Der Osten“ ist für Türken die Gegend zwischen Sivas im Westen und der iranischen Grenze im Osten, zwischen dem Kaukasus im Norden und Van im Süden.

⑪ **dert** „Sorge, Schwierigkeit, Problem“. **otel derdinden kurtulmak** „von den Problemen des Hotels befreit werden“. Merken Sie sich diese Wendung, bei der das erste Wort variieren kann: **valizlerimi önceden oraya gönderdim, böylece bagaj derdinden kurtuldum** „ich habe meine Koffer vorher hingeschickt, so habe ich mir die Sorgen mit dem Gepäck erspart“.

⑫ **güvenli bir yolculuk** „eine sichere Reise“: **güvenli** („mit Vertrauen“) bedeutet „gefahrlos/sicher“, **güvenmek** „zu jdm. Vertrauen haben“.

⑬ **yolculuk yapmak** oder **seyahat etmek** „reisen“. **seyahat** ist das arabische Wort. Um aus einem Substantiv ein Verb zu bilden, nimmt man für türkische Substantive **yapmak**, für arabische **etmek**. Wie erkennt man ein arabisches Wort? Vielsilbige Wörter folgen nicht den Regeln der Vokalharmonie: **seyahat, iptal, ihtiyaç, mesela**. Die ein- und zweisilbigen werden Sie mit der Zeit erkennen. Hier nur einige davon: **hal**, **halde**, **hali**, **harf**, **harfi**.

1. BU CÜMLELERİ ANLIYOR MUSUNUZ?

❶ İki emekli, kahve içerek, sohbet ediyorlardı. ❷ Ben emekli olduğum için, gezmeye bol bol vaktim var. ❸ Uçakla gidersem yol fazla sürmeyecek, fakat çok korkacağım. ❹ Gemiyle Trabzon'a uğrarsanız, Sumela manastırını gezmeyi unutmayın(ız). ❺ Ben Güney'i birkaç defa gezdiğim için, bu sefer başka bir yere gitmeyi düşünüyorum. ❻ İstanbul'da çalıştığım zaman, sehayat etmek için vaktim yoktu. ❼ Gezemiyordum. Şimdi çok farklı.

2. BOŞLUKLARI DOLDURUNUZ.

❶ Jetzt kann man Reisen mit der Eisenbahn zu ermäßigten Preisen machen.

Şimdi . . . .
yolculuklar . . . .

❷ Wenn Sie in einem Schlafwagen reisen, können Sie sich die Sorgen mit dem Hotel ersparen.

. . . . trenle . . . . , otel
. . . .

❸ Wenn ich mit dem Bus fahre, fällt es mir schwer, stundenlang bewegungslos zu sitzen (bleiben).

Ben otobüsle . . . . , saatlerce
. . . . durmak . . . . zor . . . .

❹ Der Zug hält (fährt) an den Bahnhöfen der kleinen Städte.

Tren küçük . . . . istasyonlarına
. . . . . .

❺ Das Schiff fährt bis Trabzon, an den sehr grünen Küsten des Schwarzen Meeres entlang.

Gemi Karadeniz'in . . . . kıyılarından
. . . . Trabzon'a . . . .

1. ŞİMDİ ANLADINIZ MI?

❶ Zwei Pensionäre unterhielten sich beim Kaffeetrinken. ❷ Ich, da ich pensioniert bin, habe viel Zeit, spazieren zu gehen. ❸ Wenn ich mit dem Flugzeug fliege, wird die Reise nicht lange dauern, aber ich werde große Angst haben. ❹ Wenn Sie mit dem Dampfer in Trabzon anlegen, vergessen Sie nicht, das Kloster von Sumela zu besichtigen. ❺ Da ich schon mehrmals den Süden bereist habe, habe ich diesmal vor, woanders hinzufahren. ❻ Als ich in Istanbul arbeitete, hatte ich keine Zeit, zu reisen. Ich konnte [das Land] nicht besichtigen. Nun ist es (ganz) anders.

❻ Wenn Sie eine ganz ruhige und sichere Reise machen wollen, sollten Sie mit dem Zug fahren.

. . . . bir . . . . yapmak
. . . . , trenle . . . . lazım.

❼ Das Schiff wird in mehreren Häfen anlegen.

Gemi birkaç . . . .

2. BOŞLUKLARA GELEN SÖZCÜKLER.

❶ demiryollarıyla indirimli - yapılabiliyor ❷ Yataklı - giderseniz - derdinden kurtulabilirsiniz ❸ gittiğim zaman - hareketsiz - bana - geliyor ❹ kasabaların - uğrar ❺ yemyeşil - geçerek - kadar gider ❻ Güvenli - yolculuk - isterseniz - gitmeniz ❼ limana uğrayacak.

İkinci Aşama: Bugün 17. derse dönüp üzerinde yeniden çalışınız.

ELLİ ÜÇÜNCÜ DERS

KÜÇÜK ESKİ BİR ARABA

1 Yoğun trafiğin arasında küçük, eski bir araba yokuşu çıkmaya çalışıyor. Epeyce zorlanıyor, ama gene de çıkıyor.

2 Aslında bu arabayı durdurmak, yokuşu çıkartmaktan çok daha zor, fakat sahibi her zaman bir kolayını buluyor. ①

3 Ya bir kaldırıma yanaşıyor, ya bir ara sokağa sapıyor, ya da başka bir çare arıyor.

4 Sürücü bu kez, yokuşu çıktıktan sonra, arabayı durdurabilmek için bir kamyonun arkasına yanaşıyor. ②③

5 O sırada onu gören bir polis:

6 – Arabanızın freni yok mu? Bozuk frenle yola çıkmaya nasıl cesaret ediyorsunuz? Camı açar mısınız? ④

7 Genç, arabanın camını açarken, cam kapının içine düşüp takılıyor.

53. LEKTION

EIN KLEINES ALTES AUTO

1 Mitten im dichten Verkehr versucht ein kleines altes Auto, die steile Straße hinaufzufahren. Das kostet es ziemlich viel Mühe, aber es fährt doch hinauf.

2 In Wirklichkeit ist es viel schwieriger, diesen Wagen anzuhalten, als ihn einen Berg hinauffahren zu lassen, aber sein Besitzer findet immer eine Lösung (das Leichte dessen).

3 Entweder hält (nähert) er ihn an einem Bürgersteig an oder er biegt in eine Seitenstraße ein oder er sucht [sich] ein anderes Mittel.

4 Diesmal ist der Fahrer dabei, nachdem er die steile Straße hochgefahren ist, hinten an einen Lastwagen heranzufahren, um den Wagen anhalten zu können.

5 Ein Polizist, der ihm gerade zusieht, [sagt zu ihm]:

6 – Hat Ihr Wagen keine Bremse? Wie können Sie (wagen Sie) mit defekter Bremse (auf der Straße) fahren? Würden Sie Ihr Fenster öffnen?

7 Als der junge Mann das Wagenfenster öffnet, fällt die Scheibe in die Wagentür und verklemmt sich.

ANMERKUNGEN

① Der Komparativ („mehr ... als") wird mit **-den/-dan daha** gebildet. Hier sind die beiden Elemente des Komparativs Infinitive, die als Substantive gelten, daher **çıkartmaktan** von **çıkartmak** „heraus-holen", hier im Sinne von „machen lassen".

② **Sürücü** „Fahrer" von **sürmek** „fahren, (in die Länge) ziehen" oder „dauern" (**yol uzun sürecek** „die Reise wird lange dauern"). „Ein Auto fahren" heißt auch **araba kullanmak**.

③ **durdur-abil-mek** „anhalten können" von **durdurmak** „anhalten". Das Suffix drückt eine Möglichkeit aus.

④ **-a cesaret etmek** „wagen etwas zu tun".

8 – Aksiliğe bakın. Şimdi bunu kapatamam da. Üşüyeceğim. ⑤

9 Polis arabayı kontrol etmeye başlıyor:

10 – Bu araba bir hurda yığını. Her tarafı bozuk.

11 Gaz pedalı yerinden çıkmış. El freni sicimle bağlanmış. Bir de kemeriniz yok.

12 Lambaları yakmaya çalışıyor.

13 – Lambalar da yanmıyor.

14 – Yanması lazım. Yalnız şuraya vurmak gerekiyor. ⑥

15 Delikanlı inip kaportaya yumruğuyla vurunca lambalar yanıyor.

16 – Tekerleklerin vidaları da eksik. Bu ne kadar tehlikeli, bilmiyor musunuz?

17 Şimdi size öyle bir ceza yazmam gerekiyor ki, bir yıllık maaşınızla bile ödeyemezsiniz. ⑤

18 – Memur Bey, diyelim ki bu arabayı hurdacıya götürüyorum...

19 Ve küçük eski araba sarsılarak hareket edip, diğerlerinin arasında gözden kayboluyor. ⑦

ANMERKUNGEN

⑤ **kapat-a-mam** „ich kann nicht zumachen". **-a-** gibt die Unmöglichkeit wieder, **-mam** ist die Endung der 1. Person Singular der Negativform des unbestimmten Präsens. **kapat-maz** heißt „er macht nicht zu", **kapat-mam** „ich mache nicht zu". Ebenso: **öde-y-e-mez-siniz** „Sie können nicht zahlen". Drei der Personalendungen dieser Zeit in der Verneinung kennen wir: **-mem**, **-mez**, **-mezsiniz**. Achtung: **yazmam** kann zwei Bedeutungen haben: 1. **yaz-mam** „ich schreibe nicht", 2. **yazma-m** „mein Nichtschreiben". Dieses Phänomen tritt nur in der 1. Person Singular auf. Eine Verwechslung ist jedoch kaum möglich, da auf den substantivierten Infinitiv oft ein Adjektiv oder ein Verb folgt, während das verneinte unbestimmte Präsens alleine oder mit einem Objekt steht. Außerdem ist in der Umgangssprache die Betonung anders: **vermem imkânsız** [*wär**mäm** imkanßës*] „es ist unmöglich, dass ich gebe", **imkânsız, vermem** [*imkanßës **wär**mäm*] „unmöglich, ich gebe es nicht".

8 – Gucken Sie, was passiert ist. Nun werde ich sie nicht mehr zumachen können. Ich werde mich erkälten.
9 Der Polizist fängt an, den Wagen zu kontrollieren:
10 – Dieser Wagen ist ein Schrotthaufen. Alles daran ist (all seine Seiten) kaputt.
11 Das Gaspedal hängt (ist aus seinem Platz) heraus. Die Handbremse hält mit einer Schnur. Außerdem haben Sie keine Sicherheitsgurte.
12 Er versucht, die Lichter anzumachen.
13 – Die Lichter brennen auch nicht.
14 – Sie müssen [aber] brennen. Man muss nur hier klopfen.
15 Der junge Mann steigt [aus dem Wagen] aus und als er mit seiner Faust auf die Haube klopft, gehen die Lichter an.
16 – Es fehlen auch die Schraubenmuttern an den Rädern. Wissen Sie nicht, wie gefährlich das sein kann?
17 Ich werde Ihnen jetzt eine solche Geldstrafe verpassen, dass Sie sie nicht einmal mit einem Jahreslohn bezahlen können.
18 – Herr Polizist, sagen wir, dass ich meinen Wagen zum Schrotthändler fahre ...
19 Rumpelnd setzt sich der kleine alte Wagen in Bewegung und verschwindet (aus dem Auge) mitten im Verkehr.

⑥ **Yanma-sı lazım** „sie müssen brennen" ist ein substantivierter Infinitiv mit einem Possessiv in der 3. Person, wörtlich „ihr Brennen ist notwendig". Das Possessiv bleibt hier im Singular, da es sich um leblose Dinge handelt. Dasselbe gilt für Verben, deren Subjekt ein Sammelbegriff ist: **lambalar yanıyor** „Lichter brennen".

⑦ Der Verkehr in Istanbul ist mit unserem nicht zu vergleichen. Verkehrsregeln werden – auch von den Polizisten – eher lasch gehandhabt. Will man sich in den Istanbuler Verkehr stürzen, sei es mit dem Taxi oder mit dem eigenen Wagen, sollte man nicht zu zart besaitet sein – und eine gute Hupe haben!

1. BU CÜMLELERİ ANLIYOR MUSUNUZ?

❶ Eski bir araba bu yokuşu çıkamaz. ❷ Camı açamam; açarşam, düşer. ❸ Bu arabayı çalıştırmak durdurmaktan daha kolay. ❹ Ben, bu kadar yoğun bir trafikte yola çıkmam. Siz, yine de gitmek isterseniz, yürümeniz lazım. ❺ Lambaları yakabilmek için, kaportaya vurmam lazım. ❻ Bozuk frenle yola çıkamazsınız. ❼ Gence ceza yazıldı. On beş gün içinde ödemesi lazım.

2. BOŞLUKLARI DOLDURUNUZ.

❶ Wie wagen Sie es, ohne Sicherheitsgurt zu fahren?

. . . . arabayı . . . . nasıl
. . . . ?

❷ Der Fahrer wird versuchen, ein Mittel zu finden, um den Wagen anhalten zu können.

Arabayı . . . . için , ... bir çare . . . . çalışacak.

❸ Nachdem der Polizist einen Strafzettel ausgestellt hatte, fuhr der junge Mann anscheinend seinen Wagen zum Schrotthändler.

Polis ceza . . . . , delikanlı . . . . hurdacıya . . . .

❹ Ich sollte Ihnen jetzt eine solche Geldstrafe auferlegen, dass Sie sie nicht einmal mit einem (Ihrem) Jahreslohn bezahlen können.

Size . . . . ceza . . . . . . gerekiyor . . bir . . . . bile . . . .

❺ Ihr Wagen ist ein Schrotthaufen. An allen Seiten kaputt.

. . . . bir . . . . ; her . . . . . . bozuk.

1. ŞİMDİ ANLADINIZ MI?

❶ Ein alter Wagen kann diesen Abhang nicht hinauffahren. ❷ Ich kann das Wagenfenster nicht aufmachen; wenn ich es herunterkriege, wird es herausfallen. ❸ Es ist leichter, diesen Wagen fahren zu lassen als ihn anzuhalten. ❹ Bei so dichtem Verkehr mache ich mich nicht auf den Weg. Wenn Sie unbedingt wegwollen, müssen Sie zu Fuß gehen. ❺ Um die Lichter anzumachen, muss ich auf die Haube klopfen. ❻ Sie können sich nicht mit defekter Bremse auf den Weg machen. ❼ Man hat dem jungen Mann eine Geldstrafe auferlegt. Er muss [sie] innerhalb von 15 Tagen bezahlen.

❻ Der Wagen des jungen Mannes fuhr ab und verschwand (aus den Augen) zwischen den anderen Wagen.

. . . . hareket edip . . . .
arasında . . . .

❼ Wenn du in diese kleine Seitenstraße abbiegst, wirst du nicht zur Hauptstraße zurückfahren können.

Bu küçük . . . sokağa . . . . , sonra
büyük caddeye . . . .

2. BOŞLUKLARA GELEN SÖZCÜKLER.

❶ Kemersiz - sürmeye - cesaret edersiniz ❷ durdurabilmek - sürücüsü - bulmaya ❸ yazdıktan sonra - arabasını - götürmüş ❹ öyle bir - yazmam - ki - yıllık maaşınızla - ödeyemezsiniz ❺ Arabanız - hurda yığını - tarafı ❻ Gencin arabası - diğerlerinin - gözden kayboldu ❼ ara - saparsan - dönemezsin.

İkinci Aşama: Bugün 18. derse dönüp üzerinde yeniden çalışınız.

ELLİ DÖRDÜNCÜ DERS

SUYA DÜŞEN EVLILIK

1 Arkadaşları onları, evlensinler diye tanıştırır. Birbirlerinden hoşlanırlar. ①②

2 Erkek elli yaşlarında, kadınsa ondan biraz daha gençtir. İkisi de daha önce hiç evlenmemiştir. ③④⑤

3 Birkaç kez yemeğe çıktıktan sonra evlilikten söz etmeye başlarlar.

ANMERKUNGEN

① **evlensinler diye** „damit sie heiraten". Imperativ (Befehlsform) + **diye** gibt einen Nebensatz wieder, der im Deutschen mit „damit ...", „um ... zu ..." eingeleitet wird. In der heutigen Türkei ist es noch immer üblich, Ehen von den Eltern oder von Freunden arrangieren zu lassen.

② **tanış-mak** „kennen", **tanı-ş-mak** „sich kennen", **tanı-ş-tır-mak** „sich bekannt machen, sich vorstellen". Wenn Ihnen jemand vorgestellt wird, können Sie sagen **memnun oldum** „sehr erfreut" oder **tanıştığımıza memnun oldum** „ich freue mich, Sie kennenzulernen".

54. LEKTION

EINE MISSLUNGENE HEIRAT

1 (Ihre) Freunde machen sie miteinander bekannt, mit der Hoffnung (sagend), dass sie heiraten. Sie gefallen einander (sie sind miteinander zufrieden).

2 Der Mann ist in den Fünfzigern; was die Frau betrifft, so ist sie etwas jünger als er. Keiner von den beiden war je verheiratet.

3 Nachdem sie mehrmals [miteinander] essen gegangen waren, fingen sie an, über das Thema Heirat zu sprechen.

③ **Erkek** und **kadın** wurden mit „er" und „sie" wiedergegeben, was das Türkische nicht so ausdrücken kann, da es nur das Personalpronomen **o** gibt. Wäre der Mann genau 50, würde man sagen **elli yaşında**. Die anderen Personen werden mit dem Verb „sein" gebildet: **Kaç yaşındasınız?** „Wie alt sind Sie?", **Yirmi üç yaşındayım** „Ich bin 23 Jahre alt". **Gönül Ertan'dan beş yaş daha küçük/büyük** „Gönül ist fünf Jahre jünger/älter als Ertan"; **yaşlı** bedeutet „alt", aber „Greis" heißt **ihtiyar**. Achtung: **yaş** heißt auch „Träne" oder „nass"!

④ **kadın-sa** heißt hier „was die Frau betrifft". Der gehobenere Stil wäre **kadın ise**. Die Form Substantiv + **-se**/**-sa** bedeutet „wenn ... ist" oder „was ... betrifft": **Kapı çalınıyor. Gönen'se söyle çabuk yanıma gelsin** „Es klingelt an der Tür. Wenn es Gönen ist, sag ihr, dass sie schnell zu (bei) mir kommen soll". **Biz sinemaya gittik. Gönen'se ders çalıştı** „Wir sind ins Kino gegangen. Was Gönen betrifft, so hat sie ihre Lektion studiert". **Nuri'nin evi büyük, bahçesiyse (bahçesi ise) çok küçük** „Nuris Haus ist groß, was den Garten angeht, so ist er ganz klein". Die Endung **-ise** weist auf einen Gegensatz hin. Dagegen führt **-e gelince** in einer Aufzählung ein zusätzliches Element ein: **üst kata gelince** (L. 46) „... und was die obere Etage betrifft" (nach der Terrasse, dem Garten usw.).

⑤ **evlen-me-miş-tir** (oder **-tir-ler**) „er ist noch nicht geheiratet worden". **-tir** dient dazu, die Aussage zu unterstreichen.

4 (Kadın:)
– Evlenirsek Bağdat caddesinde oturalım. Hem iş yerlerimize yakın, hem de çok güzel bir semt. ⑥⑦

5 – Ama annemi Nişantaşı'nda yalnız bırakamam. ⑦⑧

6 – İsterse o da bizimle gelsin. Alt katımızda oturur. Onunla ilgileniriz, hiç yalnız kalmaz. ⑨

7 – Annem oradaki arkadaşlarından ayrılamaz. Doğduğu günden beri aynı mahallede oturuyor. ⑦⑩

8 – Neyse, bunu sonra düşünürüz. Bir de ben, evlenince çalışmaya devam etmek istiyorum.

9 – Annem çalışan gelin istemiyor.

10 – Peki ama işten ayrılırsam bunca yıllık emeğime yazık olur. Neyse, bunu da daha sonra görüşürüz. ⑪⑫

ANMERKUNGEN

⑥ **Evlenir-sek** „wenn wir heiraten würden". **-sek/-sak** ist die Personalendung der 1. Person Plural im Konditional.

⑦ **Bağdat caddesi** ist eine Prachtstraße in den Vierteln entlang des Marmarameers mit Sommerresidenzen, großen Gärten und eleganten Geschäften. **Nişantaşı** ist ein reiches Viertel auf dem europäischen Ufer Istanbuls und heißt übersetzt „Markstein". **semt** und **mahalle** heißt beides „Viertel", wobei ein **semt** aus mehreren **mahalle** und letzteres nur aus ein paar Straßen besteht.

4 (Sie:)
– Wenn wir heiraten, werden wir in der Bagdader Avenue wohnen. Es ist [zum einen] nah an unserem Arbeitsplatz und außerdem ein schönes Viertel.

5 – Aber ich kann meine Mutter nicht allein in Nişantaşı lassen.

6 – Wenn sie will, kann sie auch zu uns kommen. Sie wird in der unteren Etage wohnen. Wir werden uns um sie kümmern, sie wird überhaupt nicht allein sein.

7 – Meine Mutter kann sich nicht von ihren Freundinnen trennen, die auch dort wohnen. Seit ihrer Geburt wohnt sie im selben Viertel.

8 – Gut, wir werden später darüber nachdenken. Und ich, wenn ich heirate, will ich weiter arbeiten.

9 – Meine Mutter möchte keine Schwiegertochter, die arbeitet.

10 – Gut, wenn ich aber meine Arbeit aufgebe, ist es schade um all die Arbeitsjahre [die für meine Rente zählen]. Gut, das werden wir auch später besprechen.

⑧ **bırak-amam** „ich kann nicht lassen“. Vgl. Sie **kapatamam** aus Lektion 53.

⑨ **ilgilenmek** „sich kümmern“ wird wie **uğraşmak** (etwa dieselbe Bedeutung) mit **ile** „mit“ verwendet.

⑩ **Doğ-duğ-u gün-den beri** „seit dem Tag, an dem sie geboren ist“. Mit -**diği için**, -**diği gibi**, -**diği zaman** werden temporale oder kausale Nebensätze gebildet. Nebensätze, die im Deutschen mit „der, die, das“ beginnen, werden im Türkischen mit -**en** gebildet: **suya düşen evlilik** „die Ehe, die ins Wasser fällt“.

⑪ **bu-n-ca** heißt „all dies, so viel“. **yirmi yıllık emeği** wäre „eine 20 Jahre dauernde Arbeit“, daher **bunca yıllık emeğime** „für so viele Arbeitsjahre“. „Pension“ (sowohl die Pensionsbezüge als auch die Pensionszeit) heißt **emeklilik**. Das Renteneintrittsalter ist 60 für Männer und 58 für Frauen (Stand 2021).

⑫ **görüşmek** „sich sehen, miteinander sprechen“. **bir şeyi görüş-mek** „etwas besprechen“. **bunu görüşürüz** „dies werden wir sehen (= besprechen)“.

11 Sonra, evlendiğimiz zaman, hafta sonları sinemaya, tiyatroya gider, eğleniriz. Yalnızken pek eğlenmedim de. ⑩⑬

12 – Ama annem diyor ki...

13 – Anneniz her şeye bu kadar karışırsa, her halde balayına da üçümüz beraber çıkarız! ⑭

14 – Hmm, bilmem... Tabii, bizi bırakamaz.

15 – Allahaısmarladık. ⑮

16 – Ne oldu? Nereye gidiyorsunuz?

17 – Annesiz bir koca bulmaya...

1. BU CÜMLELERİ ANLIYOR MUSUNUZ?

❶ Kayınvalidem yakınımızda otursun diye alt kattaki daireyi satın aldık. ❷ Birbirlerinden hoşlandıktan sonra, evlilik tasarıları yapmaya başladılar. ❸ Bağdat caddesinde oturursak, evimiz iş yerlerimize çok yakın olacak. Dolmuşla işe on dakikada gidebileceğiz. ❹ Kocamın annesiyle aynı evde yaşayamam. ❺ Tanıştığımız günden beri birbirimizden hiç ayrılmadık. ❻ Oturduğumuz semtte çok arkadaşımız var. ❼ Evlendiğim adam balayına annesini de götürmek istiyordu.

2. BOŞLUKLARI DOLDURUNUZ.

❶ Ihre Freunde haben sie einander vorgestellt, damit sie heiraten.

Arkadaşları . . . . onları . . . .

❷ Ich kann das Viertel nicht verlassen, in dem ich geboren bin.

. . . . mahalleden . . . .

11 – Dann, wenn wir verheiratet sein werden, werden wir an den Wochenenden ins Kino, ins Theater gehen, wir werden uns Zerstreuung suchen. Als ich alleine war, habe ich mich in Wirklichkeit wenig amüsiert.

12 – Aber meine Mutter sagt, dass ...

13 – Wenn Ihre Mutter sich so sehr in alles einmischt, werden wir sicher alle drei zusammen auf die Hochzeitsreise gehen.

14 – Hmm, ich weiß nicht ..., [aber], natürlich kann sie uns nicht [alleine] lassen.

15 – Leben Sie wohl.

16 – Was ist [passiert]? Wohin gehen Sie?

17 – Einen Mann ohne Mutter suchen ...

ANMERKUNGEN

⑬ **Yalnız-ken** „als ich alleine war". -**ken**, das normalerweise hinter einem Verbstamm steht, kann auch an ein Substantiv oder ein Adjektiv angehängt werden.

⑭ **bal-ay-ı** („Honigmond") „Hochzeitsreise", **ay** bedeutet „Mond" und „Monat".

⑮ **Allahaısmarladık** „Auf Wiedersehen", wörtlich „wir haben Sie Gott empfohlen" (**Allah'a ısmarladık**).

1. ŞİMDİ ANLADINIZ MI?

❶ Wir haben die untere Etage gekauft, damit meine Schwiegermutter nahe bei uns wohnt. ❷ Nachdem sie sich gefielen, haben sie angefangen, Heiratspläne zu schmieden. ❸ Wenn wir in der Bagdader Avenue wohnen, wird unser Haus sehr nah an unserem Arbeitsplatz sein. Wir werden in zehn Minuten mit dem Dolmuş zur Arbeit fahren können. ❹ Ich kann nicht im selben Haus mit der Mutter meines Mannes wohnen. ❺ Seit dem Tag, an dem wir uns kennenlernten, haben wir uns nicht mehr verlassen. ❻ Wir haben viele Freunde in dem Viertel, in dem wir wohnen. ❼ Der Mann, den ich heiratete, wollte auch seine Mutter auf die Hochzeitsreise mitnehmen.

③ Wenn ich weiterarbeite, wird dies besser für meine Pension sein.

. . . . devam . . . . , ... için daha iyi . . . . .

④ Wenn Sie sich so sehr in alles einmischen, werde ich darauf verzichten, Ihren Sohn zu heiraten.

Her . . . . bu kadar . . . . , ben . . . . evlenmekten . . . .

⑤ Als ich jung war, habe ich nicht oft Zerstreuung gesucht. Jetzt will ich an den Wochenenden an Kulturveranstaltungen teilnehmen.

Ben . . . . pek . . . . Şimdi hafta . . . . kültür . . . . katılmak istiyorum.

ELLİ BEŞİNCİ DERS

BOĞAZ'DA TEKNEYLE GEZİNTİ ①

1 Turistlerle dolu tekne Kabataş'tan hareket ederek, ağır ağır Boğaz'a doğru ilerliyor.

2 (Rehber:)
– „Hemen solumuzdaki bu görkemli bina Dolmabahçe Sarayı. Denizi doldurup, üzerine sarayı yapmışlar. İsmi buradan geliyor. ②③

ANMERKUNGEN

① Der Bosporus, die Meerenge, die Europa von Asien trennt und das Schwarze Meer mit dem Marmarameer verbindet, ist eine der größten Sehenswürdigkeiten Istanbuls.

② Ab dem 18. Jahrhundert öffnete sich das Osmanische Reich westlichen Einflüssen. Da den Sultanen der **Topkapı**-Palast allmählich unbequem wurde, haben sie sich im 19. Jahrhundert im Palast von **Dolmabahçe** niedergelassen.

⑥ Die Frau ist in den Vierzigern, was den Mann betrifft, so ist er etwas älter.

Kadın kırk . . . . , ... biraz daha . . . . . .

⑦ Wir werden dies später besprechen (sehen).

. . . . sonra . . . .

2. BOŞLUKLARA GELEN SÖZCÜKLER.

① evlensinler diye - tanıştırdılar ② Doğduğum - ayrılamam ③ Çalışmaya - edersem emekliliğim - olur ④ şeye - karışırsanız - oğlunuzla - vazgeçeceğim ⑤ gençken - eğlenmedim - sonları - etkinliklerine ⑥ yaşlarında erkekse - yaşlı ⑦ Bunu - görüşürüz.

İkinci Aşama: Bugün 19. derse dönüp üzerinde yeniden çalışınız.

55. LEKTION

SCHIFFSRUNDFAHRT AUF DEM BOSPORUS

1 Das Schiff voll mit Touristen fährt (fahrend) von Kabataş ab und langsam (schwer schwer) in Richtung Bosporus.

2 (Der Touristenführer:)
– „Das wunderschöne Gebäude direkt links ist der Palast von Dolmabahçe („gefüllter Garten“). Man hat das Meer [an dieser Stelle] zugeschüttet und darauf den Palast errichtet. Daher kommt der Name.

③ Das Zuschütten von Buchten am Bosporus, um darauf Gebäude zu errichten, war schon immer üblich. Daher stehen viele Gebäude auf einem künstlichen Sockel, der stark einsturzgefährdet ist.

3 Saray on dokuzuncu yüzyılın ortalarında yapıldı. Padişahlar Topkapı Sarayı'nı terk edip burada oturdular. ④

4 Cumhuriyet kurulduktan sonra, Atatürk Ankara'dan İstanbul'a geldikçe burada kalırdı ve burada da öldü. ⑤⑥

5 Saray bugün müze olarak kullanılmaktadır." ⑦

6 Yabancılar ellerindeki kameralarla film çekiyorlar. ⑧

7 – „Şimdi Beşiktaş'tan geçiyoruz. İskelenin yakınındaki şu bina Deniz Müzesi. Gezerseniz sultanların kayıklarını görebilirsiniz.

8 Az ileride gördüğünüz heykel, büyük Türk denizcisi Barbaros Hayrettin Paşa'nın heykelidir. Bu Ortaköy camisi. ⑨

9 Şu anda Asya'yı Avrupa'ya bağlayan Boğaz Köprüsü'nün altından geçmekteyiz... ⑦⑩

BOĞAZ'DA TEKNEYLE GEZİNTİ

ANMERKUNGEN

④ **on dokuzuncu yüzyılın ortalarında** „um die Hälfte des 19. Jahrhunderts". „Anfang" und „Ende" eines Jahrhunderts werden auch mit **baş** oder **son** wiedergegeben. Die Abkürzung „Jh." heißt im Türkischen **yy.**: **19. yy.'ın sonlarında** „gegen Ende des 19. Jh.s".

⑤ Die Türkische Republik wurde am 29.10.1923 von **Kemal Atatürk** gegründet; Hauptstadt wurde **Ankara**. Atatürk starb 1938.

3 Der Palast wurde um die Hälfte des 19. Jahrhunderts gebaut. Die Sultane haben den Topkapı-Palast verlassen und sich hier niedergelassen.

4 Nach der Gründung der Republik hielt sich Atatürk jedes Mal hier auf, wenn er von Ankara nach Istanbul kam, und hier ist er auch gestorben.

5 Heute ist der Palast ein Museum (wird als Museum verwendet)."

6 Die Touristen filmen [den Palast] mit Camcordern. (Fremden in der Hand tragend Kameras mit Film ziehen-sie.)

7 – „Nun fahren wir an Beşiktaş vorbei. Das Gebäude hier neben der Landungsbrücke ist das Marine-Museum (des Meeres). Wenn Sie es besichtigen, können Sie die Ruderboote der Sultane sehen.

8 Die Statue, die Sie etwas weiter weg sehen, ist die des großen türkischen Admirals (Seemanns) Barbarossa Heyrettin Pascha. Hier (dies da) ist die Moschee von Ortaköy.

9 Gerade fahren wir unter der Bosporusbrücke hindurch, die Asien und Europa verbindet ...

⑥ **gel-dik-çe** „jedes Mal, wenn er kam". Die Form **-ce** heißt „jedes Mal, wenn ..." oder „in dem Maße, wie ...".

⑦ **kullanılmaktadır** „ist im Begriff, verwendet zu werden", „wird benutzt" ist eine sehr offizielle Ausdrucksweise, einfacher ist **kullanılıyor**. Ebenso: **geç-mek-te-y-iz** anstelle von **geçiyoruz** „gerade fahren wir".

⑧ „Fotografieren" oder „filmen" heißt **resim** oder **film çekmek** (**çekmek** = „ziehen"). „Film/Fotos entwickeln lassen" = **filmi banyo ettirmek**, „Foto(abzüge) machen lassen" = **fotoğrafları bastırmak**.

⑨ **gördüğünüz heykel** „die Statue, die Sie sehen", **yaklaştığımız yer** „der Ort, dem wir uns nähern". Beides sind Relativsätze, die mit einem Akkusativ bzw. Dativ eingeleitet werden.

⑩ Die Bosporusbrücke ist die erste Hängebrücke (**asma köprü**), die 1973 über die Meerenge gebaut wurde. Seit 1988 gibt es eine zweite Brücke, die **Fatih Köprüsü** „Brücke der Eroberer".

10 Burası Rumeli Hisarı. Fatih Sultan Mehmet tarafından yaptırılan hisar dört ayda tamamlanmıştır. Bunun karşısındaki Anadolu Hisarı... ⑪⑫⑬

11 Şimdi Anadolu yakasına gidiyoruz. Gördüğünüz gibi, Boğaz'ın kıyılarında birbirinden güzel yalılar yer alıyor.

12 Şu anda yaklaştığımız yer Kanlıca. Burada biraz mola verip, meşhur yoğurdunu yiyeceğiz." ⑨

13 Bir saat sonra tekrar tekneye binip, Kavaklar'da balık yemek üzere yola çıkıyorlar. ①

1. BU CÜMLELERİ ANLIYOR MUSUNUZ?

❶ Karşımızda gördüğümüz heykel, Atatürk'ün heykelidir. ❷ Gezdiğiniz saray 19. yy.'ın başlarında yapıldı. ❸ Biraz önce anlattığım gibi, Atatürk Dolmabahçe Sarayı'nda öldü. ❹ Tekne Kabataş'tan hareket ettikten sonra, Boğaz'a doğru ilerlemeye başladı. ❺ Mola verdiğimiz yerde, turistler yoğurt yediler. ❻ Turistler güzel yalıları gördükçe, resim çekiyorlardı. ❼ Şu anda Kanlıca iskelesine yaklaşmaktayız.

2. BOŞLUKLARI DOLDURUNUZ.

❶ Heute dient der Palast von Dolmabahçe als Museum.

Dolmabahçe . . . . . . bugün müze . . . .

❷ Wenn Sie das Marine-Museum besichtigen, vergessen Sie nicht, die Ruderboote der Sultane zu betrachten, die im Erdgeschoss sind.

Deniz . . . . . . ' . . . . , zemin . . . . sultan kayıklarını . . . .

10 Hier die Burg von Rumeli. Sie ist in vier Monaten von Mehmet dem Eroberer fertiggestellt worden. Ihr gegenüber [steht] die Burg von Anatolien ...

11 Nun fahren wir zur anatolischen Seite. Wie Sie sehen, reihen sich an den Bosporusufern die Strandvillen auf, von denen eine schöner ist als die andere.

12 Der Ort, dem wir uns jetzt nähern, ist Kanlıca. Hier werden wir kurz anhalten und seinen berühmten Joghurt probieren (essen)."

13 Eine Stunde später besteigen sie wieder das Schiff und machen sich auf den Weg, um in [den Dörfern von] Kavak Fisch zu essen.

ANMERKUNGEN

⑪ **Mehmet tarafından yaptırılan** „die von Mehmet erbaut wurde". Ein Nominativ + **tarafından** bedeutet „von, durch".

⑫ Mehmet der Eroberer hat die Burg von **Rumeli** (= Name des europäischen Teils des Osmanischen Reiches) gebaut, um den Überfall auf Konstantinopel 1453 vorzubereiten. Die Burg von Anatolien, **Anadolu Hisarı**, wurde von seinem Urgroßvater **Beyazıt** erbaut.

⑬ **tamam-lan-mış-tır** „fertiggestellt-worden-ist". **-tır** unterstreicht hier wieder die Aussage.

1. ŞİMDİ ANLADINIZ MI?

❶ Die Statue, die wir gegenüber sehen, ist die Statue von Atatürk. ❷ Der Palast, den Sie besichtigt haben, ist Anfang des 19. Jh.s gebaut worden. ❸ Wie ich schon zuvor erklärt habe, ist Atatürk im Palast von Dolmabahçe gestorben. ❹ Nachdem das Schiff Kabataş verlassen hatte, fing es an, in Richtung Bosporus zu fahren. ❺ In dem Ort, in dem wir angehalten haben, haben die Touristen Joghurt gegessen. ❻ Die Touristen nahmen nach und nach Fotos auf, sobald sie die schönen Strandvillen erblickten. ❼ Im Moment sind wir im Begriff, uns der Landungsbrücke von Kanlıca zu nähern.

3 Nach der Gründung der Republik (die Republik, nachdem sie gegründet wurde) ist Ankara anstelle von Istanbul Hauptstadt geworden.

Cumhuriyet . . . . sonra, Ankara . . . . ' . . . . başkent . . . . .

4 Die Burg, die von Mehmet dem Eroberer gebaut wurde, wurde in vier Monaten fertiggestellt.

Fatih . . . . hisar dört . . . .

5 Die zweite Hängebrücke, die Asien und Europa verbindet, ist die Brücke des Eroberers.

. . . . ' . . Avrupa'ya . . . . ikinci . . . . köprü Fatih . . . . ' . . . .

6 An den Ufern des Bosporus befinden sich Strandvillen, von denen eine schöner ist als die andere.

Boğaz'ın . . . . güzel yalılar . . . .

ELLİ ALTINCI DERS

WIEDERHOLUNG UND ANMERKUNGEN

Wieder sind Sie ein großes Stück auf dem Weg zum Erlernen der türkischen Sprache vorangekommen und Sie gehen jetzt in Riesenschritten vorwärts. Mittlerweile können Sie aus einem reichen Schatz an Türkischkenntnissen schöpfen. Sie wissen nun, auf welchem System die türkische Sprache aufbaut und können die einzelnen Bestandteile der Wörter besser unterscheiden. Und mit jeder neuen Verbform, die Sie lernen, erweitern sich Ihre Ausdrucksmöglichkeiten.

❼ Nachdem sie das Schiff wieder bestiegen haben werden, werden sich die Touristen auf den Weg machen, (um) in [den Dörfern von] Kavak Fisch zu essen.

Turistler . . . . tekrar . . . .
. . . . . , Kavaklar'da balık . . . . yola
. . . .

2. BOŞLUKLARA GELEN SÖZCÜKLER.

❶ Sarayı - olarak kullanılmaktadır ❷ Müzesi'ni gezerseniz - kattaki - görmeyi unutmayınız ❸ kurulduktan - İstanbul'un yerine - oldu ❹ tarafından yaptırılan - ayda tamamlanmıştır ❺ Asya'yı - bağlayan - asma - Köprüsü'dür ❻ kıyılarında birbirinden - yer alır ❼ tekneye - bindikten sonra - yemek üzere - çıkacaklar.

İkinci Aşama: Bugün 20. derse dönüp üzerinde yeniden çalışınız.

56. LEKTION

1. Verbalpronomen mit -dik

a) Die unveränderliche Form **-dikten sonra**, die einen Nebensatz mit „nachdem" einleitet, ist schon in der letzten Wiederholungslektion besprochen worden. Wir wollen trotzdem noch einmal kurz darauf eingehen:

Müzeyi gezdik-ten sonra, turistler restorana gidiyorlar.
„Nachdem sie das Museum besichtigt haben, gehen die Touristen ins Restaurant".

Die Endung -**dik** hinter dem Verbstamm weist auf eine vergangene Handlung hin, die Verbform -**gezdik** verhält sich wie ein Substantiv, das vor **sonra** im Ablativ steht. Dem Subjekt gegenüber bleibt diese Form unveränderlich. Das Subjekt erkennt man erst im zweiten Teil des Satzes: **turistler**.

Neu war in den letzten Lektionen, dass die Form -**dik** auch das Kennzeichen einer Konjugation tragen kann:

b) -**dik** + Possessivendung + **zaman, için, gibi**
Diese Form bildet Nebensätze, die im Deutschen mit „wenn", „als", „weil", „wie" eingeleitet werden:

> **Emekli olduğum zaman, bizim hanımla Karadeniz'e gittik.** „Als ich pensioniert wurde, sind wir, meine Frau und ich, zum Schwarzen Meer gefahren."
>
> **Devamlı çalıştığım için, İstanbul dışına pek çıkmadım.** „Weil ich ununterbrochen gearbeitet habe, bin ich kaum aus Istanbul herausgekommen."
>
> **Gördüğünüz gibi, Boğaz'ın kıyılarında güzel yalılar yer alıyor.** „Wie Sie sehen, stehen schöne Strandvillen an den Ufern des Bosporus".

c) Relativsätze mit einem Nominativ
Mit Hilfe der Endung -**dik** kann man fast alle Sätze bilden, die im Deutschen durch Relativsätze wiedergegeben werden, mit Ausnahme solcher, die mit einem Nominativ eingeleitet werden:

> **burada çalışan memur** „der Beamte, der hier arbeitet";
> **gördüğünüz heykel** „die Statue, die Sie dort sehen";
> **oturduğum semt** „das Viertel, in dem ich wohne";
> **evlendiğim adam** „der Mann, den ich heirate";
> **geçtiğim sokak** „die Straße, durch die ich ging";
> **çalıştığım şirket** „die Firma, für die ich arbeite".

Das Türkische begnügt sich damit, die Beziehung zwischen einem Objekt und einem Subjekt wiederzugeben, auf das das Objekt eine Wirkung ausübt. Die Art und Weise der Wirkung bleibt unausgedrückt; sie versteht sich von selbst.

d) Zweite unveränderliche Form mit -**dik**
-**dikçe** und dessen Varianten -**dükçe**, -**dıkça**, -**dukça** ist die zweite unveränderliche Form mit -**dik**. Sie drückt einen Nebensatz aus, der im Deutschen je nach Kontext mit „jedes Mal, wenn ..." oder „während ..." eingeleitet wird:

Atatürk İstanbul'a geldikçe, burada kalırdı. „Jedes Mal, wenn Atatürk nach Istanbul kam, hielt er sich hier auf."

Boğaz'da ilerledikçe, birbirinden güzel yalıları görüyoruz. „Während wir auf dem Bosporus weiterfahren, entdecken wir Strandvillen, von denen eine schöner ist als die andere."

e) Die folgende Bemerkung gilt für die vier bereits bekannten Formen mit **-dik**:

Das Tempus der Nebensätze mit **-dik** richtet sich nach dem des Hauptsatzes. Ist bei **-dikten sonra** das Subjekt der beiden Satzteile das gleiche, so kann das Tempus des Hauptsatzes variieren:

Müzeyi gezdikten sonra, ...
... **turistler restorana gittiler.**
... **turistler restorana gidiyorlar** (**giderler**).
... **turistler restorana giderler** (**gidecekler**).

„Nachdem sie das Museum besichtigt haben, ...
... gingen die Touristen ins Restaurant";
... gehen die Touristen ins Restaurant";
... werden die Touristen ins Restaurant gehen".

Ist das Subjekt in beiden Satzteilen unterschiedlich, sind alle Tempusvariationen möglich:

Turistler müzeyi gezdikten sonra, ...
... rehber onları otele görürecek.
... rehber onları otele götürdü.

„Nachdem die Touristen das Museum besichtigt haben, ...
... wird der Touristenführer sie ins Hotel bringen".
... hat der Touristenführer sie ins Hotel gebracht".

Die durch **-dikten sonra** ausgedrückte Handlung wird ausgeführt oder im Voraus als ausgeführt betrachtet.

-diği zaman, **-diği için**, **-diği gibi**:

1. (Perfekt) **Geldiği zaman, sohbet ettik.**
2. (Präsens) **Geldiği zaman, sohbet ediyoruz (ederiz).**
3. (Futur) **Geldiği zaman, sohbet ederiz (edeceğiz).**

1. „Als er gekommen ist, haben wir gesprochen".
2. „Wenn er kommt, sprechen wir".
3. „Wenn er kommen wird, werden wir sprechen".

-diği + Substantiv

1. **Yazdığım mektubu gönderdim.**
2. **Yazdığım mektubu gönderiyorum (gönderirim).**
3. **Yazdığım mektubu gönderirim (göndereceğim).**

1. „Ich habe den Brief geschickt, den ich geschrieben hatte."
2. „Ich schicke den Brief, den ich geschrieben habe."
3. „Ich werde den Brief schicken, den ich geschrieben habe (den ich schreibe)."

-dikçe:

1. **İstanbul'a geldikçe, burada kaldı.**
2. **İstanbul'a geldikçe, burada kalıyor (kalır).**
3. **İstanbul'a geldikçe, burada kalır (kalacak).**

1. „Jedes Mal, wenn er nach Istanbul gekommen ist, hat er sich hier aufgehalten."
2. „Jedes Mal, wenn er nach Istanbul kommt, hält er sich hier auf."
3. „Jedes Mal, wenn er nach Istanbul kommen wird, wird er sich hier aufhalten."

In den hier gezeigten Beispielen wurde das türkische bestimmte und unbestimmte Präsens im Deutschen durch die Gegenwart wiedergegeben und auf der anderen Seite das türkische unbestimmte Präsens und Futur im Deutschen durch das Futur wiedergegeben. Sie wissen ja, dass das unbestimmte Präsens zugleich auf eine gewöhnliche Gegenwart und auf eine nicht näher bestimmte Zukunft hinweisen kann. Dies soll durch die folgenden Beispiele verdeutlicht werden:

Yazdığım mektubu gönderiyorum. „Ich sende (jetzt) den Brief, den ich geschrieben habe."

Yazdığım mektupları uçakla gönderirim. „Ich sende die Briefe, die ich schreibe, (normalerweise) per Luftpost."

Yazdığım mektubu gönderirim. „Ich werde (irgendwann) den Brief senden, den ich geschrieben habe."

Yazdığım mektubu göndereceğim. „Ich werde (bestimmt) den Brief senden, den ich geschrieben habe."

Diese Beispielsätze zeigen, dass das Verständnis und die Übersetzung jedes Satzes vom Kontext abhängen.

2. Substantivierter Infinitiv

Diese Form mit -**me** unterscheidet sich von der Form mit -**dik** dadurch, dass die Form mit -**me** eine mögliche Handlung ausdrückt, die nicht unbedingt verwirklicht wird. Sie kennen die Konstruktion Possessiv + **lazım** oder **gerekiyor**, die eine Notwendigkeit ausdrückt:

> **Öyle bir ceza yazma-m gerekiyor.** „Ich muss [Ihnen] eine solche Geldstrafe auferlegen."

> **Yanma-sı lazım.** „Sie (die Lampen) müssen brennen".

Wenn das Wort **lambalar** auftaucht, so muss es im Genitiv stehen (**lambaların**):

> **Lambaların yanması lazım.** „Die Lampen müssen brennen." und

> **Turistlerin Boğaz'ı görmeleri lazım.** „Die Touristen müssen den Bosporus sehen."

3. Verneinte Form des unbestimmten Präsens

Diese Form unterscheidet sich stark von der bejahten. Beispiel:

yaz-ar-ım	**yaz-ma-m**
yaz-ar-sın	**yaz-ma-z-sın**
yaz-ar	**yaz-ma-z**
yaz-ar-ız	**yaz-ma-y-ız**
yaz-ar-sınız	**yaz-ma-z-sınız**
yaz-ar-lar	**yaz-ma-z-lar**

Das **z** (in der Endung -**mez/-maz**), das diese Form kennzeichnet, ist in der 1. Person Singular und Plural nicht vorhanden:

> **Bunu yapmam!** „Das werde ich nicht tun!", „Es kommt nicht in Frage, dass ich das tue".

Wenn eine absolute Unmöglichkeit ausgedrückt werden soll, so kann die Partikel -**e/-a** eingefügt werden:

> **Camı kapatamam.** „Ich werde das Wagenfenster nicht mehr schließen können".

4. Infinitiv

Der Infinitiv im Lokativ in Verbindung mit dem Verb „sein" hat eher rhetorische (d. h. stilistische) Wirkung, um in feierlichem Ton eine sich abspielende Handlung anzukündigen:

Boğaz Köprüsü'nün altından geçmek-te-y-iz. „Wir fahren gerade unter der Borsporusbrücke durch".

Saray bugün müze olarak kullanılmaktadır. „Der Palast dient heute als Museum."

Der Infinitiv wird nur in drei Fällen verwendet: im Lokativ, im Ablativ und natürlich im Nominativ.
Hier der Ablativ vor **daha** in einem Vergleich:

Bu arabayı durdurmak, yokuşu çıkartmak-tan çok daha zor. „Den Wagen anzuhalten ist viel schwieriger als ihn die steile Straße hinauffahren zu lassen."

In diesem Beispiel finden Sie auch einen Infinitiv im Nominativ:

bu arabayı durdurmak „den Wagen anzuhalten".

5. Endung -miş

Sie wird in den folgenden Fällen eingesetzt:

a) **Schilderung einer nicht selbst miterlebten Handlung**

Perde çubuğu istemiş-siniz. „Sie haben anscheinend nach Gardinenstangen gefragt".

Der Grundform des Verbs mit der Endung **-miş** können die Personalendungen hinzugefügt werden. Hier die komplette Konjugation von **beklemiş** „er hat anscheinend/angeblich gewartet":

beklemişim „ich habe ..."	**beklemişiz** „wir haben ..."
beklemişsin „du hast ..."	**beklemişsiniz** „ihr/Sie habt/en ..."
beklemiş(tir) „er/sie hat ..."	**beklemişler** „sie haben ..."

b) **Aktives Partizip in der Vergangenheit**: „gemacht habend"

İkisi de daha önce hiç evlen-me-miş-tir. „Keiner von den beiden war schon einmal verheiratet gewesen".

evlenmiş „verheiratet seiend“ ist ein Partizip; die Endung **-tir** unterstreicht hier die Aussage noch einmal. Dieses Partizip darf nicht mit dem Verb in der 3. Person Singular verwechselt werden; sie haben zwar dieselbe Form, aber nicht dieselbe Bedeutung:

> **Bu adam evlenmiş, sonra yurt dışına gitmiş ve bir daha gelmemiş.** „Angeblich hat dieser Mann geheiratet, ist dann (anscheinend) ins Ausland gefahren und ist (anscheinend) nicht zurückgekommen“.

Wenn Sie mit dieser Form noch Probleme haben, lesen Sie die Lektion 42 noch einmal gründlich durch.

Machen Sie nie den Fehler, sich zu verkrampfen – das mindert den Lernerfolg ganz erheblich. Viele Dinge, die Sie einmal gelesen haben, werden sich in Ihrem Gedächtnis „festsetzen“, vielleicht, ohne dass Ihnen dies bewusst wird. Und eines Tages werden Sie merken, dass Sie diese Dinge plötzlich beherrschen.

İkinci Aşama: Bugün 21. derse dönüp üzerinde yeniden çalışınız.

Raum für persönliche Notizen:

ELLİ YEDİNCİ DERS

YENİ EVE TAŞINIRKEN ①

1 Bir aile evden taşınmak üzere. Yeni kiraladıkları daireyi onarıp hazırlıyorlar. ②③

2 Hanım, dışarda çalışmadığı için evin bütün işleriyle kendisi ilgileniyor. ④

3 (Marangozda:)

4 – Usta, geçen gün yaptığınız dolabın kapağı kapanmıyor. Bu akşam uğrayıp bakabilir misiniz? ③⑤

5 (Nalburda:)

6 – Yirmi metre karelik bir odaya, üç kilo plastik duvar boyası yeter mi acaba? ⑥⑦

7 – Boyayı iki kat sürerseniz yeter, ama duvarlar çok kirliyse üç kat sürmeniz gerekir, o zaman üç kilo az gelir.

8 – Ben bir de yüz gram küçük çiviyle iki tane fırça istiyorum. ⑧

ANMERKUNGEN

① **taşınmak** von **taşımak** „transportieren“: **(evden) taşınmak** „ausziehen“, **yeni eve taşınmak** „einziehen“.

② Vgl. Sie **yeni kiraladıkları daire** „die Wohnung, die sie neu[lich] gemietet haben“ und **kiraladıkları yeni daire** „die neue Wohnung, die sie gemietet haben“. Steht **yeni** vor einem Substantiv, ist es Adjektiv, steht es vor einem Verb, ist es Adverb und heißt „neulich, gerade“: **yeni geldi** „er ist gerade gekommen“.

③ **-dik** erscheint hier mit der Endung der 3. Person Plural. In dieser Lektion sind einige Relativsätze enthalten, die nach demselben Muster gebildet werden: **yaptığınız dolap** „der Schrank, den Sie gebaut haben“, **taktığınız musluklar** „die Wasserhähne, die Sie angebracht haben“, **ısmarladığım yorgan** „die Steppdecke, die ich bestellt habe“, **verdiğiniz ölçü** „die Maße, die Sie angegeben haben“.

57. LEKTION

WENN MAN IN EIN NEUES HAUS EINZIEHT
(Beim Einziehen in ein neues Haus)

1 Eine Familie ist im Begriff, umzuziehen (sich aus dem Haus zu transportieren). Sie (die Mitglieder der Familie) führen die Reparaturen aus und richten das Haus her, das sie gemietet haben.
2 Da die Frau nicht außerhalb des Hauses arbeitet, erledigt sie alle Arbeiten, die mit dem Haus zusammenhängen.
3 (Beim Tischler:)
4 – Meister, die Tür des Wandschranks, den Sie vor einigen Tagen gemacht haben, schließt nicht. Können Sie heute Abend vorbeikommen und [sie] sich ansehen?
5 (Beim Eisenwarenhändler:)
6 – Sind drei Kilo Acrylwandfarbe für ein 20 Quadratmeter großes Zimmer genug?
7 – Wenn Sie nur zwei Schichten streichen, ist es genug; aber wenn die Wände sehr schmutzig sind, müssen Sie drei Schichten streichen, und dann sind drei Kilo wenig (kommen wenig).
8 – Ich möchte noch 100 Gramm kleine Nägel und zwei Pinsel.

④ **çalış-ma-dığ-ı**: Verneinung von **çalış-tığ-ı**. Die Partikel **-dik** kann ganz einfach durch Einfügen von **-me/-ma** verneint werden.

⑤ **Usta** „Meister, Fachmann“ ist auch eine Anrede.

⑥ **oda** bezeichnet jede Art von Zimmer.

⑦ **boya** „Anstrich, Farbe“. **sulu boya** „Wasserfarbe“, **yağlı boya** „Ölfarbe“, **boyamak** „färben“, **boyalamak** „anstreichen, anmalen“, **boyatmak** „anstreichen lassen“.

⑧ **fırça** „Pinsel, Bürste“, **diş fırçası** „Zahnbürste“, **saç fırçası** „Haarbürste“.

9 (Su tesisatçısıda:)
10 – Usta, geçen gün taktığınız musluklar damlıyor. Yeni muslukların damlamaması lazım. ③⑨
11 Ayrıca lavabo da tıkalı. Bir ara uğrayıp bakmanızı rica ediyorum. ⑩
12 (Bakırcıda:) ⑪
13 – Bu tepsiyle bakracı parlatmanızı istiyorum. Eski eşyayı yenileyip yeni evimde kullanacağım. ⑩
14 (Yorgancıda:) ⑪
15 – Oğlum için ısmarladığım yorgan bitti mi? Haftaya askerden dönüyor da. ③⑫
16 – Bu kadar acele olduğunu bilmiyordum. ⑬
17 (Tuhafiyecide:) ⑭
18 – Ustanın diktiği perdeler çok uzun geldi. ⑮
19 – Verdiğiniz ölçüye göre yaptı. O zaman getirin kısaltalım. ③

ANMERKUNGEN

⑨ **damlamak** „tropfen“ von **damla** „Tropfen“. ... **damla-ma-ma-sı lazım** „... dürfen nicht tropfen“ bedeutet wörtlich „ihr Nicht-Tropfen ist nötig“. Die Verneinung bezieht sich auf das Verb selbst, nicht auf **lazım**, das Subjekt steht im Genitiv und das Verb im Singular, da das Subjekt leblose Dinge bezeichnet.

⑩ **bak-ma-nız-ı rica ediyorum** „ich bitte Sie, es nachzuprüfen“: substantivierter Infinitiv mit **-me** + Possessiv + Akkusativ als (Akkusativ-) Objekt eines Verbs, das eine Bitte oder einen Wunsch ausdrückt. **gel-me-n-i istiyorum** „ich will, dass du kommst“; **parlat-ma-nız-ı istiyorum** „ich möchte, dass Sie ... zum Glänzen bringen“, **konuş-ma-ma-nız-ı rica ediyorum** „ich bitte Sie, nicht zu sprechen“.

⑪ Beim Kupferhändler, **bakırcı**, kann man nicht nur Kessel, Schüsseln usw. kaufen, sondern auch löten, reinigen und verzinken lassen. Auf vielen Märken (**çarşı**) gibt es heute noch **yorgancı** „Steppdeckenhersteller“, die auch Matrazen, Kopfkissen usw. anfertigen. Der Kunde kann dort Stoffe für Decken usw. auswählen und seine Matratzen aufzupfen lassen.

9 (Beim Klempner:)
10 – Meister, die Wasserhähne, die Sie vor einigen Tagen angebracht haben, tropfen. Neue Wasserhähne dürfen nicht tropfen.
11 Außerdem ist das Waschbecken verstopft. Ich bitte Sie, vorbeizukommen und [es] sich anzusehen.
12 (Beim Kupferhändler:)
13 – Ich möchte, dass Sie diese Platte und diesen Eimer reinigen (zum Glänzen bringen). Ich will meine alten Sachen erneuern lassen und sie in meinem neuen Haus verwenden.
14 (Beim Steppdeckenhersteller:)
15 – Ist die Steppdecke, die ich für meinen Sohn bestellt hatte, fertig? Er kommt ja nächste Woche vom Militär[-dienst] zurück.
16 – Ich wusste nicht, dass es so eilte.
17 (Beim Kurzwarenhändler:)
18 – Die Gardinen, die Ihr Meister mir genäht hat, sind zu lang (geworden).
19 – Er hat sie nach den Maßen angefertigt, die Sie ihm gegeben haben. Bringen Sie sie also zurück, dass wir sie kürzen.

⑫ **asker** „Soldat“ oder „Militär“: **ben askerdeyken** „als ich meinen Militärdienst machte“, **oğlum askerden dönüyor** „mein Sohn kommt vom Militär[-dienst] zurück“, **askerliğimi Manisa’da yaptım** „ich habe meinen Militärdienst in Manisa abgeleistet“.

⑬ **Bu kadar acele olduğ-u-n-u bilmiyordum** („ich wusste sein Eiligsein nicht“) „ich wusste nicht, dass es so eilte“. Hier wird dem Verb die Endung **-dik** und ein Akkusativ hinzugefügt, um einen Nebensatz mit „dass ...“ zu bilden.

⑭ Beim **tuhafiyeci**, ursprünglich „Kurzwarenhändler“, findet man alles vom Regenschirm über Spielzeug bis hin zu Haushaltsartikeln. Solche Läden führen auch oft kleinere Reparaturen im Haus aus. Ebenso kann man dort Schlüssel und Schlösser anfertigen lassen.

⑮ **Usta-n** „der Gardinen“: Das Bezugswort, auf das sich das Verb mit **-dik** bezieht, steht im Genitiv.

20 Hanım bütün bu işleri bitirdikten sonra birkaç dükkâna daha uğruyor:

21 Kunduracıya tamir edilecek ayakkabıları bırakıyor. Kuru temizleyiciden temizlenmiş elbiseleri alıyor, sonra kırtasiyeciden kâğıtla yapıştırıcı alıyor. ⑯⑰

22 Ve tabii eve dönmeden önce eczaneden vitamin almayı da unutmuyor. Yorucu bir gündü! ⑰⑱

1. BU CÜMLELERİ ANLIYOR MUSUNUZ?

❶ Bir dolap yapmanızı istiyorum. ❷ Ismarladığımız yorgan henüz hazır değil. ❸ Perdeler için ölçülerinizi vermeniz lazım. ❹ Bugün vermenizi rica ederim, yoksa öbür gün için yapamam. ❺ Ailenin yeni taşındığı ev eski bir ahşap evdir. ❻ Boya ve fırça almayı unutmamanız lazım. ❼ Kızımın oturduğu ev buradan çok uzak. ❽ Ismarladığım dolabı yarına kadar bitirebilir misiniz?

2. BOŞLUKLARI DOLDURUNUZ.

❶ Bevor Sie darin wohnen, werden Sie die Wohnung, die Sie gerade gemietet haben, renovieren und herrichten.

. . . . önce, yeni . . . .
daireyi . . . .

❷ Wenn Sie drei Schichten Farbe streichen, (wenn die Farbe drei Schichten Sie anstreichen), genügt ein Kilo nicht.

Boyayı üç . . . . , bir kilo
. . . .

❸ In der Toilette tropft das Wasser. Ich bitte Sie, kurz vorbeizukommen und [es] sich anzusehen.

Tuvalette su . . . . Bir ara . . . .
. . . . rica . . . .

20 Nachdem sie alle Einkäufe fertig hat, geht die Frau noch in einige Läden:

21 Sie gibt (lässt) dem Schuhmacher Schuhe zum Reparieren. In der Reinigung holt sie Kleider ab, die gereinigt worden sind, und kauft beim Papierhändler Papier und Klebstoff.

22 Und natürlich vergisst sie nicht, bevor sie nach Hause zurückkommt, Vitamine in der Apotheke zu holen. Welch ein ermüdender Tag!

ANMERKUNGEN

⑯ **tamir edilecek ayakkabılar** „Schuhe, die dazu bestimmt sind, repariert zu werden", **yapılacak bir şey yok** „es gibt nichts, was dazu bestimmt ist, getan zu werden"; **kırılacak eşya var** „es gibt Sachen, die dazu bestimmt sind, zerbrochen zu werden"... verschiedene Beispiele für die Verwendung des Suffixes **-ecek/-acak**. Vgl. auch Lektion 47.

⑰ **almak** im Sinne von „*in* (einem Laden) kaufen" wird mit dem Ablativ verwendet.

⑱ **eve dön-me-den önce** „bevor sie nach Hause zurückkehrt".

1. ŞİMDİ ANLADINIZ MI?

❶ Ich möchte, dass Sie einen Wandschrank herstellen. ❷ Die Steppdecke, die wir bestellt haben, ist noch nicht fertig. ❸ Sie müssen mir Ihre Maße für die Gardinen geben. ❹ Ich bitte Sie, [sie] mir heute zu geben, sonst werde ich [sie] nicht bis übermorgen fertig machen können. ❺ Das Haus, in das die Familie gerade eingezogen ist, ist ein altes Haus aus Holz. ❻ Sie dürfen nicht vergessen, Farbe und einen Pinsel zu kaufen. ❼ Das Haus, in dem meine Tochter wohnt, ist sehr weit von hier. ❽ Können Sie bis morgen den Wandschrank fertig machen, den ich [Ihnen] bestellt habe?

❹ Lassen wir diese Wände neu anstreichen. Wir wussten nicht, dass sie so schmutzig waren.

Bu duvarları . . . . Bu . . . . . kirli . . . .

❺ Bevor ich einziehe, will ich, dass Sie diese Wohnung neu anstreichen lassen.

Ben . . . . önce, bu . . . .
. . . . istiyorum.

❻ Die Dame hat dem Kupferhändler einen Eimer zum Reinigen (zum Glänzen bringen) dagelassen.

Hanım, bakırcıya . . . . bir . . . . . .
bıraktı.

❼ Ich habe dem Tischler einen Tisch zum Reparieren gegeben.

. . . . tamir . . . . bir masa
. . . .

❽ Sie haben mir eine Steppdecke schicken lassen, die ich nicht bestellt habe. Dies ist wohl ein Irrtum.

Bana . . . . bir yorgan
. . . . Bir yanlışlık . . . .

ELLİ SEKİZİNCİ DERS

BİR AŞK MEKTUBU ①

1 „Canım sevgilim, Bir aydır senden uzaktayım. Seni ne kadar özlediğimi bilemezsin. Buraya geldiğimden beri durmadan çalıştım. ②③④

ANMERKUNGEN

① **aşk** „Liebe“ stammt ebenso wie **aşık** „Liebhaber“ aus dem Arabischen (sprechen Sie das „a” lang aus). **birisine aşık olmak** „sich in jmdn. verlieben“. **aşık** ist auch der „Volksdichter“, der, begleitet von der **saz**, einer Art Laute, Gedichte aufsagt oder singt.

② **Seni ne kadar özlediğ-im-i bilemezsin** „du kannst nicht wissen, wie ich mich nach dir sehne“. **-dik** + Possessiv + Akkusativ tritt als Akkusativobjekt des Verbs **bilemezsin** auf. Dieser Satz gleicht **bu kadar acele olduğunu bilmiyordum** aus Lektion 57.

2. BOŞLUKLARA GELEN SÖZCÜKLER.

❶ Oturmadan - kiraladığınız - onarıp hazırlayacaksınız. ❷ kat sürerseniz - yetmez ❸ akıyor - uğrayıp bakmanızı - ediyorum ❹ boyatalım - kadar - olduğunu bilmiyorduk ❺ taşınmadan - daireyi boyatmanızı ❻ parlatılacak - bakraç ❼ Marangoza - edilecek - verdim ❽ ısmarlamadığım - göndermişsiniz - olmalı.

İkinci Aşama: Bugün 22. derse dönüp üzerinde yeniden çalışınız.

58. LEKTION

EIN LIEBESBRIEF

1 „Mein liebster Schatz (meine Seele), seit einem Monat (es ist schon einen Monat her) bin ich weit weg von dir. Du kannst nicht wissen, wie du mir fehlst. Seitdem ich hier angekommen bin, habe ich ununterbrochen gearbeitet.

③ **Buraya geldiğ-im-den beri** „seit(dem) ich hierher gekommen bin". Nach **-dik** kann nicht nur ein Akkusativobjekt, sondern auch ein Ablativsuffix hinzugefügt werden; mit **beri** bedeutet diese Wendung „seit(dem)": **sizi tanıdığ-ımız-dan beri** „seit(dem) wir Sie kennen".

④ **durma-dan** „ohne aufzuhören". Verwechseln Sie dies nicht mit **-madan önce** „bevor ..." .

2 Son bir iki gündür işler hafiflediği için sana yazmaya vakit bulabildim. ⑤⑥

3 Her zaman seni düşünüyorum. Biliyor musun, tanıştığımız günü hiç unutamıyorum. Ne kadar mutluyduk! ⑦

4 Sen hayatta tanıdığım en değerli varlıksın. Senin için her fedakârlığa hazırım, bunu bilmeni isterim. ⑦⑧

5 Sana kavuşacağım anı dört gözle bekliyorum. Çok yakında görüşmek ümidiyle, kucaklarım.“ ⑨

6 Genç kız mektubu okur okumaz telefona sarıldı:

7 – Alo, canım, sen misin? Mektubunu biraz önce aldım. Ben de seni çok özledim. Bu hafta sonu gelebilir misin?

8 – Şey, hava çok soğuk, yağış var. ⑩⑪

9 – Ama yollar açık. İstersen yataklıyla gel.

10 – Ben trende hiç uyuyamam.

11 – Mektubunda beni özlediğini yazıyorsun da. ⑫

ANMERKUNGEN

⑤ **hafif-le-mek** kommt von **hafif** „schlank, leicht“; daher „nachlassen, sich verringern“.

⑥ **bul-abil-dim** „ich habe finden können“. Vgl. Sie **yetişebildiler** „sie konnten rechtzeitig erreichen“ aus Lektion 44.

⑦ **tanış-tığ-ımız gün-ü unutamıyorum** „ich kann den Tag nicht vergessen, an dem wir uns kennengelernt haben“: Das Wort, auf das sich der Relativsatz bezieht (**gün**), ist seinerseits das Akkusativobjekt des Hauptverbs; es kann auch als Subjekt auftreten: **tanıdığ-ım en değerli varlıksın** „du bist das kostbarste Wesen, das ich gekannt habe“.

2 Da die Arbeit in den zwei (ein zwei) letzten Tagen nachgelassen hat, habe ich die Zeit finden können, dir zu schreiben.

3 Ich denke andauernd an dich. Weißt du, ich kann den Tag nie vergessen, an dem wir uns kennengelernt haben. Wie glücklich wir waren!

4 Du bist das kostbarste Wesen, das ich je in meinem Leben gekannt habe. Ich möchte, dass du es weißt (dein Wissen dessen will ich), dass ich für dich zu jedem Opfer bereit bin.

5 Ungeduldig (mit vier Augen) warte ich auf den Augenblick, an dem ich dich wiedersehen werde. In der Hoffnung, dich bald zu sehen, umarme ich dich."

6 Sobald das junge Mädchen den Brief gelesen hatte, lief sie ans Telefon (umarmte das Telefon):

7 – Hallo, mein Liebster, bist du es? Ich habe gerade (vor Kurzem) deinen Brief bekommen. Ich sehne mich auch sehr nach dir. Kannst du dieses Wochenende herkommen?

8 – Hm ... es ist sehr kalt und es regnet.

9 – Aber die Straßen sind befahrbar (offen). Wenn du willst, komm mit dem Schlafwagen.

10 – Im Zug kann ich überhaupt nicht schlafen.

11 – Aber du schreibst doch in deinem Brief, dass du mich vermisst.

⑧ **bunu bilme-n-i isterim** „ich will, dass du das weißt": Konstruktion mit substantiviertem Infinitiv (vgl. Lektion 57).

⑨ **Sana kavuşacağım an-ı bekliyorum** „ich warte auf den Augenblick, in dem ich dich wiedersehe": Die Verbform, die das Futur ausdrückt, erlaubt mithilfe eines Possessivs die Bildung eines Relativsatzes, ebenso wie die Form mit **-dik**.

⑩ **Şey** wird oft im Sinne unseres „Hm, äh" verwendet, wenn man nach einem Wort sucht oder eine Sprechpause macht.

⑪ **yağış** „Niederschläge" kann **yağmur** „Regen", **kar** „Schnee", **dolu** „Hagel" usw. sein. In der Umgangssprache sagt man meistens **yağış var** „es regnet".

12 – Tabii, seni görmeyi çok isterim, ama biliyorsun, hafta sonları arkadaşlarla satranç oynuyoruz.

13 – Peki, o zaman senden bir tek fedakârlık istiyorum: Bir daha canın sıkıldığı zaman bana aşk mektubu yazma. ⑫

Das Wesentliche der Basisgrammatik haben Sie sich bereits erarbeitet. Seit Lektion 50 geht es vor allem darum, das Gelernte zu festigen und Ihre Türkischkenntnisse in die Praxis umzusetzen. Ein Grund mehr, die „Zweite Welle" nicht zu vernachlässigen!

1. BU CÜMLELERİ ANLIYOR MUSUNUZ?

❶ Beni çok sevdiğini yazıyor. Benim için her fedakârlığa hazırmış. ❷ Ne kadar mutlu olduğumuzu bilemezsiniz. ❸ Sizinle tanışacağım günü dört gözle bekliyorum. ❹ Bana hiç aşk mektubu yazmadığı için, onu terk ettim. ❺ Kız, sevgilisinin mektubunu alır almaz, onu aradı. ❻ Bana mektup yazmanı bekliyorum. Burada çok yalnız olduğumu bilmen lazım. ❼ Seninle tanıştığımdan beri, durmadan hep seni düşünüyorum.

2. BOŞLUKLARI DOLDURUNUZ.

❶ Da ich seit zwei Monaten nicht die Zeit finden kann, zu dir zu kommen, schreibe ich [dir einen] Brief.

İki . . . . . sana . . . . vakit . . . . , mektup . . . .

❷ Ich habe verstanden, dass du dich nicht wirklich nach mir sehnst.

. . . . gerçekten . . . . anladım.

❸ Ich bitte dich darum, mir keinen Liebesbrief mehr zu schreiben, wenn du dich langweilst.

Bir daha canın . . . . , bana . . . mektubu . . . . rica ederim.

12 – Natürlich möchte ich dich gerne sehen, aber weißt du, an den Wochenenden spiele ich mit Freunden Schach.

13 – Gut, dann verlange ich nur ein Opfer von dir: Schreibe mir keinen Liebesbrief mehr, wenn du dich langweilst.

ANMERKUNGEN

⑫ Sprechen Sie **fedakârlık** wie [*fedakjarlëk*] aus.

1. ŞİMDİ ANLADINIZ MI?

❶ Er schreibt [mir], dass er mich sehr liebt. Er ist für mich anscheinend zu jedem Opfer bereit. ❷ Sie können nicht wissen, wie glücklich wir sind. ❸ Ich warte ungeduldig (mit vier Augen) auf den Tag, an dem ich Sie kennenlernen werde. ❹ Da er mir keinen Liebesbrief geschrieben hat, habe ich ihn verlassen. ❺ Sobald sie den Brief ihres Liebhabers bekommen hatte, rief das Mädchen ihn an. ❻ Ich erwarte, dass du mir Briefe schreibst. Du sollst wissen, dass ich hier sehr allein bin. ❼ Seitdem ich dich kennengelernt habe, denke ich ununterbrochen an dich.

❹ Ich wusste nicht, dass er jede Woche mit seinen Freunden Schach spielt.

. . . . her . . . . . satranç
. . . . bilmiyordum.

⑤ Denke nicht, dass ich dich vergessen habe. Sobald ich weniger Arbeit habe (meine Arbeit nachlassen wird), werde ich bestimmt kommen.

Seni . . . . sanma. İşlerim . . . . mutlaka . . . .

ELLİ DOKUZUNCU DERS

KARAKOLDA

1 Bir kadın telaş içinde karakola girip komiserle konuşuyor: ①

2 – Komiser Bey, oğlumu kaybettim. Ne olur, bulun oğlumu. ②③

3 – Sakin olun hanımefendi. Nasıl, nerede kaybettiniz?

4 – Pazardaydık, elinden tutuyordum. Bir ara, aldığım sebzeleri çantaya koymak için elini bıraktım. ④

5 Kaçıp gitmiş. Orada bulunanlar, karakola haber verin, ediler.

ANMERKUNGEN

① **telaş içinde** „in heller Aufregung“, **telaşla** „mit Eile“. **evden telaşla çıkıp gitti** „in aller Eile verließ er das Haus“. **telaş etmek** und **telaşlanmak** heißt „in Aufregung geraten“: **Telaşlanmayın, telaş edecek bir şey yok** „Regen Sie sich nicht auf, es gibt keinen Grund, sich aufzuregen“.

② **kayb-etmek** „verlieren“, **kayb-olmak** „sich verlieren, verschwinden“: **küçük eski araba gözden kayboluyor** „das kleine alte Auto verschwindet aus den Augen“.

2. BOŞLUKLARA GELEN SÖZCÜKLER.

❶ aydır - gelmeye - bulamadığım için - yazıyorum ❷ Beni - özlemediğini ❸ sıkıldıkça - aşk - yazmamanı ❹ Arkadaşlarıyla - hafta - oynadığını ❺ unuttuğumu - hafifleyince - geleceğim.

İkinci Aşama: Bugün 23. derse dönüp üzerinde yeniden çalışınız.

59. LEKTION

AUF DER POLIZEIWACHE

1 Eine Frau stürzt in heller Aufregung in die Polizeiwache und spricht den Kommissar an:

2 – Herr Kommissar, ich habe meinen Sohn verloren. Ich flehe Sie an, finden Sie ihn (meinen Sohn) wieder.

3 – Beruhigen Sie sich, meine Dame. Wie und wo haben Sie ihn verloren?

4 – Wir waren auf dem Markt, ich hielt [ihn] an der (seiner) Hand. Einen Augenblick habe ich seine Hand losgelassen, um das Gemüse, das ich gekauft hatte, in die Tasche zu stecken.

5 Er ist anscheinend weggelaufen. Diejenigen, die dort waren, haben mir empfohlen, es der Polizei zu melden (haben mir gesagt: Geben Sie der Polizei die Nachricht).

③ **Ne olur?**, wörtlich „was geschieht?“, heißt übertragen „Ich flehe Sie an“, in einem anderen Zusammenhang „was dann?“: **Oraya şapkasız gidersem, ne olur?** „Und wenn ich ohne Hut dorthin gehe, was dann?“.

④ **bırakmak** kann je nach Kontext „lassen, verlassen, loslassen“ heißen.

6 – Çocuğu bize tarif edin. ⑤

7 – Üç yaşında, sarışın. Üzerinde lacivert kadife pantolon, yeşil yün kazak var. ⑥

8 – Merak etmeyin, gerekeni yaparız. ⑦

9 O sırada genç bir adam:

10 – Vapurdan inerken çantamı düşürdüm. Hüviyetim, ehliyetim, her şeyim içindeydi. Bana yardımcı olmanızı rica ediyorum. ⑧⑨

11 – Nasıl bir çantaydı?

12 – Küçük kahverengi, deriden.

13 Biraz sonra, komiser:

14 – Şimdi ekipten bildirdiler. Bir çocuk bulunmuş. Yalnız sizinki olup olmadığını bilmiyorlar. Ama öğreneceğiz. ⑩

15 Bir polis memuru elinde bir çantayla geliyor:

16 – Komiserim, bu çanta verilen tarife uyuyor. Getiren adam iskelenin önünde bulduğunu söyledi. ⑦⑪⑫

ANMERKUNGEN

⑤ **tarif etmek** (mit langem „a") „erklären, beschreiben"; **yolu tarif etmek** „den Weg beschreiben, zeigen".

⑥ **pantolon** oder **pantalon** bezeichnet die europäische Hose, während die türkische Pluderhose **şalvar** heißt.

⑦ **gereken-i yaparız** „wir werden das Nötige tun". Sie wissen: Der Endung **-en**/**-an** können Kasussuffixe hinzugefügt werden. Hier bildet sie ein Akkusativobjekt. Im Gegensatz dazu ist **getiren** in **getiren adam** ein Adjektiv und daher unveränderlich. Ebenso: **verilen tarife**.

⑧ **düşürmek** „fallen lassen" weist hier auf eine passive, unabsichtliche Handlung hin. Es kann jedoch auch einen aktiven Sinn haben: **hırsız, çantasını almak için, kadını düşürdü** „der Dieb hat die Frau zu Fall gebracht, um [ihr] die Tasche wegzunehmen".

⑨ **olma-nız-ı** ist Akkusativobjekt von **rica ediyorum**. Mehr dazu in Lektion 57.

6 – Beschreiben Sie uns das Kind.

7 – Es ist drei Jahre alt (in drei Jahren [er ist]), blond. Es trägt (an ihm gibt es) eine dunkelblaue Hose aus Samt und einen grünen Wollpullover.

8 – Machen Sie sich keine Sorgen, wir werden das Nötige tun.

9 In diesem Augenblick [kommt] ein junger Mann [kommt und sagt]:

10 – Als ich aus dem Dampfer ausstieg, habe ich meine Tasche fallen lassen. Mein Ausweis, mein Führerschein, alles war drin. Ich bitte Sie, mir behilflich zu sein.

11 – Was war das für eine Tasche?

12 – Klein, braun (kaffeebraun), aus Leder.

13 Etwas später der Kommissar:

14 – Uns wird gerade von der Polizeistreife gemeldet (sie haben gerade gemeldet), dass scheinbar ein Kind gefunden wurde. Bloß weiß man nicht, ob es Ihres ist oder nicht. Wir werden es erfahren.

15 Ein Polizist kommt mit einer Tasche in der (seiner) Hand:

16 – Herr (Mein) Kommissar, diese Tasche entspricht der angegebenen Beschreibung. Der Mann, der sie zurückgebracht hat, sagt, er habe sie vor der Landungsbrücke gefunden.

(10) **sizinki ol-up ol-madığı-n-ı bilmiyorlar** „man weiß nicht, ob es Ihres ist oder nicht". **olup** steht anstelle von **olduğunu**. Merken Sie sich, dass Sie nach diesem Muster jeden Satz bilden können, der im Deutschen „ob ... oder ob nicht" enthält: **dün eve dönüp dönmediğini bana söylemedi** „er hat mir nicht gesagt, ob er gestern nach Hause zurückgekehrt ist oder nicht".

(11) Achtung: **uymak** bedeutet „passen, sich anpassen" und darf nicht mit **uyumak** „schlafen" verwechselt werden, obwohl ihre Konjugation im aktuellen Präsens dieselbe ist. Im unbestimmten Präsens wird **uymak** zu **uyar** und **uyumak** zu **uyur**!

(12) **bulduğu-n-u söyledi** „er hat gesagt, dass er [sie] gefunden hat". Vgl. Sie mit **acele olduğunu bilmiyordum** „ich wusste nicht, dass es eilig ist".

17 Genç adam:
18 – A ... bu benim çantam ... İçindekiler olduğu gibi duruyor. Ne iyi insanlar var... ⑬
19 Teşekkür edip, sevinerek gidiyor.
20 Daha sonra, iki kadın sarışın bir çocuğun elinden tutmuş, getiriyorlar. ⑭
21 – Pazar yerinde bu çocuğu bulduk. Annesini kaybetmiş. ⑭
22 Kadın sevinçten ağlayarak çocuğunu kucaklıyor. ⑮

1. BU CÜMLELERİ ANLIYOR MUSUNUZ?

❶ Bir kadın karakola koşup, komisere oğlunu pazarda kaybettiğini söylüyor. ❷ Çocuğu tarif etmenizi rica ederiz. ❸ Orada bulunanlara kaybettiğiniz cüzdanı tarif ettiniz mi? ❹ Çocuğun bulunup bulunmadığını söylemediler. ❺ Aradığımız çocuk üç yaşında sarışın bir kız. Hemen bulmamız lazım. ❻ Kadının karakola haber verip vermediğini bilmiyorum. ❼ Genç, vapurdan inerken çantasını düşürmüş. Bunu farkedince karakola koşmuş.

17 Der junge Mann:
18 – Ach ... es ist meine Tasche ... Alles (was darin war) ist darin geblieben, wie es war. Was es doch für nette (gute) Leute gibt ...
19 Er bedankt sich und geht freudig weg (sich freuend).
20 Etwas später führen zwei Frauen an der Hand ein blondes Kind herein (indem sie des Kindes Hand genommen haben).
21 – Wir haben dieses Kind auf einem Marktplatz gefunden. Es muss wohl seine Mutter verloren haben.
22 Die Frau umarmt das Kind und weint vor Freude.

ANMERKUNGEN

⑬ Merken Sie sich **olduğu gibi** „so wie es war" und dass **durmak** „bleiben" und „noch sein" heißen kann: **kitabın, koyduğun masada hâlâ duruyor** „dein Buch ist noch auf dem Tisch, wo du es hingelegt hast".

⑭ **tutmuş** „genommen habend" ist hier ein Partizip, während **kaybetmiş** im folgenden Satz ein konjugiertes Verb ist: **bu çocuk annesini kaybetmiş** „dieses Kind muss wohl seine Mutter verloren haben".

⑮ **kucak-la-mak** kommt von **kucak** „Schoß, Umarmung" und bedeutet „umarmen, in die Arme schließen". Vgl. Lektion 58.

1. ŞİMDİ ANLADINIZ MI?

❶ Eine Frau läuft zur Polizeiwache und sagt dem Kommissar, dass sie ihren Sohn auf dem Markt verloren hat. ❷ Wir bitten Sie, das Kind zu beschreiben. ❸ Haben Sie denjenigen, die sich dort befanden, die Brieftasche beschrieben, die Sie verloren haben? ❹ Sie haben nicht gesagt, ob das Kind gefunden wurde oder nicht. ❺ Das Kind, das wir suchen, ist ein (kleines) blondes dreijähriges Mädchen. Wir müssen es sofort finden. ❻ Ich weiß nicht, ob die Frau der Polizei Bescheid gesagt hat (die Nachricht gegeben hat) oder nicht. ❼ Der junge Mann hat anscheinend seine Tasche fallen gelassen, als er aus dem Dampfer ausstieg. Sobald er es gemerkt hat, ist er zur Polizeiwache gelaufen.

2. BOŞLUKLARI DOLDURUNUZ.

➊ Eine Stunde später kommt ein Polizist, der ein blondes Kind an der Hand hält.

Bir . . . . , bir polis . . . . . . sarışın bir çocuğun . . . . getiriyor.

➋ Die Frau weint vor Freude, weil ihr Kind wiedergefunden wurde.

Kadın, çocuğu . . . . için . . . . ağlıyor.

➌ Diese Ledertasche entspricht der Beschreibung, die der Mann angegeben hat. Diese Tasche entspricht der angegebenen Beschreibung.

Bu . . . . çanta . . . . tarife . . . . Bu çanta . . . . uyuyor.

➍ Wir haben diese Tasche vor der Landungsbrücke von Beşiktaş gefunden. Wir wissen nicht, ob es Ihre ist oder nicht.

Bu . . . . Beşiktaş . . . . buldik. Sizinki . . . . bilmiyoruz.

▶ ALTMIŞINCI DERS

BİR AİLE ①

1 Doğan ailesi orta halli bir Türk ailesidir. Beşiktaş çarşısına yakın, sakin bir mahallede oturuyorlar. ②③

ANMERKUNGEN

① **aile** „die Familie" ist in der Türkei noch eine solide soziale Einheit, nicht zuletzt wegen der relativ beengten Wohnverhältnisse, in denen die meisten Türken leben. Viele Beschäftigungen, Fernsehen, Einkaufen, Besuche, werden mit der ganzen Familie unternommen.

❺ Wir haben die Tasche, die der Mann hergebracht hatte, aufgemacht und durchsucht. Wir haben uns gefreut, zu sehen, dass alles darin geblieben ist, wie es war.

. . . . . . getirdiği çantayı . . . . baktık. . . . . olduğu . . . . görünce çok . . . .

❻ Beruhigen Sie sich; machen Sie sich keine Sorgen, wir werden das Nötige tun.

Sakın . . . . , merak . . . . , ... yaparız.

❼ Ich bitte Sie, mir behilflich zu sein.

Bana . . . . rica ediyorum.

2. BOŞLUKLARA GELEN SÖZCÜKLER.

❶ saat sonra - memuru - elinden tutmuş ❷ bulunduğu - sevinçten ❸ deri - adamın verdiği - uyuyor - verilen tarife ❹ çantayı - iskelesinin önünde - olup olmadığını ❺ Adamın - açıp - İçindekilerin - gibi durduğunu - sevindik ❻ olun - etmeyin gerekeni ❼ yardımcı olmanızı.

İkinci Aşama: Bugün 24. derse dönüp üzerinde yeniden çalışınız.

60. LEKTION

EINE FAMILIE

1 Die Familie Doğan („Falke") ist eine türkische Familie aus dem Mittelstand. Sie wohnen in einem ruhigen Viertel nicht weit vom Markt von Beşiktaş.

② **hal-li** „wohlhabend, reich", **orta** „mittel" = **orta halli** „mittelmäßig, dem Mittelstand angehörend". Da **hal** ein arabisches Wort ist, folgen die Suffixe nicht der Vokalharmonie (ebenso **her halde**).

③ **Beşiktaş** („Steinwiege") ist ein lebendiges Handelsviertel am Bosporus und für seine Fischgeschäfte, Metzgereien, Restaurants bekannt.

2 Baba Belediye'de memur. Anne ev kadını, aynı zamanda komşulara dikiş dikiyor. Dört çocukları var: üçü erkek, biri kız. ④⑤

3 Zor geçiniyorlar, ama büyük oğulları askerden dönünce, onlara yardım edecek. ⑥⑦⑧

4 Babası delikanlının bilgisayara girmesini istiyordu. Onun için bir kursa gidip diploma aldı. ⑨⑩

5 Nerede çalışacağını henüz bilmiyor, ama bu dalda her zaman iş bulunur. ⑪

6 Şu anda nişanlı. Ancak iki sene sonra evlenebilecekler. Genç, para kazandığı zaman, yeni evine eşya almaya başlayacak. Düğün için de para biriktirmesi gerekiyor. ⑫

ANMERKUNGEN

④ **ev kadını** „Hausfrau"; **ev hanımı** „Hausherrin".

⑤ **dikiş dikmek** „nähen", zusammengesetztes Verb, ähnlich wie **yemek yemek** „essen", **yağmur yağmak** „regnen", **örgü örmek** „stricken", **oyun oynamak** „spielen". Sie tauchen nur in dieser Form auf, wenn sie kein Akkusativobjekt haben: **bir kazak örmek** „einen Pullover stricken", **çikolata yemek** „Schokolade essen", **elbise dikmek** „ein Kleid nähen", **futbol oynamak** „Fußball spielen".

⑥ **geçinmek** „auskommen", daher **zor geçinmek** „(finanziell) schwer auskommen". Ein Substantiv + **-le** + **geçinmek** heißt „mit jdm. auskommen": **onunla geçinemiyorum** „ich komme nicht mit ihm aus".

⑦ **oğulları** heißt hier „ihr Sohn"; in einem anderen Kontext wäre es „ihre Söhne" oder „seine Söhne", denn die Possessivendung **-leri/-ları** hat auch diese Bedeutung.

⑧ **askerden dönünce** „wenn er vom Militär zurückkommt".

2 Der Vater ist Beamter bei der Stadtverwaltung. Die Mutter ist Hausfrau, gleichzeitig macht sie Näharbeiten für die Nachbarschaft. Sie haben vier Kinder: drei (von ihnen) Jungen und ein (von ihnen) Mädchen.

3 Sie kommen finanziell nur schlecht zurecht, aber wenn der älteste Sohn vom Militärdienst zurückkommt, wird er ihnen helfen.

4 Der (sein) Vater wollte, dass der junge Mann in die Informatik einsteigt. Deshalb hat dieser Kurse besucht und ein Diplom gemacht.

5 Er weiß noch nicht, wo er arbeiten wird, aber in dieser Branche findet man (sich) immer Arbeit.

6 Zurzeit ist er verlobt, sie werden jedoch erst in zwei Jahren heiraten können. Wenn der Junge seinen Lebensunterhalt (sein Geld) verdienen wird, wird er anfangen, Möbel für sein neues Haus zu kaufen. Auch für die Hochzeit muss er Geld beiseitelegen.

⑨ **Babası** „sein Vater", eine Wendung, die eine persönliche Beziehung verdeutlicht, im Gegensatz zu **baba Belediye'de memur** „der Vater ist Beamter bei der Stadtverwaltung".

⑩ **delikanlı-n-ın bilgisayara girme-si-n-i istiyordu**, wörtlich „er wollte das Eintreten des Jungen in die Informatik". **girmesi** + Akkusativ entspricht einem Objektnebensatz (vergleichen Sie auch **bakmanızı rica ediyorum** „ich bitte Sie, es anzusehen", Lektion 57). Hat das Verb ein Subjekt, steht dieses im Genitiv: **yeni muslukların damlamaması lazım** „neue Wasserhähne dürfen nicht tropfen" (L. 57).

⑪ **Nerede çalış-acağ-ı-n-ı bilmiyor** „er weiß nicht, wo er arbeiten wird". Wie den Endungen **-me** und **-dik** können den Endungen **-ecek/-acak** Possessiv- und Kasussuffixe hinzugefügt werden, um Ojektsätze zu bilden.

⑫ **nişanlı** „verlobt" kommt von **nişan** „Zeichen" (vgl. **Nişantaşı** „Markstein"), weil die jungen Leute früher an ihren Kleidern Zeichen trugen, die zeigten, ob sie ledig, verlobt oder verheiratet waren. Dies galt vor allem für die Mädchen. Aber noch heute tragen sie in diesem Sinn einen **nişan yüzüğü** „Verlobungsring": **nişanlılık** „Verlobungszeremonie", **nişanlılığımız uzun sürmedi** „Verlobungszeit". **Nişanlılık dönemimiz pek uzun sürmedi** „Unsere Verlobungszeit hat nicht lange gedauert."

7 Diğer çocuklar okula gidiyor. Erkekler ortaokula, kız ilkokula. Oturdukları semtte, çocukların çok arkadaşları var.

8 Akşamları derslerine başlamadan önce sokakta oyun oynuyorlar. Ortanca oğulları futbola düşkün. ⑬

9 Belki de bir gün tanınmış bir futbolcu olur, kim bilir?

10 Küçük oğulları her gün okuldan sonra dayısının berber dükkânında çırak olarak çalışıp, harçlığını çıkarıyor. ⑭

11 Geceleri yemekten sonra amcalar, halalar, teyzeler, kısaca çok sevdikleri yakınları, onlara oturmaya geliyor, ⑮⑯

12 çünkü, onlar da aynı mahallede oturuyorlar. Televizyon seyrederek, sohbet ediyorlar.

13 Doğan'lar sade, iyi insanlar. Mutlu bir aile onlar.

ANMERKUNGEN

⑬ **düşkün** „begeistert" von **düşmek** „(herab-, herunter-, hin-)fallen" wird vom Richtungsfall begleitet: **futbol-a düşkün** „Fußballfan". Es kann auch „heruntergekommen, ruiniert" bedeuten.

⑭ In der Türkei gehen die Kinder halbtags zur Schule. Viele Kinder ärmerer Familien arbeiten in ihrer Freizeit in Geschäften oder bei Handwerkern, um das Einkommen der Familie ein wenig aufzubessern.

7 Die anderen Kinder gehen zur Schule. Die Jungen besuchen die Mittelschule und das Mädchen die Grundschule. Die Kinder haben viele Freunde in dem Viertel, in dem sie wohnen.

8 Abends, bevor sie ihre Schularbeiten (Lektionen) beginnen, spielen sie (Spiele) auf der Straße. Der zweite Sohn (der Sohn in der Mitte) ist fußballbegeistert.

9 Vielleicht wird er eines Tages ein berühmter Fußballspieler werden. Wer weiß?

10 Ihr jüngster Sohn arbeitet jeden Tag nach der Schule als Hilfskraft im Friseurladen seines Onkels (mütterlicherseits) und verdient (lässt herauskommen) sein Taschengeld.

11 Abends nach dem Essen kommen (und sitzen) die Onkel (väterlicherseits), die Tanten (väterlicher- und mütterlicherseits), kurz [alle] Verwandten, die sie gern haben, zu ihnen zu Besuch,

12 denn auch sie wohnen im selben Viertel. Sie unterhalten sich und sehen dabei fern.

13 Die Doğans sind einfache und gute Leute. Sie sind (Es ist) eine glückliche Familie.

⑮ Für Verwandte mütterlicher- bzw. väterlicherseits gibt es jeweils spezielle Bezeichnungen: „Onkel" und „Tante" heißen **amca** und **hala** väterlicherseits, aber **dayı** und **teyze** mütterlicherseits. Die Vettern heißen jeweils **amca oğlu**, **dayı oğlu** usw. **yeğen** bezeichnet normalerweise die Neffen, wird aber für Vettern im Allgemeinen verwendet.

⑯ **oturmak** hat viele Bedeutungen: „sich setzen, wohnen, leben", aber auch „sich zu einer Unterhaltung hinsetzen" – in der Türkei sehr wichtig! Dort wird Gastfreundschaft großgeschrieben. In Büros, Geschäften oder in Familien wird man oft mit einem freundlichen **Otur!** oder **Oturun!** eingeladen, sich zu setzen, ein Glas Tee zu trinken und etwas zu plaudern. Wenn man dies verweigert oder den Ort überstürzt verlässt, wird das von Türken in der Regel als Beleidigung aufgefasst.

1. BU CÜMLELERİ ANLIYOR MUSUNUZ?

❶ Ortanca oğullarının iyi bir futbolcu olmasını istiyorlar. ❷ Ne iş yapacağını henüz bilmiyor. ❸ İki nişanlı nerede oturacaklarını daha düşünmediler. ❹ Çocukların oyun oynadıkları mahallede herkes futbola düşkün. ❺ Genç, düğün için nasıl para biriktireceğini bilmiyor. ❻ Akşamları, eve dönmeden önce akrabaları, Doğan'lara uğrayıp sohbet ediyorlar. ❼ Çocuk, bir berber dükkânında çalıştığı için, harçlığını çıkarıyor. ❽ Evlenmeden önce, yeni evimize eşya almaya başlamamız lazım.

2. BOŞLUKLARI DOLDURUNUZ.

❶ Der Vater hat gewollt, dass der Junge in die Informatik eintritt.

Babası . . . . . . bilgisayara . . . . istedi.

❷ In dieser Branche findet man immer Arbeit, sobald (nachdem) man sein Diplom absolviert hat.

Bu . . . . . , diploma . . . . , her . . . . . iş . . . .

❸ Sie werden erst heiraten können, nachdem der junge Mann vom Militärdienst zurückgekommen ist.

Ancak delikanlı . . . . sonra, ...

❹ Sie verbringen ihre Abende zu Hause, indem sie fernsehen und sich mit ihren Verwandten unterhalten.

Televizyon . . . . , ... sohbet . . . . . . , akşamları evde . . . .

❺ Wir wissen nicht, wann wir heiraten werden. Wir müssen zuerst Geld sparen.

Ne zaman . . . . bilmiyoruz. . . . . para . . . . gerekiyor.

1. ŞİMDİ ANLADINIZ MI?

❶ Sie wollen, dass ihr zweiter Sohn ein guter Fußballspieler wird. ❷ Er weiß noch nicht, welche Arbeit er machen wird. ❸ Die zwei Verlobten haben noch nicht über den Ort nachgedacht, an dem sie wohnen werden. ❹ In dem Viertel, in dem die Kinder spielen, ist jeder ein Fußballfan. ❺ Der junge Mann weiß nicht, wie er [genug] Geld für die Hochzeit sparen wird. ❻ Abends, bevor sie nach Hause zurückkehren, kommen die Verwandten zum Plaudern bei den Doğans vorbei. ❼ Da das Kind in einem Friseurladen arbeitet, verdient (bringt heraus) es sein Taschengeld. ❽ Bevor wir heiraten, müssen wir anfangen, Möbel für unser neues Haus zu kaufen.

❻ Da der Vater ein einfacher Beamter bei der Stadtverwaltung ist, ist sein Gehalt nicht sehr hoch (**yüksek**). Sie kommen finanziell nur schwer aus.

Baba, ... ' . . sade bir memur . . . . . . için, ... pek . . . . . . değil. Zor . . . .

❼ Da die Frau Näharbeiten für die Nachbarschaft macht, verdient sie auch ein bisschen Geld.

Hanım komşulara . . . . için, biraz . . . . . . kazanıyor.

2. BOŞLUKLARA GELEN SÖZCÜKLER.

❶ gencin - girmesini ❷ dalda - aldıktan sonra - zaman - bulunur ❸ askerden döndükten - evlenebilecekler ❹ seyrederek akrabalarıyla - ederek - geçiriyorlar ❺ evleneceğimizi - Önce - biriktirmemiz ❻ Belediye'de - olduğu - maaşı - yüksek - geçiniyorlar ❼ dikiş diktiği - para da.

İkinci Aşama: Bugün 25. derse dönüp üzerinde yeniden çalışınız.

ALTMIŞ BİRİNCİ DERS

KARARSIZ BİR ADAM

1 Sabahleyin uyanınca kalkayım mı, kalkmayayım mı, diye düşünüyor, bir türlü kalkamıyor. ①②

2 Çalar saatini yarım saat sonraya kurup, yeniden uyuyor. ③④⑤

3 Kahvaltıda ne yiyeceğine karar veremiyor. Süt mü içeyim, yoksa çay mı, deyip, sütlü çay içiyor. ①⑥

4 Elbise dolabının önünde on beş dakika düşünüyor. Bütün yeni elbiselerini çıkarıp, sonunda yine bir gün önce giydiği elbiseyi giyiyor. ④

5 Evden çıkınca otobüsle mi gideyim, yoksa dolmuşla mı, diye düşünürken geç kalıyor ve taksiye biniyor. ①

ANMERKUNGEN

① Sie kennen diese Form u. a. aus Lektion 45: (**telefonu**) **açayım açmayayım mı?** „nehme ich (den Hörer) ab oder nicht?“. Bezieht sich die ausgedrückte Alternative nicht auf zwei Verben, sondern auf zwei Substantive, setzt man die Fragepartikel hinter diese und führt die zweite Alternative mit **yoksa** ein: **süt mü içeyim, yoksa çay mı deyip** „er fragt sich, ob er Milch oder Tee trinken soll“.

② **bir türlü** „eine Sorte“. Taucht **bir türlü** mit einem verneinten Verb auf, heißt es „keineswegs“ und ist identisch mit **hiç**.

③ **Çalar saat** „der klingelnde Wecker“, **saat** ist nicht nur die „Uhrzeit“, sondern auch jede Art von Uhr. **çalar** (Grundform des unbestimmten Präsens von **çalmak**) ist hier Adjektiv, ebenso wie **akar su** „fließendes Wasser“. Diese Form kann auch Substantiv sein: **gelir** „Einkommen“, **gider** „Ausgaben“.

61. LEKTION

EIN UNENTSCHLOSSENER (OHNE ENTSCHEIDUNG) MANN

1 Wenn er morgens aufwacht, fragt er sich, ob er aufstehen soll oder nicht, aber er schafft es absolut nicht, aufzustehen (beim Erwachen er denkt, sagend: „Ob ich aufstehe? Ob ich nicht aufstehe?“, er kann auf keinen Fall aufstehen).

2 Er stellt den Wecker auf eine halbe Stunde später und schläft wieder ein.

3 Er kann sich nicht entscheiden, was er zum Frühstück essen wird. Er fragt sich, ob er Milch oder Tee trinkt (Milch -? trinke-ich, oder Tee -?), und trinkt [schließlich] Tee mit Milch.

4 Fünfzehn Minuten lang denkt er vor dem Kleiderschrank [nach]. Er nimmt all seine neuen Kleidungsstücke heraus, [und] letzten Endes zieht er den Anzug an, den er am Tag zuvor anhatte.

5 Als er aus dem Haus geht und sich noch fragt, ob er mit dem Bus oder mit dem Dolmuş fahren soll (Bus-mit -? fahre-ich, oder Dolmuş-mit -?), verspätet er sich und steigt in ein Taxi ein.

④ **yarım saat sonra-y-a** „auf eine halbe Stunde später“. Der Postposition **sonra** können auch Kasus- und Possessivsuffixe hinzugefügt werden: **harp sonrası** „Nachkriegszeit“. **seçim öncesi** „Zeit vor der Wahl“.

⑤ **kurmak** „gründen, errichten“ bedeutet in Verbindung mit **saat** „eine Uhr, einen Wecker aufziehen“.

⑥ **ne yiyeceğine** ist Objekt von **karar vermek**, das den Richtungsfall verlangt. Diese Wendung gleicht **nerede çalışacağını bilmiyor** aus Lektion 60. In dieser Lektion finden Sie noch weitere Nebensätze nach diesem Muster, zwei davon mit dem Verb in der Negativform.

6 Akşama, erkek erkeğe bir yemeğe davet ediliyor. Aynı zamanda bir hanım arkadaşı da onu, evindeki toplantıya çağırıyor. ⑦⑧⑨

7 Hangisine gideceğine karar veremediği için, vakit geç oluyor. ⑥⑩

8 Şimdi, önünde bir tabak yağda yumurta tek başına oturuyor. ⑪⑫

9 Ve bir daha bu kadar kararsız olmayacağına söz veriyor. ⑥

10 **YOKSA BEN YAPACAĞIMI BİLİRİM...** ⑥⑬

11 Nasreddin Hoca bir gün misafir olarak kaldığı bir köyde heybesini kaybetmiş.

12 Kahvedekilere:

– Bana çabuk heybemi bulun, demiş, yoksa ben yapacağımı bilirim.

13 Köylüler hemen heybeyi arayıp bulmuşlar. O zaman muhtar sormuş:

ANMERKUNGEN

⑦ **Akşama** ist der Abend eines bestimmten Tages im Gegensatz zu **akşamları** „abends“. Ebenso: **sabaha** „der Morgen“. **akşama sabaha gelir** „er kommt heute Abend oder morgen früh an“.

6 Am Abend lädt man ihn zu einem Essen unter Männern (Mann zu Mann ein Essen) ein. Zugleich lädt (ruft) ihn eine Freundin für den Abend zu sich (der bei ihr ist) ein.

7 Da er sich nicht entscheiden kann, zu welcher [Einladung] (zu welcher-sein = der beiden) er hingehen soll, wird es (die Zeit) spät.

8 Nun sitzt er allein vor (vor ihm [seiend]) einem Teller mit einem Spiegelei.

9 Und er nimmt sich vor (gibt Wort), nie mehr (noch einmal) so unentschlossen zu sein.

10 **SONST WEISS ICH, WAS ICH TUN WERDE ...**

11 Eines Tages verlor Nasreddin Hodscha seine Satteltasche in einem Dorf, in dem er sich als Gast aufhielt (blieb).

12 Zu denen, die im Kaffeehaus waren, sagte er:
– Finden Sie mir schnell meine Satteltasche wieder, sonst weiß ich, was ich tun werde ...

13 Sofort suchten die Dorfleute die Satteltasche und fanden ihn. Dann fragte ihn der Bürgermeister:

⑧ **erkek erkeğe** „unter Männern". Ebenso: **kadın kadına** „unter Frauen".

⑨ **arkadaş** gibt keinen Hinweis auf das Geschlecht. Daher: **hanım arkadaş** „Freundin", **erkek arkadaş** „Freund".

⑩ **Hangi-si-ne** „[zu] welcher (der beiden)". Hier drückt der Genitiv eine Gesamtheit aus, von der man nur „eins davon", **birisi**, auswählt.

⑪ **yağda yumurta** („Ei im Öl") „Spiegelei"; „weichgekochtes Ei" heißt **rafadan yumurta** und „hartgekochtes Ei" **katı** oder **haşlanmış yumurta**.

⑫ Merken Sie sich **tek başına** („zu seinem eigenen Kopf") „allein". **tek başıma yaptım** „ich habe es allein getan". Auch: **kişi başına** „pro Person", **kişi başına bin lira ödemek lazım** „man muss 1000 Pfund pro Person geben (bezahlen)".

⑬ **Yoksa yapacağımı bilirim** ist nur einer der berühmten Aussprüche des Nasreddin Hodscha.

14 – Hocam, ben yapacağımı bilirim derken, ne demek istiyordun?
15 Hoca şöyle cevap vermiş:
16 – Evdeki eski kilimi bozup heybe yapacaktım da! ⑭⑮

Jetzt, in den höheren Lektionen, kommen immer mehr Redewendungen und feststehende Ausdrücke vor. Assimilieren Sie diese immer im Ganzen, nicht als einzelne Wörter.

1. BU CÜMLELERİ ANLIYOR MUSUNUZ?

❶ Şimdi kahvaltı edeyim mi, etmeyeyim mi? ❷ Çalar saatini bir saat sonraya kurduktan sonra, yeniden uyur. ❸ Ne içeceğini düşünüyor. Çay mı, kahve mi? Sonunda değişik olsun diye, süt içiyor. ❹ Geçen gün giydiği elbiseyi kuru temizlemeye verdi. Bugün hangi elbiseyi giyeceğini düşünüyor. ❺ Geç kaldığı için, taksiye bindi. ❻ İki ayrı arkadaşı onu aynı gün davet ettikleri zaman, hangisine gideceğine karar veremez. ❼ Yağda yumurta mı yiyeyim yoksa omlet mi? ❽ Bugün ne yapacağıma karar veremiyorum.

2. BOŞLUKLARI DOLDURUNUZ.

❶ Er kann (absolut) nicht entscheiden, ob er zu dieser Einladung gehen soll oder nicht (sagend: ob ich gehe, ob ich nicht gehe?).

O davete . . . . mi, ... mi . . . . düşünüyor, bir . . . . . karar . . . .

❷ Wenn er zu einem Essen unter Männern (Mann zu Mann) eingeladen ist, kommt er [zu] spät[er Stunde] nach Hause zurück.

. . . . bir . . . . . . davet . . . . zaman, eve geç . . . . dönüyor.

14 – Hodscha, als du sagtest: Ich weiß, was ich tun werde, was wolltest du sagen?

15 Nasreddin Hodscha antwortete:

16 – Nun ... ich hätte zu Hause einen alten Kelim auseinandergerissen und davon eine Satteltasche gemacht (ich war im Begriff zu tun)!

ANMERKUNGEN

⑭ **yapacak-tım** „ich war dabei (hatte die Absicht) zu tun" bzw. „ich war im Begriff zu tun". Merken Sie sich diese beiden Formen der Vergangenheit: -**acaktı/-ecekti**.

⑮ Zum Schluss noch ein Sprichwort: **Bugünkü işini yarına bırakma!** „Was du heute kannst besorgen, das verschiebe nicht auf morgen!"

1. ŞİMDİ ANLADINIZ MI?

❶ Frühstücke ich jetzt oder nicht? ❷ Nachdem er seinen Wecker auf eine Stunde später gestellt hat, schläft er wieder ein. ❸ Er fragt sich (denkt), was er trinken wird: Tee oder Kaffee? Schließlich, weil es etwas anderes sein soll (sagend: „es soll anders sein"), trinkt er Milch. ❹ Er hat den Anzug, den er am Vortag anhatte, in die Reinigung gegeben. Er fragt sich (denkt), welchen Anzug er heute anziehen soll. ❺ Da er sich verspätet hatte, ist er in ein Taxi eingestiegen. ❻ Wenn zwei verschiedene Freunde ihn am selben Tag einladen, kann er sich nicht entscheiden, zu welchem [von den beiden] er hingehen soll. ❼ Esse ich Spiegeleier oder ein Omelett? ❽ Ich kann mich nicht entscheiden, was ich heute tun werde.

❸ Da ein (seiniger) Freund ihn zu einem Abend (einer Zusammenkunft) eingeladen hat, hat er sich schön angezogen.

Bir . . . . bu akşam . . . bir . . . . için, güzelce . . . .

❹ Er hat sich vorgenommen, nie mehr so unentschlossen zu sein.

Bir . . . . bu kadar . . . . söz . . . . . .

5 Jeden Morgen, nachdem er seine Kleider aus dem Schrank herausgenommen hat, zieht er den Anzug an, den er am Tag zuvor anhatte.

Her sabah, ... bütün . . . . sonra, bir gün . . . . giydiği . . . . giyiyor.

6 Morgens, wenn er aufwacht, schaut er auf den Wecker und schläft wieder ein.

Sabahları . . . ., saate . . . . uyuyor.

▶ ALTMIŞ İKİNCİ DERS

BİZİM MAHALLEDEKİLER

1 Metin, canı sıkıldığı zaman arkadaşlarıyla tavla oynar. ①

2 Parasız olduğu halde herkese çay, kahve ikram eder. ②

❼ Da er sich nicht entscheiden konnte, wohin er gehen sollte, sitzt er nun allein zu Hause.

Nereye . . . . karar . . . .
. . . . , şimdi . . . . evde oturuyor.

2. BOŞLUKLARA GELEN SÖZCÜKLER.

❶ gideyim - gitmeyeyim - diye - türlü - veremiyor ❷ Erkek erkeğe - yemeğe - edildiği - saatlerde ❸ arkadaşı - onu - toplantıya çağırdığı - giyindi ❹ daha - kararsız olmayacağına - verdi ❺ dolaptan - elbiselerini çıkardıktan - önce - elbiseyi ❻ uyanınca - bakıp yeniden ❼ gideceğine - veremediği için - tek başına.

İkinci Aşama: Bugün 26. derse dönüp üzerinde yeniden çalışınız.

62. LEKTION

DIE LEUTE AUS UNSEREM VIERTEL

1 Wenn Metin sich langweilt, spielt er Backgammon mit seinen Freunden.

2 Obwohl er kein Geld hat (ohne Geld ist), bietet er jedem Tee und Kaffee an.

ANMERKUNGEN

① **tavla** „Backgammon" ist ein in der Türkei sehr beliebtes Spiel.

② **Parasız olduğu halde** „obwohl er kein Geld hat". Hier wird der Nebensatz mit **-diği halde** „obwohl" gebildet.

3 Çalışmayı pek sevmediği için işine üç günde bir gider.
4 Çalıştığımız atölye gürültülü.
5 Oturduğumuz ev yıkılmak üzere.
6 Kazandığımız para az.
7 Ama mahallede görüştüğümüz insanlar çok tatlı.
8 Ayşe işittiği her şeyi başkalarına anlatır. ③
9 Gittiği her yerde dedikodu yapar.
10 Ama tanıdığı, tanımadığı herkese yardım eder.
11 Ayşe'nin kötü olmadığını, sadece geveze olduğunu herkes biliyor. ④
12 İsmail amcayla karısı hep kavga eder: ⑤
13 – Dün nereye gittiğini söylemedin.
14 – Bugün de nereye gideceğimi söylemeyeceğim. ⑥
15 – Dün kahveye gidip gitmediğini bilmiyorum. ⑦
16 – Bugün de gidip gitmeyeceğimi bilmeyeceksin. ⑧

Wenn Sie sich in der aktiven Phase befinden, so werden Sie in der Kommunikation mit Türkischsprechern bald merken, dass Ihr Wortschatz für die Verständigung in Alltagssituationen bereits ausreichend ist. Vergessen Sie jedoch nicht, sich bei den neuen Lektionen weiterhin vorerst ganz auf das Verstehen des Textes zu konzentrieren!

ANMERKUNGEN

③ **işittiği** und **anlatır** haben dasselbe Subjekt. **Ayşe** bleibt also im Nominativ.

④ Hier steht **Ayşe** als Subjekt von **olmadığını** im Genitiv.

3 Da er nicht gerne arbeitet, geht er nur jeden dritten Tag zur Arbeit.
4 Das Atelier, in dem wir arbeiten, ist laut.
5 Das Haus, das wir bewohnen, ist kurz davor einzustürzen.
6 Das Geld, das wir verdienen, ist wenig.
7 Aber die Leute, mit denen wir im Viertel verkehren, sind sehr nett.
8 Ayşe erzählt den anderen alles [weiter], was sie hört.
9 Sie klatscht überall, wohin sie geht.
10 Aber sie ist jedem, ob sie ihn kennt oder nicht kennt, behilflich.
11 Jeder weiß, dass Ayşe nicht böse ist, sondern nur geschwätzig.
12 Der Onkel Ismail und seine Frau streiten andauernd (mit dem Onkel Ismail, seine Frau andauernd sich streitet):
13 – Du hast nicht gesagt, wohin du gestern gegangen bist.
14 – Und ich werde nicht sagen, wohin ich heute gehen werde.
15 – Und ich weiß nicht, ob du gestern ins Café gegangen bist oder nicht (ob du gegangen bist, nicht gegangen bist ins Café).
16 – Und du wirst auch nicht wissen, ob ich heute dorthin gehen werde oder nicht (ob ich dorthin heute gehe, nicht gehe).

⑤ **İsmail amca** „Onkel Ismail". Mit **amca** können auch Personen angesprochen werden, die nicht zur Familie gehören bzw. die man nicht oder kaum kennt.

⑥ **gideceğ-im-i** entspricht **yapacağ-ım-ı** in der letzten Lektion.

⑦ In einem anderen Kontext könnte dieser Satz auch bedeuten: „ich weiß nicht, ob er ins Café gegangen ist oder nicht". **gitmediğ-in-i**: 2. Person, **gitmediğ-i-n-i**: 3. Person im Akkusativ.

⑧ Vergleichen Sie diesen Satz mit dem vorhergehenden: **-dik** und **-ecek** können mit dem gleichen Satzbau verwendet werden, um einen Alternativsatz auszudrücken.

1. BU CÜMLELERİ ANLIYOR MUSUNUZ?

❶ Biz nereye gittiğimizi kimseye söylemedik. ❷ Bu gece amcama gidip gitmeyeceğimi henüz bilmiyorum. ❸ Oturduğumuz mahallede çok tatlı insanlar var. ❹ Bu kadın, dedikodu yapmayı sevmediği için, komşularla pek görüşmüyor. ❺ Parasız olduğumuz halde her akşam lokantaya gidiyoruz. ❻ Ahmet'in nereye gittiğini bilmiyorum. ❼ Grev olduğu için, yarın çalışıp çalışmayacağımıza henüz karar vermedik.

2. BOŞLUKLARI DOLDURUNUZ.

❶ Die Frau klatschte in jedem Laden, in den sie kam.

Kadın, ... her . . . . yapıyordu.

❷ Diese Frau hilft jedem, den sie gern oder nicht gern hat.

Bu hanım . . . . , ... herkese . . . . . . ediyor.

❸ Ich will, dass du mir sagst, ob du gestern Backgammon gespielt hast oder nicht.

Dün tavla . . . . bana . . . . istiyorum.

❹ Sie müssen entscheiden, ob Sie in diesem Haus wohnen werden oder nicht.

Bu evde . . . . karar . . . . lazım.

❺ Sie können nicht wissen, wie teuer dieses Viertel ist.

Bu . . . . . . ne . . . . . pahalı . . . .

❻ Wenn Sie sich langweilen, können Sie zu uns kommen und Backgammon spielen.

. . . . sıkıldığı . . . . . , bize . . . . . tavla . . . .

1. ŞİMDİ ANLADINIZ MI?

❶ Wir haben niemandem gesagt, wohin wir gegangen sind. ❷ Ich weiß noch nicht, ob ich heute Abend zu meinem Onkel gehen werde oder nicht. ❸ In dem Viertel, in dem wir wohnen, gibt es sehr nette (süße) Leute. ❹ Da diese Frau das Klatschen nicht gern hat, sieht sie kaum die Nachbarn. ❺ Obwohl wir kein Geld haben (ohne Geld sind), gehen wir jeden Abend ins Restaurant. ❻ Ich weiß nicht, wo Ahmed hingegangen ist. ❼ Da es [einen] Streik gibt, haben wir uns noch nicht entschieden, ob wir morgen arbeiten werden oder nicht.

❼ Sie haben gesagt, dass sie anstelle des Hauses, das ich gerade verkauft habe, ein Luxushotel bauen werden.

Yeni . . . . evin . . . . . . , lüks bir otel . . . . söylediler.

2. BOŞLUKLARA GELEN SÖZCÜKLER.

❶ gittiği - dükkânda dedikodu ❷ sevdiği sevmediği - yardım ❸ oynayıp oynamadığını - söylemeni ❹ oturup oturmayacağınıza - vermeniz ❺ semtin - kadar - olduğunu bilemezsiniz ❻ Canınız - zaman - gelip - oynayabilirsiniz ❼ sattığım - yerine - yapacaklarını.

*Sie haben wahrscheinlich gemerkt, dass in dieser Lektion noch einmal besonders auf die Endungen **-dik** und **-ecek/-acak** eingegangen wurde. Lesen Sie sich diese Lektion noch einmal gründlich durch, wobei Sie sich genau den Aufbau und die Bedeutung der Wörter mit diesen Endungen klarmachen.*

İkinci Aşama: Bugün 27. derse dönüp üzerinde yeniden çalışınız.

ALTMIŞ ÜÇÜNCÜ DERS

WIEDERHOLUNG UND ANMERKUNGEN

Dies ist nun schon Ihre vorletzte Wiederholungslektion. Jetzt folgen noch acht Lektionen und Sie sind am Ende des Kurses angekommen. Aber Achtung: Wenn Sie sich erst in der passiven Phase befinden, so müssen Sie die aktive Phase anschließend noch von Lektion 37 bis Lektion 71 fortsetzen! Setzen Sie also nun zum Endspurt an!

1. Nebensätze mit -dik und -ecek und -me

Wir wollen noch einmal die Verwendungsweisen der substantivierten Verben auf -**dik**, -**ecek** und -**me** wiederholen.

a) Zwei unveränderliche Formen von -**dik**

-**dikten sonra** „nachdem";
-**dikçe** „jedesmal, wenn", „während"

Sehen Sie sich dazu eventuell noch einmal den ersten Absatz der Lektion 56 an.

b) Veränderliche Formen von -**dik** als Einleitung für Nebensätze

-**dik** + Genitivendung + **zaman** „wenn" + Subjekt + Verb:

Genç, para kazandığı zaman, yeni evine eşya almaya başlayacak. „Wenn der Junge Geld verdienen wird, wird er anfangen, Möbel für sein neues Haus zu kaufen."

-**dik** + Genitivendung + **için** „weil, da" + Subjekt + Verb:

Hanım, dışarda çalışmadığı için, evin bütün işleriyle kendisi ilgileniyor. „Da die Frau nicht draußen arbeitet, ist sie für die Dinge zuständig, die das Haus betreffen."

-**dik** + Genitivendung + **gibi** „(so) wie" + Subjekt + Verb:

İçindekiler olduğu gibi duruyor. „Was darin (in der Tasche) war, ist so geblieben, wie es war".

-**dik** + Genitivendung + **halde** „obwohl" + Subjekt + Verb:

Metin parasız olduğu halde herkese çay, kahve ikram eder. „Obwohl Metin kein Geld hat, bietet er jedem Tee oder Kaffee an."

63. LEKTION

-dik + Genitivendung + **kadar** „so dass“ + Subjekt + Verb (dieser Fall wurde noch nicht behandelt und wird hier der Vollständigkeit halber aufgeführt):

Mümkün olduğu kadar, yarın erken gelmenizi rica ediyorum. „Soweit dies möglich ist, bitte ich Sie, morgen früh zu kommen.“

c) **-dik** + Genitiv + **-den beri**: „seit(dem)“

Buraya geldiğimden beri durmadan çalıştım. „Seit ich hier angekommen bin, habe ich ununterbrochen gearbeitet.“

Für alle gezeigten Formen (a), b), c)) gilt: Steht das Subjekt des Verbs in der 3. Person und wird es durch ein Substantiv ausgedrückt, so bleibt dieses im Nominativ. Am Beispiel des unter c) gezeigten Satzes hieße es dann:

Mehmet buraya geldiğinden beri, durmadan çalıştı. „Seit Mehmet hier angekommen ist, hat er ununterbrochen gearbeitet.“

d) **-dik/-ecek** + Genitivendung + Substantiv

yap-tığınız/-acağınız dolap „der Schrank, den Sie gemacht haben/machen werden“.

Diese Konstruktion erlaubt es, Relativsätze in jedem beliebigen Tempus wiederzugeben. Das Wort, auf das sich der Relativsatz bezieht, kann Subjekt, direktes oder indirektes Objekt sein. Er steht deshalb in dem durch seine Funktion im Hauptsatz bestimmten Kasus.

- Substantiv im Nominativ:

Ismarladığım yorgan bitti mi? „Ist die Steppdecke, die ich bestellt habe, fertig?“

- Substantiv im Akkusativ:

Tanıştığımız günü hiç unutamıyorum. „Ich kann nie den Tag vergessen, an dem wir uns kennengelernt haben.“

Sana kavuşacağım anı dört gözle bekliyorum. „Ich warte ungeduldig auf den Augenblick, an dem ich dich wiedersehen werde.“

- Substantiv im Genitiv:

    Yaptığınız dolabın kapağı kapanmıyor. „Die Tür des Schrankes, den Sie gemacht haben, schließt nicht."

- Substantiv im Richtungsfall:

    Verdiğiniz ölçüye göre yaptık. „Wir haben [es] nach den Maßen gemacht, die Sie angegeben haben."

    Tanıdığı, tanımadığı herkese yardım eder. „Sie hilft jedem, ob sie ihn kennt oder nicht kennt."

- Substantiv im Lokativ:

    Gittiği her yerde dedikodu yapar. „Sie klatscht überall, wo sie hingeht".

- Substantiv im Ablativ (noch nicht behandelt):

    Yeni taşındığımız evden pek hoşlanmadım. „Das Haus, in das wir gerade eingezogen sind, gefällt mir nicht so sehr".

Achtung! Wenn das Subjekt in der 3. Person ausgedrückt wird, so steht es im Genitiv, es sei denn, es ist gleichzeitig Subjekt des Hauptsatzes:

Ayşe işittiği her şeyi herkese anlatır. „Ayşe erzählt alles, was sie hört."

Ayşe'nin işittiği şeyi herkese anlattım. „Was Ayşe gehört hatte, habe ich jedem erzählt."

e) **-dik/-ecek** + Possessiv + Kasus
Diese Konstruktion entspricht im Deutschen einem Nebensatz mit „dass ...". Der angewandte Kasus ist meistens der Akkusativ, denn der Nebensatz ist oft das Akkusativobjekt eines Verbs des Denkens oder Meinens:

Acele olduğunu bilmiyordum. „Ich wusste nicht, dass es eilte."

Yapacağımı bilirim. „Ich weiß, was ich tun werde."

Mit den entsprechenden Verben kann man aber auch den Richtungsfall finden, z. B. „entscheiden": **-e karar vermek** oder „versprechen": **-e söz vermek**:

Ne yiyeceğine karar veremiyor. „Er kann sich nicht entscheiden, was er essen soll."

Bir daha bu kadar kararsız olmayacağına söz veriyor. „Er nimmt sich vor, nicht mehr so unentschlossen zu sein."

In der 3. Person steht das Subjekt, falls es ausgedrückt wird, im Genitiv:

Bu işin ne kadar zor olduğunu (zor olacağını) bilemezsin. „Du kannst nicht wissen, wie schwer diese Arbeit ist (wird)."

Ayşe'nin kötü olmadığını herkes biliyor. „Jeder weiß, dass Ayşe nicht böse ist."

f) **Ausdruck einer Alternative** mit einem Verb des Denkens oder Meinens. Es wird eine Konstruktion verwendet, die von der vorigen abgeleitet wird:

-ip-me-diği-n-i (**-e** mit Verben wie **karar vermek**);
-ip-me-yeceği-n-i:

Sizinki olup olmadığını bilmiyorlar. „Sie wissen nicht, ob es Ihres ist oder nicht."

Bugün gidip gitmeyeceğimi bilmeyeceksin. „Du wirst nicht wissen, ob ich heute [ins Café] gehen werde oder nicht."

Hier steht das Substantiv als Subjekt im Genitiv:

Temizlikçinin dün gelip gelmediğini bilmiyorum.
Temizlikçinin bugün gelip gelmeyeceğini bilmiyorum.
„Ich weiß nicht, ob die Putzfrau ...
... gestern gekommen ist."
... heute kommen wird."

Bugün kahveye gidip gitmeyeceğime karar veremiyorum. „Ich kann mich nicht entscheiden, ob ich heute ins Café gehen werde (oder nicht)."

2. Endung -me, -ma

a) **als Ausdruck der Notwendigkeit, des Müssens**
-me + Genitiv + **lazım** „ist notwendig" oder „müssen":

Şimdi uyumam lazım. „Ich muss jetzt schlafen."

Achtung: Die Verneinungsform bezieht sich auf „schlafen" und nicht auf „müssen":

Şimdi uyumamam lazım. „Ich muss/soll jetzt nicht schlafen."

Ein Substantiv kann als Subjekt auch im Genitiv stehen:

Yeni muslukların damlamaması lazım. „Neue Wasserhähne dürfen nicht tropfen."

b) **als Ausdruck des Bittens, Wollens, Befehlens**
-me + Possessiv + Akkusativ mit einem Verb bildet einen mit „dass ..." eingeleiteten Nebensatz:

Bunu bilmeni isterim. „Ich will, dass du dies weißt."

Das Subjekt kann auch im Genitiv stehen:

Babası delikanlının bilgisayara girmesini istiyordu.
„Der Vater wollte, dass der Junge in die Informatik eintritt".
(**saymak** „(ab)zählen, (auf)zählen, anrechnen".)

Sie kennen nun zahlreiche Möglichkeiten, Nebensätze zu bilden. Dabei haben Sie festgestellt, dass das Türkische zwar kompliziert, jedoch auch sehr logisch aufgebaut ist. Sobald Sie einmal die wichtigsten Endungen und Suffixe erkennen werden, wird es Ihnen nicht mehr schwerfallen, mit ihnen zu „jonglieren".

3. Bejahte und verneinte Wunschform

Diese Form in Verbindung mit **diye** drückt einen Nebensatz mit zwei Alternativen aus:

Kalkayım mı kalkmıyayım mı diye düşünüyor. „Er fragt sich (denkt): Soll ich aufstehen oder nicht?"

Man könnte auch sagen:

Kalkıp kalkmayacağını düşünüyor. „Er fragt sich (überlegt), ob er aufstehen soll oder nicht."

Um zu lernen, die Formen mit **-dik**, **-ecek** und **-me** ganz natürlich anzuwenden, empfehlen wir Ihnen, alle Beispiele dieser Wiederholungslektion zuerst einmal zu „zerlegen" und dann mehrmals hintereinander zu lesen, ohne darüber nachzudenken, z. B.

gelmeni isterim:
Sprechen Sie ...
gelmek, **gel**, **gelme**, **gelmen lazım**, **gelmeni isterim**.

kararsız olmayacağına söz veriyor:
Sprechen Sie ...
kararsız olmak, **kararsız olmamak**, **kararsız olmaması lazım**, **kararsız olmayacak**, **kararsız olmayacağına söz veriyor** usw.

Und noch ein letzter Rat:

Bu cümleleri sık sık tekrarlamanızı tavsiye ediyoruz.
„Wir raten Ihnen, diese Sätze oft zu wiederholen."

4. Kausativ

Sie haben in den letzten Lektionen auch den Kausativ kennengelernt. Dazu noch ein paar Beispiele, die die Verwendung der Endung **-tir** (und ihrer Variationen!) demonstrieren:

bit-mek
„beenden"

bit-ir-mek
„enden"

yap-mak
„machen"

yap-tır-mak
„machen lassen"

boya-mak
„anstreichen"

boya-t-mak
„anstreichen lassen"

parla-mak
„glänzen"

parla-t-mak
„zum Glänzen bringen"

kısal-mak
„kürzer werden"

kısal-t-mak
„(ver)kürzen"

gönder-mek
„schicken"

gönder-t-mek
„schicken lassen"

çıkar-mak
„herausbringen"

çıkar-t-mak
„herausbringen lassen"

İkinci Aşama: Bugün 28. derse dönüp üzerinde yeniden çalışınız.

ALTMIŞ DÖRDÜNCÜ DERS

TÜRKİYE'NİN BAŞKENTİ ANKARA ①

1 Ankara'da büyük, modern bir şehirle bir banliyöyü her an iç içe, bir arada bulmak mümkündür. ②

2 Geniş, uzun ana caddelerdeki yüksek binaların hemen arkasında küçük, sakin sokaklar ve bahçeli, alçak evlerle karşılaşılır.

3 Atatürk Bulvarı kuzeyden güneye bütün şehri geçerek tepelerdeki eski ve yeni Ankara'yı birbirine bağlar: ③

4 Bir ucunda Kale ve Ulus, öbür ucunda Çankaya. ④

5 Angora denilen eski şehir bir tepe üzerinde kurulmuştur. Dar yokuşları ve duvarlarıyla kalesi hâlâ durmaktadır. ⑤

ANMERKUNGEN

① **başkent** „Hauptstadt"; **baş** „Kopf, Haupt". Als Atatürk 1923 die türkische Republik ausrief, wurde Ankara zur Hauptstadt. Dort ist auch das große Atatürk-Mausoleum **Anıtkabir**.

64. LEKTION

ANKARA, HAUPTSTADT DER TÜRKEI

1 In Ankara kann man gleichzeitig eine große moderne Stadt und einen Vorort (die eine in der anderen) finden.

2 Gleich hinter den Hochhäusern, die die langen und breiten Hauptstraßen säumen, begegnet man kleinen und ruhigen Straßen und niedrigen Häusern mit Gärten.

3 Die gesamte Stadt von Norden bis Süden durchquerend (das eine zum anderen), verbindet der Atatürk-Boulevard Ankaras Altstadt und Neustadt (das alte und neue Ankara), die beide auf Hügeln liegen:

4 Auf der einen Seite [befinden sich] die Zitadelle und [das Viertel von] Ulus, auf der anderen Seite Çankaya.

5 Die Altstadt, die Angora hieß, wurde auf dem Gipfel eines Hügels errichtet. Ihre Zitadelle mit ihren Festungen und den engen steilen Gassen steht noch immer.

② **bir arada** „gleichzeitig".

③ Die vier Himmelsrichtungen: **kuzey** „Norden", **güney** „Süden", **batı** „Westen" und **doğu** „Osten".

④ **Kale**, die Wallmauern der Zitadelle, stammen aus der byzantinischen Zeit und umschließen ein größeres Dorf. Unter der Zitadelle findet man Reste der alten seldschukischen und osmanischen Stadt. Auf dem **Saman Pazarı** „Heumarkt" kaufte man früher das Pferdefutter. Auf dem nahen Hügel liegt **Ulus**, das älteste Viertel der modernen Stadt, das im Gegensatz zu **Yenişehir** viel lebendiger wirkt.

⑤ **durmak-ta-dır** „steht" und **bulunmak-ta-dır** „befindet sich" treten anstelle des aktuellen Präsens in Beschreibungen auf.

6 Tepenin eteklerinde, köy çarşıları, Saman Pazarı, ve ahşap camileriyle yeni şehrin en eski kısmı yer alır. ④

7 Orada Ankara'nın incisi olan, aynı zamanda Hitit Müzesi de denilen Eski Anadolu Medeniyetleri Müzesi bulunmaktadır. ⑤⑥

8 Kimse bu müzeyi gezmeden Ankara'yı görmüş sayılmaz.

9 Atatürk, Ankara'yı başkent olarak kurduğu zaman, boş arsaların ortasına çizilen Atatürk Bulvarı'nda birkaç resmî bina ve elçilikten başka bir şey yoktu. ⑦

10 Bugün bu geniş ana cadde boyunca bakanlıklar, bazı fakülteler, büyük şirketlere ait gökdelenler, v.s. yer almaktadır. ⑧⑨

11 Birbirinden görkemli binalar böyle Çankaya'ya kadar devam eder. ⑩

12 Cumhurbaşkanlığı Köşkü'nün de bulunduğu bu semt, başkentin en lüks yerlerinden biridir. ⑩

13 Ankara, biraz fazla yalın olmasına rağmen, ulaşım kolaylığı ve şehrin düzeni nedeniyle Ankara'lılar tarafından İstanbul'a tercih edilir. ⑪

ANMERKUNGEN

⑥ **Ankara'nın incisi** „die Perle, das Schmuckstück von Ankara".

⑦ Verwechseln Sie **resmi**- „offiziell" (klassischer **resmî** mit i-Zirkumflex, das auf die arabische Herkunft hinweist) nicht mit dem Akkusativ von **resim** „Bild, Foto" oder mit dessen Possessivform in der 3. Person.

⑧ **ait** „gehörend zu, bezüglich" verlangt den Richtungsfall.

⑨ **v.s.** ist die Abkürzung von **ve saire** und bedeutet „usw." (**saire** = „Rest").

6 An den Abhängen des Hügels liegt (nimmt) der älteste Teil der neuen Stadt (Platz), mit seinen dörflichen Marktstraßen, seinem Heumarkt und seinen Moscheen aus Holz.

7 Dort befindet sich [auch] das Schmuckstück von Ankara, das Museum für Anatolische Kultur, das auch Hethitermuseum genannt wird.

8 Keiner kann sich einbilden, die Stadt besichtigt zu haben, wenn er sich dieses Museum nicht angesehen hat. (ohne das Museum besichtigt zu haben, kann keiner zu denen zählen, die die Stadt gesehen haben.)

9 Als Atatürk die Hauptstadt Ankara gründete, gab es auf dem Atatürk-Boulevard, der über unbebautes Gelände führte, nichts anderes als ein paar offizielle Gebäude und Botschaften.

10 Heute stehen entlang dieser Hauptstraße Ministerien, einige Fakultäten, Hochhäuser, die großen Firmen gehören, usw.

11 Die Gebäude, eines eindrucksvoller als das andere, stehen (folgen aufeinander) bis nach Çankaya.

12 Dieses Viertel, wo sich der Wohnsitz des Präsidenten der Republik befindet, ist einer der luxuriösesten Orte der Hauptstadt.

13 Obwohl es etwas zu schmucklos ist, wird Ankara von seinen Einwohnern gegenüber Istanbul wegen des fließenden Verkehrs und der Ordnung in der Stadt vorgezogen.

⑩ **Birbirinden görkemli binalar** „Gebäude, eines eindrucksvoller als das andere". Hier ist **daha** nicht notwendig. Ebenso: **birbirinden güzel yalılar** „Strandvillen, eine schöner als die andere", **birbirinden tatlı kızlar** „Mädchen, eines netter als das andere". Merken Sie sich auch **başkentin en lüks yerlerinden biridir** und **Hitit Müzesi Türkiye'nin en güzel müzelerinden biridir** "eines der schönsten Museen der Türkei", die beide eine Form des Superlativs ausdrücken.

⑪ **Ankara, biraz fazla yalın olmasına rağmen** „Ankara, obwohl es etwas zu schmucklos ist ..." ist ein neuer Gebrauch des substantivierten Infinitivs, der sich aus **-me** + Possessiv + Richtungsfall + **rağmen** zusammensetzt.

14 Onlara göre İstanbul düzensiz, disiplinsiz, yoğun trafiği olan yaşanılmaz bir yerdir! ⑫⑬

15 Ankara, Türkiye'nin aşağı yukarı merkezinde bulunduğu için başkent olarak seçilmiştir.

16 Oradan İstanbul'a, İzmir'e, Antalya'ya, Karadeniz'e, kısaca ülkenin hemen hemen her yerine, karadan sekiz - on saatte gidilebilir.

ANMERKUNGEN

⑫ **yaşanılmaz bir yer** „ein unmöglicher Ort zu leben". Diese Verbkonstruktion vor einem Substantiv entspricht einem Adjektiv. **inanılmaz bir şey** „eine unglaubliche Sache".

1. BU CÜMLELERİ ANLIYOR MUSUNUZ?

❶ İş adamları, ulaşım kolaylığı nedeniyle Ankara'yı tercih ederler. ❷ Ankara'da, Hitit Müzesi'yle Anıtkabir'den başka gezilecek bir şey yok. ❸ Ankara, başkent olmasına rağmen, Türkiye'nin en büyük şehri değil. ❹ Eski şehrin kurulduğu tepedeki kale hâlâ durmaktadır. ❺ Bence, yoğun trafiği olan başkentler yaşanılmaz yerlerdir. ❻ Çankaya'da birbirinden güzel bahçeli evler olduğunu duydum. Orada yaşamak isterdim. ❼ Hitit Müzesi'ni tamamen gezmemesine rağmen, eski Anadolu medeniyetleri hakkında çok şey biliyor.

2. BOŞLUKLARI DOLDURUNUZ.

❶ Obwohl Istanbul etwas unordentlich ist, wird es von den Istanbulern Ankara vorgezogen.

İstanbul, biraz düzensiz . . . . ,
İstanbul'lular . . . . Ankara'ya
. . . .

14 Ihrer Meinung nach ist Istanbul ein Ort, in dem man nicht leben kann, unordentlich, undiszipliniert und mit einem unmöglichen Verkehr!

15 Ankara wurde zur Hauptstadt gewählt, weil es sich ungefähr (sein Unteres sein Oberes) in der Mitte der Türkei befindet.

16 Von dort aus kann man nach Istanbul, nach Izmir, nach Antalya, zum Schwarzen Meer, kurz: fast zu jedem Punkt des Landes innerhalb von acht [bis] zehn Stunden über Straßen fahren.

⑬ Nach wie vor ist Istanbul das Kultur- und Wirtschaftszentrum und es besteht deshalb immer eine Art Konkurrenz zwischen Ankara und Istanbul, wie die Zeilen des Dichters Yahya Kemal Beyatlı (1884–1958) belegen: **Yahya Kemal'e sormuşlar: „Ankara'nin nesi güzel?" – „İstanbul'a dönüşü!", diye cevap vermiş**. „Yahya Kemal wurde gefragt: ‚Was gibt es Schönes in Ankara?' – Er antwortete: ‚Die Rückfahrt nach Istanbul!'"

1. ŞİMDİ ANLADINIZ MI?

❶ Die Geschäftsleute ziehen Ankara wegen seines fließenden Verkehrs vor. ❷ In Ankara gibt es nichts anderes zu besichtigen als das Hethitermuseum und Anıtkabir. ❸ Obwohl Ankara die Hauptstadt ist, ist es nicht die größte Stadt der Türkei. ❹ Die Zitadelle, die auf dem Hügel [gebaut wurde], wo die Altstadt gegründet worden ist, steht noch. ❺ Meiner Meinung nach sind Hauptstädte, die dichten Verkehr haben, Orte, an denen es unmöglich ist zu leben. ❻ Ich habe gehört, daß es in Çankaya Häuser mit Gärten gibt, von denen eines schöner ist als das andere. Ich hätte dort leben wollen. ❼ Obwohl er das Hethitermuseum nicht ganz besichtigt hat, weiß er vieles über die alten anatolischen Zivilisationen.

❷ Gleich hinter den Hochhäusern, die die Hauptstraßen säumen (Platz nehmen), begegnet man Häusern mit Gärten.

. . . caddelerde . . . alan . . . .
hemen . . . . bahçeli . . . .
karşılaşılır.

3 Jemand, der Istanbul nicht besichtigt hat, kann nicht sagen, dass er die Türkei gesehen hat.

..... İstanbul'u .... Türkiye'yi ....

4 Das Viertel namens Çankaya ist einer der luxuriösesten Orte Ankaras.

Çankaya .... semt ......'... en lüks .... biridir.

5 Durch die ganze Stadt hindurch verbindet der Atatürk-Boulevard Ankaras Altstadt und Neustadt (eine zur anderen).

Atatürk .... bütün şehri .... eski .. .... Ankara'yı .... bağlar.

ALTMIŞ BEŞİNCİ DERS

KAPADOKYA'YA GİDERKEN ①

1 Türkler kara yolculuklarında, hem hızlı hem de ucuz olduğu için otobüsü tercih ediyorlar.
2 Otogarlar şehirlerin en işlek yerlerinden biri. ②
3 İki arkadaş Ankara otogarında, giden gelen otobüslerin gürültüsü arasında karşılaşıyor.
4 – Merhaba Erdoğan. Yolculuk mu var? Yoksa birini mi bekliyorsun? ③

ANMERKUNGEN

① Südöstlich von Ankara liegt Kappadokien, ein Gebiet mit bizarren Tuffsteingebilden („Feenschornsteine"), die bei einem Ausbruch des Vulkans **Erciyes** entstanden sind. In den weichen Stein wurden Höhlensiedlungen und, in byzantinischer Zeit, Klöster und Kirchen gebaut.

⑥ Von Ankara aus kann man innerhalb von acht Stunden zu fast jedem Punkt des Landes über Straßen fahren.

Ankara'dan .... hemen ..... her yerine .... sekiz ....

2. BOŞLUKLARA GELEN SÖZCÜKLER.

❶ olmasına rağmen - tarafından - tercih edilir ❷ Ana - yer - gökdelenlerin - arkasında - evlerle ❸ Kimse - gezmeden - görmüş sayılamaz ❹ adlı - Ankara'nın - yerlerinden ❺ Bulvarı - geçerek - ve yeni - birbirine ❻ ülkenin - hemen - karadan - saatte gidilebilir.

İkinci Aşama: Bugün 29. derse dönüp üzerinde yeniden çalışınız.

65. LEKTION

AUF DEM WEG NACH KAPPADOKIEN

1 Türken ziehen, was Überlandreisen angeht, den Autobus vor, weil er schnell und billig ist.

2 Die Busbahnhöfe sind (einer der) lebendigsten Orte der Städte.

3 Zwei Freunde treffen sich am Busbahnhof in Ankara mitten im Lärm der Busse, die abfahren und ankommen.

4 – Hallo Erdoğan. Gehst du auf Reisen? (gibt es eine Reise?) Oder wartest du auf jemanden?

② **Otogarlar en işlek yerlerinden biri** ist eine in Lektion 64 bereits erläuterte Konstruktion.

③ **Yoksa** kann je nach Kontext „sonst“ oder „oder“ heißen.

5 – Antalya'ya gidiyorum.
6 – Tatile mi?
7 – Hayır, bir işim var orada. Yaz tatillerini ailece geçirmek için bir ev almıştım, ama eski kiracılar hâlâ çıkmamış. ④⑤
8 Onları çıkarmam lazım, yoksa dava açmak zorunda kalacağım.
9 Peki sen nereye böyle? Her zamanki gibi yine Kapadokya'ya gittiğine bahse girerim. ⑥
10 – Evet, doğru tahmin ettin.
11 – Ürgüp yakınındaki o küçük köyde sevdiğin bir evden söz ederdin hep. Onu alabildin mi?
12 – Maalesef hayır. Evin ortak sahipleri bir türlü anlaşamıyorlar. Bu sefer alıp alamayacağımı bilmiyorum, ⑦
13 ama ben sabırlı ve inatçı biri olduğum için, bu evi bir gün mutlaka elde edeceğim, eminim. ⑧
14 – Neden bu kadar çok istiyorsun? Özelliği ne?
15 – Manzarası harika. Peri bacalarının olduğu bir vadiye bakıyor. Sarı kayalar arasında yer yer minicik tarlalar görülüyor.
16 Sonra, kanyonlar da var. Oralarda yürüyüş yapmaya bayılıyorum. Gerçekten, büyüleyici bir yer ... hele mehtap olduğu zaman. ⑥

ANMERKUNGEN

④ **bir ev al-mış-tım** „ich hatte ein Haus gekauft“. **-mişti** (bzw. seine Variationen) gibt das Plusquamperfekt („hatte“ + Partizip) wieder.

⑤ **eski kiracılar hâlâ çıkmamış(lar)** „die alten Mieter sind anscheinend noch nicht heraus“. Die Pluralendung **-lar** ist nicht nötig, wenn eine Verwechslung ausgeschlossen ist und das Subjekt bereits eine Pluralendung hat: **kiracılar**.

⑥ Merken Sie sich: **-e bahse** „wetten, dass“, **-e bayılmak** „in Ohnmacht fallen für“ = „schwärmen für“ (mit Richtungsfall!); **bir şeye dikkat etmek** „auf etwas aufpassen“, **bir şeyin tadını çıkarmak** „genießen“.

5 – Ich fahre nach Antalya.
6 – Auf (In den) Urlaub?
7 – Nein, ich muss dort eine Angelegenheit erledigen. Ich hatte ein Haus gekauft, um die Sommerferien mit der Familie dort zu verbringen, aber die Vormieter haben das Haus anscheinend immer noch nicht verlassen.
8 Ich muss sie rauskriegen, sonst werde ich gezwungen sein, gegen sie zu prozessieren (ihnen einen Prozess zu eröffnen).
9 Nun gut, [und] du, wohin gehst du so? Ich wette, dass du wie immer schon wieder nach Kappadokien fährst ...
10 – Ja, du hast richtig geraten (vermutet).
11 – Du sprachst immer von einem Haus in diesem kleinen Dorf nicht weit von Ürgüp, das du gern hättest. Hast du es kaufen können?
12 – Leider nicht. Die Mitbesitzer des Hauses verstehen sich überhaupt nicht miteinander. Ich weiß nicht, ob ich es diesmal werde kaufen können oder nicht,
13 aber, da ich ein geduldiger und hartnäckiger Typ bin, werde ich dieses Haus eines Tages bekommen (in die Hand machen), dessen bin ich sicher.
14 – Warum möchtest du es so sehr? Was hat es Besonderes? (Was ist seine Besonderheit?)
15 – Es hat eine herrliche Sicht (Seine Sicht ist wunderbar). Es liegt über einem Tal, in dem es Feenschornsteine gibt. Zwischen den gelben Felsen sieht man hier und da (Ort Ort) ganz kleine Felder.
16 Und dann (danach) gibt es auch Schluchten. Ich liebe es (falle in Ohnmacht dafür), dort Spaziergänge zu machen. Wahrhaftig, ein entzückender Ort ... vor allem im Mondschein.

⑦ **ortak** „gemeinsam“, „Partner“, **ortak sahipler** „Mitbesitzer“.

⑧ **bir şeyi elde etmek** „etwas erhalten“.

17 – İnsanları nasıl?
18 – Köylüler çok tatlı. Biraz dedikoducular, ama bir şeye ihtiyacın olduğu zaman hemen yardım etmeye çalışıyorlar.
19 – Peki oraları turizm bozmadı mı acaba?
20 – Hayır, Allaha çok şükür, henüz böyle bir felaket olmadı, ama çevrenin bozulmaması için belediyelerin çok ciddi önlemler alması gerekiyor. ⑨⑩⑪
21 Örneğin bölgede kesinlikle yüksek beton bina inşa edilmemeli. Oteller ya kayalara yerleştirilmeli, ya da eski köy evlerinden yapılmalı.
22 Büyük turizm tesisleri, bölgenin içinde değil, yakınında kurulmalı. ⑪
23 – Evet çok haklısın. Bütün bunlara dikkat edilirse doğal güzellikler korunabilir. ⑥⑪
24 – Ayrıca, Kapadokya'nın tadını çıkarmak istersen, oraya turizm mevsiminin dışında, yani ekimle mayıs arasında gelmen gerekir. ⑥

ANMERKUNGEN

⑨ **çevrenin boz-ul-ma-ma-sı için** „damit die Umgebung nicht verdorben wird". Die Konstruktion **-me** + Possessiv + **için** entspricht im Deutschen einem mit „damit" eingeleiteten Nebensatz. Das Subjekt steht im Genitiv. Sie kannten bisher nur die Konstruktion Imperativ + **diye**. Der Satz hieße dann: **Çevre bozulmasın diye belediyeler önlem aldılar** „die Stadtverwaltungen haben Maßnahmen getroffen, damit die Umgebung nicht verdorben wird". Diese Wendung ist jedoch stark umgangssprachlich und kann Sinn-Nuancen aufweisen. **bozmak** „(be)schädigen, kaputtmachen"; **bozuk** „kaputt".

17 – [Und] wie sind die (seine) Leute?

18 – Die Dorfbewohner sind sehr nett. Sie klatschen zwar ein bisschen, aber wenn du etwas brauchst, versuchen sie sofort, dir behilflich zu sein.

19 – Und hat der Tourismus diesen Ort nicht verdorben?

20 – Nein, Gott sei Dank ist es noch nicht zu dieser Katastrophe gekommen, aber damit die Umwelt nicht zerstört wird, müssen die Stadtverwaltungen sehr strenge Maßnahmen ergreifen.

21 Zum Beispiel dürfen überhaupt keine Hochhäuser aus Beton an diesem Ort (in dieser Gegend) gebaut werden. Hotels müssen entweder in den Felsen gebaut oder in (aus) den alten Häusern der Dörfer eingerichtet werden.

22 Die großen touristischen Einrichtungen dürfen nicht innerhalb, sondern in der Nähe des Gebiets errichtet werden.

23 – Ja, du hast ganz (viel) recht. Wenn auf dies alles achtgegeben wird, können die Naturschönheiten [der Gegend] geschützt werden.

24 – Und außerdem, wenn du den [vollen] Geschmack Kappadokiens kosten (herausziehen) willst, musst du außerhalb der Saison (touristischen Zeit), d. h. zwischen Oktober und Mai, dorthin fahren.

⑩ Kappadokien ist ein von der UNESCO unter Schutz gestelltes Gebiet. Das Programm sieht die Restaurierung der Malereien in den Kirchen und den Schutz der Naturlandschaften vor Erosion vor. Gleichzeitig versucht man, auf schonende Art den Tourismus zu fördern. Die zuvor erwähnten Feenschornsteine sind turmartige Tuffsteinformationen in Kappadokien, die eine Höhe von über 30 Meter erreichen können.

⑪ In diesem Dialog wird oft das Passiv verwendet, in manchen Sätzen wird es von -**meli**/-**malı** gefolgt, das auf eine Notwendigkeit hinweist. Vergessen Sie nicht, dass die Passivform mit -**il** bzw. -**in** auch das unpersönliche „man" wiedergibt.

2. BOŞLUKLARI DOLDURUNUZ.

❶ Birkaç yıl önce, Kapadokya'ya gelip bütün bölgeyi gezmiştim. Bu sene yine buraya geldim. ❷ O zaman kiracıları çıkarmak için bir dava açıp kazanmıştım. Şimdi böyle davaları kazanmak çok zor. ❸ Ciddi önlemler alınarak bölge korunmalı, yoksa çabuk bozulacak. ❹ Mehtap olduğu zaman, peri bacalarını seyretmeye bayılıyorum. ❺ Kapadokya'daki evi alacağına bahse girerim. ❻ Yeni turizm tesislerinin kurulup kurulmayacağını bilmiyoruz. ❼ Doğal güzelliklerin bozulmaması için, önlem almak zorunda kalacağız. ❽ Büyük otellerin köylerde inşa edilmemesi için, belediyelerin önlem alması lazım.

1. BU CÜMLELERİ ANLIYOR MUSUNUZ?

❶ Die Busbahnhöfe, die die lebendigsten Orte der Städte sind, befinden sich meistens im Stadtzentrum (in den Stadtzentren).

Şehirlerin . . işlek . . . . biri . . . . otogarlar . . . . şehir . . . .

❷ Das Haus, das ich liebe, hat Ausblick auf ein Tal, in dem sich alte Kirchen befinden.

. . . . ev eski . . . . bir . . . . . . bakıyor.

❸ Zwei Freunde haben sich im Busbahnhof getroffen und haben sich unterhalten, mitten im Lärm der abfahrenden und ankommenden Autobusse.

İki . . . . otagarda . . . . , giden . . . . . otobüslerin . . . . arasında . . . . . . ettiler.

1. ŞİMDİ ANLADINIZ MI?

❶ Vor einigen Jahren (davor) war ich nach Kappadokien gekommen und hatte die ganze Gegend besichtigt. Dieses Jahr bin ich wieder hergekommen. ❷ Zu dieser Zeit hatte ich prozessiert, um die Mieter herauszukriegen, und ich hatte gewonnen. Heute ist es sehr schwer, solche Prozesse zu gewinnen. ❸ Es ist notwendig, die Umwelt zu schützen, indem man strenge Maßnahmen ergreift, sonst wird sie schnell zerstört. ❹ Wenn der Mond scheint, liebe ich es, die Feenschornsteine zu betrachten. ❺ Ich wette, dass du das Haus in Kappadokien kaufen wirst. ❻ Wir wissen nicht, ob man neue touristische Einrichtungen errichten wird oder nicht. ❼ Wir werden Maßnahmen treffen müssen, damit die Naturschönheiten [der Gegend] nicht zerstört werden. ❽ Die Stadtverwaltungen müssen Maßnahmen ergreifen, damit man keine großen Hotels in den Dörfern baut.

❹ Die Stadtverwaltungen müssen sehr strenge Maßnahmen ergreifen, damit die Umwelt nicht zerstört wird.

Çevrenin . . . . için . . . .
çok ciddi . . . . gerekiyor.

❺ Wenn Sie den [vollen] Geschmack Kappadokiens kosten (genießen) wollen, sollten Sie außerhalb der touristischen Zeit herkommen.

Kapadokya' . . . . çıkarmak
. . . ., ... turizm . . . .
dışında . . . .

LEKTION 65

6 Türken ziehen, was die Überlandreisen angeht, den Bus dem Zug vor.

Türkler, kara . . . . otobüsü . . . . ediyorlar.

7 Wenn Sie die Umwelt in diesem Gebiet schützen wollen, müssen zuerst Häuser (Gebäude) aus Beton verboten werden.

Bu bölgede . . . . isterseniz . . . . beton . . . . yasaklamak . . . .

ALTMIŞ ALTINCI DERS

ALIŞ VERİŞE GİDEN KARI KOCA

1 – Orhan'cığım, bugün çıkıp sana bir şeyler alalım mı? Hiç giyeceğin kalmadı. ①②

2 – İstersen İstiklal Caddesi'ne gidelim. Trafiğe kapatılalı insan orada rahatça dolaşıp alış veriş yapabiliyor. ③④⑤

3 – Çok iyi olur. Tünel'den Taksim'e doğru yürüyüz. ⑥

ANMERKUNGEN

① **Orhan'cığım** „mein lieber Orhan". -**cik** ist hier eine Verkleinerungsform.

② **giyecek** + **in**: **giyeceğin** „etwas, das du anziehen kannst".

③ **İstiklal Caddesi**, die größte Straße in **Beyoğlu**, die vom **Tünel** bis nach **Taksim** führt, wurde früher die Champs-Elysées von Istanbul genannt und ist heute Fußgängerzone.

④ **Trafiğe kapat-ıl-alı** „seitdem sie für den Verkehr gesperrt wurde". Das (unveränderliche) Suffix -**alı**/-**eli** hinter dem Verbstamm hat den Sinn „seitdem" und so dieselbe Bedeutung wie -**diğinden beri**. Man könnte also sagen: **Cadde trafiğe kapatıldığından beri.**

2. BOŞLUKLARA GELEN SÖZCÜKLER.

➊ en - yerlerinden - olan - genellikle - merkezlerinde ➋ Sevdiğim - kiliselerin olduğu - vadiye ➌ arkadaş - karşılaşıp - gelen - gürültüsü - sohbet ➍ bozulmaması - belediyelerin - önlemler alması ➎ 'nın tadını - isterseniz oraya - mevsiminin - gelmeniz gerekir ➏ yolculuklarında - trene tercih ➐ çevreyi korumak - önce - binaları - gerekir.

İkinci Aşama: Bugün 30. derse dönüp üzerinde yeniden çalışınız.

66. LEKTION

EIN EHEPAAR GEHT EINKAUFEN
(Einkauf gehen Ehefrau Ehemann)

1 – Mein lieber Orhan, wenn wir heute ausgehen, [um] dir etwas [zu] kaufen (würden)? Du hast nichts mehr zum Anziehen (nichts anzuziehen geblieben ist).

2 – Wenn du willst, gehen wir zur Istiklal („Unabhängigkeits-")-Straße. Seitdem sie für den Verkehr verboten (gesperrt) ist, kann man dort spazieren gehen und in Ruhe einkaufen.

3 – Sehr gut. Wir werden vom Tünel in Richtung Taksim laufen.

⑤ **yap-a-bil-iyor** „er/sie/es kann machen". Das Suffix, das die Durchführbarkeit einer Handlung kennzeichnet, kann mit (fast) allen einfachen oder zusammengesetzten Verbformen kombiniert werden. Mehr dazu in Lektion 70.

⑥ **Tünel** ist die am Ende des 19. Jh.s von den Franzosen gebaute Drahtseilbahn zwischen **Karaköy** und den Hügeln von **Galata**.

4 Yorulursak tramvaya biner, biraz çocukluk günlerimizi hatırlarız. Ya da Çiçek Pasajı'na girip birer bira içebiliriz... ⑦⑧

5 – Canım, bak ne güzel bir ipek. Ne dersin?

6 – Bilmem. Renkleri bana biraz çiğ gibi geldi.

7 – Ama bunlar bu yıl bahar modasının renkleri. Tabii, sen modayla pek ilgilenmediğin için bilmezsin.

8 – Bunun metresi kaça?

9 – Çok hesaplı, merak etmeyin beyefendi. Hanımefendi çok zevkli. Yaptıracağı elbiseyi siz de beğeneceksiniz, eminim. ⑨

10 – Eni ne kadar? Bir kırk (1,40) mı?

11 – Evet. Kaç metre lazım size?

12 – Terzi üç metre almamı söyledi. ⑩

13 – Tamam, kesiyorum. Güle güle giyin. Size bir de şu iki metrelik, indirimli kuponlarımızdan almanızı tavsiye ederim. Bir bluz diktirebilirsiniz. ⑩⑪⑫

ANMERKUNGEN

⑦ **Çiçek Pasajı** „Blumenpassage" ist eine glasgedeckte Passage mit Bierstuben und Bistros, wo man unter anderem Fisch und Meeresfrüchte essen kann, die vom nahen **Balık Pazarı** hergebracht werden.

⑧ **bir-er bira** „jeder ein Bier".

⑨ **efendim** (griechisch: Edelmann): höfliche Anrede für Männer und Frauen, die man auch im Sinne von „Bitte?" verwenden kann. **efendi** hat die Bedeutung „gut erzogen": **efendi bir çocuk** „ein gut erzogenes Kind". **bay** „Herr" und **bayan** „Frau" + Nachname sind auch eine Anrede, jedoch weniger höflich. Mit **beyefendi/hanımefendi** kann man in der Anrede auf das Geschlecht hinweisen. **bey** und **hanım** werden den Vornamen oder einem Titel bzw. einer Berufsbezeichnung hinzugefügt: **doktor bey/hanım** „Herr/Frau Doktor", **müdür bey** „Herr Direktor", **şoför bey** „Herr Chauffeur", **memur bey** „Herr Beamter".

4 Wenn wir müde sind, werden wir (in) die Straßenbahn nehmen (einsteigen) und [uns] ein bisschen die Zeit (die Tage) unserer Kindheit in Erinnerung rufen. Oder wir werden in die Blumenpassage gehen und dort (jeder) ein Bier trinken ...

5 – Mein Schatz, guck mal, was für eine schöne Seide! Was sagst du dazu?

6 – Ich weiß nicht. Die (ihre) Farben kommen mir etwas grell vor.

7 – Aber es sind die Farben der Frühlingsmode dieses Jahr. Natürlich, da du dich nicht sehr für Mode interessierst, hast du keine Ahnung davon (weißt du es nicht).

8 – Wie viel kostet der Meter? (zu wie viel ist der Meter hiervon?)

9 – Es ist ein sehr günstiger (berechneter) Preis, keine Sorge, mein Herr. Die Dame hat viel Geschmack. Auch Sie werden das Kleid lieben, das sie daraus machen lassen wird, da bin ich sicher.

10 – Wie breit ist [der Stoff] (seine Breite)? 1,40?

11 – Ja, [meine Dame]. Wie viel Meter brauchen Sie?

12 – Der Schneider hat mir gesagt, ich solle drei Meter nehmen.

13 – Sehr gut. Ich schneide [ihn Ihnen]. Viel Spaß damit. (Tragen Sie ihn in Freude.) Ich rate Ihnen auch noch, einen von diesen zwei Meter langen Stoffresten im Angebot (mit Ermäßigung) zu nehmen. Sie können sich daraus eine Bluse nähen lassen.

⑩ **Terzi üç metre almamı söyledi.** Hier drückt der substantivierte Infinitiv + **-me** + **söylemek** die Wendung „sagen, dass“, „raten, dass“ aus. Ebenso in **bir kupon almanızı tavsiye ederim**.

⑪ **Güle güle giyin** („Tragen Sie es lächelnd“) „Viel Spaß damit“.

⑫ **diktirmek** „nähen lassen“.

14 Bey kasaya gidip parayı ödüyor. Dükkândan çıkıyorlar. Vitrinlere bakarak yürümeye devam ediyorlar.

15 – Sevgilim, bak ne güzel bir takım. Gelecek ay sizin müdürün yalısındaki davete giderken giyerim. Bunu alsak, iyi olur. ⑬

16 – Fiyatından haberin yok her halde. ⑭

17 – Belki indirim yapalar.

18 – Sen burayı Kapalı Çarşı mı sanıyorsun? Burada pazarlık yapılmaz.

19 – Peki, almayız, sadece girip bir bakalım. ⑮

20 İçerde, satıcı:

21 – Sanki tam sizin ölçünüze göre yapılmış! Bunu kaçırmamalısınız. Hemen almazsanız pişman olursunuz. ⑯⑰⑱

22 Biraz sonra büyük bir torbayla yine caddede yürüyorlar.

23 – Şimdi buna uygun ayakkabıyla çanta da almamız gerekir. Yoksa giyemem...

ANMERKUNGEN

⑬ **alsak** drückt die Unwahrscheinlichkeit dieses Konditionals aus. Vgl. Sie mit **bunu alırsak, iyi olur** „wenn wir es kaufen, wird es gut sein". Die Form Verbstamm + **-se**/**-sa** kennen Sie schon von **nasıl olsa** „sowieso" und **keşke hep böyle olsa** „wenn es doch immer so sein könnte".

⑭ **Fiyatından haberin yok** „du kennst den Preis nicht". Merken Sie sich: **-den haber** + Possessiv + **var/yok** „(nicht) informiert sein über ...", „(nicht) kennen": **Bu sergiden haberim var** „ich bin über diese Ausstellung informiert".

⑮ **almayız** „wir kaufen nicht": Negativform des unbestimmten Präsens, 1. Person Plural. **alamayız** „wir können nicht kaufen".

14 Der Mann geht an die Kasse bezahlen (und bezahlt Geld). Sie verlassen den Laden und spazieren weiter, während sie sich die Schaufenster ansehen.

15 – Mein Schatz, guck, welch ein schönes Kostüm. Ich werde es anziehen, um zum Empfang (zur Einladung) deines Direktors zu gehen, der nächsten Monat in seiner Strandvilla stattfindet. Es wäre gut, wenn wir es kaufen würden.

16 – Du hast wahrscheinlich den Preis nicht gesehen (bist über den Preis nicht informiert).

17 – Vielleicht geben sie Rabatt.

18 – Glaubst du, wir sind hier im Gedeckten Basar? Hier wird nicht gehandelt (Handeln macht man nicht).

19 – Gut, wir werden es nicht kaufen, gehen wir nur rein, um einen Blick darauf zu werfen.

20 Im Laden, der Verkäufer:

21 – Man könnte glauben, es sei für Ihre Maße gemacht worden! Das dürfen Sie sich nicht entgehen lassen. Wenn Sie es nicht sofort kaufen, werden Sie es bereuen.

22 Etwas später laufen sie wieder auf der Straße mit einem großen Beutel.

23 – Nun müssen wir Schuhe und eine Tasche kaufen, die zum Kostüm passen. Sonst werde ich es nicht anziehen können ...

⑯ **Sanki** „man würde glauben, dass ...“.

⑰ **ölçü** „Maß“, **beden** „Größe“. Weitere gängige Ausdrücke zum Thema Einkauf: **Kaç beden giyiyorsunuz?** „Welche Größe tragen Sie?“; **Bu benim bedenim(e göre) değil** „Das ist nicht meine Größe“; **Bunun bir beden büyüğünü/küçüğünü istiyorum** „Ich möchte dies eine Nummer größer/kleiner“; **Kaç numara (ayakkabı) giyiyorsunuz?** „Welche (Schuh-)größe tragen Sie?“; **Bu modelin 40 numarası var mı?** „Haben Sie dieses Modell in Größe 40?“

⑱ Die Endung -**malı** bedeutet „müssen, sollen“ (3. Person Singular). Ihr können Personalendungen angehängt werden: **Bunu yap-malı-y-ım** „ich muss dies tun“.

24 – Hayatım, az kalsın unutuyorduk. Sana neler alacaktık? ⑲

25 – Artık biçbir şey alamayız. Bütün maaşı bitirdik. ⑮

26 – Eyvah! Sahi mi? Hep benim yüzümden? ... Üstelik ayakkabıyla çantayı da aldık... Yoksa paramız bitmezdi, sana da bir şeyler alabilirdik. ⑲

27 – Evet ama, o zaman da sen bizim müdürün davetindeki en şık kadın olamazdın... ⑲

1. BU CÜMLELERİ ANLIYOR MUSUNUZ?

❶ İstersen, beraber alış verişe gidelim. Hiç giyeceğim kalmadı. ❷ Bir de, diktirdiğiniz elbiseye uyan bir çantayla ayakkabı almanızı tavsiye ederim. ❸ Fiyatını öğrenmeden, bir kumaşı kestirmem. ❹ Bu ipeğin renklerinin çok çiğ olmasına rağmen, yaptıracağım elbiseyi beğeneceksin. ❺ Koca, bütün maaşını bitirmesine rağmen, karısına bir elbise daha aldı. ❻ İstiklal Caddesi'ndeki dükkânlarda, Kapalı Çarşı'da yapıldığı gibi pazarlık yapılmaz. ❼ En şık dükkânlardan alış veriş yaptık da... Yoksa o kadar para harcamazdık. ❽ İstiklal Caddesi'nde eskisi gibi tramvay olduğundan haberiniz yok mu?

2. BOŞLUKLARI DOLDURUNUZ.

❶ Obwohl dieser Stoff einen interessanten (berechneten) Preis hat, werde ich ihn nicht kaufen. Ich gedenke, einen von diesen Stoffresten zu kaufen.

Bu . . . . . . , çok hesaplı . . . . rağmen, ... Şu . . . . birini . . . . . . düşünüyorum.

24 – Mein Schatz (mein Leben), beinahe hätten wir [es] vergessen. Was wollten wir dir kaufen?

25 – Jetzt können wir nichts mehr kaufen. Meinen (den) ganzen Lohn haben wir ausgegeben (beendet).

26 – Ach! Ehrlich? [Dies] alles wegen mir (wegen meines Gesichts) ... Und wir haben außerdem die Schuhe und die Tasche dazu gekauft ... Sonst hätten wir nicht unser [ganzes] Geld ausgegeben (wäre nicht zu Ende) und wir hätten dir auch ein paar Sachen kaufen können.

27 – Ja, aber dann hättest du nicht die eleganteste Frau auf dem Empfang unseres Direktors sein können ...

ANMERKUNGEN

⑲ **al-acak-tık** „wir wollten kaufen" (vgl. Lektion 61). **al-abilir-dik** „wir hätten kaufen können", **bit-mez-di** „es wäre nicht zu Ende", **ol-a-maz-dın** „du hättest nicht ... sein können" (Verneinung der Vergangenheit mit -(**e**)**r-di**). **bitmezdi** ist die Verneinung von **biterdi** und **ol-a-maz-dın** ist die von **ol-abil-ir-din**.

1. ŞİMDİ ANLADINIZ MI?

❶ Wenn du willst, gehen wir zusammen einkaufen. Ich habe nichts mehr zum Anziehen (nichts anzuziehen-mein ist geblieben). ❷ Dann rate ich Ihnen, eine Tasche und Schuhe zu kaufen, die zu dem Kleid passen, das ich Ihnen genäht habe. ❸ Ich lasse keinen Stoff schneiden, bevor ich nicht über seinen Preis informiert bin. ❹ Obwohl die Farben dieser Seide sehr grell sind, wirst du das Kleid gern haben, das ich machen lassen werde. ❺ Obwohl der Ehemann seinen ganzen Lohn ausgegeben (beendet) hat, hat er seiner Frau (zusätzlich) ein weiteres Kleid gekauft. ❻ Man handelt nicht in den Läden der Istiklal-Straße, wie man es im Gedeckten Basar tut. ❼ Wir haben auch in den elegantesten Boutiquen eingekauft ... Sonst hätten wir nicht so viel Geld ausgegeben. ❽ Sind Sie nicht darüber informiert, dass es wie früher (sein Früheres) eine Straßenbahn in der Istiklal-Straße gibt?

❷ Guck, welch ein schönes Kostüm! Es wäre gut, wenn wir es kaufen würden.

Bak, . . güzel bir . . . . . ! Bunu . . . . . , iyi . . . . .

❸ Sie dürfen nicht verpassen, dieses Kleid [zu kaufen]. Es passt Ihnen gut („passen" = **yakışmak**).

Bu elbiseyi . . . . çok . . . .

❹ Seitdem der Verkehr verboten wurde, kann man dort spazieren gehen und in Ruhe Einkäufe machen.

Trafiğe . . . . insan . . . . . rahatça . . . . alış veriş . . . .

❺ Seitdem wir nach Istanbul gekommen sind, kaufen wir alles (immer) in (von) Beyoğlu ein.

İstanbul'a . . . . . . , hep . . . . ' . . . . alış . . . . . yapıyoruz.

❻ Seitdem wir nach Beyoğlu umgezogen sind, gehen wir oft zur Blumenpassage.

Beyoğlu'na . . . . beri, sık . . . Çiçek . . . . . . ' . . gidiyoruz.

❼ Wenn wir es nicht sofort kaufen, werden wir es bereuen.

. . . . hemen . . . . , pişman . . . .

ALTMIŞ YEDİNCİ DERS

EV SAHİBİ HANIM ZOR DURUMDA ①

1 Kocası, çalıştığı şirketin müdürüyle iş arkadaşlarından bazılarını eve akşam yemeğine davet etmişti. ②

ANMERKUNGEN

① **ev sahibi** „Hausbesitzer", **ev sahibi hanım** „Hausbesitzerin". **hanım** wird öfter benutzt, um die weibliche Form zu bilden: **hanım arkadaşı** „Freundin".

❽ Ich habe mich nicht entscheiden können, ob ich es kaufen werde oder nicht.

Bunu .... karar ....

2. BOŞLUKLARA GELEN SÖZCÜKLER.

❶ kumaşı - olmasına - almayacağım - kuponlardan - almayı ❷ ne - takım - alsak - olur ❸ kaçırmamalısınız - Size - yakışıyor ❹ kapatılalı - orada - dolaşıp - yapabiliyor ❺ geleli - Beyoğlu'ndan - veriş ❻ taşındığımızdan - sık - Pasajı'na ❼ Bunu - almazsak - oluruz ❽ alıp almayacağıma - veremedim.

İkinci Aşama: Bugün 31. derse dönüp üzerinde yeniden çalışınız.

67. LEKTION

EINE HAUSHERRIN IN VERLEGENHEIT
(in schwieriger Lage)

1 Ihr Ehemann hatte den Direktor der Firma, in der er arbeitet, sowie einige seiner Arbeitskollegen zu sich eingeladen.

② **davet et-miş-ti** „er hatte eingeladen". Ebenso: **hazırla-mış-tım** „ich hatte vorbereitet".

2 Son anda Belediye Başkanı'nı da davet edip, Nermin Hanım'a yemekten iki saat önce haber verdi. ③④

3 Yemekler hazır. Her şeyden yeteri kadar var. Fakat Nermin Hanım sofrada kimi nereye oturturacağına bir türlü karar veremiyor: ⑤

4 „Müdür Bey'i yanıma oturtursak, Belediye Başkanı'na ayıp olacak. ⑥

5 Ama müdürü sofranın en güzel yerine oturtmazsak, bu defa o kızacak, ⑦

6 çünkü yemeği onun şerefine veriyoruz. Sonra, eğer kızdırırsak Ali'ye işinde zarar verebilir. ⑧

7 A, unutuyordum! Seçkin Bey'i de kesinlikle Belediye Başkanı'nın yanına ya da karşısına oturtmamak lazım.

8 Seçimleri kaybettiğinden beri araları açık. ⑨⑩

ANMERKUNGEN

③ **başkan** „Präsident, Vorsitzender". **Cumhurbaşkanı** „Präsident der Republik" von **Cumhuriyet** „Republik". Nicht zu verwechseln mit **bakan** „Minister": **Dışişleri Bakanı** „Außenminister" von **dışişleri** „Außenministerium".

④ **yemekten iki saat önce** „zwei Stunden vor dem Essen". **iki saat** steht zwischen dem Ablativ und **önce**. Ebenso: **düğünden üç ay sonra** „drei Monate nach der Hochzeit".

⑤ **yeteri kadar** „genügend" von **yetmek**. **yeter** „es genügt", **yetmez** „es genügt nicht", **yeterince** und **yeterli** „ausreichend, genügend".

2 Im letzten Augenblick hat er noch den Bürgermeister (Präsident der Stadt) eingeladen und er hat Frau Nermin erst zwei Stunden vor dem Essen darüber informiert.

3 Die Gerichte sind bereit. Alles ist ausreichend vorhanden (von jeder Sache-sein genug so viel es gibt). Aber Frau Nermin kann sich nicht entscheiden, wen sie wohin setzen soll (die Gäste):

4 „Wenn wir den Direktor neben mir sitzen lassen, ist das dem Bürgermeister gegenüber unkorrekt (unverschämt).

5 Wenn wir aber den Direktor nicht am besten Platz des Tisches sitzen lassen, dann (diesmal) wird er wieder wütend werden,

6 denn es ist doch zu seiner Ehre, dass wir dieses Essen geben. Wenn wir [ihn] dann unzufrieden machen, kann dies Nachteile für Alis Arbeit haben.

7 Ach, ich vergaß! Herr Seçkin darf auf keinen Fall gegenüber oder neben dem Bürgermeister sitzen.

8 Seit er bei den Wahlen verloren hat, geht es nicht gut zwischen den beiden (der Abstand zwischen ihnen ist groß).

⑥ **ayıp** „schändlich, ungehörig“ wird oft im Sinne von „Das gehört sich nicht“, „Das ist nicht anständig“ verwendet.

⑦ **oturt-maz-sak** „wenn wir nicht sitzen lassen“, Verneinung von **otur-tur-sak**, wird mit dem Suffix -**mez**/-**maz** zwischen Stamm und -**se**/ -**sa** gebildet.

⑧ **şeref** „Ehre“ findet man auch in **onun şerefe** „zu seiner Ehre“. **müdürün şerefine** „zu Ehren des Direktors“. **Şerefe!** heißt „Zum Wohl!“: **Şerefine!** oder **Şerefinize!** „Zu Ihrem/eurem Wohl!“

⑨ **Seçimleri kaybettiğinden beri** „seitdem er bei den Wahlen verloren hat“. Vgl. Lektion 63.

⑩ **araları açık** („zwischen-ihnen geöffnet“) „es geht nicht gut zwischen den beiden“.

9 Ne yapsam acaba? Filiz'i bulabilseydim ona akıl danışırdım. Ama telefonu cevap vermiyor, yine seyahatte olmalı. ⑪⑫

10 Ali'nin de fikrini alamayacağım, toplantıdaymış. O zaman, en iyisi ben bir büfe hazırlıyayım. ⑬

11 Oradan herkes hoşuna gideni tabağına alıp, istediği yere otursun. Böylece ben yerleştirme işine karışmayacağım.

12 Tabii, salondaki koltuklar ilk gelenlere düşer. ⑭

13 Şimdi hemen Çerkez tavuğunun yanına bir iki meze daha ilave edeyim. Kolay yapılabilenlerden olsun. Cacık, haydari filan...

14 Boş ver. Vaktim yok. ⑬⑮

15 Herkesi doyuracak kadar meze var nasıl olsa. Dolma, zeytinyağlı barbunya, patlıcan salatası... ⑯

ANMERKUNGEN

⑪ **Ne yapsam?** gleicht **ne yapayım?** „Was könnte ich nur tun?"

⑫ **bul-abil-se-y-dim** „wenn ich hätte finden können" oder einfacher **bul-sa-y-dım** „wenn ich gefunden hätte" ist ein Konditionalsatz in der Vergangenheit. Im zweiten Satzteil verwendet man die Form **-(e)r-di** oder **-mez-di**: **... ona akıl danışırdım** „... hätte ich sie um einen Rat gebeten". Die verneinte Form dieser Konstruktion finden Sie weiter unten im Text.

9 Was könnte ich nur tun? Wenn ich doch Filiz hätte erreichen (finden) können, hätte ich sie um einen Rat gebeten. Aber am Telefon meldet sich niemand (ihr Telefon gibt keine Antwort). Sie ist wohl wieder auf Reisen.

10 Ich werde auch Ali nicht nach seiner Meinung fragen können: Er ist anscheinend in einer Besprechung. Das Beste ist also, wenn ich ein Büffet herrichte.

11 Jeder nimmt sich auf seinen Teller, was ihm gefällt und setzt sich (dass jeder nehme und sich setze), wohin er will. So werde ich mich nicht einmischen müssen, um einen Platz zuzuweisen (in die Angelegenheit des Platzierens).

12 Natürlich werden die Sessel des Salons für diejenigen sein (fallen), die als Erste ankommen.

13 Nun werde ich zu dem Hühnchen nach Tscherkesser Art noch ein oder zwei Vorspeisen hinzufügen (dass ich hinzufüge); [und zwar] (dass es sei) von denen, die leicht vorzubereiten (zu machen) sind: Gurkenjoghurt, Haydari usw.

14 Oh, lassen wir es. Ich habe keine Zeit.

15 Es gibt sowieso genügend Vorspeisen, um jeden satt zu bekommen: [allerhand] Gefülltes, Bohnen in (Oliven-)Öl, Auberginenkaviar (Salat) ...

⑬ **hazırla-y-ayım** „dass ich zubereite" ist ein Befehl an sich selbst. Ebenso: **edeyim**, **koyayım**, **iteyim**, **yerleştireyim**.

⑭ **düşmek** bedeutet im übertragenen Sinne „zugutekommen, bestimmt sein für".

⑮ **Boş ver!** (wörtl. „Gib leer!") „Lass es!" ist ein geläufiger Ausdruck. **Boş vermem** oder **verememm!** „Ich lasse es nicht!". Merken Sie sich auch **boşuna** „umsonst, vergebens": **boşuna geldim** „ich bin vergeblich gekommen".

⑯ **Herkesi doyuracak kadar meze var. doy-mak** „satt werden"; **doyurmak** „jdn. satt bekommen". Die Wendung mit -**acak**/-**ecek kadar** bedeutet „genug, um zu" oder mit einer Verneinung „genug, um nicht zu": **Harçlığımı çıkaracak kadar çalışıyorum** „ich arbeite genug, um mein Taschengeld zu verdienen".

16 Onları iyi ki dünden hazırlamıştım. Yoksa yetiştiremezdim. ②⑰

17 Sıcak meze olarak, sigara böreğiyle patates köftesi hazır sayılır. Bir ara kızartıp getiririm. ⑱

18 Eti soğuttum. İncecik, dilim dilim kesip şu tepsiye koyayım. Kavun, peynirler, söğüş salatalık ve domates... Her şey tamam. ⑬

19 Masayı duvara kadar iteyim, büfe olsun. İşte böyle.

20 Sehpaları çıkarıp koltukların yanlarına yerleştireyim. Evet... Artık gidip giyinebilirim. ⑬

21 Ali büfeyi pek sevmez ama ne yapayım, başka çarem yoktu.

22 Aslında Belediye Başkanı'nı başka bir sefer çağırsaydık, bu kadar zor bir durumda kalmazdım. ⑫

23 Neyse gene de iyi oldu. Bu yorgunlukla bir de sofrada servis yapmaktan kurtuldum!"

Seien Sie aktiv und nutzen Sie die vielfältigen Möglichkeiten, mit Ihrer neuen Sprache in Kontakt zu kommen. Finden Sie heraus, was Ihnen am meisten Spaß macht: Tandempartnerschaften im Internet, Brieffreundschaften, leichte Literatur (z. B. Kinderbücher), Hörspiele, Kino, DVDs, Musik, Radio, Zeitungen oder Zeitschriften.

ANMERKUNGEN

⑰ **yetiştiremezdim** „ich hätte es nicht schaffen können". Die Form -**mezdi** weist auf ein Konditional hin, obwohl keine eigentliche Bedingung genannt wird (diese wird durch **yoksa** ausgedrückt). **yetişmek** „rechtzeitig ankommen"; **yetiştirmek** „etwas rechtzeitig tun können".

16 Zum Glück hatte ich sie (seit) gestern zubereitet. Sonst hätte ich es nicht geschafft.

17 Als warme Vorspeisen sind Blätterteigröllchen und Frikadellen mit Kartoffeln praktisch fertig (werden als bereit angesehen). Zur rechten Zeit werde ich sie braten und servieren.

18 Ich habe das Fleisch kalt gestellt. Schneiden wir es (dass ich es schneide) in Scheiben (Scheiben Scheiben) und legen wir es (dass ich es lege) auf diese Platte. Melone, Käse, Gurken und geschnittene Tomaten ... So, [alles] ist bereit.

19 Schieben wir (dass ich schiebe) den Tisch an die Wand, das wird (dass es sei) das Büffet sein. So, es ist geschafft.

20 Holen wir die kleinen Tische hervor und stellen wir sie neben die Sessel. So [ja] ... Nun kann ich gehen und mich anziehen.

21 Ali hat Büffets nicht so gern; aber was kann ich tun? Ich hatte keine andere Lösung.

22 Wenn wir in Wirklichkeit den Bürgermeister ein anderes Mal eingeladen hätten, wäre ich nicht in einer so schwierigen Lage gewesen (geblieben).

23 Nun Schluss, (alles) ist gerichtet (gut geworden). Und mit [all] dieser Mühe habe ich mir das Servieren bei Tisch erspart (habe mich davon befreit, den Service am Tisch zu machen)!"

⑱ In der Türkei wird ein (Fest-)Essen meistens schon mehrere Tage im Voraus vorbereitet. Es besteht größtenteils aus kleinen kalten **meze** „Gerichten": **zeytinyağlı** „Oliven in Öl", **ezme** „Olivenmus" (**ezmek** „zerdrücken"), **haydari** (Joghurt mit Knoblauch, Petersilie und Minze), **cacık** (Joghurt mit geriebenen Gurken, Knoblauch und Dill). Warme **meze** sind **börek** (gefüllte Blätterteigröllchen), **köfte** „Frikadellen", **dolma** (verschiedene Arten von mit Hackfleisch gefülltem Gemüse) ... Na, läuft Ihnen schon das Wasser im Mund zusammen? Dann **Afiyet olsun!** „Guten Appetit!"; es wird auch oft noch während des Essens wiederholt.

1. BU CÜMLELERİ ANLIYOR MUSUNUZ?

❶ Geçen sene müdürü yanıma oturtmuştum. Seçkin Bey bana kızmıştı. ❷ Kocam, yemekten en az üç saat önce haber verseydi, birkaç meze daha hazırlayabilirdim. ❸ Nermin Hanım Belediye Başkanı'nı nereye oturtacağına karar veremiyor. ❹ Müdür bugün Ali'ye kızmasaydı, bize gelecekti. ❺ Davet ettiğimiz iki müdürün araları açık olduğu için, onları yan yana oturtmamalıyız. ❻ Seçimleri kaybedeli, Seçkin Bey yeni Belediye Başkanı'yla görüşmek istemiyor. ❼ Ekmek, yoğurt alacak kadar param var.

2. BOŞLUKLARI DOLDURUNUZ.

❶ Trinken wir. Es gibt für uns alle genug zu trinken. Zum Wohl!
İçelim. . . . . . . kadar . . . . . . var. . . . . . . !

❷ Seitdem Herr Seçkin bei den Wahlen verloren hat, geht es nicht gut zwischen den beiden.
Seçkin . . . seçimleri . . . . beri, ... açık.

❸ Bereiten wir (dass ich bereite) noch ein paar Vorspeisen zu. (Dass es sei) von denen, die leicht zuzubereiten sind.
. . . . . . meze daha . . . . Kolay . . . . olsun.

❹ Dass sich jeder auf seinen Teller nehme, was ihm gefällt und sich hinsetze, wo er will.
Herkes . . . . tabağına alıp, ... yere . . . .

❺ Da ich ein Büffet vorbereitet habe, habe ich mir die Sorge erspart, den Gästen einen Platz zu geben.
Büfe . . . . için, ... yerleştirmekten . . . .

1. ŞİMDİ ANLADINIZ MI?

❶ Letztes Jahr hatte ich den Direktor neben mir sitzen lassen. Herr Seçkin hatte sich über mich geärgert. ❷ Wenn mein Mann [mir] mindestens drei Stunden zuvor Bescheid gesagt (Nachricht gegeben) hätte, hätte ich ein paar zusätzliche Vorspeisen zubereiten können. ❸ Frau Nermin kann sich nicht entscheiden, wo sie den Bürgermeister hinsetzen wird. ❹ Wenn der Direktor sich heute nicht über Ali geärgert hätte, wäre er zu uns gekommen. ❺ Da es zwischen den beiden Direktoren, die wir eingeladen haben, nicht gut geht, dürfen wir sie nicht nebeneinander setzen. ❻ Seitdem er bei den Wahlen verloren hat, will Herr Seçkin den neuen Bürgermeister nicht mehr treffen (sich nicht mehr mit ihm sehen). ❼ Ich habe genügend Geld, um Brot und Joghurt zu kaufen.

❻ Mein Mann hat Büffets nicht so gern, aber was konnte ich tun? Ich hatte keine andere Lösung.

Kocam . . . . . . pek . . . . Ama ne . . . . ? Başka . . . . . yoktu.

❼ Wenn wir in Wirklichkeit den Bürgermeister ein anderes Mal eingeladen hätten, wäre ich nicht in einer so schwierigen Lage gewesen (geblieben).

Belediye . . . . ' . . başka bir sefer . . . . , bu . . . . . zor bir . . . .

❽ Wenn ich doch Filiz hätte erreichen (finden) können, hätte ich nach ihrer Meinung gefragt.

Filiz ' . . . . , ona akıl . . . .

2. BOŞLUKLARA GELEN SÖZCÜKLER.

❶ Yeteri - içecek - Şerefe ❷ Bey - kaybettiğinden - araları ❸ Birkaç - hazırlayayım - yapılabilenlerden ❹ hoşuna gideni - istediği - otursun ❺ hazırladığım - davetlileri - kurtuldum ❻ büfeyi - sevmez - yapabilirdim - çarem ❼ Başkanı'nı - çağırsaydık - kadar - durumda kalmazdım ❽ le görüşebilseydim - danışırdım.

İkinci Aşama: Bugün 32. derse dönüp üzerinde yeniden çalışınız.

▶ ALTMIŞ SEKİZİNCİ DERS

BİN BİR HÜNERLİ KÜÇÜK MESLEK YARATICILARI

1 Türkiye'de, özellikle büyük şehirlerde insan, belli bir mesleği olmasa da yapılacak bir iş bulup karnını doyurabilir. ①②

2 Mevsime, havalara, halkın ihtiyaçlarına göre durmadan yeni işler yaratılır. ③

3 Örneğin, kışın soğuklar başlar başlamaz sokaklarda, otobüs duraklarında, kapı ve pencerelere yapıştırılan sünger bantlardan satanlar, beyaz top çiçekler gibi bitiverir. ④⑤

4 Şiddetli bir yağmurdan sonra çukur semtlerdeki caddeler sular altında kaldı mı, bazıları için birkaç kuruş daha kazanma fırsatı doğar. ⑥⑦

5 Hemen ayakkabılarını çıkarıp, paçalarını sıvayarak, isteyenleri sırtlarında karşıdan karşıya geçirirler.

ANMERKUNGEN

① **belli bir mesleği olmasa da** „und wenn er auch keinen bestimmten Beruf hat". **ol-ma-sa** ist die Verneinung von **ol-sa**. Ebenso: **git-me-se** und **git-se**.

② **karnını doyurmak** „seinen Bauch sattbekommen" oder „überleben" bzw. „nicht verhungern".

③ Die Jahreszeiten (**dört mevsim**) lauten: **bahar/ilkbahar** „Frühling", **yaz** „Sommer", **sonbahar** „Herbst", **kış** „Winter".

④ **sünger** „Schwamm", in diesem Fall „Schaumbänder" zum Abdichten von Fenstern, Türen usw. An einem Stock hängend sehen sie wie riesige Blumen aus.

68. LEKTION

DIE GABE DER IMPROVISATION BEI KLEINEN BERUFEN

(Die Schöpfer, die in kleinen Berufen 1001 Begabungen haben)

1 In der Türkei und vor allem in den großen Städten kann man, auch, wenn man keinen bestimmten Beruf hat, eine Arbeit finden und so nicht verhungern (sich den Magen füllen).

2 Je nach Jahreszeit, Wetter und den Bedürfnissen der Leute entstehen dauernd neue [kleine] Berufe.

3 Zum Beispiel sieht man, sobald die Kälte (die Kälten) kommt, auf den Straßen und an den Bushaltestellen Verkäufer von Schaumbändern, die man an den Türen und Fenstern anklebt, wie weiße große Blumen wachsen.

4 Wenn nach einem starken Regen Straßen in niedriggelegenen (hohlen-)Vierteln überschwemmt sind (unter den Wassern sind sie geblieben), so ist das für einige die Gelegenheit, sich einige Cent dazuzuverdienen.

5 Sofort ziehen sie die Schuhe aus, krempeln den unteren Teil ihrer Hose hoch und befördern die, die es wünschen, auf ihrem Rücken von einer Straßenseite zur anderen.

⑤ **bit-i-verir** von **bit-mek** „wachsen“ und **ver-mek** „geben“ werden nach den Regeln der Vokalharmonie durch einen Vokal verbunden und haben hier die Bedeutung „schnell/sofort wachsen“; **kapıyı aç-ı-ver** „mach schnell die Tür auf“, **onu bul-u-ver** „finde ihn sofort“.

⑥ **kaldı mı** entspricht „sind die Straßen überschwemmt worden ...“, im Deutschen oft eingeleitet mit „Wenn ...“ Ebenso: **susadınız mı?** „Haben Sie Durst?“ und **açıktınız mı?** „Haben Sie Hunger?“ (Sätze 9 und 10).

⑦ **kuruş** ist ein Hundertstel einer türkischen Lira. Es gibt **kuruş**-Münzen mit den Werten 1, 5, 10, 25 und 50 **kuruş**.

6 Bir de sürekli olarak yapılan işler vardır.

7 Üst ve alt geçitlerde, tren istasyonlarında, otogarlarda önündeki tartı aletiyle gelip geçeni tartıp para kazanan bir işsize ya da bir çocuğa her zaman rastlayabilirsiniz. ⑧

8 Birdenbire tartılmak gelir içinizden. Böylece hem kilonuzu öğrenmiş, hem de bu insanlara yardım etmiş olursunuz. ⑨

9 Sıcak havalarda susadınız mı? Merak etmeyin. Su, limonata, ayran satan biri hemen çıkar karşınıza. ⑥⑩

10 Acıktınız mı? Sayısız büfelerden başka her köşede sandöviç, börek, çörek satıcıları bulunur. ⑪

11 Ayrıca mevsime göre kestane veya mısır satılan el arabaları parklarda, sahilde dolaşır. ⑥

12 İstanbul'da Eminönü, Kadıköy gibi işlek yerlerde, büyük plastik yaygılar üzerinde çorap, iç çamaşırı, ayakkabı satanlar görürsünüz. ⑫

13 Bunlar belediye memurlarının geldiğini öğrenince çarçabuk yaygılarını, kenarlarındaki iplerden çekerek toplayıp kaçarlar. ⑬

ANMERKUNGEN

⑧ **Üst geçit** „Fußgängerbrücke", **alt geçit** „Unterführung".

⑨ **öğrenmiş olursunuz** und **etmiş olursunuz** sind vollendetes Futur: „Sie werden gelernt haben" und „Sie werden geholfen haben".

⑩ **Ayran** ist ein erfrischendes Getränk aus Joghurt und leicht gesalzenem Wasser, das besonders im Sommer gerne getrunken wird und gut zu **Döner Kebap** oder **İskender Kebap** (geschnittenes Hammelfleisch mit Joghurt und Tomatensauce) passt.

⑪ **Çörek** ist eine süße oder herzhafte Gebäcksorte.

6 Dazu gibt es auch die [kleinen] Berufe, die immer (als andauernd) ausgeübt werden.

7 Auf Fußgängerbrücken und in Unterführungen, in Zug- und Busbahnhöfen können Sie immer einen Arbeitslosen oder ein Kind mit einer Personenwaage vor sich finden, der/das ein bisschen Geld damit verdient, Vorbeigehende (den, der kommt und vorbeigeht) zu wiegen.

8 Plötzlich fällt es Ihnen ein, sich zu wiegen (gewogen zu werden, kommt aus Ihrem Inneren). So werden Sie Ihr Gewicht (Kilo) erfahren (haben) und zugleich diesen Leuten behilflich (gewesen) sein.

9 Sie haben Durst bei heißem Wetter? Keine Sorge. Sofort taucht vor Ihnen jemand auf, der Wasser, Limonade oder Ayran verkauft (einer der ... verkauft sofort kommt heraus Ihnen gegenüber).

10 Sie sind hungrig? Außer den unzähligen Imbissstuben findet man an jeder Straßenecke Sandwich-, Börek- und Çörekverkäufer.

11 Außerdem verkehren in den Parks oder am Strand Handwagen, an denen je nach Jahreszeit Kastanien oder Maiskolben verkauft werden.

12 An lebendigen Orten wie Eminönü oder Kadıköy in Istanbul sehen Sie Leute, die auf großen Plastikplanen Strümpfe, Unterwäsche oder Schuhe verkaufen.

13 Wenn sie erfahren, dass sich die Beamten der Stadtverwaltung nähern, sammeln sie blitzschnell alles ein und laufen davon, während sie ihre Planen mit Stricken, die an den Seiten angeknüpft sind, hinter sich herziehen.

⑫ **çamaşır** „Wäsche“, **iç çamaşırı** „Unterwäsche“, **çamaşır makinası** „Waschmaschine“.

⑬ **çar-çabuk** „sehr schnell“. Sie kennen schon andere verstärkende Adjektive: **yepyeni** „ganz neu“, **tertemiz** „ganz sauber“. Beachten Sie auch, dass in diesem Satz **geldiğini** statt **geldiklerini** gebraucht wird, da das Türkische den Singular vorzieht, wenn eine Verwechslung ausgeschlossen ist.

14 Tehlike geçince yeniden sermek üzere...

15 Vapurlarda da Denizyolları'nın kendi büfecilerinin dışında, birçok işportacı abartılı sözlerle yolcuların ilgisini ve parasını çekmeye çalışır.

16 Her yerde boyacılar parlatılacak ayakkabıların peşindedir. ⑭⑮

17 Kaldırımlarda, buzdolabı, çamaşır makinası gibi çok ağır yükleri taşıyan eğilmiş hamallarla karşılaştığınızda kenara çekilip yol verirsiniz. ⑯

18 Ve her mahallede seyyar satıcılar el arabası ya da kamyonetle dolaşıp bağıra bağıra patates soğan, sebze meyve satar. ⑰

19 Sonra sütçü, yoğurtçu, muslukçu ve bileyicilerin sesleri.

20 Hele, kışın soğuk, ıssız gecelerde yükselen hüzün dolu bir ses, bozacının sesi... ⑱

21 Yüzyıllardır bizlere arkadaş olan bu sesler İstanbul'un eski, geleneksel hayatının yaşayan kanıtlarıdır.

ANMERKUNGEN

⑭ **boyacı** „Schuhputzer" sind oft Kinder. Ältere Schuhputzer haben meistens eine besonders schöne und alte Ausrüstung aus Holz und Kupfer.

14 Sobald die Gefahr vorbei ist, sind sie schon dabei, alles wieder auszupacken ...

15 Auf den Dampfern versuchen außer den Büffetangestellten der Schiffahrtsgesellschaft sehr viele „fliegende Händler“ mit ihren übertriebenen Reden, die Aufmerksamkeit (das Interesse) der Passagiere zu wecken und etwas von ihrem Geld [zu bekommen].

16 Überall sind Schuhputzer auf der Suche nach Schuhen, um sie zum Glänzen zu bringen.

17 Wenn Sie auf dem Bürgersteig Trägern begegnen, die gebeugt schwere Lasten wie Kühlschränke oder Waschmaschinen tragen, treten Sie auf die Seite, um ihnen den Weg freizumachen.

18 Und schreiend verkehren in jedem Stadtviertel Straßenhändler mit Hand- oder Lieferwagen, die Kartoffeln, Zwiebeln, frisches Gemüse oder Obst verkaufen.

19 Und dann gibt es noch die Rufe des Milch- und Joghurtverkäufers, des Wasserhähnereparateurs und des Scherenschleifers.

20 Und vor allem im Winter den Ruf des Boza-Verkäufers, der sich in eiskalten und einsamen Winternächten melancholisch erhebt ...

21 Diese Rufe, die uns seit Jahrhunderten vertraut sind, sind lebendige Zeugnisse des traditionellen Lebens Istanbuls aus früherer Zeit.

⑮ **bir şeyin peşinde olmak** „auf der Suche nach etwas od. jemandem“.

⑯ **karşılaş-tığ-ınız-da** wird am besten durch einen temporalen Nebensatz mit „wenn“ wiedergegeben: „Wenn sie begegnen“. Man kann auch **karşılaştığınız zaman** sagen.

⑰ **bağır-a** von **bağırmak** „rufen, schreien“. Die Verdopplung drückt die Art und Weise aus: **bağıra bağıra** „rufend“.

⑱ **boza** ist ein Getränk aus vergorener Hirse, das mit Zimt und Ingwer bestreut und gerne im Winter getrunken wird. Die Rufe der Boza-Verkäufer sind besonders melodisch und klangvoll.

1. BU CÜMLELERİ ANLIYOR MUSUNUZ?

❶ İnsan sürekli olarak çalışmasa da, ara sıra yapılacak bir iş bulabilir. ❷ Bu genç, isteyenleri sırtında karşıdan karşıya geçirirse, birkaç kuruş kazanmış olur. ❸ Belediye memurları geldiler mi, işportacılar hemen tezgâhlarını („Verkaufstische") toplayıp kaçıveriyorlar. ❹ Ev kadınları meyve satıcılarının sesini duyar duymaz, pencerelerden sepetlerini indiriyorlar. ❺ Şiddetli bir yağmur yağdığında, çukur semtlerdeki bazı caddeler sular altında kalıyor. ❻ Acıktığınızda her köşede bir büfe bulabilirsiniz. ❼ Yayalar hamallarla karşılaştıklarında, kenara çekilip yol vermek zorundadır.

2. BOŞLUKLARI DOLDURUNUZ.

❶ Ununterbrochen entstehen neue Berufe, je nach den Bedürfnissen der Leute und der Jahreszeit.

Halkın . . . . ve . . . . göre, ... yeni işler . . . .

❷ Wenn Sie sich wiegen, wenn Sie auf der Straße eine Personenwaage sehen, so werden Sie einem Kind oder einem Arbeitslosen behilflich gewesen sein.

. . . . bir . . . . . aleti . . . . tartılırsanız, bir çocuğa . . . . bir . . . . . . yardım . . . .

❸ Wenn die Verkäufer einen Beamten der Stadt sehen, laufen sie sofort davon, indem sie ihre Planen an Stricken hinter sich herziehen.

Satıcılar bir . . . . memuru . . . . hemen . . . . yaygılarını . . . . kaçıyor(lar).

1. ŞİMDİ ANLADINIZ MI?

❶ Auch wenn man nicht fest arbeitet, kann man von Zeit zu Zeit eine Arbeit finden. ❷ Wenn dieser Junge auf seinem Rücken diejenigen, die es wünschen, von einer Seite [der Straße] zur anderen befördert, wird er etwas Geld verdient haben. ❸ Wenn die Beamten der Stadt kommen (kommen sie?), sammeln die Straßenhändler sofort ihre Verkaufstische zusammen und laufen davon. ❹ Sobald die Hausfrauen die Stimmen der Obsthändler hören, lassen sie ihre Körbe aus dem Fenster herunter. ❺ Wenn es einen heftigen Regen gibt (regnet), werden manche Straßen in den niedrig gelegenen Vierteln überschwemmt (bleiben unter Wasser). ❻ Wenn Sie hungrig sind, können Sie an jeder Straßenecke einen Imbiss finden. ❼ Wenn den Fußgängern Lastenträger entgegenkommen, müssen sie (sind sie verpflichtet) zur Seite treten, um den Weg freizumachen.

❹ Die Straßenhändler sind geflohen. Wenn die Gefahr vorbei ist, werden sie sie sofort wieder auspacken.

. . . . kaçtılar. Tehlike . . . .
yeniden . . . .

❺ In jedem Stadtviertel verkehren Straßenhändler und verkaufen schreiend Gemüse und Obst.

. . . mahallede . . . . . . satıcılar . . . . . .
bağıra . . . . . ve meyve . . . .

❻ An Winterabenden erinnert der Ruf des Boza-Verkäufers, der durch die leeren Straßen geht, die Leute an das traditionelle Leben Istanbuls aus früheren Zeiten.

Kış . . . . , ıssız sokaklarda . . . .
bozacının . . . . insana eski, ...
İstanbul' . . . . hatırlatıyor.

7. Auf den Dampfern versuchen viele Straßenhändler mit ihren übertriebenen Reden, die Aufmerksamkeit (das Interesse) der Passagiere zu wecken und etwas von ihrem Geld [zu bekommen].

Vapurlarda . . . . . . işportacı . . . . sözlerle . . . . ilgisini ve . . . . çekmeye . . . .

ALTMIŞ DOKUZUNCU DERS

İSTANBUL'UN GİZLİ BÜYÜSÜ ①

1 İstanbul'u arabayla değil, yürüyerek gezip dolaşmalı. Ancak o zaman tadını yudum yudum çıkarabilirsiniz.

2 İstanbul'un günlük hayatını yakından tanımak isterseniz, Ayasofya Müzesi, Topkapı Sarayı, Sultanahmet camisi gibi büyük eserlerle turistik çevrelerin dışında kalan gerçek, yaşayan mahallelerini görmelisiniz. ②

2. BOŞLUKLARA GELEN SÖZCÜKLER.

❶ ihtiyaçlarına - mevsime - durmadan - yaratılır ❷ Sokakta - tartı - gördüğünüzde - ya da - işsize - etmiş olursunuz ❸ belediye - gördüklerinde - iplerle - çekerek ❹ İşportacılar - geçince - sermek - üzere ❺ Her - seyyar - bağıra - sebze - satıyorlar ❻ geceleri - dolaşan - sesi - geleneksel - un hayatını ❼ birçok - abartılı - yolcuların - parasını - çalışır.

İkinci Aşama: Bugün 33. derse dönüp üzerinde yeniden çalışınız.

69. LEKTION

DER RÄTSELHAFTE ZAUBER ISTANBULS

1 Istanbul sollte (darf) man nicht mit dem Wagen, sondern zu Fuß besichtigen. Nur so (dann) werden Sie seinen Zauber entdecken und Schritt für Schritt genießen (Geschmack Schluck nach Schluck herausnehmen).

2 Wenn Sie den Alltag in Istanbul aus der Nähe kennenlernen wollen, sollten Sie die lebendigen und authentischen Viertel sehen, die außerhalb der touristischen Gebiete mit ihren großen Baudenkmälern wie [das Museum] der Heiligen Sophia, dem Topkapıpalast und der Sultanahmet-Moschee liegen.

ANMERKUNGEN

① **gizli** „geheimnisvoll“ von **giz** „Geheimnis“. **gizle(n)mek** „sich verstecken“. **büyü** „Zauber, Magie“, **büyülemek** „verzaubern“. Werden einem Verbstamm das Infix **-le/-la** und die Endung **-yici** angefügt, so erhält man die Bezeichnung für die Person, die die beschriebene Tätigkeit ausführt: **büyüle-y-ici** „Zauberer“; **bile-y-ici** „Scherenschleifer“ von **bilemek** „schleifen“.

② **görmelisiniz** „sie müssen/sollen sehen“. Ebenso **gitmelisiniz** (Satz 3) und **yaşamalısınız** (Satz 5).

3 Bunun için, plansız, programsız dolaşmalı, ayaklarınız sizi nereye götürürse oraya gitmelisiniz. ②③

4 Örneğin, bir sabah erkenden, Beyoğlu'ndan aşağı iner, Mevlevihane'ye uğradıktan sonra Galata Kulesi'ne çıkarsınız. Oradan Haliç kıyılarındaki eski İstanbul manzarasını seyredebilirsiniz. ④

5 Karaköy'e inerken, sıra sıra eski cumbalı evlerin bulunduğu yokuşlardan geçersiniz. Karaköy'deki kalabalığın içine girip o gürültüyü ve canlılığı yaşamalısınız. ②⑤

6 Galata Köprüsü'nün altındaki kahvelerde bir şeyler içerek dinlenir, iskelelere yanaşan ve kalkan vapurları seyredersiniz. ⑥

7 Sonra köprüden geçip Tahtakale'yi ve Rüstempaşa camisini gezer, işlek yokuşlardan çıkarak Süleymaniye'ye varırsınız. ⑦

ANMERKUNGEN

③ **ayaklarınız nereye götürürse oraya gitmelisiniz** („wenn Ihre Füße Sie dorthin führen, dann müssen Sie gehen"). **ne**, **nasıl**, **nereye**, **nerede**(**n**), **ne zaman** + unbestimmtes Präsens + **-se**/**-sa** entspricht im Deutschen einem mit „was immer, wie immer, wo immer" eingeleiteten Satz: **ne yaparsam, kızar** „was immer ich auch tue, er ärgert sich", **nerede olursa, bize yazacak** „wo immer er auch sein mag, er wird uns schreiben". Merken Sie sich auch **Ne olursa olsun** „Was immer auch geschehen mag ..."

④ **Mevlevihane** war das Kloster (**tekke**) der Anhänger von **Mevlana**, einem großen Mystiker und Dichter, und ist jetzt ein Museum für Literatur und Musik; man kann dort den berühmten „Tanz der Derwische" erleben. In der Nähe steht der Galataturm, von dem man einen herrlichen Ausblick über das Goldene Horn, das bei Sonnenuntergang wie Feuer leuchtet, genießen kann.

3 Sie müssen dazu ohne Plan und ohne Programm vor sich hinspazieren, und gehen, wohin Ihre Schritte (Füße) Sie führen.

4 Zum Beispiel gehen Sie an einem frühen Morgen von Beyoğlu hinab und nach einem kurzen Besuch beim Mevlevikloster steigen Sie auf den Galataturm. Von da aus können Sie (die Sicht über) das alte Istanbul ansehen, das sich auf den Ufern des Goldenen Horns [ausdehnt].

5 Auf dem Weg hinunter nach Karaköy werden Sie durch steile Straßen gehen, die von alten Häusern mit Vorbau (wo sich Häuser ... befinden) gesäumt werden. Sie sollten sich unter die Leute mischen und diesen Tumult und diese Lebendigkeit erleben, die in Karaköy [herrschen].

6 Sie werden sich in den Cafés ausruhen, die sich unter der Galatabrücke befinden, und während Sie etwas trinken werden, werden Sie die Schiffe beobachten, die anlegen und abfahren.

7 Dann werden Sie über die Brücke gehen. Sie werden in Tahtakale umherspazieren und die Moschee von Rüstempascha besichtigen; und dann, indem Sie die lebendigen Gassen hinauflaufen werden, werden Sie [das Viertel] Süleymaniye erreichen.

⑤ **cumba** ist der typische Vorbau türkischer Häuser, der gleichzeitig den Innenraum vergrößert und als eine Art „Aussichtsturm“ dient.

⑥ Die Galatabrücke über das Goldene Horn war früher eine Schwimmbrücke und wurde 1992 in eine fest verankerte Steinbrücke umgebaut. In ihrem Untergeschoss gibt es zahlreiche Restaurants, Cafés und Geschäfte.

⑦ Das Süleymaniye-Viertel ist eines von vier historischen Bereichen der UNESCO-Welterbestätte Istanbul. Die traditionellen Holzhäuser um den von Sultan Süleyman errichteten Gebäudekomplex, bestehend aus einer Moschee, einer Volksküche, einem Hamam und Koranschulen, sind außergewöhnliche Zeugnisse des spätosmanischen Stadtbildes.

8 Orada eski çardaklı sokaklarda dolaşıp, ahşap evler görmek hâlâ mümkündür. Aynı zamanda esnafla sohbet edebilirsiniz. Sizi oturtup çay, kahve ikram ederler. ⑧

9 Beyazıt'ta Üniversite'nin yanından geçip büyük caddeye çıkar, gölgeli ve hareketli bir semt olan Laleli'ye kadar yürürsünüz. Denize doğru inip Kumkapı'ya vardığınızda acıkmış olacaksınız. ⑨⑩⑪⑫

10 Buranın nefis balık lokantalarında ister ızgara olsun, ister tava, balık yemek şarttır. Ya da meşhur buğulamasından yiyebilirsiniz. ⑩⑬

11 Daha sonra, deniz tarafında bulunan çok eski mahallelerden geçerek At meydanı'na varıp, Eminönü'ne kadar yürürsünüz. ⑭

12 Yokuşu inerken, caddenin tam ortasında, korunmaya alınmış çok yaşlı, kocaman bir çınarla karşılaşacaksınız.

13 Akşam üstü, Eminönü'nden Boğaz'a giden bir vapura binebilirsiniz. Vapur Boğaz'ın iki yakası arasında zigzaglar yaparken güneşin batışını, belki de doğan ayı seyredersiniz. ⑮

ANMERKUNGEN

⑧ **esnaf** „Zunft“ und „Handwerker“.

⑨ **Laleli** ist das Viertel der ausländischen, vor allem iranischen und arabischen Studenten.

⑩ **Kumkapı** liegt direkt am Marmarameer. Die Spezialität der hiesigen Restaurants ist die **buğulama** „Dampfküche“ bzw. Fisch, der in einer gut gewürzten Tomatensoße zubereitet wird.

⑪ **vardığ-ınız-da** „zu Ihrer Ankunft“, „wenn Sie ankommen (werden)“ (siehe Lektion 68).

⑫ **acıkmış olacaksınız** „wenn Sie hungrig sind“ ist auch eine Form der vollendeten Zukunft (Lektion 68).

8 Dort ist es noch möglich, in Straßen zu gehen, die mit Weinspalier bedeckt sind, und Holzhäuser zu sehen. Zugleich können Sie mit den Handwerkern plaudern. Sie werden Sie dazu einladen, sich zu setzen, und werden Ihnen einen Tee oder einen Kaffee anbieten.

9 In Beyazıt werden Sie an der Universität vorbeikommen und auf die große Straße stoßen; Sie werden bis zum schattigen und lebendigen Viertel von Laleli laufen. Sie werden Richtung Meer hinuntergehen, und wenn Sie in Kumkapı ankommen (bei Ihrer Ankunft), werden Sie hungrig sein.

10 Sie müssen unbedingt (es ist eine Bedingung) gegrillten oder gebratenen Fisch in den guten Restaurants dieses Ortes essen. Sie können auch das (sein) [dortige] leckere Buğulama essen.

11 Später werden Sie durch die sehr alten Viertel an der Seeküste gehen und das Hippodrom erreichen und dann bis Eminönü laufen.

12 Den Abhang hinunter werden Sie mitten auf der Straße eine sehr alte und riesige Platane finden, die dort [gehegt und gepflegt] (in Schutz genommen) wird.

13 Gegen Abend können Sie ein Schiff besteigen, das auf den Bosporus fährt. Während das Schiff zwischen beiden Ufern des Bosporus hin- und herfährt, werden Sie den Sonnenuntergang und vielleicht auch den Mondaufgang (den geborenen Mond) anschauen.

⑬ **ister ... ister** „entweder ..., oder ...“: **ister ızgara olsun**, **ister tava** „entweder gegrillt oder gebraten“.

⑭ **At meydanı** „Pferdeplatz“ oder „Pferderennbahn“. Dort fanden in byzantinischer Zeit die Pferdewagenrennen statt, später das Bogenschießen und andere Spiele. Dieser Platz heißt heute auch **Sultanahmet** wie die gleichnamige benachbarte Moschee. Zur Schreibweise von Eigennamen siehe Lektion 70.

⑮ Die früher in Istanbul lebenden Europäer nannten diesen Dampfer „Zickzack“.

14 Ve canınızın istediği yerde inebilirsiniz. Rumeli yakasındaki Ortaköy, biraz moda olmasına rağmen, gene de çok tatlı bir yer. İskele meydanı tiyatro sahnesi gibi. ⑯

15 Saatlerce küçük lokantalarından birinde rakınızı içerek „halk oyunu" seyredebilirsiniz. ⑰

16 Anadolu yakasında ise, vapurunuz Çengelköy koyuna yaklaşırken, birbirinden güzel ahşap yalılara hayran kalacaksınız.

17 Burada da Boğaz'ın ve asma köprünün ışıkları karşısında büyülenir, hayallere dalarsınız. ⑱

ANMERKUNGEN

⑯ **biraz moda olmasına rağmen** „obwohl es etwas in Mode gekommen ist" (vgl. Lektion 64).

1. BU CÜMLELERİ ANLIYOR MUSUNUZ?

❶ Beyoğlu'ndan Karaköy'e indiğinizde, büyük bir kalabalıkla karşılaşırsınız. ❷ Beyoğlu'ndan Karaköy'e inerken eski, cumbalı evler göreceksiniz. ❸ İstanbul'un tadını yudum yudum çıkarmak isterseniz, yürüyerek gezip dolaşmalısınız. ❹ Kumkapı'ya giderseniz, meşhur buğulamasından yemenizi tavsiye ederiz. ❺ Galata Kulesi'ne çıktığınızda, bütün Haliç kıyılarını seyredebileceksiniz. ❻ Vapurlar iskelelere yanaşır yanaşmaz, yolcular inip otobüs duraklarına koşuyorlar. ❼ Güneş batınca, asma köprülerin ışıkları yanıp Boğaziçi'ni aydınlatıyor. ❽ Anadolu yakasında, Çengelköy gibi, güzel eski köyler var. Rumeli yakasında ise, Ortaköy, Arnavutköy gibi, çok canlı köyler yer alıyor.

14 Und Sie werden dort aussteigen können, wo Sie Lust haben. Auf dem europäischen Ufer ist Ortaköy, obwohl es etwas in Mode gekommen ist, doch ein hinreißender Ort. Der Platz an der Landungsbrücke ist wie eine Theaterbühne.

15 Während Sie Ihren Raki langsam in einem der kleinen Restaurants genießen, werden Sie sich stundenlang das Theaterstück (des Volkes) ansehen können, das die Leute aufführen.

16 Bezüglich des asiatischen (anatolischen) Ufers werden Sie, wenn Ihr Schiff sich der Bucht von Çengelköy nähert, mit Bewunderung die Strandvillen aus Holz anschauen, von denen eine schöner ist als die andere.

17 Dort, gegenüber den Lichtern des Bosporus und der Hängebrücke, werden Sie verzaubert und in Träume versunken sein.

⑰ **oyun** kann „Spiel“ und „Theaterstück“ heißen.

⑱ **boğaz** „Kehle“, aber auch „Schlucht“ oder „Meerenge“. **Boğaz** ist der „Bosporus“, genauer **Boğaziçi** („Inneres der Meerenge“).

1. ŞİMDİ ANLADINIZ MI?

❶ Wenn Sie von Beyoğlu nach Karaköy hinunterlaufen (bei Ihrem Hinunterlaufen), werden Sie eine große Menschenmenge finden. ❷ Während Sie von Beyoğlu nach Karaköy hinuntergehen, werden Sie alte Häuser mit Vorbau sehen. ❸ Wenn Sie Schritt für Schritt den Zauber Istanbuls genießen wollen, müssen Sie es zu Fuß durchlaufen und besichtigen. ❹ Wenn Sie nach Kumkapı gehen, raten wir Ihnen, sein berühmtes Buğulama zu probieren. ❺ Wenn Sie auf die Spitze des Galataturms hinaufsteigen (in Ihrem Hinaufsteigen), werden Sie die Ufer des gesamten Goldenen Horns sehen können. ❻ Sobald die Schiffe an den Landungsbrücken anlegen, steigen die Passagiere aus und laufen bis zu den Bushaltestellen. ❼ Wenn die Sonne untergeht, gehen die Lichter der Hängebrücken an und beleuchten den Bosporus. ❽ Auf dem anatolischen Ufer gibt es schöne alte Dörfer wie Çengelköy. Auf dem europäischen Ufer findet man (nehmen Platz) sehr lebendige Dörfer wie Ortaköy [oder] Arnavutköy.

2. BOŞLUKLARI DOLDURUNUZ.

❶ Sie müssen gehen, wohin Ihre Schritte (Füße) Sie führen.

. . . . sizi . . . . oraya . . . .

❷ Wenn Sie nach Eminönü hinunterlaufen werden, werden Sie mitten auf der Straße eine riesige Platane finden.

Eminönü'ne . . . . , caddenin . . . . kocaman bir . . . . karşılaşacaksınız.

❸ Auf dem Bosporus können Sie mit dem Dampfer fahren, wohin Sie Lust haben.

Boğaz'da . . . . yere vapurla . . . .

❹ Wenn Sie den Mond anschauen, der über den Hügeln am Bosporus aufgeht, versinken Sie in Träumen.

Boğaz tepelerinden . . . . . ayı . . . . hayallere . . . .

❺ Auf dem Weg nach Karaköy hinunter gehen Sie durch steile Straßen, in denen sich alte Häuser mit Vorbauten befinden.

Karaköy'e . . . . , sıra . . . . eski . . . . evlerin . . . . yokuşlardan . . . .

❻ Obwohl Ortaköy etwas in Mode gekommen ist, ist es trotz allem ein entzückender Ort.

Ortaköy, ... moda . . . . , gene . . çok . . . . . bir . . . . .

❼ Wenn Sie den Bosporus besichtigen werden, werden Sie von Strandvillen überrascht (bleiben), von denen eine schöner ist als die andere.

Boğaz'ı . . . . , ... güzel . . . . kalacaksınız.

⑧ Sie müssen unbedingt (es ist eine Bedingung) das berühmte Buğulama von Kumkapı probieren (davon essen).

Kumkapı'. . . meşhur . . . .
yemek . . . .

2. BOŞLUKLARA GELEN SÖZCÜKLER.

① Ayaklarınız - nereye götürürse - gitmelisiniz ② indiğinizde - tam ortasında - çınarla ③ canınızın istediği - gidebilirsiniz ④ doğan - seyrederken - dalarsınız ⑤ inerken - sıra - cumbalı bulunduğu - geçersiniz ⑥ biraz - olmasına rağmen - de - tatlı - yer ⑦ gezerken - birbirinden - yalılara hayran ⑧ nın - buğulamasından - şarttır.

Wahrscheinlich erscheint Ihnen die Übersetzung der zeitlichen Nebensätze ins Türkische manchmal etwas kompliziert. „Wenn" kann im Türkischen auf verschiedene Weise wiedergegeben werden. Versuchen Sie, die genaue Bedeutung der Konjunktion aus dem Kontext zu erschließen und dann die entsprechende Konstruktion im Türkischen zu wählen. Um Ihnen dabei zu helfen, haben wir im Anhang die Wendungen, die einem zeitlichen Nebensatz entsprechen, zusammengestellt. Nehmen Sie diese Tabelle so oft wie nötig zur Hand. Lesen Sie auch die angegebenen Beispiele. So werden Sie mit der Zeit ein Gefühl für die richtige Wendung bekommen.

İkinci Aşama: Bugün 34. derse dönüp üzerinde yeniden çalışınız.

YETMİŞİNCİ DERS

WIEDERHOLUNG UND ANMERKUNGEN

Mit dieser 70. Lektion haben Sie eine wichtige Etappe genommen! Sie kennen jetzt alle grammatikalischen Elemente des Türkischen und haben einen reichen Wortschatz. Wir wollen Ihre Kenntnisse nun noch einmal vertiefen und durch ein paar zusätzliche Angaben zum Gebrauch einiger Verbformen ergänzen.

1. Neue Verwendung der Endung -me

a) **-mesine rağmen** „obwohl"

Ankara, biraz fazla yalın olmasına rağmen, Ankara'lılar tarafından İstanbul'a tercih edilir. „Obwohl Ankara etwas zu schmucklos ist, ziehen die Einwohner Ankaras es Istanbul gegenüber vor."

Ortaköy, biraz moda olmasına rağmen, gene de çok tatlı bir yer. „Obwohl Ortaköy etwas in Mode ist, ist es trotz allem ein entzückender Ort."

Achtung: In diesen Sätzen haben beide Satzglieder dasselbe Subjekt; es bleibt daher im Nominativ. Sonst steht das Subjekt der Verbform **-mesi** im Genitiv:

İstanbul'un daha güzel olmasına rağmen, Ankara'da oturmaya karar verdim. „Obwohl Istanbul schöner ist, habe ich mich entschlossen, in Ankara zu leben."

b) **-(me)mesi için** „damit (nicht)", „um (nicht)"

Çevrenin bozulmaması için, belediyelerin çok ciddi önlemler alması lazım. „Damit die Umwelt nicht zerstört wird, müssen die Stadtverwaltungen strenge Maßnahmen ergreifen." (L. 65)

Das Subjekt von **bozulmaması için** steht wie das von **alması lazım** im Genitiv.

2. Verbformen als Substantive und Adjektive

a) Grundform des unbestimmten Präsens **-er/-ar** und **-(i)r**
... als Substantiv:

gider „Ausgaben", **gelir** „Einkommen", **yazar** „Schriftsteller"

... als Adjektiv:

döner kebap „drehendes Fleisch", **çalar saat** „klingelnder Wecker".

b) Verneinte Form des unbestimmten Präsens -**(il)mez**, -**(ıl)maz**
... als Adjektiv:

Yaşanılmaz bir yer „ein unmöglicher Ort zu leben".

Ein weiteres Beispiel ohne Passivform:

İşe yaramaz bir şey „eine unnütze Sache" von **yaramak** „nützlich sein". **yaramaz** in Bezug auf ein Kind bedeutet „unerträglich".

c) Die Endung -**ecek**
... als Substantiv:

evde yiyecek kalmadı
„zu Hause ist (bleibt) nichts mehr zu essen".

hiç giyeceğin kalmadı „es bleibt dir nichts zum Anziehen".

... als Adjektiv:

tamir edilecek ayakkabılar „Schuhe zum Reparieren";

boyacılar parlatılacak ayakkabılar peşindedir „die Schuhputzer sind auf der Suche nach Schuhen, um sie zum Glänzen zu bringen";

yapılacak bir şey yok „es gibt nichts zu tun".

3. Notwendigkeit: -(me)meli/-(ma)malı

Sie kannten schon -**meli**: **gitmeli** „es ist notwendig, zu gehen". Diesem Suffix können die Personalendungen hinzugefügt werden:

Oraya gitmelisiniz. „Sie müssen dorthin gehen".

... und in der verneinten Form:

Bunu kaçırmamalısınız. „Sie dürfen es nicht verpassen".

-meli/-malı kann auch die Wahrscheinlichkeit ausdrücken:

Siz Ayşe'nin annesi olmalısınız. „Sie sind wahrscheinlich Ayşes Mutter (sollen ... sein)".

4. Weitere Ausdrücke und Verbformen

a) -**ecek kadar** „genug, um"

> **Bilet alacak kadar param var.** „Ich habe genug Geld, um eine Fahrkarte zu kaufen."

b) Stamm + **eli/alı** „seit(dem)" (ähnlich wie -**diğinden beri**):

> **Trafiğe kapatılalı** oder **trafiğe kapatıldığından beri** „seitdem ... für den Verkehr gesperrt ist".

c) Das Infix -**ebil/-abil**
Es kann vor jeder Verbform oder in jedem Tempus (außer Befehlsform) stehen. Bisher konnten Sie die Möglichkeit im unbestimmten Präsens oder in der zusammengesetzten Form mit -**di** oder in der Vergangenheit mit -**di** ausdrücken:

> **yapabilirim** „ich kann machen";
> **konuşabildik** „wir konnten sprechen";
> **yetişebildiler** „sie konnten rechtzeitig ankommen".

Die Möglichkeit kann aber auch im aktuellen Präsens ausgedrückt werden:

> **İnsan orada rahatça alış veriş yapabiliyor.** „Man kann in aller Ruhe einkaufen (gehen)".

Von Verben, die auf eine Möglichkeit hinweisen, kann man auch den Infinitiv bilden:

> **yapabilmek** „tun können" (verneint **yapamamak**);
> **gidebilmek** „gehen können" (verneint **gidememek**).

Genau genommen wird die Möglichkeit durch Hinzufügen des Hilfsverbs **bilmek** „können, wissen" als Gerundium eines Verbs gebildet:

> **yapabilmek**, **gelebilmek**, **koşabilmek**, **gidebilmek** usw.

d) -**dik** + Possessiv + **da** „wenn ...", „als ..."

> **Hamallarla karşılaştığınızda** „wenn Sie den Trägern begegnen";
>
> **Kumkapı'ya vardığınızda** „wenn Sie in Kumkapı ankommen";
>
> **Buraya her geldiğimde** „jedesmal, wenn ich herkomme" (entspricht **ben, buraya geldikçe**).

e) Stamm + **i** + **vermek** „etwas schnell/sofort tun"

Sünger bantlardan satanlar beyaz top çiçekler gibi biti-veriyorlar. „Schaumbänderverkäufer erscheinen (wachsen) plötzlich wie große weiße Blumen".

Diese Form wird oft mit dem Imperativ verwendet:

Paketi açıver. „Mach schnell das Paket auf";
Bunu alıver. „Nimm dies schnell".

f) Die Wiederholung von Adverbien mit **-e/-a**
Sie drückt die Art und Weise einer Handlung aus:

Seyyar satıcılar bağıra bağıra meyve satıyorlar. „Schreiend verkaufen die Straßenhändler Obst";

Koşa koşa bana geldi „Er ist laufend zu mir gekommen".

In diese Rubrik gehört auch die Abschiedsformel **güle güle**.

g) Das Kausalsuffix **-dir** „etwas machen lassen"
Es steht hinter einsilbigen Verbgrundformen:

ye-dir-mek „essen lassen"

... oder hinter konsonantisch auslautenden Grundformen (außer **l** und **r**):

gezdirmek „besichtigen lassen".

Wenn die Grundform mehrsilbig ist, mit einem Vokal oder dem Konsonanten **l** oder **r** endet, fügt man ein -**t**- ein:

düzel-t-mek „verbessern";
anla-t-mak „erzählen".
Anlatabildim mi? „Konnte ich mich verständlich machen?" bzw. „War ich gut zu verstehen?"

Einige geläufige Verben haben eine unregelmäßige Kausativform:

geçirmek „verstreichen lassen, (Ferien) verbringen";
çıkarmak „ausgehen lassen";
çıkartmak „hinaufsteigen lassen";
doyurmak „satt bekommen";
düşürmek „fallen lassen".

5. Wegfall der Pluralendungen -ler/-lar

Auf Pluralendungen kann verzichtet werden, wenn eine Verwechslung ausgeschlossen ist:

Kiracılar hâlâ çıkmamış(lar). „Die Mieter sind noch nicht ausgezogen“.

Hier zeigt das Subjekt bereits die Pluralendung, daher kann sie beim Verb wegfallen.

6. Zusammengesetzte Verbformen

a) -**miş-ti**: Das Plusquamperfekt

Bir ev almıştım. „Ich hatte ein Haus gekauft“.

b) -**miş olacak**: Das vollendete Futur

Acıkmış olacaksınız. „Sie werden hungrig gewesen sein“; **İstanbul'u görmüş olacağım.** „Ich werde Istanbul gesehen haben“.

-**miş olur** hat fast die gleiche Bedeutung und kann im Deutschen durch ein Perfekt oder das vollendete Futur wiedergegeben werden:

Kilonuzu öğrenmiş olursunuz. „Sie haben (werden) Ihr Gewicht erfahren (haben)“ (L. 68).

c) -**ir-di** und seine Verneinung -**mez-di**
sowie -**ebilir-di** und seine Verneinung -**e-mez-di** sind „unbestimmte“ Imperfektformen, das zweite mit Hinweis auf die Möglichkeit bzw. Unmöglichkeit:

-**ecek-ti** „er würde machen“;
-**se-y-di** „wenn er gemacht hätte“ (Vermutung in der Vergangenheit).

Die Formen -**irdi**, -**mezdi**, -**ebilirdi**, -**mezdi**, -**ecekti** haben eine konditionale Bedeutung (oft in der Vergangenheit).

7. Bedingungssatz: Verbstamm + -se/-sa

Diese Form weist unabhängig von einem Tempus auf eine Bedingung hin. Die Zeit wird nur durch den Hauptsatz und den Kontext bestimmt:

İnsan belli bir mesleği olmasa da yapılacak bir iş bulabilir. „Wenn man auch keinen festen Beruf hat, so kann man doch eine Arbeit finden.“

Verwechseln Sie nicht **olmasa** und **olmaz-sa**! Das erste ist die Verneinung von **olsa** (eine Bedingungsform), das zweite die Verneinung von **olursa**, unbestimmtes Präsens + -**sa** (Vermutung).

Bunu alsak, iyi olur. „Wenn wir es kaufen würden (was unwahrscheinlich bleibt ...), wäre es gut."

Hier handelt es sich um einen Konditionalsatz. Wird jedoch **alırsak** verwendet, kommt dies der Verwirklichung der Handlung sehr nah:

Bunu alırsak, iyi olur. „Wenn wir es kaufen, wird es gut sein".

Die Verwendung der Endung -**irdi** deutet eher auf eine Unwahrscheinlichkeit der Handlung hin und wird daher mit einem Konditional übersetzt:

Onu görsem, mektubu verirdim. „Wenn ich ihn sehen würde, würde ich ihm den Brief geben."

Ob in einem Bedingungssatz das Präsens oder die Vergangenheit gebraucht wird, hängt vom Kontext ab. Bei Bedingungen, die sich auf die Vergangenheit beziehen, kann die Form -**se-y-di** benutzt werden, die eine Vermutung in der Vergangenheit ausdrückt:

Onu görseydim, mektubu verirdim. „Hätte ich ihn gesehen, so hätte ich ihm den Brief gegeben."

Filiz'i bulabilseydim ona akıl danışırdım. „Hätte ich Filiz erreichen können, hätte ich sie um einen Rat gebeten."

Belediye Başkanı'nı başka bir sefer çağırsaydık, bu kadar zor bir durumda kalmazdım. „Hätten wir den Bürgermeister ein anderes Mal eingeladen, wäre ich nicht in einer so peinlichen Lage gewesen."

8. Bedingungssätze

Die drei wichtigsten Formen sind die reale Bedingung, die irreale Bedingung in der Gegenwart und die irreale Bedingung in der Vergangenheit. Bildung und Gebrauch dieser drei Formen werden im Folgenden verdeutlicht.

a) Realer Bedingungssatz
Die Bedingung wird in der Gegenwart oder in der Zukunft verwirklicht. Im Nebensatz wird das unbestimmte Präsens und die Endung -**se/sa**, im Hauptsatz das unbestimmte Präsens verwendet:

Bir gün İstanbul'a gidersem, Galata Kulesi'ne çıkarım. „Wenn ich eines Tages nach Istanbul fahre, steige ich auf den Galataturm."

b) Irrealer Bedingungssatz in der Gegenwart
Die Bedingung wird in der Gegenwart nicht verwirklicht. Es wird das Konditional und das unbestimmte Präsens verwendet:

> **Bu sene İstanbul'a gitsem, Galata kulesine çıkarım.**
> „Wenn ich dieses Jahr nach Istanbul fahren würde, würde ich auf den Galataturm steigen."

c) Irrealer Bedingungssatz in der Vergangenheit
Die Bedingung war nicht zu verwirklichen. Es wird die Endung **-seydi** und **-irdi** verwendet:

> **Geçen sene İstanbul'a gitseydim, Galata Kulesi'ne çıkardım.** „Wäre ich letztes Jahr nach Istanbul gefahren, wäre ich auf den Galataturm gestiegen."

In all diesen Sätzen können Sie auch die Formen -**ecek**, -**ecekti** und -**ebilir**, -**ebilirdi** sowie alle schon genannten Verneinungsformen gebrauchen. Die folgende Tabelle gibt einen Überblick über die möglichen Kombinationen:

Nebensatz	**Hauptsatz**	
	Bejaht	**V**erneint
a. Reale Bedingung/Gegenwart		
B = yap-ar-sa	gid-er	git-mez
V = yap-maz-sa	gid-ecek	git-me-y-ecek
	gid-ebil-ir	gid-e-mez
b. Irreale Bedingung/Gegenwart		
B = bunu yap-sa	(empfohlene Formen = a.)	
V = bunu yap-ma-sa	(mögliche Formen = c.)	
c. Irreale Bedingung/Vergangenheit		
B = bunu yap-sa-ydı	gid-er-di	git-mez-di
V = bunu yap-ma-sa-ydı	gid-ecek-ti	git-me-y-ecek-ti
	gid-ebil-ir-di	gid-e-mez-di

wenn er dies (nicht) ...

a. ... macht,	geht er (nicht) usw.
b. ... machen würde,	würde er (nicht) gehen usw.
c. ... gemacht hätte,	wäre er (nicht) gegangen usw.

9. Schreibweise der Eigennamen

Hierfür gibt es keine genauen Regeln. Sie können sich jedoch an die folgenden Richtlinien halten, die geläufig und auch logisch sind:

Orts- oder Personennamen, die aus zwei Wörtern bestehen
Sie werden in einem Wort geschrieben, wenn sie ein Stadtviertel oder ein Denkmal bezeichnen:
Sultan Ahmet ist der Gründer der Moschee **Sultanahmet** oder **Sultanahmet camisi**. Der Platz, auf dem diese Moschee steht, heißt **Sultanahmet Meydanı**. Ebenso heißt die von **Rüstem Paşa** erbaute Moschee **Rüstempaşa camisi**, „Pferderennbahn" heißt dagegen **At meydanı**. Das „Kanonentor", das im 19. Jh. dem Sultanspalast seinen Namen gab, heißt **Topkapı**.

Viertel oder Dörfer in oder bei Istanbul oder anderen Städten tragen oft zusammengesetzte Namen, die zu Eigennamen geworden sind und in einem Wort geschrieben werden:

> **Çengelköy** „hakenförmiges Dorf", **Arnavutköy** „Dorf der Albaner", **Kadıköy** „Dorf der Kadis".

10. Zirkumflex

Er kennzeichnet Vokale, die lang gesprochen werden. Wörter arabischen Ursprungs – **aşık**, **hal**, **meşgul**, **hazır**, **misafir**, **mektup**, **merak** – werden in der Regel nicht mit dem Zirkumflex gekennzeichnet, es sei denn, es ist eine Verwechslung mit gleichlautenden türkischen Wörtern, die eine andere Bedeutung haben, möglich:

hala	„Tante (väterlicherseits)"	**hâlâ**	„noch"
resm-i	„sein Bild"	**resmî**	„offiziell"
alem	„Fahne"	**âlem**	„Welt"
an	„Augenblick"	**ân**	„Anmut" (poetisch)

Der Zirkumflex erscheint auch in Wörtern, in denen in der Aussprache aus dem Laut [*ka*] der Laut [*kja*] wird: **fedakârlık**, **bekâr**, **hikâye**. In der geschriebenen Sprache wird der Zirkumflex jedoch immer weniger verwendet.

11. Liste der Homonyme

Die folgende Liste (die Sie selbst auch noch vervollständigen können) enthält türkische Wörter, die im Deutschen zwei Bedeutungen haben:

aç	hungrig	Mach auf!
alın	Stirn	Nehmt!
ayı	Bär	(**ay**) sein Monat/sein Mond

deniyor	er versucht (**denemek**)	es wird gesagt (**denmek**)
gelin	Braut	Kommt her!
gelir	er kommt	Einkommen
gider	er geht	Ausgabe
gül	Rose	Lächle!
gülle	Kanonenkugel	mit der Rose
in	Höhle	Steig ab!
kara	schwarz	Festland
katlar	Stockwerke	er biegt (**katlamak**)
kır	Land	Mach kaputt!
koy	Bucht	Setz ab!
koyun	Schaf	Setzt hin!

▶ YETMİŞ BİRİNCİ VE SON DERS

TÜRKÇE'Yİ ARTIK ANLIYOR VE KONUŞUYOR-SUNUZ

1 İstediğiniz her şeyi anlatabilirsiniz.

2 Türkiye'de bölgelere göre şive değişir, ama aşağı yukarı ülkenin her yerinde insanlarla iletişim kurabilirsiniz. ①

3 Ama Türkçe'nin Türkiye'nin dışında da konuşulduğunu ve dünyada en çok konuşulan diller arasında ön sıralarda yer aldığını biliyor musunuz?

4 Zira, Türkiye'de 60 milyon, bütün dünyada ise yaklaşık 120 milyon Türk bu dili konuşmaktadır.

onar	von jedem 10	Repariere!
pazar	Markt	Sonntag
soy	Stamm	Zieh aus!
vardı	es gab	er ist angekommen (**varmak**)
yaş	Alter	Träne
yaz	Sommer	Schreib!
yazın	im Sommer	Schreibt!
yüz	hundert	Gesicht

Sie haben sich nun die Voraussetzungen erarbeitet, um flüssiges und modernes Türkisch zu sprechen und zu schreiben. Wir wünschen Ihnen weiterhin „Viel Glück“ ***İyi şanslar!***

İkinci Aşama: Bugün 35. derse dönüp üzerinde yeniden çalışınız.

71. UND LETZTE LEKTION

NUN VERSTEHEN UND SPRECHEN SIE TÜRKISCH

1 Sie können jetzt alles ausdrücken, was Sie wollen.

2 In der Türkei variiert der Akzent je nach Region, aber Sie können praktisch im ganzen Land mit den Menschen in Kontakt treten (Mitteilung errichten).

3 Aber wissen Sie, dass man das Türkische auch außerhalb der Türkei spricht und dass es eine der meistgesprochenen Sprachen der Welt ist (dass es Platz nimmt in den ersten Rängen unter ...)?

4 In der Tat sprechen nicht nur 60 Millionen (2019: mehr als 80 Mio.) Menschen in der Türkei, sondern auch etwa (ungefähr) 120 Millionen (2019: fast 220 Mio.) Menschen in der ganzen Welt diese Sprache.

ANMERKUNGEN

① **şive** „Akzent, Aussprache“. Die „Betonung“ heißt aber **vurgu**.

5 Demek ki Belgrat'tan Pekin'e kadar yayılan bir alanda yaşayan ve Türkçe konuşan insanlara rastlayabilirsiniz.

6 Değişik yörelere göre Türk dilleri, bazı farklılıklar göstermelerine rağmen, sizin kulağınıza yabancı gelmeyecek pek çok ortak noktaya sahiptirler. ②③

7 Şimdi yine dönelim Türkiye Türkçesi'ne: artık insanlarla konuşabilmek için gerekli temel bilgilere sahipsiniz. ④

8 Mektup, hikâye ve gazete makalelerinden bazılarını okuyabilirsiniz. ⑤

9 Biz size, bu kitaptaki bütün dersleri yeniden okuduktan sonra, elinize geçen her fırsatta başka basit Türkçe metinler de okumanızı tavsiye ederiz. ⑥

10 Böylece, yavaş yavaş edebî kitapları ve her türlü gazete makalesini okur hale gelebilirsiniz. Şimdiden kolay gelsin! ⑦

11 Üstelik unutmayın ki Türkiye'de hem Doğu hem de Batı uygarlığı iç içe bulunmaktadır. ⑧

12 Bu da buranın insanlarını daha iyi anlamanızı sağlayacaktır.

ANMERKUNGEN

② **yöre** „Gebiet, Gegend, Zone", nicht zu verwechseln mit **yön** „Richtung, Gegend" und **yer** „Ort, Platz, Stelle, Gegend".

5 Das heißt, es ist auf einem Gebiet von Belgrad bis Peking möglich, Menschen zu treffen, die dort leben und Türkisch sprechen.

6 Obwohl die türkischen Sprachen je nach [linguistischem] Gebiet Unterschiede aufweisen, haben sie zahlreiche Gemeinsamkeiten (Partner Punkte), die in Ihren Ohren vertraut klingen werden (die für Ihre Ohren nicht fremd kommen werden).

7 Kommen wir auf das Türkei-Türkische zurück: Sie verfügen nunmehr über die nötigen Grundkenntnisse, um sich mit den Menschen unterhalten zu können.

8 Sie können auch Briefe, Geschichten und manchen Zeitungsartikel lesen.

9 Wir empfehlen Ihnen, wenn Sie all die Lektionen dieses Buches noch einmal gelesen haben werden, andere (einfache) türkische Originaltexte zu lesen, wenn Sie die Gelegenheit dazu haben (bei jeder Gelegenheit, die an Ihrer Hand vorbeigeht).

10 So werden Sie allmählich fähig sein (in den Zustand eines „Lesenden" kommen und), Literaturbücher oder jede Art von Zeitungsartikel zu lesen. Schon jetzt wünschen wir Ihnen viel Spaß dabei!

11 Und vergessen Sie nicht, dass man in der Türkei zwei Kulturen findet (und ... und ...): die orientalische und die europäische, die eng (Innere ans Innere) miteinander verbunden sind.

12 Dies wird Ihnen ermöglichen, die Menschen (hier) besser zu verstehen.

③ **kulağınıza** von **kulak** „Ohr".

④ **temel bilgilere** von **temel** „Grund-, wesentlich" und **bilgi** „Kenntnis".

⑤ **makale** „(Zeitungs-)Artikel, Darstellung", **makale sahibi** „Verfasser (eines Artikels)".

⑥ **metin** „(Original-)Text": **metne sadık** „textgetreu".

⑦ **edebî** „literarisch, Literatur-", **edebiyat** „(schöne) Literatur".

⑧ **uygarlık** „Zivilisation, Kultur" von **uygar** „zivilisiert, kultiviert".

13 Bu kitap sayesinde, zaten, ümit ediyoruz, bu ülkenin gelenek ve göreneklerini, insanlarının yaşama ve düşünme tarzını, özellikle de yabancılara karşı gösterdikleri ilgi ve nezaketi keşfetmeye başladınız. ⑨⑩

14 Eminiz ki, bu ülkede yaşayanların misafirperverliği çok hoşunuza gidecektir. ⑪

ANMERKUNGEN

⑨ **tarz** „Art und Weise".

⑩ **nezaket** „Freundlichkeit" von **nazik** „freundlich".

⑪ **misafirperverlik** „Gastfreundschaft".

13 Durch (Dank) dieses Buch (allerdings) hoffen wir darüber hinaus, dass Sie die Sitten (Tradition) und Gebräuche (Brauch) dieses Landes, die Denk- und Lebensweise seiner Einwohner (seiner Menschen) und vor allem das Interesse und die Freundlichkeit, die sie den Ausländern gegenüber zeigen, entdeckt haben.

14 Wir sind sicher, dass Sie ihre Lebensweise und ihre Gastfreundschaft (der Einwohner des Landes) sehr schätzen werden (dass Ihnen ... gefallen wird).

Tebrik ederiz!
„Herzlichen Glückwunsch!"

In diesem Text werden Sie wahrscheinlich noch ein paar nützliche Wendungen entdeckt haben. Es ist aber weiterhin normal, wenn Sie sie nicht auf Anhieb beherrschen ... Geben Sie sich mehr Zeit! Sie sind jetzt erst am Ende der passiven Phase bzw. der „Ersten Welle" von „Türkisch ohne Mühe" angekommen, verstehen aber schon sehr viel auf Türkisch. Vergessen Sie nicht, auch die „Zweite Welle" gewissenhaft zu absolvieren, indem Sie nun die Lektionen 36 bis 71 wie beschrieben durcharbeiten. Nur so werden der bislang passiv erworbene Wortschatz und die erlernten Strukturen auch aktiviert!

İkinci Aşama: Bugün 36. derse dönüp üzerinde yeniden çalışınız.

ANHANG

Inhalt

GRAMMATISCHE FÄLLE

	Vokal des Suffixes			
	-i/e	**-ü/e**	**-ı/a**	**-u/a**
Nominativ	ev	köy	bal	kol
Akkusativ	ev-**i**	köy-**ü**	bal-**ı**	kol-**u**
Genitiv	ev-**in**	köy-**ün**	bal-**ın**	kol-**un**
Dativ	ev-**e**	köy-**e**	bal-**a**	kol-**a**
Lokativ	ev-**de**	köy-**de**	bal-**da**	kol-**da**
Ablativ	ev-**den**	köy-**den**	bal-**dan**	kol-**dan**

POSSESSIVENDUNGEN

mein	ev-**im**	köy-**üm**	bal-**ım**	kol-**um**
dein	ev-**in**	köy-**ün**	bal-**ın**	kol-**un**
sein	ev-**i**	köy-**ü**	bal-**ı**	kol-**u**
unser	ev-**imiz**	köy-**ümüz**	bal-**ımız**	kol-**umuz**
euer/Ihr	ev-**iniz**	köy-**ünüz**	bal-**ınız**	kol-**unuz**
ihr	ev-**leri**	köy-**leri**	bal-**ları**	kol-**ları**

PERSONALPRONOMEN

	ich	du	er/sie/es	wir	ihr/Sie	sie
Nominativ	**ben**	**sen**	**o**	**biz**	**siz**	**onlar**
Akkusativ	beni	seni	onu	bizi	sizi	onları
Genitiv	ben**im**	senin	onun	biz**im**	sizin	onların
Dativ	b**ana**	s**ana**	ona	bize	size	onlara
Lokativ	bende	sende	onda	bizde	sizde	onlarda
Ablativ	benden	senden	ondan	bizden	sizden	onlardan

DEMONSTRATIVPRONOMEN

	der/die/das dieser/-e/-es	der/die/das da dieser/-e/-es da	der/die/das dort dieser/-e/-es dort
Nominativ	bu	şu	o
Akkusativ	bunu	şunu	onu
Genitiv	bunun	şunun	onun
Dativ	buna	şuna	ona
Lokativ	bunda	şunda	onda
Ablativ	bundan	şundan	ondan
Plural	bunlar	şunlar	onlar

(+ Kasussuffix, falls erforderlich)

ADVERBIEN UND FRAGEPRONOMEN DES ORTES

	hier	da	dort	wo?
Nominativ	**bura-**	**şura-**	**ora-**	**nere-**
Akkusativ	burayı	şurayı	orayı	nereyi
Genitiv	buranın	şuranın	oranın	nerenin
Dativ	buraya	şuraya	oraya	nereye
Lokativ	burada	şurada	orada	nerede
Ablativ	buradan	şuradan	oradan	nereden

Possessivformen der 3. Person Singular:

	hier	da	dort	wo?
	burası	şurası	orası	neresi
Plural	buralar	şuralar	oralar	nereler

(+ Kasussuffix, falls erforderlich)

REIHENFOLGE DER PLURAL-, POSSESSIV- UND KASUSSUFFIXE

Wort	(= Grundform)	ev
	+ Kasus	ev-de
	+ Possessiv	ev-im
	+ Possessiv + Kasus	ev-im-de
	+ Plural	ev-ler
	+ Plural + Kasus	ev-ler-de
	+ Plural + Possessiv	ev-ler-im
	+ Plural + Possessiv + Kasus	ev-ler-im-de

REIHENFOLGE DER VERBALSUFFIXE

Stamm	**Modus**	**Beispiel**	**Tempus-/Modalsuffixe**
Stamm		yap-	-mak, -mek
Stamm	+ (i)l	yap-ıl	-ar/(ı)r, -er/(i)r
Stamm	+ (i)ş (+ (i)l)	yap-ış	-(ı)yor
Stamm	+ d(i)r (+ (i)l)	yap-tır-ıl	-acak, -ecek
Stamm	+ (i)ş + t(i)r (+ (i)l)	yap-ış-tır-(ıl)	-m(ı)ş
Stamm		sev	-t(ı), -d(i)
Stamm	+ (i)n (+ (i)l)	sev-in	-malı, -meli
Stamm	+ (i)n + dir (+ (i)l)	sev-in-dir-(il)	-abilir, -ebilir
			-sa, -se

TABELLE DER GELERNTEN MODI UND TEMPORA

	Aktuelles Präsens I.	**Unbest. Präsens II.**	**Imperfekt III.**	**Konditional d. Vergangenheit IV.**
ich	geliyor-um	gelir-im	geliyor-dum	gelir-dim
du	geliyor-sun	gelir-sin	geliyor-dun	gelir-din
er/sie/es	geliyor	gelir	geliyor-du	gelir-di
wir	geliyor-uz	gelir-iz	geliyor-duk	gelir-dik
ihr/Sie	geliyor-sunuz	gelir-siniz	geliyor-dunuz	gelir-diniz
sie	geliyor-lar	gelir-ler	geliyor-lardı	gelir-lerdi
Verneint	gel**m**iyor-(I)	gel**mez***	gel**m**iyor-du-(III)	gel**mez**-di-(IV)
Unmöglich	gel**em**iyor-(I)	gel**em**ez**	gel**em**iyor-du-(III)	gel**emez**-di-(IV)
Möglich	gel**ebil**iyor-(I)	gel**ebil**ir-(II)	gel**ebil**iyor-du-(III)	gel**ebil**ir-di-(IV)

Statt der römischen Zahlen in Klammern sind die entsprechenden Endungen der Grundforn anzuhängen, z. B.: **gelmiyor-sun** „du kommst nicht“.

* gelme**m**, gelme**z-sin**, gelme**z**, gelme**yiz**, gelme**z-siniz**, gelme**z-ler**.
gelemem**, geleme**z-sin**, geleme**z**, geleme**yiz**, geleme**z-siniz**, geleme**z-ler**.

TABELLE DER GELERNTEN MODI UND TEMPORA (Fortsetzung)

	Futur	**Vollend. Futur (Vorzukunft)**	**Perfekt i. d. Erzählform**	**Plusquamperf. i. d. Erzählform**
	V.	**VI.**	**VII.**	**VIII.**
ich	gelece**ğ**-im	gelecek-tim	gelmiş-im	gelmiş-tim
du	gelecek-sin	gelecek-tin	gelmiş-sin	gelmiş-tin
er/sie/es	gelecek	gelecek-ti	gelmiş	gelmiş-ti
wir	gelece**ğ**-iz	gelecek-tik	gelmiş-iz	gelmiş-tik
ihr/Sie	gelecek-siniz	gelecek-tiniz	gelmiş-siniz	gelmiş-tiniz
sie	gelecek-ler	gelecek-lerdi	gelmiş-ler	gelmiş-lerdi

	V.	**VI.**
Verneint	gel**mey**ecek-(V)	gel**mey**ecek-ti-(VI)
Unmöglich	gel**emey**ecek-(V)	gel**emey**ecek-ti-(VI)
Möglich	gel**ebil**ecek-(V)	gel**ebil**ecek-ti-(VI)
	VII.	**VIII.**
Verneint	gel**me**miş-(VII)	gel**me**miş-ti-(VIII)
Unmöglich	gel**eme**miş-(VII)	gel**eme**miş-ti-(VIII)
Möglich	gel**ebil**miş-(VII)	gel**ebil**miş-ti-(VIII)

Im Grunde gibt es nur zwei Formen der Konjugation: Der ersten Gruppe gehören I, II, V und VII mit deren abweichenden Formen mit **ü**, **ı**, **u** (immer nach **yor**) an, die zweite bildet sich aus Varianten u. Abweichungen von IX (s. nächste Tabelle).

TABELLE DER GELERNTEN MODI UND TEMPORA (Fortsetzung)

	Perfekt	**Wahrscheinlichkeit im Präsens***	**Wunsch- (W) und Befehlsform (B)**	**Muss-Form**
	IX.	**X.**		
ich	geldi-m	gelse-m	gel-eyim (W)	gelmeli-yim
du	geldi-n	gelse-n	gel (B)	gelmeli-sin
er/sie/es	geldi	gelse	gel-sin (B)	gelmeli
wir	geldi-k	gelse-k	gel-elim (B/W)	gelmeli-yiz
ihr/Sie	geldi-niz	gelse-niz	gel-iniz** (B)	gelmeli-siniz
sie	geldi-ler	gelse-ler	gel-sinler (B)	gelmeli-ler
Verneint	gel**me**di-(IX)	gel**me**se-(X)	gel**mey**eyim (W) gel**me** (B) gel**me**sin (B) gel**mey**elim (B/W) gel**mey**iniz** (B) gel**me**sinler (B)	gel**me**meli-(XI)
Unmöglich	gel**eme**di-(IX)	gel**eme**se-(X)		
Möglich	gel**ebil**di-(IX)	gel**ebil**se-(X)		

* Die Vergangenheitsform wird mit -**ydi** gebildet: gelse**ydi**m, gelse**ydi**n usw.
** **geliniz** ist die höfliche, **gelin** die umgangssprachliche Form.

NEBENSÄTZE

a) **Temporal**

● **-ince**, **-ünce**, **-ınca**, **-unca**: „wenn, als"
Die erste Handlung löst eine zweite aus: **Çocukları görünce, köpek havladı**. „Als er die Kinder erblickte, bellte der Hund".

● **-ken**: „wenn, als, indem"
Zwei Handlungen finden gleichzeitig statt: **Ders çalışırken, müzik dinlerim.** „Wenn ich arbeite, höre ich Musik dabei".

● **-erek**, **-arak**: „wenn, als, indem"
Eine Haupthandlung findet gleichzeitig mit einer anderen, unwichtigeren Handlung statt. Außerdem wird auf die Art und Weise der Handlungsausführung hingewiesen: **Islık çalarak, çayı ateşe koyuyor.** „Pfeifend stellt er den Tee auf den Herd".

● **-diği zaman** oder **diğinde**: „wenn, als, in Moment, als"
Das Verb des Nebensatzes weist auf den Moment hin, in dem die Handlung des Hauptsatzes stattfindet: **Sana geldiğim zaman/geldiğimde, hep eğleniriz.** „Wenn ich zu dir komme, amüsieren wir uns (suchen wir nach Zerstreuung)".

● **-dikçe**, **-dükçe**, **-dıkça**, **dukça** oder **her -diğinde**: „jedes Mal, wenn"
İstanbul'a geldikçe/her geldiğinde, Atatürk bu sarayda kalırdı. „Jedes Mal, wenn er nach Istanbul kam, hielt Atatürk sich in diesem Palast auf".

● **-(i)r -mez/maz**: „sobald"
Eine Handlung folgt auf eine andere: **Telefonu kapatır kapatmaz, kapıya koşuyor.** „Sobald er den Hörer aufgelegt hat, läuft er zur Tür".

● **-eli**, **-alı** oder **-diğinden beri**: „seitdem"
Bu eve taşınalı/taşındığımdan beri, çok mutluyum. „Seitdem ich in dieses Haus gezogen bin, bin ich sehr froh".

b) **Modal (Vergleich)**

● **-diği kadar**: „sowie, soweit"
Mümkün olduğu kadar, sabah saat sekizde işte olacaksınız. „Soweit es möglich ist, werden sie um acht Uhr morgens bei der Arbeit sein".

● **-diği gibi**: „wie, so dass"
Bu evin olduğu gibi kalması lazım. „Dieses Haus soll bleiben, wie es ist".

c) **Konzessiv**

● **-diği halde** oder **-mesine rağmen**: „obwohl"
Annemiz uzak bir semtte oturduğu halde/oturmasına rağmen, her gün ona uğruyoruz. „Obwohl unsere Mutter in einem entfernten Viertel wohnt, gehen wir jeden Tag bei ihr vorbei".

d) **Kausal**

● **-diği için** „weil, da"
Uçak pahalı olduğu için, Avrupa'ya otobüsle gitti. „Weil das Flugzeug teuer ist, ist er mit dem Autobus nach Europa gefahren".

e) **Final (zweckgerichtet)**

● **-mek için**, **-mesi için** oder Befehlsform mit **diye** „damit“
Buğulama yemek için, Kumkapı'ya gidelim. (gleiches Subjekt) „Um Buğulama zu essen, gehen wir nach Kumkapı“.
Türkçe öğrenmeniz için, bu kitabı hazırladım. (zwei verschiedene Subjekte) „Damit Sie Türkisch lernen, habe ich dieses Buch vorbereitet“.

● Befehlsform + **diye**
O evi alsın diye, ona para verdim. „Ich habe ihm Geld gegeben, damit er dieses Haus kauft“.

f) **Folge (konsekutiv)**

● **o kadar ... ki**
O kadar çalıştı ki hastalandı. „Er hat so viel gearbeitet, dass er krank geworden ist“.

g) **Objekt**

● **-me** + Possessiv + Akkusativ nach einem Verb, das einen Befehl, eine Bitte oder einen Wunsch ausdrückt: **Uçakla değil, trenle gitmenizi istiyorum.** „Ich will, dass Sie mit dem Zug und nicht mit dem Flugzeug hinfahren“.

● **-dik** + Possessiv + Akkusativ nach einem Verb des Meinens oder Wissens: **Çok yorgun olduğumu biliyorum.** „Ich weiß, dass ich sehr müde bin“.

FRAGEWÖRTER

acaba	wohl, zufällig
hangi	welcher, -e, -es
kaç	wie viel genau
kim	wer
nasıl	wie
neden	warum
ne kadar	wie viel ungefähr
nerede	wo
nereden	woher
nereye	wohin
ne zaman	wann
niçin	warum

UNBESTIMMTE WÖRTER

az	wenig
bazı	mancher, -e, -es
birçok	mehrere
birkaç	einige
bir şeyler	etwas
bir yerler	irgendwo
bütün	ganz, all
çok	viel, sehr
hepsi	alle, alles
herhangi	irgendwelcher, -e, -es
herkes	jeder, -e, -es
hiç	gar nichts
hiçbir	keiner, -e, -es
hiçbir şey	nichts
hiçbir yer	nirgendwo
kimse	niemand

ZEITADVERBIEN

arasıra	manchmal	**her anda**	jederzeit
bugün	heute	**her gün**	täglich
bir daha	noch einmal	**her zaman**	immer
bundan sonra	ab jetzt	**hiçbir zaman**	nie
daha sonra	später	**o zaman**	dann
dün	gestern	**öbür gün**	übermorgen
erken	früh	**önceki gün**	am Tag davor
eskiden	früher	**sabaleyin**	morgens
evvelsi gün	vorgestern	**sık sık**	oft
geç	spät	**sonra**	nachher, dann
geçen gün	am Tag davor	**şimdi**	jetzt, sofort
hâlâ	noch	**uzun zaman**	lange
hemen	sofort	**yakında**	bald
henüz	bis jetzt	**yarın**	morgen
hep	stets		

ORTSADVERBIEN

arkada	hinten	**önde**	vor
aşağı	unten	**şurada**	da
başka yerde	woanders	**uzakta**	fern
burada	hier	**yanda**	daneben
dışarıda	außen	**yukarı**	oben
her yerde	überall	**...altında**	unter
hiçbir yerde	nirgendwo	**...arkasında**	hinter
içeride	innen	**...etrafında**	um
ileride	vorne	**...önünde**	vor
ileri	nach vorne	**...üstünde**	über, auf
orada	dort	**...yakınında**	nah
ortada	in der Mitte	**...yanında**	neben

ADVERBIEN FÜR MENGEN

az	wenig	**daha az**	weniger
aşağı yukarı	ungefähr	**daha çok**	mehr
biraz	ein bisschen	**epeyce**	genug
bol bol	sehr viel	**hemen hemen**	fast, beinahe
çok	sehr	**oldukça**	ziemlich
çok fazla	zu viel	**pek çok**	sehr viel
çok değil	sehr wenig		

ADVERBIEN DER ART UND WEISE

beraber	zusammen	**en iyi**	das beste
birdenbire	auf einmal	**iyi**	gut
böyle	so	**mutlaka**	sicher
büsbütün	vollständig	**öyle**	so
çabuk	schnell	**şöyle**	so
daha iyi	besser	**yavaş**	langsam

ORTHOGRAFISCHE VARIANTEN

- Vor einem vokalisch anlautenden Suffix gilt:

k	wird zu	**ğ**	**uçak**	→	**uçağı**
p	wird zu	**b**	**kitap**	→	**kitabı**
t	wird zu	**d**	**dört**	→	**dördü**
ç	wird zu	**c**	**uç**	→	**ucu**

- Nach **ç**, **f**, **h**, **k**, **p**, **s**, **ş** und **t** wird das **d** eines Suffixes zu **t** und das **c** eines Suffixes zu **ç**:

-de	wird zu	**-te:**	**girişte**
-da	wird zu	**-ta:**	**kitapta**
-den	wird zu	**-ten**:	**yemekten**
-dan	wird zu	**-tan**:	**Frankfurt'tan**, usw.
-c	wird zu	**-ç**:	**işçi**, **balıkçı**, **tavukçu**, **Mehmetçik**, usw.

- Das **t**, z.B. in **etmek**, **gitmek** und **tatmak**, wird zu **d**, wenn ein Vokal folgt:

gitmek	→	**gidiyor**, **gidilir**, usw. (aber **gitmiş**)
etmek	→	**eden**, **edeyim**, usw. (aber **etti**)

- In zahlreichen Wörtern arabischer Herkunft, aber auch in einigen türkischen Wörtern, entfällt der Vokal der letzten Silbe, wenn ein vokalisch anlautendes Suffix folgt:

akıl	→	**aklım**	**oğul**	→	**oğlum**
fikir	→	**fikrin**	**karın**	→	**karnın**
resim	→	**resmi**	**boyun**	→	**boynu**
vakit	→	**vakti**	**burun**	→	**burnu**

Die grammatikalischen Erklärungen in den Lektionen und Anhängen stützen sich auf Louis Bazin's Werk Introduction à l'etude pratique de la langue turque (Einführung in das praktische Studium der türkischen Sprache), Maisonneuve 2000.

GRAMMATIKALISCHER INDEX

Dieser grammatikalische Index ermöglicht es Ihnen, auf einfache Weise gezielt Informationen zu jedem beliebigen in diesem Kurs behandelten Grammatikthema aufzufinden. Die angegebenen Zahlen bezeichnen die Lektion(en), in der/denen Erklärungen zu dem Thema enthalten sind. GA bedeutet „Grammatikalischer Anhang", das Zeichen → verweist auf einen verwandten Eintrag, unter dem Sie Informationen finden können. Türkische Wörter sind fett gedruckt.

INDEX DER EIGENNAMEN

Im Folgenden sehen Sie eine Liste aller in „Türkisch ohne Mühe“ vorkommenden Eigennamen mit Angabe der Lektion(en), in der/denen dieser Eigenname auftritt.

WÖRTERVERZEICHNIS TÜRKISCH – DEUTSCH

In dem vorliegenden türkisch-deutschen Wörterverzeichnis finden Sie alle Wörter wieder, die Sie in den Lektionen, Übungen und Anmerkungen des Kurses „Türkisch ohne Mühe“ kennengelernt haben. Die in der rechten Spalte angegebenen Zahlen verweisen auf die Lektion/en, in der/denen das entsprechende Wort vorkommt.
Bitte beachten Sie, dass die angegebenen deutschen Übersetzungen die Bedeutung des Wortes im Lektionskontext wiedergeben und dass viele Wörter neben dieser Bedeutung noch andere Bedeutungen haben können.
Auch enthält dieses Wörterverzeichnis ca. 50 zusätzliche Wörter, die in keiner Lektion vorkommen.

A

abartılı übertrieben 68
abartmak übertreiben 68
abi großer Bruder 50
abla große Schwester 50
acaba wohl, zufällig 4
acele Eile 33
acı bitter, peinlich 39
acıkmak verhungern 68
aç hungrig 12
açık geöffnet, hell 48
Açık Hava Tiyatrosu Freilufttheater 48
açılış Eröffnung, Einweihung 48
açılmak geöffnet sein 29
açmak öffnen 45
ad Name 6
ada Insel 43
adam Mensch 38
adlı genannt, namens 6
adres Adresse
Affedersiniz Entschuldigung 3

Afiyet olsun Guten Appetit 67
ağaç Baum 29
ağaçlı bepflanzt 29
ağır schwer 47
ağır ağır langsam 55
ağız, ağzı Mund 45
ağlamak weinen 21
ağrımak wehtun 11
ağustos August 22
ahşap Holz 23
aile Familie 60
ailece mit Familie 29
ait(-e) angehörend 64
ak weiß
Akdeniz Mittelmeer 30
akıl, aklı Intelligenz 30
akıl danışmak um eine Meinung bitten 67
akıl etmek denken 41
akılsız unbesonnen 41
akıl sormak um eine Meinung bitten 38
akmak fließen 32
akraba verwandt 45
aksi entgegengesetzt
aksilik widriger Verlauf 53
akşam Abend 5
akşama am Abend 61
akşam üstü am frühen Abend 32, 69
alabalık Forelle 30
alan Gebiet, Grundstück 71
alçak niedrig 64
alem Zeichen, Fahne 70
âlem/alem Welt 70
alıcı Empfänger 47
alım satım Handel 17
alın Stirn 70
alıştırma Übung
alış veriş Einkäufe, Handel 23
alış veriş yapmak einkaufen 13
Allahaısmarladık! Auf Wiedersehen! 54
Allah bağışlasın! Gratulation! 17
Allah kolaylık versin! Gott helfe Ihnen! 32
almak nehmen 10
Alman Deutsche(r) 7
Almanca Deutsch (Sprache) 20, 29
Almanya Deutschland
alo Hallo 45
alt unter 11
alt geçit Unterführung 68
altı sechs 6
altıncı sechster, -e, -es 6
altışar jeder sechs 34
altmış sechzig 15
ama aber 3
Aman Tanrım! Mein Gott! 32
amca Onkel (väterl.seits) 50, 62
an (şu anda) Moment (in diesem Moment) 3
ân Anmut 70
ana Haupt- 17
anababa Eltern 51
ana cadde Hauptstraße 44, 64
anadil Muttersprache 44
Anadolu Anatolien 55
anahtar Schlüssel 36
anahtarlı geschlossen 36
anaokulu Kindergarten 17
ana vatan Heimat 44
ancak nur 69

Ankara'lı Einwohner Ankaras 64
anne Mutter 12
anlamak verstehen 35
anlaşmak sich verständigen 65
anlatmak erzählen 70
antik Antik 30
antika Antiquität 19
apartman Wohnhaus 13
ara Moment, Zwischenzeit 59
araba Auto 19
araba kullanmak ein Auto fahren 53
araba sürmek ein Auto fahren 53
araları açık sie verstehen sich nicht 67
aralık Dezember 22
aramak rufen, anrufen 18, 24, 27
Arap Araber(in) 21
Arapça Arabisch (Sprache) 21
arası(nda) zwischen 29
araştırma Forschung 31
araştırmacı Forscher 31
arka das Hintere 26
Arnavut Albaner 23
arsa Gebiet 64
artık nunmehr 11
arzu Wunsch 33
arzu etmek wünschen 10, 33
asker Soldat 57
askerlik Militärdienst 57
aslında tatsächlich 29
asma köprü Hängebrücke 55
asmak hängen 69
aspirin Aspirin 11
Asya Asien 55
aşağı unten 69
aşağı yukarı ungefähr 64
aşçı Koch
aşık verliebt 40
aşk Liebe 45
atasözü Sprichwort 41
Atatürk Kültür Müzesi Atatürk Kulturzentrum 48
ateş Feuer 39
atkı Schal 32
atmak werfen 39
at meydanı Pferderennbahn 69
atölye Atelier 36
Avrupa Europa 24
ay Mond, Monat 19
ayak Fuß 32
ayakkabı Schuh 57
Ayasofya Heilige Sofia 69
aydın hell 31
aydınlatmak erhellen 69
ayı Bär 70
ayıp ungehörig, unanständig 67
ayrılmak sich trennen, verlassen 47
aynı gleich 17
ayran Joghurtgetränk 68
ayrıca außerdem, nebenbei 20
az kaldı beinahe 36
az kalsın beinahe 66

B

baba Vater 50
baca Kamin 65
bacak Bein
badana Tünche 46
bağ Verbindung, Band 47
Bağdat Bagdad 54
bağırışmak um die Wette schreien 43

bağırmak schreien 38
bağışlamak geben, schenken 17
bağlamak verbinden 47
bağlantı Verbindung 47
bağlı, (-e) abhängig 47
bahar Frühling 66, 67
bahçe Garten 6
bahse girmek wetten 65
bahşiş Trinkgeld 36
bakan Minister 64
bakanlık Ministerium 64
bakır Kupfer 57
bakırcı Kupferhändler 57
bakkal Lebensmittelhändler 23
bakmak (-e) sehen, Aussicht haben 4, 65
bakraç Eimer 57
bal Honig 54
balayı Hochzeitsreise 54
baldo Reissorte 33
bale Ballett 48
balık Fisch 5
balıkçı Fischer 5
balık tutmak fischen 5
balkon Balkon 29
bambaşka ganz anders 51
bana mir 8
bank Bank 38
banka Bank (Geldinstitut) 19
banliyö Vorort 64
bant Band 68
banyo Badezimmer 19
barbunya Knurrhahn 10
bardak Glas 13
barış Friede 47
basit einfach 71
baş Haupt, Anfang 11, 55
başım ağrıyor ich habe Kopfweh 11
başka anders, weiter 27
başka çarem yok es gibt keine andere Lösung 67
başkan Vorsitzender 67
başkent Hauptstadt 64
başlamak (-e) beginnen 6
başlık Mütze; Überschrift 32, 39
Baş üstüne zu Ihren Diensten 10
batı Westen 29
batış Sonnenuntergang 44
batmak untergehen, versinken 44
bavul Koffer 41
bayan Dame, meine Dame 19
bayılmak schwärmen für 65
bayram Feier 51
Bayramın(ız) kutlu olsun! Frohes Fest! 51
bayramlaşmak sich zum Fest gratulieren 51
bazı manche 5
bebek Baby 21
beden Größe 66
beğenmek gern haben 16, 26
bekar (kiâ) ledig 17
beklemek warten 25
bekletmek warten lassen 33
bel Rücken 24, 25
belediye Stadtverwaltung 60
belediye başkanı Bürgermeister 67
belki vielleicht 5
bembeyaz ganz weiß 51
ben ich 2
bence meiner Meinung nach 64
bencil egoistisch 38
bencillik Egoismus 38

benzemek ähneln 43
beraber zusammen 2
berber Friseur 60
Bereket versin! Gott sein Dank! 37
beri(-den) seit 11
beslenmek ernährt werden 27
beş fünf 5
beşik Wiege 60
beşinci fünfter, -e, -es 5
beton Beton 65
bey Herr 8, 66
beyaz weiß 68
beyaz peynir Schafskäse 10
beyefendi mein Herr 3
bıkmak (-den) etw. satt haben/leid sein 45
bırakmak lassen 26
bıyık Schnurrbart 46
biber Peperoni, Pfeffer 10
biçim Mähen; Erntezeit; Form; Art
Bil bakalım! Rate mal! 12
bildirmek wissen lassen 35
bile sogar 11
bilet Fahrkarte 26
bileyici Scherenschleifer 68
bilgi Kenntnis 71
bilgisayar Informatik 60
bilmek wissen 5
bin tausend 6
bina Gebäude 55
binlerce Tausende von 39
binmek (-e) einsteigen 22
bir ein, eine, eins 1
bira Bier 66
bir arada zugleich 64
biraz etwas 10
birazcık ein bisschen 32
birbiri einer den anderen 51
birçok mehrere 19
bir de und dann 10
birdenbire plötzlich 39
birer jeder ein 34
biriktirmek sparen 51
birinci erster, -e, -es 1
birkaç einige 13
Bir şey değil! Nichts zu danken!
bir şeyler etwas 12
bir türlü keineswegs 61
bir yerler irgendwo 30
bitirmek beenden 17
bitki Pflanze 68
bitkin erschöpft 36
bitmek wachsen 68
bitmek aufhören, beenden 13, 26
biz wir 5
bluz Bluse 66
bodrum Keller 29
boğaz Schlucht, Meerenge 69
Boğaz Bosporus 5
Boğaziçi Bosporus 69
bol bol sehr viel 22
bomboş ganz leer 51
borç Schuld (Geld) 33
boru Rohr 41
boş leer, frei 36
boşanmak scheiden 40
boşuna vergebens 67
Boş ver! Lass es! 67
boy Länge, Höhe 44
boya Farbe 57
boyacı Schuhputzer 68
boyalamak mit Farbe kleck-sen 57
boyamak malen 57
boyatmak färben lassen 46
boyun Hals

C

Cumhuriyet Bayramı Republikfeier 51
cümle Satz
cüzdan Brieftasche, Ausweisheft 41

Ç

çabuk schnell 9
çağırmak rufen, einladen 33
çakıl Kiesel 28
çalar saat Wecker 61
çalı Gebüsch 4
çalınmak klingeln 12, 35
çalışkan fleißig 1
çalışmak arbeiten; sich bemühen 2, 44
çalıştırmak treiben lassen 53
çalkalamak spülen 45
çalmak (Instrument) spielen, stehlen 39
çamaşır Wäsche 68
çamaşır makinası Waschmaschine 68
çanta Tasche 59
çarçabuk blitzschnell 68
çardak Laubengang 43
çare Mittel, Lösung 53
çarşamba Mittwoch 22
çarşı Markt 16
çatal Gabel 23
çay Tee; Bach 9, 30
çene Kiefer; Kinn 41
çenesi düşük geschwätzig 41
çengel Haken 70
Çerkez Tscherkesse 67
çevirmek übersetzen, durchwählen 1, 45
çevre Umgebung, Zone 69
çevreyolu Ringautobahn
çeyrek Viertel 31
çiğ roh, grell 66
çıkarmak ziehen, herausholen 15
çıkartmak hochbringen 53
çıkmak herausgehen, verlassen 18
çıldırmak verrückt werden 38
çınar Platane 69
çıplak nackt 46
çırak Lehrling 60
çiçek Blume 29
Çiçek Pasajı Blumenpassage 66
çikolata Schokolade 60
Çince Chinesisch (Sprache) 20
çivi Nagel 57
çizgi Strich
çizmek streichen 64
çoban Hirte 27
çocuk Kind 2
Çocuk Bayramı Kinderfest 51
çocukluk Kindheit 66
çoğu meistens 32
çok sehr, viel 1
çokça viel, breit 36
Çok şükür! Gott sei Dank! 45
çoktan beri seit Langem 32
çoluk çocuk Kinder 17
çorap Strümpfe 41
çörek Çörek, Milchbrötchen 68
çubuk Stange 50
çukur Höhle; Tiefdruck 69
çünkü weil, da 15

D

da auch 1
dağılmak verstreut liegen 41
dağınık in Unordnung 41

dağıtmak verteilen
daha mehr, noch 12
dahil inbegriffen 15
daire Wohnung 13
dakika Minute 33
dal Ast, Zweig 60
dalmak senken 69
damat Schwiegersohn 51
damla Tropfen 57
damlamak tropfen 57
dans Tanz 29
dans etmek tanzen 29
dantel Spitze 40
dar schmal 64
dava Prozess 65
dava açmak prozessieren 65
davet Einladung 18, 26
davet etmek einladen 61
davetli Gast 45
dayak Stock 36
dayak yemek Stockschläge 36
dayı Onkel (mütterl.seits) 60
de auch 2
dedikodu Klatsch 10
dedikoducu schwatzhaft 65
dedikodu yapmak klatschen 62
defa mal 19
defter Heft 51
değer Wert 16
değerli wertvoll 16
değil nicht, kein 2, 25
değil mi? nicht wahr? 15
değişiklik Änderung 46
değişmek sich verändern 43
değiştirmek verändern, wechseln 46
değmek wert sein 29
deli verrückt 26
Deli İbrahim Ibrahim der Verrückte 26
delikanlı junger Mann 53
demek sagen 16
demir Eisen 46
Demiryolları Eisenbahn 52
denemek versuchen, probieren
deniz Meer 2
denizci Matrose 55
deprem Erdbeben 39
derin tief 30
ders Lektion, Unterricht 1
ders çalışmak lernen 2
dert Sorge 52
devam Folge
devam etmek weitermachen 54
devamlı dauernd 52
devir, devri Epoche 9
devlet Staat 48
Devlet Tiyatrosu Nationaltheater 48
dış außen 17
dış alım satım Außenhandel 24
dışarı draußen 24
Dışişleri Bakanlığı Außenministerium 67
diğer der andere 53
dik steil 24, 30
dikkat Aufmerksamkeit 44
dikkat çekmek Aufmerksamkeit wecken 44
dikkat etmek aufpassen 44
dikiş dikmek Näharbeiten machen 60
dikmek nähen 57
dil Sprache 25
dilek Zunge 44
dilekçe Anfrage

dilek tutmak ein Gelübde ablegen 44
dilemek wünschen 38
dilim Scheibe 67
dinlemek zuhören 11
dinlenmek ausruhen 51
dinleyici Zuhörer 38
dinmek aufhören 39
diploma Diplom 60
diploma almak Diplom erhalten 60
disiplin Disziplin 64
disiplinsiz undiszipliniert 64
diskotek Diskothek 25
diş Zahn 45
diş fırçası Zahnbürste
diş macunu Zahnpasta 45
doğa Natur 65
doğal natürlich 65
doğan Falke 60
doğmak aufstehen, aufgehen 68, 69
doğru echt; gerade 22
doğru (-e) in Richtung von 22
doğu Osten 29
doğum Geburt 45
doğumevi Entbindungsheim 45
doğum günü Geburtstag 45
doğum yıldönümü Gedenktag 45
doğurmak gebären 45
doğuş Sonnenaufgang 45
doksan neunzig 15
doktor Arzt 8, 24, 25
dokuz neun 9
dokuzar jeder neun 34
dokuzuncu neunter, -e, -es 9
dolap Schrank 41
dolaşmak spazieren gehen 20
doldurmak füllen 47
dolma gefüllt 10
dolmak gefüllt werden
dolmuş Sammeltaxi 34
dolu voll, Hagel 19, 58
domates Tomaten 67
dondurma Eis 34
dondurmacı Eisverkäufer 34
dost Freund 37
doyurmak satt bekommen 67
dökünmek ausgießen 36
dönem Zeitdauer 26
döner kebap Döner Kebap 68
dönme dolaplar Riesenrad 51
dönmek zurückkehren 5, 36
dönüş Rückkehr 44
dörder jeder vier 34
dördüncü vierter, -e, -es 4
dört vier 4
dört gözle beklemek ungeduldig warten 58
döşeme Bodenbelag 46
dudak Lippe
dur Stopp 43
durak Haltestelle 34
durdurmak anhalten 53
durmak bleiben, anhalten 25, 52
duş (almak) Dusche (nehmen)
duvar Wand, Mauer 46
duymak sagen hören 19, 64
düğme Knopf 41
dükkân Boutique, kleiner Laden 16
dün gestern 11
dünkü gestrig 48
dünya Welt 43
düş görmek träumen

E

evet ja, doch 2
ev hanımı Hausmeisterin 60
ev kadını Hausfrau 60
evladım mein Kind 50
evlenme Hochzeit 41
evlenmek heiraten 54
evli verheiratet 11
evlilik Hochzeit 40
ev sahibi Hausbesitzer 32
ev sahibi hanım Hausbesitzerin 66
eylül September 22
Eyvah! Oh Gott! 12
ezilmek zerpresst werden 44
ezme zerdrückt 67
ezmek zerdrücken 67

F

fabrika Fabrik 17
fakat aber 3
fakir arm 41
fakülte Fakultät 64
falan/filan oder etw. ähnliches 37
fare Maus 38
fark Unterschied 25
fark etmek bemerken 25
farklı unterschiedlich 48
farklılık Unterschied 71
fatura Rechnung 47
fayton Kutsche 44
fazla zu viel 16
fedakârlık (kiâ) Opfer 58
felaket Plage 65
fena schlecht 17
fıkra Anekdote, Witz 8
fırça Bürste 45
fırçalamak bürsten 45
fırıl fırıl rund um 36
fırın Ofen, Bäckerei 50
fırsat Gelegenheit 39
figür Figur 25
fikir, fikri Gedanke 8
fil Elefant 46
filan/falan oder etw. ähnliches 37, 67
fildişi Elfenbein 46
film çekmek filmen 55
filmi banyo ettirmek Film entwickeln lassen 55
filmi bastırtmak Fotoabzüge machen lassen 55
fiyat Preis 15
Fransız Franzose 4
Fransızca Französisch (Sprache) 20
fren Bremse 53
futbol Fußball 39
futbolcu Fußballspieler 60

G

garaj Garage
gaz Gas 53
gazete Zeitung 22
gaz pedalı Gaspedal
gece Nacht 6
gecelik Nachthemd
gece yarısı Mitternacht 40
gecikmek sich verspäten 37
geç spät 22
geç kalmak spät sein 22
geçe nach (in Uhrzeiten) 48
geçen gün am Tag davor 12
geçen (hafta/yıl/ay) vorig (Woche/Jahr/Monat) 12
geçinmek überleben, sich verständigen 60
geçirmek überstehen, verbringen 29
geçit Passage, Fußgängerbrücke 69

geçmek passieren, vorbeigehen 5
Geçmiş olsun! Gute Besserung! 11
gelecek nächster, -e, -es 66
gelenek Tradition 51
geleneksel traditionell 68
gelin Braut, Schwiegertochter 51
gelince (-e) bezüglich 36
gelir Einkommen 70
gelmek kommen 3
genç jung, Jugendlicher/-e, junger Mann, junge Dame 1
gene de trotz allem 53
geniş breit 29
gerçek echt, wahr 29
gerçekten wirklich 65
gerek Notwendigkeit 41
gerekli nötig 41
gerekmek müssen, sollen 45
getirmek bringen 10
geveze schwatzhaft 6
gevezelik Schwatzhaftigkeit 45
gevezelik etmek klatschen, schwatzen 45
gezi Spaziergang 43
gezinti Besichtigung 44
gezmek besichtigen 20
gibi wie 18
gibi gelmek (-e) (er)scheinen 23
gider Ausgaben 70
gidiş dönüş Hin- und Rückfahrt 44
giriş Eingang 32
girmek (-e) eintreten 16
gişe Schalter 47
gitmek gehen 3
gittikçe allmählich
giyinmek sich anziehen 40
giysi Kleidung 51
giymek anhaben, tragen 40
gizli geheimnisvoll 69
göbek Nabel, Bauch 46
göbek taşı Mittelstein (im Hamam) 36
gök Himmel, blau 39
gökdelen Hochhaus (Wolkenkratzer) 64
gökyüzü Himmel 39
gölge Schatten 69
gölgeli schattig 69
gömlek Hemd 41
göndermek senden, schicken 46
göndertmek schicken lassen 57
göre (-e) ja nach 57
görenek Brauch 71
görev Amt
görevli beauftragt mit
görkem Wunder 55
görkemli herrlich 55
görmek sehen 16, 26
görülmek gesehen werden 35
görünmek sich sehen, erscheinen 35
görüşme Gespräch 47
görüşmek sich sehen, unterhalten 24, 54
Görüşmek üzere! Bis bald! 19
gösteri Schauspiel 48
gösterisi (film, dia) Filmvorführung 48
gösteriş Zeigen 48
göstermek zeigen 16
götürmek führen, fahren

göz Auge 31
göz (bir) atmak einen Blick werfen 39
Gözün(üz) aydın! Gratulation! 31
grev Streik 62
grup Gruppe 48
gül Rose 33
Güle güle! Auf Wiedersehen! 2
gülistan Rosengarten 33
gülle Kanonenkugel 70
gümrük Zoll
gün Tag 25
Günaydın! Guten Tag! 11
güneşlenmek sich in die Sonne legen 30
güney Süden 29
gürültü Lärm 27
gürültülü laut, lärmend 62
güveç Tonschüssel 10
güven Sicherheit, Vertrauen 52
güvenli sicher 52
güvenmek zutrauen 52
güverte Deck 43
güzel schön, hübsch 1
güzelce auf gute Art 36
güzellik Schönheit 65

H

haber Nachricht, Neuigkeit 24
haberi olmak (bir şeyden) Bescheid wissen 66
Haydi! Los! 2
hafif schlank, fein 58
hafiflemek verkleinern 58
hafta Woche 21
hafta sonu Wochenende 58
haftaya in einer Woche 24
hak Recht 11
hak etmek verdienen 36
haklı recht habend 11, 20
hala Tante (väterl.seits) 60
hâlâ noch 31
halı Teppich 16
halıcı Teppichhändler 16
Haliç Goldenes Horn 69
halk Volk, Leute 68
halka Ring 50
hamam Dampfbad 36
hamamcı Angestellter im Dampfbad 36
hangi welcher, -e, -es 10
hanım Dame 18
hanımefendi meine Dame 18
harcamak ausgeben 32
harçlık Taschengeld 51
hareket Bewegung 25
hareket etmek abfahren, bewegen 43
hareketli lebhaft 43
harem Harem, Frauenhaus 26
hariç ausgenommen
harika Wunder 30
harita Landkarte 4
harp sonrası Nachkriegszeit 61
hasta krank 25
hastalık Krankheit 38
hastane Krankenhaus 47
hat Leitung 47
hat düşmek frei werden (Leitung) 47
hatırlamak sich erinnern 25, 26
hatırlatmak erinnern 68
hava Luft; Wetter 2, 27
havaalanı Flughafen 38
havale Überweisung 47

I

İ

ihtiyaç Bedürfnis 50
ihtiyacı olmak(-e) bedürfen 50
iki zwei 1
ikinci zweiter, -e, -es 1
ikişer jeder zwei 34
ikram etmek anbieten 51
ilaç Medikament 25
ilave Zuschlag 67
ilave etmek aufschlagen, hinzufügen 67
ileri vorwärts 34
ilerlemek vorrücken, sich bewegen 55
iletişim Mitteilung 71
iletmek mitteilen 34
ilgi Interesse 47
ilgilenmek(-le) sich interessieren 54
ilgili zuständig 47
ilginç interessant 52
ilk erst, primär 17
ilkbahar Frühling 67
ilk insan(lar) Urmensch 46
ilkokul Grundschule 46
ilk olarak zuerst 46
imkânsız (kiâ) unmöglich 53
imza Unterschrift
imzalamak unterschreiben
in Höhle 70
inanılmaz unglaublich 64
inanmak glauben 20
inatçı beharrlich 65
ince schlank 36
incecik ganz fein 36
inci Perle 64
indirim Ermäßigung 52
indirmek ermäßigen 34
İngiliz Engländer 21
İngilizce Englisch 21
inmek aussteigen 15
insan Leute, man 32
inşa etmek, edilmek bauen, gebaut werden 65
İnşallah! So Gott will!, Hoffentlich! 18
ip Faden 68
ipek Seide 19
iptal etmek widerrufen 45
ipucu, ipuçları Anhaltspunkt 40
iri yarı Riese 36
ise bezüglich 54
iskele Landungsbrücke 25
İskender Alexander 68
İskender Kebabı Fleischspieß 68
istakoz Hummer 10
İstanbul'lu Istanbuler 64
istasyon Bahnhof 52
istemek wollen, möchten 2
ister ... ister ... sei es ... sei es ... 69
istiklal Unabhängigkeit 66
İstiklal caddesi Unabhängigkeitsstraße 66
iş Arbeit, Geschäft 17
iş adamı Geschäftsmann
işçi Arbeiter 35
işitmek (zu)hören 37
işlek geschäftig 50
işportacı Straßenhändler 68
işsiz Arbeitsloser 68
işsizlik Arbeitslosigkeit
İşte! Sieh da! 19
ithalat ihracat Import-Export 17
itmek stoßen 67
iyi gut, nett 1
İyi akşamlar! Guten Abend! 15
İyi çalışmalar! Gute Arbeit! 19

J

K

kararsız unentschlossen 61
karar vermek entscheiden 29
karayolu Fernstraße 39
kardeş Bruder, Schwester 24
kare viereckig 57
karın Frau, Ehefrau 16
karı koca Ehepaar 66
karı, karnı Bauch 12
karışık gemischt 10
karışmak (-e) sich einmischen 35
karıştırmak ausgraben 41
karides Garnele 10
karne Heft 38
karnım aç ich habe Hunger 12
karnını doyurmak sich satt essen 68
karşı(da) gegenüber 12
karşılamak begegnen 36
karşılaşmak sich begegnen 50
karşılaştırma Vergleich 48
karşılaştırmak vergleichen 48
kart Karte 47
karyola Bett, Matratze 41
kasa Kasse 66
kasaba Weiler, Marktflecken 52
kasap Metzger 23
kasım November 22
kaşık Löffel 23
kat Stock, Schicht; ... mal 11, 29, 57
katılmak (-e) teilnehmen 48
kavak Pappel 55
kavga Streit 11
kavga etmek streiten 11
kavun Melone 10
kavuşmak wiederfinden 58
kaya Felsen 65
kaybetmek verlieren 59
kaybolmak (gözden) verschwinden 53
kaydetmek einschreiben
kayık Kalk 55
kayınvalide Schwiegermutter 12
kayıt Einschreibung
kaymak gleiten 37
kaza Unfall 37
kaza geçirmek einen Unfall haben 37
kazak Pullover 59
kazanmak verdienen, gewinnen 38
kazı Ausgrabung 31
kebap, kebapçı Fleisch 68
kedi Katze 38
keşfetmek entdecken 71
kemer Gurt, Gürtel 45
kemik Knochen 36
kenar Rand 46
kendi sich selbst 24
kent Stadt 30
keselemek frottieren 36
kesin sicher 65
kesinlikle (+ neg. Verb) auf keinen Fall 65
kesmek schneiden 46
kesme şeker Würfelzucker 33
kestane Kastanie 68
keşke ach, ja 51
keyif, keyfi Vergnügen, Glück 41
kez mal 36
kıpkırmızı ganz rot 51
kır Land, ländliche Gegend 44

kırık Bruch 38
kırılmak sich gekränkt fühlen 16, 37
kırk vierzig 13
kırmak brechen 13
kırmızı rot 16
kırtasiye Papierhandlung 57
kısa kurz 38
kısaca kurzum 38
kısalmak kürzer werden 57
kısaltmak kürzen 57
kısım, kısmı Teil 64
kıskanç eifersüchtig 40
kış Winter 27
kışın winterlich 68
kıyamamak (-e) sich auflehnen, revoltieren 32
kıyı Ufer, Küste, Meeresstrand 43
kıymak zerhacken, zerkleinern 32
kız Mädchen, Tochter 1
kızartmak grillen 67
kızıl rot 43
kızmak (-e) sich ärgern 22
kibrit Streichholz 33
kilim Kelim, Teppich 16
kilit Schloss 40
kilitli geschlossen 40
kilo Kilo 33
kim wer 12
kimse (+ neg. Verb) niemand 28
kira Miete 47
kiracı Mieter 65
kiralamak mieten 57
kirlenmek sich beschmutzen 41
kirletmek verschmutzen
kirli schmutzig 27
kişi Person 10
kişi başına pro Person 61
kişilik Persönlichkeit 15
kitabevi Buchhandlung 38
kitap Buch 6, 7
kitaplık Bibliothek 19
kitlemek verschließen 36
koca Ehemann 29
kocaman riesig 36
kokteyl Cocktail 19
kol Arm, Ärmel 41
kolay leicht 20
Kolay gelsin! Nur Mut! 14
kolaylık Leichtigkeit 32
koltuk Sessel 34
kolye Halskette 45
komiser Kommissar 59
komşu Nachbar 11
konak Wohnsitz 44
konforlu behaglich 29
kontrol etmek kontrollieren 53
konuşma Rede 38
konuşmacı Sprecher 38
konuşmak sprechen 7, 11
korku Angst
korkutmak Angst machen
korkmak (-den) Angst haben 52
korumak schützen 38
korunmak geschützt sein 65
koşmak laufen 21
kovmak (-den) verjagen, verscheuchen 22
koy Bucht 69
koydurmak ablegen/stellen lassen 46
koymak setzen, stellen, legen 33
koyu dunkel
koyun Schaf 19
koyuncu Schafhändler 19
köfte Klößchen 67

kömür Kohle 32
köpek Hund
köprü Brücke 30
kör blind 14
köşe Ecke 34
köşk Landhaus, Villa 44
kötü böse, schlecht 14
köy Dorf 13
köylü Landsmann 14
kristal Kristall 40
kriz Krise 39
kucak Schoß 58
kucaklamak in den Arm nehmen 58
kulak Ohr 71
kule Turm 69
kullanmak benutzen 23
kumaş Stoff 20
kumsal Strand 29
kunduracı Schuhmacher 57
kupon Stoffrest 66
kurak trocken 27
kurban Opfer 51
Kurban Bayramı Opferfest 51
kurdele Band 44
kurmak errichten, gründen; Wecker aufziehen 44, 61
kurna Becken 36
kurs Unterricht 60
kurtulmak ausweichen 52
kuru trocken 57
kuruş Cent, 1/100stel Lira 68
kuru temizleme Trockenreinigung 57
kuru temizleyici Reiniger 57
kusur Schuld 12
Kusura bakma! Sei mir nicht böse! 12
kuş Vogel
kutlamak feiern 51
kutlu glücklich 51
kutu Kasten 28
kuvvet Kraft, Stärke 36
kuvvetli kräftig, fest 36
kuyruk Schlange, Reihe 43
kuzey Norden 29
kuzu Lamm 46
küçük klein 16
kürek Spaten 50
kürk Pelz 19

L

lacivert marineblau 59
Lale Devri Tulpenzeit 9
lamba Lampe 53
lastik Reifen 37
lazım nötig 3
leke Fleck
levrek Seebarsch 10
liman Hafen 52
limonata Limonade 68
lira türk. Pfund 15
lise Gymnasium 17
lokanta Restaurant 9, 27
Londra London 19
lüks Luxus 64
lütfen bitte 6

M

maalesef leider 4
maaş Lohn 53
macun Teig 45
maç Spiel 39
mahalle Viertel 62
makale Artikel 71
makarna Nudel 33
makina Maschine 68
makyaj yapmak sich schminken 45
mal Gut, Güter 41
mal sahibi Besitzer 41
manastır Kloster 44

manav Obst-, Gemüsehändler 23
mangal Heizofen, Kohlebecken 50
manto Mantel 21
manzara Aussicht, Landschaft 32
marangoz Schreiner 57
mart März 22
martı Möwe 43
masa Tisch 23
masa örtüsü Tischtuch 40
masaj Massage 36
masmavi ganz blau 51
masraf Ausgaben 52
masrafa girmek Geld ausgeben 52
Maşallah! Bravo! 17
matbaa Druckerei 36
mavi blau 16
mayıs Mai 22
medeniyet Zivilisation 64
mehtap Mondschein 65
mektup Brief 13
melek Engel 33
memnun zufrieden 13
Memnun oldum! Sehr erfreut! 54
memur Beamter, Angestellter 22
mendil Taschentuch 33
merak edecek beunruhigend 47
merak etmek sich Sorgen machen 5, 37
meraklı neugierig 4
merdiven Treppe 32
Merhaba! Guten Tag!, Hallo! 2
merkez Zentrum 48, 64
mermer Marmor 19
mesela zum Beispiel 50
meslek Beruf 67
meşgul besetzt, beschäftigt 47
meşhur berühmt 55
metin Text 71
metre Meter 66
metre kare Quadratmeter 57
mevlevihane Mevlevikloster 69
mevsim Jahreszeit 65, 68
meyve Obst, Frucht 23
meze Vorspeise 10
mırıldanmak murmeln 40
mısır Mais 68
Mısır Ägypten 23
Mısır Çarşısı Ägyptischer Basar 23
mide Magen 39
midesi bulanmak Magenschmerzen haben
midye Muschel 10
milyon Million 16
mimar Architekt
mimari Architektur 36
minicik winzig 65
misafir Gast 12
misafirperver gastfreundlich 71
misafirperverlik Gastfreundschaft 71
misli Menge, Quantität 57
mobilya Möbel(stück) 46
moda Mode 46
model Modell 19
modern modern 46
mola Halt, Pause 55
mola vermek anhalten 55
motor Motor
muhtar Gemeinde-, Ortsvorsteher 27

musluk Wasserhahn 57
muslukçu Installateur 68
mutfak Küche 23
mutlaka sicher 65
mutlu glücklich 13, 22
mutluluk Glück 38
mücevher Schmuck 19
müdür Direktor 31
müdürlük Leitung, Direktion 31
mühendis Ingenieur 17
mülk Grundstückseigentum 41
mümkün möglich 2
Münih München 24
müşteri Kunde 16
müze Museum 19
müzik Musik 11

N

nalbur Eisenwarenhändler 57
namaz Gebet 56
namaz kılmak beten 50
nasıl wie 2
nasıl olsa sowieso 46
Nasılsın? Wie geht es dir? 42
nazik freundlich 3
ne was 2
nedeniyle wegen 64
nefis köstlich 69
ne gibi was für ...? 46
ne kadar wie viel? 15
Ne mutlu size! Was Sie für ein Glück haben! 20
Ne mutlu Türküm diyene! Glücklich derjenige, der sagen kann: Ich bin ein Türke! 20
ne olur ich bitte dich 41
nerede wo? 3
nereden woher? 7
neredeyse irgendwoher 51
nereli stammend aus/von 4
neşe Freude 38
neşeli fröhlich 38
Ne var ne yok? Was gibt es Neues? 2
Ne yapsam acaba? Was kann ich denn tun? 67
neyse ki zum Glück 34
nezaket Freundlichkeit 71
ne zaman wann? 5
nihayet endlich 37
nisan April 22
nişan Verlobung 25
nişanlı verlobt 25
nişanlılık Verlobungszeit 60
nokta Punkt 71
normal normal 47
not Zensur, Note 38
numara Nummer 45
nüfus Bevölkerung, Einwohner 41
nüfus cüzdanı Ausweis 41

O

o er, sie, es 1
ocak Januar 22
oda Zimmer 15
odun Holz 23
oğul, oğlu Sohn 17
okul Schule 13
  anaokulu Kindergarten 17
  ilkokul Grundschule 17
  ortaokul Mittelschule 23
okumak lesen 6
olağanüstü außerordentlich 32
oldu einverstanden 30
oldukça ziemlich 29

olmak sein, werden 9
olsun abgemacht, einverstanden 47
olumlu positiv 48
olumsuz negativ 48
omlet Omelett 61
on zehn 9
onar jeder zehn 34
onarım Reparaturen, Bauarbeiten 15
onarmak reparieren 57
onlar sie (Plural) 1
onuncu zehnter, -e, -es 10
onun için deshalb 22
orada dort 9
orkestra Orchester 29
orta mittel(mäßig) 17
ortak Partner 65
ortak sahipler Mitbesitzer (Plural) 65
ortanca oğul mittlerer Sohn 60
oruç Fasten 50
oruçlu Fastender 50
o sırada inzwischen 6
ot Gras 27
otel Hotel 3
otelci Hotelbesitzer 41
otobüs Autobus 3
otogar Busbahnhof 65
otomatik Schaltuhr 32
oturmak sitzen, sich setzen, wohnen, leben 6, 60
oturtmak jdn. setzen, platzieren 67
otuz dreißig 15
otuzuncu dreißigster, -e, -es 30
oyun Spiel, Theaterstück 18, 48
oyun oynamak spielen 60

öbür anderer, -e, -es 36
öbür gün übermorgen 36
ödemek bezahlen 33
ödev Aufgabe 26
öfke Wut 40
öğrenmek lernen 26
öğretmek unterrichten, lehren
öğle Mittag 29
öğle yemeği Mittagessen 29
öğleyin zu Mittag 29
öğrenci Student, Schüler 1, 26
öğretmen Lehrer 21, 26
ölçü Maß 50
ölmek sterben 35
ölü Tod 39
ömür Lebensdauer 44
ön vor 29
önce vorhin, davor 10
önceden im Voraus
öncesi früher 51
önem Wichtigkeit, Bedeutung
önemli wichtig 1
önlem (almak) messen 65
öpmek küssen 51
örgü örmek stricken 60
örneğin zum Beispiel 65
örtmek (be)decken
örtü Decke 40
övünmek prahlen, angeben 19
öyle so 24
öyle mi? so? 25
öyleyse in diesem Fall 8
özel besonders, speziell 19
özellik Eigenart 65
özellikle spezifisch 51
özet Zusammenfassung 38
özetlemek zusammenfassen 38

özlemek bedauern 13
özür dilemek sich entschuldigen 33

P

paça Hosenbein 41
padişah Sultan 26
pahalı teuer 15
paket Paket 33
palto Mantel 32
panda Eisschokolade 34
pansiyon Pension 29
pantalon, pantolon Hose 41
papaz Priester 44
para Geld 13
para bozdurmak Geld wechseln
park Park 68
park etmek parken 38
parlatmak glänzen lassen 57
parmak Finger 26
parmaklık Zaun 46
pasaj Passage 66
pasaport Pass, Ausweis
pastel hell (Farbe) 46
patates Kartoffeln 67
patlamak sprengen 37
patlıcan Aubergine 67
patlıcan salatası Auberginensalat 67
pazar Markt; Sonntag 23
pazarlık (yapmak) handeln, feilschen 66
pazartesi Montag 22
pek sehr 27
peki sehr gut, na gut 2
pembe rosa 40
pencere Fenster 8
perde Vorhang, Gardine 19
peri Fee 65
peron Bahnsteig 46
perşembe Donnerstag 22
peşinde (bir şeyin) nach, infolge 68
peştemal Hamam-Tuch 35
peynir Käse 10
pırıl pırıl glänzend 39
piliç Hühnchen
pirinç Reis 33
pişirmek kochen 13
pişman olmak bedauern 66
pişmek kochen
plaj Strand 29
plan Plan 69
plastik Plastik 57
polis Polizei 53
polis memuru Polizist 59
porselen Porzellan 13
porselenci Porzellanhändler 13
portakal Orange
posta Post
postacı Briefträger
postane Postamt 47
program Programm 69
pul Briefmarke 47

R

radyo Radio 38
radyoevi Rundfunkhaus 38
raf Regal 41
rağmen (-e) obwohl 64
rahat ruhig, bequem 34
rahatça in Ruhe
rahat rahat ganz in Ruhe 44
rakı Raki, Anisschnaps 10
rakım Höhe 41
Ramazan Ramadan, Fastenmonat 50
rastlamak (-e) treffen, begegnen 22, 68, 71
reçel Marmelade 39

sayesinde (bir şey) dank ... 71
sayfa Buchseite 39
saygı Respekt
sayı Zahl 68
sayılmak angesehen werden 64
sayın geehrt, geliebt 38
sayısız unzählig 68
sebze Gemüse 23
seçim Wahl 67
seçim öncesi Zeit vor der Wahl 61
seçkin auserwählt 46
seçmek wählen
sefer Mal 24
sehpa kleiner Tisch 67
sekiz acht 8
sekizer jeder acht 34
sekizinci achter, -e, -es 8
sekreterlik Sekretariat 26
seksen achtzig 15
selam Gruß 13
semt Viertel 36
sen du 2
sene Jahr 27
sepet Korb 33
serap Fata Morgana 19
sergi Ausstellung 48
serin frisch
sermek auspacken 68
sert streng
servis Service 67
servis penceresi Anrichte 46
ses Stimme 22
ses çıkarmamak nichts sagen 22
seslenmek rufen, schreien 47
sevgi Zuneigung 13
sevgili geliebt, Freund 12
sevinç Freude 59
sevindirmek eine Freude bereiten 26
sevinmek sich freuen 32
sevmek lieben 16, 23
seyahat Reise 40
seyahat etmek reisen 52
seyretmek beschauen 11
seyyar mobil, Wander- 68
sıcak warm 15
sıkılmak sich langweilen 45
sık sık oft 24
sınıf Klasse 17
sıra Reihe 6, 26
sıra sıra in der Reihe 69
sırayla nacheinander 43
sırt Rücken 68
sıvamak hochkrempeln 68
sicim Schnur 53
sigara Zigarette 67
sigara içmek Zigarette rauchen
sigorta Versicherung 19
sigortalı versichert 19
simit Sesamkringel 43
simsiyah ganz schwarz 51
sinema Kino 48
sinir Nerv 34
sinirlenmek nervös werden 34
sis Nebel 39
siyah schwarz 51
soba Ofen 41
soğan Zwiebel 68
soğuk kalt 10
soğutma Klimaanlage
soğutmak kalt werden lassen 67
sohbet Unterhaltung 8
sohbet etmek sich unterhalten 8

sokak Straße 35
sol links 32
soluk soluğa außer Atem 34
son letzter, Ende 19
sonbahar Herbst 68
sonra nach 4, 25
sormak fragen 6
sorun Frage 6
sorum Problem, Angelegenheit 32
soru sormak Fragen stellen 6
soy Vorfahren, Familie 70
soyadı Familienname
soymak berauben 39
soyunmak sich ausziehen 25
söğüş in Scheiben 67
sökülmek hergeben, herausgeben 41
söndürmek ausmachen, abstellen 40
sönmek ausgehen, verlöschen 32
söylemek sagen 34, 59
söylenmek brummeln 34
söz Wort 26
söz etmek (von) sprechen 26
sözlük Wörterbuch
spor Sport 39
su Wasser 10
suç Schuld, Schuldgefühl
suçlu schuldig
sulh Frieden 47
sulu boya Wasserfarbe 57
susadım ich habe Durst 16
susamak Durst haben 68
su tesisatçısı Klempner 57
sünger Schwamm 68
süre Moment, Zeitdauer 36
 bir süre sonra etwas später
sürekli dauernd 68
sürmek dauern 39, 52
sürü Herde 27
sürücü Fahrer 53
süslemek verzieren 46
süt Milch 33
sütçü Milchhändler 68

Ş

şarttır (bir şey yapmak) unbedingt (etwas tun) 69
şalvar türk. Pumphose 59
şampanya Champagner 40
şapka Hut
şarap Wein 44
şart Bedingung 69
şaşırıp kalmak erstaunt bleiben 36
şaşırmak staunen 36
şeker Zucker 33
Şeker Bayramı Zuckerfest 51
şekerli süß 36
şeref Ehre 67
Şerefe! Zum Wohl! 67
Şerefine!, Şerefinize! Zu deinem/eurem/Ihrem Wohl! 67
şey Sache, Ding 4, 58
şeytan Teufel 35
şık schick 66
şiddet Stärke, Heftigkeit 68
şiddetli heftig 68
şikâyet (kiâ) Beschwerde 25
şimdi nun 3
şimdiden von nun an 52
şimdiki zaman Präsens 14
şirket Firma 22
şiş Spieß 10
şiş kebab Fleisch am Spieß 68
şişe Flasche 33
şive Akzent, Sprechweise 71

şoför Fahrer 34
şöyle so 10
şu dieser, -e, -es da 3
şubat Februar 22
Şükür! Danke! 34

T

taahhütlü eingeschrieben 47
tabak Teller 13
tabiat Natur
Tabii! Natürlich! 11
tablo Bild 19
tadını çıkarmak probieren 65
tahmin etmek vermuten 65
tahta Brett, Holz 23
takılmak (-e) necken, hänseln 36, 53
takım Kostüm 66
takmak anstecken 57
taksi Taxi 3
tam vollkommen, ganz 29
tamam einverstanden, gut 6, 66
tamamlamak vervollständigen 1
tamamlanmak fertig sein mit 55
tamirci Reparateur 33
tamir etmek reparieren 57
tane mal, Portion, Stück 10
tanımak kennen, kennenlernen 17
tanınmış berühmt 60
tanışmak sich kennenlernen 54
Tanıştığımıza memnun oldum! Erfreut, Sie kennenzulernen! 54
tanıştırmak sich bekanntmachen 54
Tanrı Gott 32
taraf Seite 29
tarafından von, durch 55
tarak Kamm
tarif Beschreibung 59
tarif etmek beschreiben 59
tarih Geschichte 22
tarihi geschichtlich 26
tarla Feld 65
tartı Gewicht, Waage 68
tartı aleti Personenwaage 68
tartışma Gespräch, Diskussion 41
tartmak wiegen 47
tarz Art, Weise, Modus 71
tas Trinkschale, Schale 36
tasarı Projekt, Plan 52
taş Stein 29
taşınmak um-, einziehen 56
tat Geschmack 69
tatil Ferien 20, 26
tatlı süß, nett, Süßwaren 37, 51, 62
tatmak schmecken
tava Pfanne 69
tavan Dach, Decke 46
tavla Backgammon 62
tavsiye etmek raten 52
tavuk Huhn 67
taze frisch 9
tebrik etmek gratulieren 51
tebrik kartı Wunschkarte 51
Tebrikler! Herzlichen Glückwunsch! 51
tehlike Gefahr 32
tehlikeli gefährlich 32
tek allein, einzig, einfach 15
tek başına ganz allein 61
tekerlek Rad 53
tekne Schiff 5
tekrar wiederum 52
tekrarlamak wiederholen

telaş Aufregung 59
telaş etmek sich beunruhigen 59
telaşlanmak sich aufregen 59
telefon Telefon 18
telefon etmek telefonieren 33
telefonu açmak Telefonhörer abnehmen 45
telefonu kapatmak Telefonhörer auflegen 45
televizyon Fernseher 11
televizyon seyretmek fernsehen 11
tellak Masseur 36
tembel faul 26
temel Grund- 71
temiz sauber 9
temizlemek säubern, reinigen 57
temizlenmek gesäubert werden 57
temizlik Sauberkeit 13
temizlik yapmak putzen 13
temmuz Juli 22
tencere Tiegel
tepe Gipfel 44
tepsi Platte 8
tercih etmek vorziehen 43
tercüme (etmek) Übersetzung, übersetzen
tereyağı Butter
terk etmek verlassen 55
terlik Pantoffel 16
tertemiz ganz sauber 51
terzi Schneider 66
tesis Einrichtung, Gründung 29
tesisatçı hier: Klempner 57
Teşekkür ederim! Ich danke Ihnen! 15
teşekkür etmek danken 15
Teşekkürler! Vielen Dank! 18
teyze Tante 50
tezgâh (giâ) Ladentisch 68
tıkalı verstopft 34
tıkanmak sich verstopfen 41
ticaret Handel 17
tiyatro Theater 18, 26
top rundlich, voll, dick 68
Topkapı Sarayı Topkapı Palast 64
toplamak zusammenpacken 68
toplantı Versammlung 19
torba Beutel 33
torun Enkel(in) 51
Trabzon Trabzon 52
trafik Verkehr 34
tramway Straßenbahn 66
tren Zug 4
tuhaf seltsam
tuhafiyeci Kurzwarenhandlung 57
tur Tour, Ausflug 44
turist Tourist 15
turistik touristisch 69
turizm Tourismus 65
tutmak halten, nehmen 5
tuvalet Toiletten 47
tuz Salz 21
tuzluk Salzfass 21
tünel Tunnel 66
Türk Türke, Türkin 4
Türkçe Türkisch (Sprache) 20
Türkiye Türkei 20
türkoloji Türkologie 20
türlü Art 61
tütmek rauchen 41
tütün Tabak

U

uç Ende, äußerster Punkt 64
ucuz billig 9
ucuzluk Billigkeit, geringer Preis 21
uçak Flugzeug 19
uçakla per Flugzeug 56
uçmak fliegen
ufak klein
uğramak (-e) vorbeifahren 24
uğraşmak sich abmühen 17
ulak Briefe (Post) 47
ulaşım Verkehr, Kontakt 64
unutmak vergessen 19
usta Meister, Fachmann 46
utanmak sich schämen 40
uyanmak erwachen 39
uygarlık Zivilisation 71
uygun angemessen, passend 48
uyku Schlaf 39
uymak sich anpassen 59
uyumak schlafen 11, 22
uzak weit 3
uzanmak sich ausdehnen 38
uzatmak verlängern, dehnen 34
uzun lang 4

Ü

üç drei 3
üçer jeder drei 34
üçüncü dritter, -e, -es 3
ülke Land 64
ümidetmek erhoffen, erwarten 71
ümit Hoffnung 71
üniversite Universität 17
ürün Ernte 27
üst das Obere 30
üstelik dazu, obendrein 71
üst geçit Fußgängerüberweg 68
üstsüz „oben ohne“ 46
üstünde über 30
üşümek frieren, sich erkälten 25
ütü Bügeleisen
ütülemek bügeln
üzere (-mek) im Begriff sein 13
üzülmek sich Sorgen machen 38
üzüntü Sorge, Kummer 38

V

Vah vah! Oh Gott! 39
vakit, vakti Zeit 34
valiz Koffer 15
vapur Dampfer 9
var es gibt 2
varış Ankunft 43
varlık Wesen 57
varmak ankommen 35
vazgeçmek (-den) verzichten 26
ve und 1
vefat etmek sterben 44
veliler Eltern 51
vermek geben 11, 25
ve saire = v.s. usw. 64
vida Schraube 53
viraj Kurve 37
vitamin Vitamin 57
vitrin Vitrine 66
vurmak schlagen 35

Y

ya trotzdem 36
ya ... ya ... entweder ... oder ... 11

yabancı Fremder, Ausländer 20
yağ Fett, Öl, Butter 39
yağış Niederschlag 58
yağlı boya Ölfarbe 57
yağmak regnen 27
yağmur Regen 27
yaka Ufer 41, 55
yakın nah 15
yakışıklı gut aussehend (Mann)
yakışmak passen 66
yaklaşık ungefähr 71
yaklaşmak sich nähern 55
yakmak (an)brennen 30
yalan Lüge 41
yalancı Lügner
yaldızlı vergoldet 46
yalı Strandvilla 19
yalın schmucklos, entblößt 64
yalnız allein, nur, allerdings 37
yalvarmak demütig bitten 41
yan Seite 37
yanaşmak anlegen, annähern 44, 53
yani das heißt, nämlich 65
yanlış Schuld, Irrtum 25
yanlışlık Irrtum
yanmak sich verbrennen 30
yapay künstlich 48
yapılacak bir şey yok es gibt nichts zu tun 70
yapışmak kleben
yapıştırıcı Klebstoff 57
yapıştırmak kleben lassen 47
yapmak herstellen 13, 22
yaprak Blatt 10
yaptırmak tun lassen 25, 46
yara Verletzung 37
yaralanmak verletzt sein 37
yaralı verletzt 37
yaramaz unerträglich 70
yaratıcı schöpferisch, produktiv 68
yaratmak schaffen 68
yardım Hilfe 60
yardım etmek helfen 60
yarı Hälfte 40
yarım halb 18
yarın morgen 5
yasak verboten 31
yasaklamak verbieten 65
yaş Alter; Träne 53, 70
yaşamak leben 51
yaşama tarzı Lebensweise 71
yaşanılmaz unmöglich zu leben 64
yaşlı alt 69
yat Jacht 19
yatak Bett 15
yataklı Schlafwagen 58
yatırmak Geld anlegen, investieren 47
yatmak sich schlafen legen 48
yavaş langsam 5
yavru Junges, Tierbaby 46
yaya Fußgänger 68
yaygı Tuch, Decke 68
yayılmak sich legen 71
yayla Hochebene 27
yaz Sommer 19
yazar Schriftsteller 70
yazı Schrift 31
yazık (ki) schade, dass 15
yazın im Sommer 19
yazmak schreiben 31
yedi sieben 7
yedinci siebter, -e, -es 7

yedirmek füttern 25
yedişer jeder sieben 34
yeğen Vetter 60
yemek Essen, Nahrung 9
yemek yemek essen 9
yemyeşil ganz grün 52
yeni neu
yeniden wiederum 61
yenilemek erneuern 46
yenmek siegen 38
yepyeni ganz neu 51
yer Ort 15
yer almak Platz nehmen 55
yerleştirmek errichten, bauen 65
yeşil grün 39
yeşillik das Grüne
yetenek Fähigkeit 48
yetenekli fähig 48
yeter es genügt 57
yeteri kadar in ausreichender Menge 67
yeterince genügend, ausreichend 67
yetişmek rechtzeitig ankommen 44
yetiştirmek erzeugen; ausbilden 30, 67
yetiştirilmek erzeugt werden 30
yetmek genügen 57
yetmiş siebzig 15
yığın Haufen 53
yıkamak spülen, baden 13
yıkanmak einreißen lassen 46
yıkılmak einstürzen 39
yıktırmak stürzen lassen 46
yıl Jahr 11
yıldönümü Gedenktag 40
yırt(ıl)mak reißen 41
yine von Neuem, wieder 22
yirmi zwanzig 11, 29
yiyecek Nahrung 23
yoğun dicht 53
yoğurt Joghurt 55
yoğurtçu Joghurthändler 68
yok es gibt nicht 2, 3
yoksa oder 40, 65
yoksul arm 41
yokuş steile Gasse 32
yol Weg 4
yola çıkmak sich auf den Weg machen 53
yolcu Reisender 4
yolculuk Reise 7
yolculuk yapmak eine Reise machen 52
yol vermek den Weg freigeben 68
yorgan Steppdecke 57
yorgancı Steppdeckenhersteller 57
yorgun müde 3, 22
yorgunluk Müdigkeit 67
yorucu ermüdend 57
yön Leitung
yöre Zone, Gebiet 71
yudum Schluck 65
yukarı oben 33
yumruk Faustschlag 39
yumruk yemek Faustschlag erhalten 39
yurt Land, Heimat 47
yurt dışı Ausland 47
yurt içi Inland
yuva Nest, Kinderhort 17
yuvarlak rund 10
yüksek hoch 6, 60
yükselmek emporsteigen 68
yün Wolle 32
yürümek marschieren, zu Fuß gehen 30

yürüyüş Marsch 49, 65
yüz hundert; Gesicht 15, 39, 70
yüzde (on) (zehn) Prozent
yüzlerce Hunderte 39
yüzük Ring 60
yüzyıl Jahrhundert 36

Z

Zafer Bayramı Siegesfeier 51
zaman Zeit 5
zarar Nachteil, Verlust 67
zarar vermek schädigen, schaden 67
Zarar yok! Macht nichts!
zarf Umschlag
zavallı arm, mittellos 36
zayıf schwach 38
zeki klug 1
zemin Boden 29
zemin kat(ı) Erdgeschoss 29
zengin reich 19
zevk Vergnügen, Geschmack 66
zevkli mit gutem Geschmack 66
zeytin Oliven 67
zeytinyağlı Oliven mit Öl 67
zigzag hin und her, Zickzack 69
zil Klingel 45
ziyaret etmek besuchen 51
zor schwierig 20, 25
zorlamak zwingen 53
zorlanmak sich anstrengen
zorunda olmak/kalmak verpflichtet sein 36
züğürt arm, elend 41

LITERATURHINWEISE

Sie möchten mehr über die türkische Sprache, über Land und Leute erfahren?

Dann finden Sie hierfür in der folgenden Literaturliste bestimmt das Richtige!

Lexika und Nachschlagewerke

Karl Steuerwald: **Deutsch-Türkisches Wörterbuch**. 2. Auflage. Harrassowitz Verlag, Wiesbaden 1987, ISBN 978-3-4470-1584-4

Karl Steuerwald: **Türkisch-Deutsches Wörterbuch**. 2. Auflage. Harrassowitz Verlag, Wiesbaden 1988, ISBN 978-3-4470-2804-2

Brigitte Moser-Weithmann: **Türkische Grammatik**. 1. Auflage. Helmut Buske Verlag, Hamburg 2001, ISBN 978-3-87548-241-6

Margarete I. Ersen-Rasch: **Türkische Grammatik für Anfänger und Fortgeschrittene**. 2. Auflage. Hueber Verlag, München 2005, ISBN 978-3-1900-5185-4

Nuran Tezcan: **Elementarwortschatz Türkisch-Deutsch**. Harrassowitz Verlag, Wiesbaden 1988, ISBN 978-3-4470-2782-3

Brigitte Moser und Michael Weithmann: **Landeskunde Türkei**. Helmut Buske Verlag, Hamburg 2008, ISBN 978-3-8754-8491-5

Reiseliteratur

Marcus Stein: **Türkisch – Wort für Wort**
18. Auflage. RKH-Verlag Bielefeld 2015, ISBN 978-3-8317-6462-4

Dieser Sprachführer ist gedacht für Reisende, die nicht nur mit den Wellen des Touristenstromes auch mal in die Türkei gespült werden, sondern denen Reisen so viel bedeutet wie: Neues sehen, kennenlernen und zu verstehen versuchen. Darum ist das Buch nicht nur mit grundlegenden Informationen zu Grammatik und Aufbau der Sprache ausgestattet, sondern vor allem auch mit Reisevokabular und zahlreichen Hinweisen zu Kultur und Verhaltensweisen in der Türkei.

Manfred Ferner: **KulturSchock Türkei**
5. Auflage. RKH-Verlag Bielefeld 2012, ISBN 978-3-8317-1316-5

Asien oder Europa – Quo vadis Türkei? – Die meisten Touristen an der türkischen Mittelmeerküste können sich nicht vorstellen, dass sich direkt hinter den taurischen Bergen noch ein anderes Land in einer anderen Zeit, mit einem anderen Denken erstreckt. Wie kaum ein anderes Land befindet sich die Türkei in ständigem Spagat zwischen Ost und West, Moderne und Vergangenheit, Islam und Europa, Stadt und Land. Dieser Band bietet einen guten Einstieg in das Verständnis der türkischen Kultur, die auch fester Bestandteil des deutschen Alltags geworden ist.

Al Page: **Türkisch Slang – das andere Türkisch**
4. Auflage. RKH-Verlag Bielefeld 2011, ISBN 978-3-89416-470-6

Die türkische Umgangssprache ist bunt und lustig, und sie wimmelt von einfallsreichen Umschreibungen. In diesem Buch erfahren Sie zum Beispiel, warum Sie in der Türkei nicht unbedingt „31 ziehen" sagen sollten. Sie werden dann auch verstehen, wenn der Kellner in der Bar in Antalya zu Ihnen sagt: „Benim icin hava gazi rumba!" Und was meinen Sie, wie viele deutsche Wörter inzwischen schon eingetürkischt worden sind?

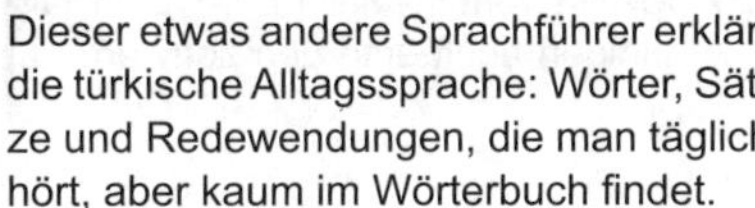
Dieser etwas andere Sprachführer erklärt die türkische Alltagssprache: Wörter, Sätze und Redewendungen, die man täglich hört, aber kaum im Wörterbuch findet.

Ludwig Paul: **Kurdisch – Wort für Wort**
7. Auflage. RKH-Verlag Bielefeld 2016, ISBN 978-3-8317-6436-5

Kurdisch lernen? Wozu? Die von Kurden bewohnten Gebiete (Ost-Türkei, West-Iran, Nord-Irak, Nord-Syrien) gelten nicht gerade als beliebte touristische Reiseziele. Doch wer diese Gegenden bereist und sich die Mühe macht, ein wenig Kurdisch zu sprechen, der wird zunächst Staunen und dann Begeisterung hervorrufen. Die Kurden sind ohnehin gastfreundlich, umso mehr, wenn sie merken, dass man sich für ihre Sprache und Kultur interessiert.

In diesem Kurdisch-Sprachführer wird die offizielle Standardvariante des Kurmancî-Dialekts vorgestellt, der in der Ost-Türkei, aber auch in Syrien gesprochen wird. Diese Schriftsprache wird erst seit einigen Jahrzehnten entwickelt, hat aber aufgrund des in der jüngsten Zeit ansteigenden Gebrauchs des Kurdischen in den Medien bereits weite Verbreitung gefunden.

Das Türkische verfügt über einige Konsonanten, die für einen deutschen Lerner erklärungsbedürftig sind:

C, c	[*dsch*] wie im Anlaut von „Dschungel“ oder im Wort „Jeans“
Ç, ç	[*tsch*] wie in „Hatschi“
ğ	[*h*] ein stummer Laut, der einen Vokal verlängert (existiert nicht als Anlaut)
H, h	[*ch*] etwa wie in „Kachel“
L, l	[*l*] ein „Resonanz-*l*“, bei dem die Zungenspitze nach oben an den Gaumen gerollt wird
R, r	[*r*] leicht gerolltes *r*
S, s	[*ß*] stimmloses *s* wie in „fast“
Ş, ş	[*sch*] wie in „Schule“
Y, y	[*j*] wie in „Yacht“
Z, z	[*s*] stimmhaftes *s* wie in „Hase“

In Wörtern arabischen Ursprungs findet man gelegentlich den Buchstaben **â**; **g** und **k** werden vor diesem Buchstaben dann [*gj*] bzw. [*kj*] ausgesprochen.

Weiteres Kartenmaterial zu den im Buch erwähnten Orten finden Sie als PDF zum Herunterladen unter „Türkisch“ auf www.assimilwelt.com